Manual da Mediação Imobiliária

Manual da Mediação Imobiliária

2021 • Reimpressão

Fernando Baptista de Oliveira
Juiz Desembargador

Prefácio do Professor Doutor
Luís Couto Gonçalves

ALMEDINA

MANUAL DA MEDIAÇÃO IMOBILIÁRIA
AUTOR
Fernando Baptista de Oliveira
EDITOR
EDIÇÕES ALMEDINA, S.A.
Rua Fernandes Tomás, n.os 76-80
3000-167 Coimbra
Tel.: 239 851 904 · Fax: 239 851 901
www.almedina.net · editora@almedina.net
DESIGN DE CAPA
FBA
PRÉ-IMPRESSÃO
EDIÇÕES ALMEDINA, S.A.
IMPRESSÃO E ACABAMENTO
DPS - DIGITAL PRINTING SERVICES, LDA
Outubro, 2021
DEPÓSITO LEGAL
461725/19

ALMEDINA | GRUPOALMEDINA

BIBLIOTECA NACIONAL DE PORTUGAL – CATALOGAÇÃO NA PUBLICAÇÃO
OLIVEIRA, Fernando Baptista
MANUAL DA MEDIAÇÃO IMOBILIÁRIA. – (Manuais profissionais)
ISBN 978-972-40-8099-4
CDU 347

Aos meus filhos

Paula Norinho Oliveira
e
Alexandre Norinho Oliveira

PREFÁCIO

Os juristas aprendem no primeiro ano da licenciatura o brocardo "onde está a sociedade está o Direito e onde está o Direito está a sociedade". Sem abdicar da sua autonomia enquanto ordem com um sentido, o Direito, para ser atuante e eficaz, não pode fechar-se sobre si mesmo, minimizando a força evolutiva dos factos, os novos problemas, a crítica construtiva, os contributos dos juristas e os ensinamentos de outros ramos do saber.

Este espírito saudável de abertura não é compatível com a ideia, atávica, de que as obras jurídicas sejam um exclusivo dos académicos. Esta posição seria incorreta a dois níveis essenciais: por desconsiderar o papel do jurista, qualquer que seja a sua profissão jurídica, como um agente ativo do Direito; por corresponder a uma visão da universidade "com muros", presunçosa, afastada da vida real e com uma margem reduzida de influenciar a dinâmica social.

Assim, é de enaltecer que haja incursões científicas prestimosas com proveniência nos chamados (indevidamente) práticos do Direito, sejam magistrados, advogados, notários, conservadores ou juristas em geral.

Sem pôr em causa, ressalve-se, o valor insubstituível da investigação e da densificação teórica o Direito é, essencialmente, uma ciência prática. A sua missão central é fazer justiça. Para esta tarefa nobre e irrecusável, ao serviço das pessoas e do bem-estar da sociedade, são convocados todos os juristas, sem quaisquer preconceitos corporativos.

Tudo isto faz com que ainda sinta mais gosto e satisfação em prefaciar esta obra do Juiz Desembargador Dr. Fernando Baptista de Oliveira, que foi meu colega na Faculdade de Direito da Universidade de Coimbra no curso de 1977-1982.

Fomos colegas na universidade, seguimos caminhos profissionais distintos e reencontramo-nos, agora, por causa da publicação de uma obra, escrita pelo magistrado e prefaciada pelo professor universitário. Um bom exemplo!

O ilustre autor, fruto da exemplar capacidade de trabalho, do exercício proficiente da judicatura e da salutar inquietude intelectual, é merecedor de reconhecimento profissional e do respeito científico da comunidade jurídica.

Esta é a sexta monografia que dá à estampa. As cinco anteriores são as seguintes: *A Resolução do Contrato no Novo Regime do Arrendamento Urbano – Causas de Resolução e Questões Conexas (em especial a cláusula geral resolutiva do nº 2 do art. 1083.º do CC)* (2007); *O conceito de Consumidor – Perspectivas Nacional e Comunitária* (2009); *A Liberdade de Circulação nos Mares e as «Novas Ameaças». A Pirataria Marítima – A Tutela Jurídico-Penal* (2010); *Os Contratos Privados – Das Noções à Prática Judicial* (com a colaboração do Dr. Alexandre Norinho de Oliveira), Vols. I, II e III - *1ª edição* (2014) e *2ª edição* - Vols. I e II (2015) e III (2016).

Este manual constitui uma abordagem muito ampla, num diálogo constante e exaustivo com a doutrina e a jurisprudência, de um contrato com uma crescente (para não dizer exponencial) repercussão social e económica: a mediação imobiliária.

A obra tem dezanove capítulos/tópicos, o que diz bem da sua abrangência temática. Pode até dizer-se que a maior crítica (convolada em elogio pelo resultado apresentado) é a pretensão de esgotar todas as questões que a figura contratual suscita.

A mediação imobiliária (uma das valências do contrato de mediação) encontra-se regulada na Lei nº 15/2013, de 8 de fevereiro.

O autor, após uma nota histórica da figura, parte da noção legal, prevista no nº 1 do artigo 2º, deste diploma, sem a poupar a críticas de imprecisão.

Depois de tratar matérias, como a natureza jurídica do contrato, a distinção de figuras afins e os requisitos de validade, dá um especial e relevante enfoque ao conteúdo do contrato (direitos e obrigações das partes) (capítulo V) e à cessação do contrato (capítulo VI). São partes nucleares do trabalho, especialmente o capítulo V, nas quais transparece, de modo mais impressivo, o grande interesse prático (e teórico) da mediação imobiliária.

Até ao final do manual, entre múltiplos tópicos, destaco as interessantes conexões da mediação imobiliária com a liberdade contratual, o abuso do direito, o enriquecimento sem causa e a responsabilidade civil, incluindo a pré-contratual. Uma palavra ainda para a abordagem do contrato promessa de mediação imobiliária.

Em suma: estamos perante uma obra com valor, interesse e atualidade. Depois de a ler, o que se recomenda, o leitor enriquece a sua formação jurídica e fica melhor preparado para enfrentar a complexidade (quiçá surpreendente) desta figura contratual. O mérito é do distinto autor!

LUÍS COUTO GONÇALVES
(Professor Universitário)

NOTA PRÉVIA

Não basta adquirir sabedoria; é preciso, além disso, saber utilizá-la.

(Cícero)

O estudo do regime jurídico da Mediação Imobiliária é, inquestionavelmente, de uma actualidade e importância enormes, como a prática judicial vem revelando, dado serem cada vez mais frequentes e mais complexos os problemas surgidos a justificar a intervenção dos Tribunais.

Acontece, porém, que a este crescendo exponencial da intervenção dos Tribunais neste segmento do jurídico não tem correspondido um "investimento" doutrinal equivalente, tornando por vezes difícil o trato e solução das inúmeras questões concretas que convocam aquela intervenção.

Temos, portanto, uma evidente carência de estudo pátrio nesta área do direito dos contratos civis, o que por vezes leva a soluções algo tímidas, pouco sedimentadas, por vezes até um tanto arriscadas, por pouco (por vezes até nada) suportadas em boa e suficiente jurisprudência e doutrina.

E é bom dizê-lo: as questões e/ou dúvidas que este modelo contratual suscita ou pode suscitar na prática judicial são imensas e muitas das vezes de bem difícil solução.

E tantos são os que no seu labor diário procuram soluções, ou pelo menos pistas de solução, para essas mesmas questões: Juízes, Advogados, Juristas, Agências de mediação imobiliária (estas que crescem como cogumelos e/ou se espalham como azeite por todo o território pátrio), *Colaboradores* das empresas de mediação imobiliária (*técnicos* ou *angariadores*), Estudantes de direito. Todos carenciados de elementos capazes de lhes proporcionar um domínio minimamente consistente destas temáticas.

Percebendo esta carência, o Autor traz a lume uma Obra que procura abordar todos ou quase todos os domínios e/ou questões jurídicas que, no âmbito da Mediação Imobiliária e até ao presente suscitaram (ou podem suscitar) controvérsia na jurisprudência conhecida e, outrossim, em escritos dispersos sobre o tema (nos poucos existentes, nacionais e estrangeiros).

E fá-lo de forma ordenada e sistematizada inserindo um índice o mais alargado e claro possível, de forma a permitir ao utilizador ("prático") um rápido encontro da solução (ou pelo menos pista(s) de solução) para o problema ou dúvida que o apoquenta, dessa forma se procurando disponibilizar a todos aqueles profissionais do foro e mais aludidos que lidam com estas matérias de cada vez maior atualidade, um instrumento/manual de consulta rápida, com forte pendor pragmático (exigência da vida hodierna).

O "boom" imobiliário (que, segundo os analistas, está para durar) vai, necessariamente, aumentar os conflitos e problemas jurídicos nesta área, a exigir aos profissionais uma cuidada e crescente preparação.

O cariz abrangente, prático, de consulta rápida e tão completo quanto possível, dá, assim, singularidade à Obra no mercado livreiro desta área do jurídico.

E não são de menos importância as notas de direito estrangeiro (jurisprudência e doutrina) carreadas na Obra (sobre questões controvertidas da Mediação Imobiliária suscitadas e tratadas nalguns países europeus). É que a manifesta escassez entre nós de estudos doutrinais e outrossim as dificuldades muitas das vezes sentidas nos nossos Tribunais na apreciação dos casos a que são chamados, apelam ao auxílio de outros elementos adicionais de consulta, de cá e de fora, na busca da melhor solução para o caso concreto.

Espera-se, assim, que este "Manual" possa servir de preciosa ajuda na cada vez mais necessitada e exigente informação.

ABREVIATURAS E SIGLAS

A. (AA)	Autor(es)
A.A.F.D.L.	Associação Académica da Faculdade de Direito de Lisboa
Ac.	Acórdão
Ac. TRL	Acórdão do Tribunal da Relação de Lisboa
Ac. TRP	Acórdão do Tribunal da Relação do Porto
Ac. TRC	Acórdão do Tribunal da Relação de Coimbra
Ac. TRE	Acórdão do Tribunal da Relação de Évora
A. D.	Acórdãos Doutrinais
ADC	*Anuário de Derecho Civil*
AJ	revista "*Actualidade Jurídica*"
Anot.	Anotação
Arrêt	Acórdão
Art.	Artigo
Arts.	Artigos
A.T.C.	Acórdão(s) do Tribunal Constitucional
ATF	Acórdãos do Tribunal Federal
BFDUC (idem FDC)	*Boletim da Faculdade de Direito da Universidade de Coimbra*
BGB	*Bürgerliches Gesetzbuch* (Código Civil Alemão).
BGHZ	*Bundesgerichthof Zeitung*
BMJ	*Boletim do Ministério da justiça*
BOA	*Boletim da ordem dos Advogados*
Bol.	*Boletim (do Ministério da Justiça)*
Bol. Sum.	*Boletim dos sumários dos acórdãos do Supremo Tribunal de justiça*
CAP	Capítulo
Cass.	*Cassazione*
C.C.	Código Civil
CC 1867	Código Civil de 1867
C.C.Anot	Código Civil Anotado
CCBr.	Código Civil Brasileiro

CCEsp.	Código Civil Espanhol
CCFr.	Código Civil Francês
CCIt.	Código Civil Italiano (*Códice Civile*)
CCom	Código Comercial
CDP	Cadernos de Direito Privado
CE	Código das Expropriações
CEC	Centro Europeu do Consumidor
CEJ	Centro de Estudos Judiciários
Cfr.	Confira
CI	*Contratto e Impresa*
CIMI	Código do Imposto Municipal sobre Imóveis
CIRE	Código da Insolvência e Recuperação de Empresas
Cit.	Citado
CJ	*Colectânea de jurisprudência*
CJ (STJ)	*Colectânea de jurisprudência. Acórdãos do Supremo Tribunal de Justiça*
CJ TJCE	*Colectânea de Jurisprudência/Acórdãos do Tribunal de Justiça das Comunidades Europeias*
CO	*Code des Obligations*
Cód. Proc. Civil.	Código de Processo Civil
Coment.	Comentário
CPC	Código do Processo Civil
CRP	Código do Registo Predial
CRP	Constituição da República Portuguesa
CSC	Código das Sociedades Comerciais
CssFr.	*Cour de Cassation (Supremo Tribunal Francês)*
CssIt.	*Cour de Cassazione (Supremo Tribunal Italiano)*
D.A.R.	Diário da Assembleia da República
Dec. Conv.	Decisões convergentes
Dec. Reg.	Decreto Regulamentar
DF	*Il Diritto Fallimentar e delle Società Commerciali*
DG	*Diário do Governo*
DGC	Direcção-Geral do Consumidor
DL	Decreto-Lei
Dir.	Directiva
Dir.	*O Direito*
DJ	Direito e Justiça
DL	Decreto-lei
DR	Diário da República
Ed.	Edição

ED	*Enciclopédia del Diritto*
EOA	Estatuto da Ordem dos Advogados
Esp.	Especialmente
EU	*European Union*
ex.	exemplo
Ex iure	Por direito (de acordo com o direito)
Ex lege	Segundo a lei
Ex legibus	De acordo com as leis
Ex nunc	A partir deste momento
Ex officio	Por dever de ofício. Por obrigação
Ex re	Em virtude da coisa
Ex tunc	Desde o início. Desde então
Ex uso	Segundo o uso
Ex vi	Pela força
Ex vi contractus	Pela força do contrato
Ex vi legis	Por força da lei
Fasc.	Fascículo
FDUC	Faculdade de Direito da Universidade de Coimbra
FDUNL	Faculdade de Direito da Universidade Nova de Lisboa
FDUP	Faculdade de Direito da Universidade do Porto
FI	*Il Foro Italiano*
GC	*Giurisprudenza Commerciale*
Giur. It	Jurisprudência Italiana
Giust. Civ.	Justiça Civil
IGFEJ	Instituto de Gestão Financeira e Equipamentos da Justiça
IMI	Imposto Municipal sobre Imóveis
IMOPPI	Instituto dos Mercados de Obras Públicas e Particulares e do Imobiliário
IMT	Imposto Municipal sobre as Transmissões Onerosas de Imóveis
InCI	Instituto da Construção e do Imobiliário, I.P.
I.N.E.	Instituto Nacional de Estatística
IRS	Imposto sobre o Rendimento das Pessoas Singulares
IVA	Imposto sobre o Valor Acrescentado
JLMB	Revue de Jurisprudence de Liège, Mons et Bruxelles
JO	O *Jornal Oficial da União Europeia*
JOCE	*Jornal Oficial da Comunidades Europeias*
JOUE	*Jornal Oficial da União Europeia*
JR	Jurisprudência das Relações
Jur. Rel.	Jurisprudência das Relações
LCCG	Lei das Cláusulas Contratuais Gerais (DL 446/85, de 25.10)

LDC	Lei de Defesa do Consumidor
LGDCU	*Lei Geral para a Defesa dos Consumidores e Usuários*
Liv.	Livro
loc.	local (ou locais)
LRCP	Lei da responsabilidade civil do produtor
LVBC	lei da venda de bens de consumo (*ut* DL 67/2003)
Lx	Lisboa
MP	Ministério Público
NDI	*Novíssimo Digesto Italiano*
NJW	*Neue Juristische Wochenschrift*
n. (nn.)	nota(s) de rodapé
nº(s)	número(s)
NSSdi	Novissimo digesto Italiano
ob.	obra
Ob.	Obra
Ob. Cit.	Obra citada
Org.	organizado (editado) por
p. (pp.)	página(s)
p. ex.	por exemplo
PGR	Procuradoria Geral da República
proc.	Processo
publ.	Publicado
RC	Relação de Coimbra
RCJB	Revue critique de jurisprudence belge
R.D.Civ.	*Rivista di Diritto Civile*
R.D.Comm.	*Rivista di Diritto Commerciale*
R.D.E.	*Revista de Direito e Economia*
R.D.E.S.	*Revista de Direito e de Estudos Sociais*
Ref.	Referência
Referências	Referências doutrinais
Reimp.	Reimpressão
Rel.	Relação
Rel. Cb.	Relação de Coimbra
Rel. Év.	Relação de Évora
Rel. Lx.	Relação de Lisboa
Rel. Pt.	Relação do Porto
RFDUL	*Revista da Faculdade de Direito da Univ. de Lisboa*
RFDUP	*Revista da Faculdade de Direito da Universidade do Porto*
RG	Relação de Guimarães
RGEU	Regime Geral das Edificações Urbanas

RJ	Revista de Justiça
RJAMI	Regime Jurídico da Atividade de Mediação Imobiliária
RL	Relação de Lisboa
RLJ	*Revista de Legislação*
ROA	*Revista da Ordem dos Advogados*
RP	Relação do Porto
RT	*Revista dos Tribunais*
Sec.	Secção
SA	Sociedade Anónima
SI	*Scientia Ivridica*
s. (ss)	seguinte(s)
S. T. A.	Supremo Tribunal Administrativo
STJ	Supremo Tribunal de justiça
STS	Supremo Tribunal de Espanha
T.	Tomo
TC	Tribunal Constitucional
	Tf – Tribunal Federal
Tit.	Título
TJCE	Tribunal de Justiça das Comunidades Europeias
TJ	*Tribuna de Justiça*
Trib. de Just.	*Tribuna de Justiça*
ult.	último(a)
v	*versus*
vol.	*Volume*
VJ	revista *Vida Judiciária.*
Vd.	*Vide*
v. g.	*verbi gratia*
Vol.	Volume

I

A Mediação – Mediação Imobiliária: nota histórica e evolução legislativa do contrato de mediação imobiliária no ordenamento jurídico português

Foi com o desenvolvimento dos mercados e dos intermediários, necessários para facilitar as trocas, que surgiram os mediadores, que aproximavam as pessoas no fito da concretização dos negócios por elas pretendidos.

A mediação tem origem na palavra latina *mediatio*, que significa, designadamente, "intervenção" (assim se chegando a outro sinónimo, "interferir" e, por sua vez, "intermediar").

O mediador é um intermediário por excelência na medida em que, acima de tudo, é um facilitador, isto é, alguém que aproxima as partes.

A importância da mediação é muito antiga. Como bem observa Menezes Cordeiro[1], a mediação "deve ser tão antiga quanto o comércio.

Assim, já no Direito Romano foi instituída uma acção (a *Actio Extra Ordinem*) para permitir ao mediador reivindicar uma compensação que lhe estivesse a ser negada, sendo que a mesma seria proporcional à qualidade e importância do negócio mediado.

O conceito de mediação, porém, apenas começa a ganhar contornos com a consagração do contrato de mediação, o qual surgiu (de forma, porém, incipiente) nos códigos comerciais do Direito Moderno, designadamente com os códigos de comércio napoleónico (1808), albertino (1842) e espanhol (1886).

A mediação veio depois a ser consagrada em vários códigos civis, designadamente, nos códigos civis italiano, alemão, inglês e suíço.

* * *

[1] Menezes Cordeiro, *Do contrato de Mediação*, O Direito, Ano 139º, 2007, III, p. 519.

Vários foram os **diplomas que foram surgindo no ordenamento jurídico português sobre a mediação imobiária.**

Sucintamente, destacamos:

- Dec.-lei nº 43.767, de 30 de Junho de 1961[2].
  Este diploma não continha disposições reguladoras do contrato de mediação imobiliária, pelo que esta figura jurídica manteve-se legalmente atípica[3].
- Dec.-Lei nº 285/92, de 19 de Dezembro[4] (revogou o Dec.-lei nº 43.767, de 30 de Junho de 1961) – **só com este diploma foi instituído um tipo contratual legal**, passando a ser regulado de forma explícita o contrato de mediação imobiliária (cfr. noção de *actividade...imobiliária*: art. 2º[5]).
- Dec.-Lei nº 77/99, de 16 de Março[6] – revogou o Dec.-Lei nº 285/92, de 19 de Dezembro[7].

[2] DG I Série, nº 150, de 30/06/1961, p. 774-5 (consagrou o exercício das atividades de mediação na compra e venda de imóveis e na realização de empréstimos hipotecários a pessoas singulares ou sociedades de reconhecida idoneidade, que tivessem obtido autorização prévia do Ministério das Finanças, mediante portaria – artigo 1º).

[3] Mesmo após a publicação deste diploma, alguns acórdãos continuaram a qualificar as relações contratuais que se reconduziam ao contrato de mediação ali tipificado como mandatos (cfr. o Acórdão do STJ de 06/07/1962, in, BMJ, 119, pp. 420-8: *"I – Encarregada uma agência de venda de propriedades de angariar comprador para determinada quinta e estipulando-se entre as partes uma remuneração de 3% sobre o preço, a pagar, uma parte aquando da entrega do sinal, e outra parte após a celebração da escritura. O que equivale à estipulação dum termo e não de uma condição, a mesma será devida após a descoberta de comprador e a negociação preliminar da venda, não obstante esta se não ter chegado a realizar (...) II – A comissão é devida por marido e mulher, não obstante esta não ter intervindo no contrato de mediação ou no contrato preliminar, se se puder concluir pela existência dum mandato verbal entre ambos para a celebração desses contratos (...)"*; ainda o voto de vencido ao Acórdão do STJ de 7 de março de 1967, in, RLJ Ano 100, nº 3355, p. 342-3).

[4] DR I Série A, nº 292 de 19 de dezembro de 1992, p. 5858-61.

[5] *«Para efeitos do presente diploma entende-se por imobiliária a actividade comercial em que, por contrato, a entidade mediadora se obriga a conseguir interessado para a compra e venda de bens imobiliários ou para a constituição de quaisquer direitos reais sobre os mesmos, para o seu arrendamento, bem como na prestação de serviços conexos».*

[6] DR I Série, nº 63 de 16 de março de 1999, 1434-41.
Visou-se com este diploma lograr obter *"uma clara finalidade de moralização do exercício da mediação imobiliária – nomeadamente combatendo o exercício clandestino -, visando, deste modo, uma mais eficaz tutela do consumidor, a par da defesa dos interesses dos próprios agentes económicos"* (Carlos Lacerda Barata, Estudos do Instituto de Direito do Consumo, Vol. I, Almedina, 2001, p. 210-211)

[7] Salienta-se o facto de **a obrigação da mediadora ter deixado de ser vista como uma obri-**

Particularmente inovador neste diploma legal foi a consagração de especiais deveres a cargo do mediador, previstos no artigo 18º, entre os quais se destacam a obrigação do mediador, antes da celebração do contrato, de se certificar da capacidade e legitimidade para contratar das pessoas intervenientes no negócio que irá promover, bem como a obrigação de aferir da conformidade das informações recebidas pelos interessados com as reais caraterísticas materiais e jurídicas do objecto do contrato.

E, outrossim, clarificou o diploma que "só é devida com a conclusão e perfeição do negócio visado pelo exercício da mediação" (artigo 19º, nº 1 do DL 77/99) – clarificação essa que se traduziu na consagração legal da prática jurisprudencial[8].

- DL 258/2001 de 25 de setembro (alterou o DL 77/99)[9].
- Dec.-Lei nº 211/2004, de 20 de Agosto[10] (veio regulamentar a actividade de angariação imobiliária[11]).

  Este diploma foi inovador na regulamentação da actividade de angariação imobiliária, distinguindo esta dos mediadores, bem como na introdução da obrigação dos outorgantes do negócio jurídico sobre bens imobiliários declararem e identificarem, no momento da escritura pública e na presença do notário, a intervenção de mediador na realização e formalização do negócio.
- Dec.-Lei nº 69/2011, de 15.06[12] (alterou o DL 69/2011. Veio desburocratizar procedimentos de acesso ao exercício da actividade e garantir uma ainda maior transparência e informação aos consumidores).

gação de resultado (cfr. art. 3º/1) – no Dec.-Lei nº 285/92, de 19 de Dezembro, o mediador obrigava-se a conseguir um interessado (cfr. art. 2º).

[8] Neste sentido, vejam-se entre outros, os Acórdãos do STJ de 17/03/1967, BMJ 165, pp.331-4 e de 09/03/1978, BMJ 275, pp. 183-90.

[9] Alterações essas relativas a aspetos relativos à forma de prestar caução e ao seguro de responsabilidade civil.

[10] DR I Série-A nº 196, 20 de agosto de 2004.

[11] Cfr. preâmbulo (*"regulamenta-se agora a actividade de angariação imobiliária,..."*).

[12] Surgiu face à necessidade de adaptação à Diretiva 2006/123/CE do Parlamento Europeu e do Conselho de 12 de Dezembro, transposta para a ordem jurídica interna pelo DL 92/2010 de 26 de Julho.

- **Lei nº 15/2013, de 8 de Fevereiro**[13] (diploma vigente desde 01.03.2013)[14], por este se regendo actualmente o contrato de mediação imobiliária (Regime Jurídico da Actividade de Mediação Imobiliária – doravante designado por RJAMI), alterado pelo DL.102/2017, de 23.8, e pela Portaria nº228/2018, de 13 de Agosto.

[13] DR I Série, nº 28, 8 de fevereiro de 2013, p. 760-69.

[14] Esta nova Lei visa conformar o respectivo regime jurídico com as alterações promovidas pelo Decreto-Lei nº 92/2010, de 26 de Julho, no sentido da simplificação e agilização dos regimes de licenciamento e de condicionamentos prévios ao acesso e ao exercício de actividades. Com esta Lei, estabeleceu-se o novo regime jurídico do acesso e exercício da actividade de mediação imobiliária, conformando-o com os princípios e regras previstos no referido Decreto-Lei nº 92/2010, de 26 de Julho, que transpôs para o ordenamento jurídico interno a Directiva nº 2006/1223/CE do Parlamento Europeu e do Conselho, de 1 de Dezembro de 2006, referente à simplificação do livre acesso e exercício de actividades de prestação de serviços no mercado interno.
Das várias alterações introduzidas pela Lei nº 15/2013, de 8 de Fevereiro, destaca-se o **incremento dos elementos cuja especificação é obrigatória no âmbito do contrato de mediação imobiliária, passando a ser necessário incluir também no contrato (para além dos requisitos já anteriormente previstos** – cfr. art. 19º do DL 211/2004): (i) a identificação do angariador imobiliário que, eventualmente, tenha colaborado na preparação do contrato e (ii) a identificação discriminada de **eventuais serviços acessórios.**
As **licenças emitidas ao abrigo da legislação anterior**, válidas a 1 de Março de 2013, passam a ter duração ilimitada, sem necessidade de qualquer formalismo adicional.

II
Da noção e elementos caracterizadores

II.1. Contrato de mediação

II.1.1. Natureza contratual ou não contratual?

Parece não haver dúvidas de que no ordenamento jurídico português (considerando o que sobre ele tem sido escrito na doutrina e na jurisprudência), o contrato de mediação tem claramente natureza contratual.

Entre outros Autores, escreve Carlos Lacerda Barata[15]: *"a mediação é, em geral, uma figura atípica, no Direito português. A liberdade contratual (artigo 405º, nº 1 C.C.) explica e justifica o vínculo de mediação. Mas, no quadro dos factos voluntários constitutivos de relações obrigacionais, só ao contrato, neste caso, pode ser reconhecida aptidão para fundar a vinculação"*. Ao contrário do que ocorre no negócio unilateral, sujeito ao princípio da tipicidade, estabelecido no artigo 457º do Código Civil.

Obviamente que no que tange ao contrato de mediação imobiliária, a sua natureza contratual não merece qualquer reserva, até porque assim vem tipicado na legislação que expressamente o regula, como melhor se verá[16].

[15] *Contrato de Mediação – Estudos do Instituto de Direito do Consumo*, Vol. I, Amedina, 2002, p 225.

[16] Assim, v.g., o artigo 3º, nº1 do da Lei 15/2013 de 08/02 reza que *"A atividade de mediação imobiliária só pode ser exercida em território nacional por empresas de mediação imobiliária e **mediante contrato**"*, percutindo o artigo 16º nº1 do mesmo diploma que *"O contrato de mediação imobiliária (...)"*.
Natureza contratual esta que, aliás, já vem desde o DL 285/92 de 19 de Dezembro (artigo 2º) – entendimento que os diplomas posteriores reiteraram (cfr. artigo 3º, nº 1 do DL 77/99 de 16 de Março e artigo 2º do DL 211/2004 de 20 de Agosto.

II.1.2. Noção e elementos caracterizadores do contrato de mediação

Trata-se duma sub-espécie de contrato de prestação de serviços.

Mediação é o contrato pelo qual uma parte (o mediador) se vincula para com a outra (o comitente ou solicitante) a, de modo **independente** e mediante **retribuição**, preparar e estabelecer uma relação de negociação entre este último e terceiros (os solicitados) com vista à eventual conclusão definitiva de negócio jurídico.

Assim, para que exista essa *mediação*, tem o mediador que ter recebido uma incumbência, expressa ou tácita, para certo negócio. Ou seja, tem que haver um acordo entre mediador e solicitante no sentido do primeiro servir de intermediário num ou mais contratos a celebrar pelo último com terceiros, **preparando e aproximando as respectivas partes, devendo a conclusão do negócio entre o comitente e o terceiro ser consequência da actividade do mediador/intermediário.**

Uma das partes obriga-se a promover, de modo imparcial, a aproximação de duas ou mais pessoas, com vista à celebração de certo negócio, mediante retribuição[17].

A mediação **é, no essencial, uma prestação de serviços** a que se aplicam, com a devida adaptação, as regras do contrato de mandato – *ut* art. 1156º do Código Civil[18].

O Professor MENEZES CORDEIRO, no estudo "*Do Contrato de Mediação*", *in* Revista "*O Direito*", Ano 139º, 2007, III, págs.516 a 554, dá a noção básica deste contrato nos seguintes termos (pág. 517):

"Em sentido amplo, diz-se mediação o acto ou efeito de aproximar voluntariamente duas ou mais pessoas, de modo a que, entre elas, se estabeleça uma relação de negociação eventualmente conducente à celebração de um contrato definitivo.

Em sentido técnico ou estrito, a mediação exige ainda que o mediador não represente nenhuma das partes a aproximar e, ainda, que não esteja ligado a nenhuma delas por vínculos de subordinação".

[17] Ver C. Lacerda Barata, *Contrato de Mediação,* em Estudos do Instituto de Direito do Consumo, I, 192. Sobre mediação, cfr. ainda L. Brito Correia, *Direito Comercial,* I, 202 e 203; Pessoa Jorge, *O Mandato sem Representação,* 231 e segs e M. Helena Brito, *O Contrato de Concessão Comercial,* 6, 7 e 112 e segs.

[18] *"As disposições sobre o mandato são extensivas, com as necessárias adaptações, às modalidades do contrato de prestação de serviço que a lei não regule especialmente".*

Como nota histórica, diremos que já na tradição portuguesa, a figura actual do mediador era incluída na de corretor que foi regulada desde as Ordenações até ao Código Comercial de 1883 de Ferreira Borges, que, no seu art. 102º, dizia: "*O officio de corretor é viril e publico. O corretor e ninguém mais, póde intervir e certificar legalmente os tractos e negociações mercantis*".

O artigo 103º preceituava: "*As operações dos corretores consistem em comprar e vender para seus committentes mercadorias, navios, fundos públicos, e outros créditos, letras livranças, letras da terra, e outras obrigações mercantis: – em fazer negociações de descontos, seguros, contractos de risco, fretamentos, empréstimos com penhor ou sem elle; – e em geral em prestar o seu ministério nas convenções e transacções commerciaes*".

Nos arts. 64º a 80º do Código Comercial de 1888, de Veiga Beirão, era regulada a matéria atinente aos corretores sendo de realçar que a profissão do corretor "*correspondia à de mediador público encartado pelo Estado para o exercício de certas funções*"[19].

Assim se vê que a figura do contrato de mediação já era conhecida da doutrina e tinha tratamento jurídico, ainda que num enquadramento que se distancia do vigente enquadramento legal e conceitual.

Todavia, o elemento essencial do contrato já era perspectivado por Vaz Serra, na *RLJ*, 100, 343, ao definir a mediação como "*Um contrato pelo qual uma das partes se obriga a conseguir interessado para certo negócio e a aproximar esse interessado da outra parte*"[20].

[19] Obra citada – pág. 519.

[20] Outras definições de mediação têm sido apresentadas pela doutrina.
Assim, entre várias outras:
"*Mediação, pois, é a interferência feliz de um terceiro, feita sob promessa de recompensa, entre duas ou mais pessoas, levando-as a concluir determinado negócio*" (Carvalho Neto, citado por Manuel Salvador, Contrato de Mediação, p. 31).
"*Em sentido amplo, diz-se mediação, o ato ou efeito de aproximar voluntariamente duas ou mais pessoas, de modo a que, entre elas, se estabeleça uma relação de negociação eventualmente conducente à celebração de um contrato definitivo. Em sentido técnico ou estrito, a mediação exige ainda que o mediador não represente nenhuma das partes a aproximar e, ainda, que não esteja ligado a nenhuma delas por vínculos de subordinação*" (Menezes Cordeiro, Direito Comercial, 4ª edição, Almedina, 2016, p. 689 e Do contrato de Mediação, O Direito, Ano 139º, 2007, III, p. 517-554).
"*A mediação costuma ser definida como um contrato pelo qual uma das partes se obriga a promover a aproximação de duas ou mais pessoas, com vista à conclusão de determinado negócio entre elas, mediante remuneração*" (Maria de Fátima Ribeiro, O contrato de Mediação e o direito do mediador à remuneração, *Scientia Iuridica*, nº 331, Tomo LXII, janeiro/abril, 2013, p. 77 -106).

Entre as classificações de mediação (entre as quais, a civil e a comercial), particular relevo é a que distingue a mediação simples da profissional: "na primeira, o acto ou efeito de mediar é levado a cabo por qualquer pessoa, sem especiais preparação ou condicionalismo, dentro do espaço jurídico; na segunda, encontramos uma pessoa que, de modo organizado, lucrativo e tendencialmente exclusivo, utiliza a mediação como modo de vida"[21].

São, assim, elementos caracterizadores deste contrato[22]:

1. **Obrigação de aproximação** de sujeitos – a sua obrigação essencial é a de conseguir interessado para certo negócio e aproximar esse interessado da outra parte;
2. actividade tendente à celebração do negócio (prática de actos materiais, tendentes a favorecer o encontro de eventuais contraentes e a celebração do negócio em causa)[23];
3. **independência: mediador não age ou actua por conta do comitente, nem no interesse deste; não actua por conta de nenhuma das partes; embora contratado por uma delas..... *nunca representa* qualquer delas no negócio que vem a ser celebrado;**
4. **imparcialidade** (impõe ao mediador o dever de se comportar, perante os potenciais contraentes, em termos não discriminatórios e **de modo a evitar danos para qualquer deles; nomeadamente, deverá avisar ambas as partes quando conheça alguma circunstância, relativa ao negócio, capaz de influenciar a decisão de contratar ou não)**[24];

[21] António Menezes Cordeiro, O Direito, Ano 139º, 2007, III, p. 539/540.

[22] Também Engrácia Antunes, *Direito dos Contratos Comerciais*, 2014 (reimpressão), pp 460) modela o contrato como de mediação através de um conjunto de elementos distintos mas concorrentes para a sua caracterização, a saber: a existência de *convenção expressa ou tácita de mediação, a actividade pontual e independente da intermediação e a onerosidade.*

[23] Não constitui obrigação fundamental do mediador concluir o contrato; **a sua obrigação essencial é a de conseguir interessado para certo negócio** que ele próprio, raramente, conclui. **É indiferente que o mediador intervenha na fase final do negócio.**
Essa actividade tem, pois, carácter necessariamente pluridireccional, dirigindo-se a um resultado que envolve, pelo menos, duas pessoas (Cfr. Lacerda Barata, *Ob. Cit.*, 193).

[24] Cfr. Lacerda Barata, Ob. Cit., 198 – *in* Acórdão da Relação do Porto de 29-05-2003, Pinto de Almeida.

5. **ocasionalidade** (o contrato de mediação, por regra, é celebrado para um certo negócio);
6. **retribuição** – contrato bilateral e oneroso[25]. A retribuição é independente do cumprimento do contrato (**diferente da retribuição do agente)**, podendo ser exigida logo que o mesmo seja celebrado[26].

II.2. Contrato de Mediação Imobiliária

II.2.1. A noção de mediação imobiliária

A mediação imobiliária[27] é um contrato **estruturalmente idêntico ao tipo social do contrato de mediação geral**. É uma das valências da mediação[28].

II.2.1.1. No Dec.-Lei nº 211/2004, de 20 de Agosto

Contém uma noção .... mas indirecta do contrato de mediação imobiliária, ***ut*** art. 2º/1 (cfr. art. 2º/1):

> *«1 – A actividade de mediação imobiliária é aquela em que, por contrato,* ***uma empresa se obriga a diligenciar*** *no sentido de conseguir interessado na realização de negócio que vise a constituição ou aquisição de direitos reais sobre bens imóveis, a permuta, o trespasse ou o arrendamento dos mesmos ou a cessão de posição em contratos cujo objecto seja um bem imóvel».*

[25] Neste tipo de contrato, o mediador obriga-se a procurar interessado e a aproximá-lo do comitente para a realização do negócio no sector imobiliário e este último obriga-se a remunerá-lo pelo serviço prestado.

[26] Ver Pinto Monteiro, *in* Acórdão do STJ, de 12-12-2013, Granja da Fonseca.

[27] No que tange à **actividade de angariação imobiliária, deve, antes de mais, anotar-se que só com o DL 211/2004 de 20/08** (que veio a ser alterado pelo DL 69/2011 de 15/6 e revogado pela Lei 15/2013 de 8/2) **foi a mesma regulamentada** – apesar de no art. 7º nº 4 do DL 77/99 já se prever que *«Todas as pessoas que prestem serviços às empresas de mediação, devem ser identificadas através de cartões de identificação fornecidos pelas mesmas (...)»* –, lendo-se no seu preâmbulo: *«Procurando definir a situação de alguns agentes que, não sendo mediadores, praticam actos próprios daquela actividade,* ***regulamenta-se agora a actividade de angariação imobiliária,*** *a qual poderá ser exercida por empresário em nome individual, uma vez cumpridos determinados requisitos, ainda que de menor exigência relativamente aos previstos para a actividade de mediação imobiliária. Tal actividade consiste na prestação de serviços a uma ou mais empresas de mediação, desde que integrados no âmbito da preparação e do cumprimento de contratos de mediação imobiliária por estas celebrados, estando-lhes, no entanto, vedada a celebração daqueles contratos».*

[28] Outras são, v.g.: mediação financeira (CVM), a mediação de emprego, a mediação monetária e a mediação de seguros.

Perante o nº 2 deste normativo, a **actividade de mediação imobiliária consubstanciava-se no desenvolvimento de:**

«a) Acções de prospecção e recolha de informações que visem encontrar o bem imóvel pretendido pelo cliente;

b) Acções de promoção dos bens imóveis sobre os quais o cliente pretenda realizar negócio jurídico, designadamente através da sua divulgação, publicitação ou da realização de leilões.».

A actividade do mediador é ali definida por uma **obrigação de *diligenciar*** na obtenção de interessado na realização do negócio.

II.2.1.2. Na Lei nº 15/2013, de 8 de Fevereiro

Só com este diploma aparece **uma noção directa** do **contrato de mediação imobiliária** (cfr. art. 2º):

*«1 – A actividade de mediação imobiliária **consiste na procura,** por parte das **empresas,** em **nome dos seus clientes, de destinatários para a realização de negócios** que visem a constituição ou aquisição de direitos reais sobre bens imóveis, bem como a permuta, o trespasse ou o arrendamento dos mesmos ou a cessão de posições em contratos que tenham por objecto bens imóveis.».*

Acrescentando o nº 2:

*«2 – A actividade de mediação imobiliária **consubstancia-se também** no desenvolvimento das seguintes acções:*

a) Prospecção e recolha de informações que visem encontrar os bens imóveis pretendidos pelos clientes;

b) Promoção dos bens imóveis sobre os quais os clientes pretendam realizar negócios jurídicos, designadamente através da sua divulgação ou publicitação, ou da realização de leilões.».

A noção fornecida por esta Lei 15/2013 resulta da conjugação de várias das suas normas[29].

[29] Arts. 2º, nº 1 (*"definições (...)"* – define-se aqui a actividade desenvolvida pelo mediador) –, 16, nº 2, c) e 19 (regem sobre a *remuneração da empresa* (mediadora), *maxime* sobre as condições

A actividade do mediador é definida por uma **obrigação de procurar (.... *destinatários*** *para a realização de negócios*) – o que é **bem diferente da obrigação de......concretização do negócio visado**[30].

Um dos sujeitos do contrato tem de ser uma *"empresa"* – mas se o contrato for celebrado por não *empresa*, é atípico e válido (liberdade contratual – art. 405º CC), **aplicando-se-lhe as regras do RJAMI, por analogia** com as situações para estes pensadas.

Daqui que **não basta que a mediadora faça diligências** no sentido de aproximar os interessados na realização do negócio[31]: em princípio, é **necessário que o contrato previsto seja levado a bom termo.** Porém, o contrato visado **pode não ser integralmente cumprido e haver lugar à comissão** acordada (desde que a mediadora não seja responsável pelo incumprimento e se insira no contrato uma **cláusula de exclusividade).**

Definimos, assim, o contrato de mediação imobiliária: aquele pelo qual uma *empresa* de mediação imobiliária assume a incumbência (nalguns casos, assumindo mais que isso: uma obrigação – cfr. contrato com cláusula de exclusividade[32]) de procurar, para os seus clientes, destinatários (interessados) para a efectivação de negócios que visem a constituição ou aquisição de direitos reais sobre bens imóveis, a permuta ou arrendamento dos mesmos, ou o trespasse ou cessão de posição em contratos que tenham por objecto bens imóveis, mediante remuneração, esta devida com a conclusão e perfeição do negócio visado pelo exercício da mediação[33].

para a sua exigibilidade: *"a remuneração da empresa é devida com a conclusão e perfeição do negócio visado...., ou...»*, diz este último normativo).

30 **Esta que inexiste,** pois isso não depende da vontade do mediador mas do seu cliente e do interessado encontrado.

31 **Se assim fosse bastar-lhe-ia simular um comprador** que se mostrasse interessado e depois desistisse do negócio, mesmo que sem qualquer fundamento sério.

32 É claro que tratando-se de contrato de mediação simples (sem cláusula de exclusividade) a mediadora tem toda a liberdade de desenvolver a atividade pretendida pelo cliente, a tal não podendo ser obrigada. Do memso modo que ao cliente assiste a total liberdade de contratar outras mediadoras, bem assim de celebrar o contrato com um terceiro encontrado por uma outra mediadora. O que não acontece, portanto, na situação de exclusividade.

33 Sem prejuízo das **excepções ínsitas no art. 19º da Lei nº 15/2013,** de 8 de Fevereiro.
A noção de mediação imobiliária que emerge da Lei 15/2013 veio fazer uma aproximação ao conceito de *Obliegenheit* existente no direito suíço e no direito alemão, cuja tradução tem sido

II.2.2. Elementos caracterizadores do contrato de mediação imobiliária

Perante o explanado, temos como características ou elementos inerentes ao contrato de mediação imobiliária (e comuns à noção de **mediação):** 1. **convenção** (expressa ou tácita) de mediação[34]; 2. **actividade**[35] **pon-**

levada a cabo por diversos autores portugueses para os termos *ónus material*, *encargo* e *incumbência* (no sentido de entender tal termo como ónus material ou encargo, veja-se: António Menezes Cordeiro, Tratado de direito civil I, pp. 918-9. No sentido de entender tal termo como incumbência, veja-se Heinrich Horster, A parte geral do Código Civil Português, p. 234). Como se verá da jurisprudência inserida mais adiante, o termo "*incumbência*" tem sido utilizado com frequência pela jurisprudência (assim, entre outros, pode ver-se; o Acórdão do Tribunal da Relação de Lisboa de 24 de junho de 1993, CJ XVIII, Tomo III, p. 139 e seguintes, ao referir que "(...) O contrato de mediação pressupõe, essencialmente, a ***incumbência***, a uma pessoa de conseguir interessado para certo negócio, bem como a aproximação, feita pelo mediador, entre o terceiro e o comitente e a conclusão do negócio, entre estes, como consequência adequada da atividade do mediador (...)"; o Acórdão do STJ de 9 de dezembro de 1993, BMJ nº 432, p. 332 e seguintes, referindo que "(...) é entendimento geral que o contrato de mediação é um negócio jurídico por via do qual uma pessoa ***incumbe*** outra de conseguir interessado para certo contrato, com vista à realização deste (...)"; e o Acórdão do Tribunal da Relação de Lisboa de 3 de junho de 1977, CJ II, Tomo III, p. 647 e seguintes, referindo que "O contrato de mediação é um contrato inominado que supõe, na sua essência, a ***incumbência*** a uma pessoa de conseguir interessado para certo negócio (...)"). Porém, normalmente este termo é acompanhado da ideia de "obrigação do mediador".

[34] Que consubstancia um *acordo* entre mediador e solicitante no sentido de o primeiro servir de intermediário num ou mais contratos a celebrar pelo último com terceiros (cfr. art. 2º da Lei 15/2013), preparando e aproximando as respectivas partes.

A pergunta que se tem visto pôr, designadamente na jurisprudência, é esta: a atividade de mediação imobiliária **constitui uma obrigação ou um ónus de aproximar sujeitos?**

Ora, a jurisprudência tem vindo a utilizar maioritariamente o termo incumbência, mas com o significado de obrigação.

Face à evolução na terminologia utilizada pelos diversos diplomas que têm vindo a regular a mediação imobiliária, parece que o legislador do actual RJAMI (Lei 15/2013) pretendeu deixar de encarar a prestação do mediador como uma obrigação, passando a designar antes tal atividade como uma *incumbência*. Tendo passado a aferir-se da maior ou menor vinculação do mediador através das cláusulas que as partes venham a estipular em cada contrato concreto, designadamente a cláusula de exclusividade.

Efectivamente, consistindo a actividade a cargo do mediador " *(...)pôr em contacto dois ou mais sujeitos, futuros contraentes num eventual negócio, cuja celebração se procura*" (Carlos Lacerda Barata, *Contrato de Mediação – Estudos do Instituto de Direito do Consumo*, vol. I, Almedina, 2002, p. 192), para promover tais contactos o mediador terá de se dedicar à "*procura... de destinatários*" para a realização do negócio pretendido (a constituição ou aquisição de direitos reais sobre imóveis,

tual (leia-se casional[36]), **independente**[37] e **imparcial**[38] de intermediação[39]; 3. **onerosidade**[40].

bem como a permuta, o trespasse ou o arrendamento dos mesmos ou a cessão de posições em contratos que tenham por objeto bens imóveis), tal como se prescreve no art. 2º/1 da Lei 15/2013.

[35] A propósito da intensidade de vinculação do mediador, como bem observa Higina Orvalho Castelo, "por via de um concreto contrato de mediação, o **mediador poderá assumir uma obrigação de atividade** – poderá vincular-se a diligenciar no sentido de encontrar interessado para o seu cliente (como sucederá nos contratos em que o mediador aja com o beneficio da exclusividade) -, **ou poderá exercer a sua atividade sem a esse exercício estar adstrito**, fazendo-o simplesmente porque sem ele não corresponderá a uma obrigação, mas a uma espécie de ónus de direito material, cujo correspondente comportamento será exercício no interesse de ambas as partes, mediador e cliente sob pena de o mediador não ser remunerado (remuneração que, salvo alguns casos de regime de exclusividade, não depende apenas da atuação do mediador, mas também da celebração do contrato mediado)" (*Regime Jurídico da Actividade de Mediação Imobiliária Anotado*, 2015, p. 35).

[36] Com efeito, o contrato de mediação, por via de regra, é celebrado para um certo negócio, não se caracterizando "pela estabilidade do vínculo, mas antes pela sua ocasionalidade" (cfr., entre outros: Carlos Lacerda Barata, obra citada, p. 200; Vaz Serra, RLJ Ano 100, p. 343; Maria de Fátima Ribeiro, obra citada, p. 92; António Menezes Cordeiro, Direito Comercial, p. 699). Tal não significa que a mediação em certas circunstâncias não possa assumir tal vínculo de estabilidade.

[37] Ainda a propósito do **trecho legal de definição de *actividade de mediação imobiliária* (art. 2º/1 RJAMI), ao referir que a procura (de *destinatários*) se efectua *em nome dos seus clientes*,** é de todo pertinente a **crítica** que lhe é feita por Higínia Orvalho Castelo, *Contrato de Mediação*, Almedina, pp 401-402: «... No léxico jurídico, a locução *em nome de* implica a existência de *representação*, logo, da prática de atos suscetíveis de produzir efeitos jurídicos na esfera do representado. (...). Como sabemos, **o contrato de mediação, por definição, não autoriza o mediador a intervir no contrato desejado em representação do cliente. A verificar-se semelhante autorização estaremos no âmbito de um mandato com poderes de representação ou de um contrato atípico com notas de mediação e mandato representativo.** Repare-se que a procura de destinatários para a realização de negócios, cerne da definição de atividade de mediação, deixa de fora o momento da celebração do negócio desejado, consubstanciando-se em atos materiais, como os exemplificados no art. 2º, nº 2.» – destaques nossos.

Efectivamente, a mediação – **de que a mediação imobiliária é uma das valências** (além desta, encontram-se previstas, nomeadamente, a mediação financeira (arts. 289º e sgts. do CVM), a mediação de emprego (DL nº 124/89, de 14 de Abril), a mediação monetária (DL nº 110/94, de 28 de Abril) e a mediação de seguros (DL nº 144/2006, de 31 de Julho)) – caracteriza-se, como ensina Pedro Pais de Vasconcelos, *Direito Comercial*, Volume I, 2011, Parte

Geral, Contratos Mercantis, Almedina, pág. 197, pela «intermediação entre o comprador e o vendedor, ou entre as partes num outro tipo de negócio, em que o *intermediário – o mediador* – aproxima as partes no negócio, põe-nas em presença, por vezes até intervém na negociação para o promover, mas não participa no negócio. **O *mediador* é um facilitador......não actua por conta de nenhuma das partes, embora contratado por uma delas.....*mas nunca representa* qualquer delas no negócio que vem a ser celebrado».**
Também António Pinto Monteiro, *Contratos de Distribuição Comercial*, Almedina, 2002, pág. 102, refere que o mediador «limita-se a aproximar as pessoas e a facilitar a celebração do contrato.......e ao contrário do agente, que actua por conta do principal – "representando-o" economicamente – **o mediador age com imparcialidade**, no interesse de ambos os contraentes, **sem estar ligado a qualquer deles por relações....de dependência ou de *representação*...é tipicamente uma pessoa *independente*».**
A mesma opinião tem António Menezes Cordeiro (*Do contrato de mediação*, na revista, "o Direito", ano 139º, 2007, Tomo III, pág. 517): «em sentido amplo a mediação significa o acto ou efeito de aproximar voluntariamente duas ou mais pessoas, de modo a que, entre elas, se estabeleçam negociações que possam conduzir à celebração de um contrato definitivo. Em sentido técnico ou estrito, **a mediação reclama ainda que *o mediador não represente nenhuma das partes a aproximar* ...»** – de novo são nossos os destaques.

[38] Embora reconheçamos haver alguma divergência, *maxime* na doutrina, sobre se a imparcialidade constitui ou não um elemento integrante da noção do contrato de mediação (e da mediação imobiliária), cremos que se trata de um seu elemento caracterizador.
Efectivamente, como referimos já, o mediador deve actuar com **imparcialidade**, no sentido de que se deve comportar, perante os potenciais contraentes, em termos não discriminatórios e **de modo a evitar danos para qualquer deles, nomeadamente devendo avisar ambas as partes quando conheça alguma circunstância, relativa ao negócio, capaz de influenciar a decisão de contratar (ou não)** – assim, v.g., Acórdão da Relação do Porto de 29-05-2003, CJ, XXVIII, (2003) III, p. 177-182 (Pinto de Almeida) e Acórdão do Tribunal da Relação de Coimbra de 16/10/2007, CJ, XXXII, (2007) IV, p. 33-36. Assim, também, Carlos Lacerda Barata, pág. 196 da obra citada, quando diz que "**A actividade de mediação, em sentido próprio, é desenvolvida de modo imparcial, pelo mediador**", acrescentando, a pp 198-199, que "na sua tarefa de aproximação dos contraentes, o mediador deve agir com neutralidade, não procurando a satisfação de interesses de um dos sujeitos (máxime do comitente), em detrimento dos interesses do outro (...) O mediador deverá comportar-se, perante ambos em termos não discriminatórios e de modo a evitar danos para os potenciais futuros contratantes; nomeadamente deverá avisar (ambas) as partes, quando conheça alguma circunstância, relativa ao negócio, capaz de influenciar a decisão de contratar (ou não) (...) A imparcialidade do mediador deve, portanto, ser aferida em relação aos sujeitos potenciais contraentes (comitente e terceiro) e aos seus interesses. E não relativamente ao interesse do próprio mediador: este não será "parcial" quando aja, primacialmente, em ordem à prossecução dos seus interesses").

[39] Ou seja, o mediador **é tipicamente um profissional que actua na base de operações de intermediação para negócios concretos,** agindo **com um dever específico de independência e imparcialidade** relativamente aos interesses das respectivas partes (sobre este dever como traço característico da mediação, ver, v.g., o Acórdão da RP de 29-V-2003 (Pinto de Almeida), in XXVIII CJ (2003), III, 177-182, e o Acórdão da RC de 16-X-2007 (Jorge Arcanjo), in XXXII CJ (2007), IV, 33-36).

[40] "O contrato diz-se oneroso quando implica atribuições patrimoniais para ambas as partes e gratuito quando implica atribuições patrimoniais para apenas uma delas" (António Menezes Leitão, *Direito das Obrigações*, I, pp. 205 e seguintes). Antunes Varela, por sua vez, escreve (*in Das obrigações em Geral*, I, p. 415): "Diz-se oneroso o contrato em que a atribuição patrimonial efetuada por cada um dos contraentes tem por correspetivo, compensação ou equivalente a atribuição da mesma natureza proveniente do outro. Para alcançar ou manter a atribuição patrimonial da contraparte, cada contraente tem de realizar uma contraprestação. É gratuito o contrato em que, segundo a comum intenção dos contraentes, um deles proporciona uma vantagem patrimonial ao outro, sem qualquer correspetivo ou contraprestação".

Por regra, há remuneração se o negócio visado vier a ser celebrado, sendo, por isso, também, um contrato aleatório.

A retribuição do mediador é designada usualmente por "comissão" e é determinada, geralmente, por percentagem (por vezes é-o em termos fixos) sobre o valor do contrato definitivo, sendo entendimento generalizado que, na falta de estipulação em contrário, tal retribuição é devida apenas havendo lugar à conclusão do contrato promovido pela intervenção da mediadora (mesmo que este não venha a ser posteriormente cumprido pelo terceiro solicitado) – na jurisprudência cfr., v.g.: Acórdãos do STJ de 31-111-1998 (Ribeiro Coelho), in 475 BMJ (199), 680-688, e de 19-1-2004 (Moreira Camilo), in XII CJ/STJ (2004), 1, 27-29; os Acórdãos da RL de 27-1-2004 (Pimentel Marcos), in XXIX CJ (2004), 1, 87-91, e de 11-XI-2004 (Salazar Casanova), in XXIX CJ (2004), V, 83-89; e o Acórdão da RE de 24-111-1994 (Ribeiro Luís), in XX CJ (1994), II, 260-262. Em sentido oposto, cfr. o Acórdão da RL de 18-XII-2001 (Pais do Amaral), in: XXVI CJ (2001), V, 115-117).

Com efeito, o artigo 19º, nº1 do RJAMI estabelece que *"A remuneração da empresa é devida com a conclusão e perfeição do negócio visado pelo exercício da mediação ou, se tiver sido celebrado contrato-promessa e no contrato de mediação imobiliária estiver prevista uma remuneração à empresa nessa fase, é a mesma devida logo que tal celebração ocorra"*. O mesmo é dizer que o direito à remuneração no contrato de mediação depende de uma circunstância futura, incerta e externa à prestação da mediadora, ainda que com esta relacionada.

Uma nota mais para registar que a remuneração, no contrato de mediação imobiliária (bem assim a forma de pagamento), tem de constar do contrato, sob pena de nulidade, ainda que não invocável pela empresa de mediação (cfr. artigo 16º da Lei 15/2013).

II.2.3. Imprecisões na terminologia legal

O termo ***destinatários*** é impreciso, pois destinatário é aquele que já celebrou o negócio visado, ou que seguramente o celebrará[41].

A formulação *"**em nome dos seus clientes,** de destinatários..."* é incorrecta: **o mediador é autónomo, não intervém em representação do cliente**[42]. Essa expressão deve ser lida, não no sentido literal, mas como...no interesse dos clientes[43].

II.3. Outra jurisprudência relevante

Segue, em rodapé, outra jurisprudência encontrada com referências várias e que reputamos úteis **atinentes à noção/elementos caracterizadores/pressupostos do contrato de mediação imobiliária**[44].

[41] E não é isso que se visa com aquela palavra *destinatários,* antes **o que se pretende ali falar é de meros interessados no negócio visado,** que podem celebrá-lo, ou não.

Segundo o Ac. Rel do Porto de 15.05.2018, proc. 89602/16.9YIPRT.P2 (Fernando Samões), *«integra o conceito de interessado a pessoa angariada pelo mediador que intervém na escritura do negócio visado com a mediação em representação da sociedade compradora de que a sua esposa é a única sócia. X – Neste caso, há sempre lugar à descaracterização da personalidade jurídica da sociedade compradora, ao abrigo do disposto no art. 334º do Código Civil.».*

[42] Não estamos perante um mandato com poderes de representação.

[43] O mediador **limita-se a transmitir ou comunicar ao cliente e/ou interessado os dados que encontre e repute relevantes para o negócio visado.** Mas fica fora da efectivação deste negócio.

Claro que **os actos acessórios da actividade do mediador** podem ser levados a cabo em representação do cliente, mas...desde que tenham sido solicitados pelo cliente e o **contrato lhe tenha conferido poderes de representação bastantes.**

[44] O Ac. da Rel. de Coimbra de 09/09/2014, Procº 1421/12.1TBTNV.C1 (Carlos Moreira, in www.dgsi.pt):

São ***"características ou pressupostos essenciais" do contrato de mediação imobiliária*** *"(1) a prática de actos pelo mediador com o fito a celebração de um negócio jurídico entre comitente e terceiro; (2) a actuação do mediador com autonomia e independência; (3) o direito ao recebimento da retribuição se o negócio se concretizar; (4) a existência de uma relação de causalidade entre a actividade do mediador e o negócio celebrado".*

*«I – **O contrato de mediação imobiliária pressupõe** a incumbência ao mediador de conseguir interessado para certo negócio, a existência de aproximação promovida pelo mediador entre o terceiro e o comitente e o desenvolvimento, para o efeito, de certo tipo de **acções conducentes a preparar a conclusão do negócio entre este e o terceiro, como consequência adequada da actividade do mediador.***

*II – A actividade de mediação imobiliária **não pode limitar-se à promoção do negócio visado,** tendo também de alcançar a conclusão desse negócio, sendo a remuneração do mediador, em princípio, apenas* *devida se o negócio se efectivar.»* – Ac. STJ de 13-11-2012, Revista nº 3401/07.0TVLSB.L1.S1 – 1ª Secção, Paulo Sá.

*«I – São **elementos caracterizadores do contrato de mediação:***
Obrigação de aproximação** de contraentes; **actividade tendente à celebração de negócio; imparcialidade; ocasionalidade; e retribuição,** sendo a interposição do mediador entre os possíveis contraentes um elemento necessário para a verificação da relação de mediação e **consistindo a actividade do mediador, essencialmente, na prática de actos materiais com carácter necessariamente pluridireccional e tendentes a favorecer o encontro de eventuais contraentes e a celebração do negócio em causa» – Ac. TRP de 03.07.2008, proc. 0831735, Deolinda Varão.

*«São **características ou pressupostos essenciais do contrato de mediação imobiliária:** (1) a prática de actos pelo mediador **com o fito** a celebração de um negócio jurídico entre comitente e terceiro;(2) a **actuação do mediador com autonomia e independência;** (3) o direito ao recebimento da **retribuição se o negócio se concretizar** – com ressalva da excepção prevista no art. 19º/2 da Lei 15/2013 (cláusula de exclusividade.....) – a existência de uma **relação de causalidade** entre a actividade do mediador e o negócio celebrado.»* – Ac. TRC de 09.09.2014, proc. 1421/12.1TBTNV.C1, Carlos Moreira.

«São pressupostos do contrato de mediação: a) Um acordo de vontades pelo qual uma pessoa – o mediador – se encarrega, perante outra – o comitente – de encontrar uma terceira pessoa – interessado – com vista à conclusão, entre ambas, de um negócio pretendido pela segunda; b) Conclusão efectiva do negócio entre o comitente e o terceiro, como consequência adequada da actividade do mediador.» – Ac. RL de 14.04.2011, proc. 761/07.6TCFUN.L1-2, Olinda Carmo Alves.

«No contrato de mediação imobiliária a prestação cargo do mediador consiste em preparar e estabelecer uma relação de negociação entre o solicitante e um terceiro, em vista da realização efectiva de um negócio entre eles; ao solicitante competindo, este realizado, pagar a retribuição ajustada (a "comissão") ao primeiro» – Ac. RL de 28.02.2012, proc. 658/08.2TJLSB.L1-7, Luís Lameiras.

*«IV – O contrato de mediação, salvo acordo em contrário, **não exige ao mediador que acompanhe toda a negociação** até à celebração do negócio.»* – Ac. STJ de 29-09-2011, evista nº 6067/07.3TCLRS.L1.S1 – 7ª Secção, Sérgio Poças.
Acrescenta o aresto que (para haver direito à remuneração acordada) basta que a mediadora consiga um interessado que concretize o negócio (diz o mesmo aresto).

*«Para que se possa considerar ter sido celebrado contrato de mediação imobiliária, **importa que exista uma relação jurídico-contratual de natureza civil ou comercial**, através da qual o **mediador tenha sido, expressa ou tacitamente incumbido** pelo comitente de obter interessado para a celebração de um negócio»* – Ac. STJ de 28.04.2009, Proc. 29/09.3YFLSB – Fonseca Ramos.

«O acordo de vontade pelo qual uma das partes se obriga a conseguir interessado para certo negócio, e a aproximar esse interessado da outra parte, integra um contrato de mediação imobiliária» – Ac. STJ de 28.5.2002, proc. JSTJ441, Dionísio Correia.

«1. ***O contrato de mediação imobiliária é uma modalidade de contrato de prestação de serviço, especialmente tipificado na lei,*** *pelo qual* ***uma das partes se obriga,*** *mediante remuneração, a conseguir interessado para certo negócio e a aproximar esse interessado da outra parte, de modo a que entre elas se estabeleçam negociações conducentes à celebração de um contrato definitivo.*
2. Assim, a obrigação do mediador é a de encontrar um terceiro com quem o contrato visado venha a ser celebrado, pelo que ***o fim da mediação só é alcançado com a concretização desse negócio com a entidade angariada.»*** – Ac. RL de 30.10.2010, proc. 3671/08.6TBALM.L1-7, Tomé Gomes
«Embora o contrato de mediação esteja regulado em diploma próprio, configura o mesmo uma sub-espécie de contrato de prestação de serviço *e pressupõe a existência duma relação jurídico-contratual de natureza civil ou comercial, através da qual o mediador tenha sido, expressa ou tacitamente incumbido pelo comitente de obter interessado para a celebração de um negócio»* – Ac. RL de 12.12.2013, Proc. 4588/08.OTBCSG-A.L1-1, Afonso Henriques.

«A ***actividade de mediação imobiliária é aquela*** *em que, por contrato, uma empresa se obriga a diligenciar no sentido de conseguir interessado na compra ou na venda de bens imóveis ou na constituição de quaisquer direitos reais sobre os mesmos, bem como para o seu arrendamento ou trespasse, desenvolvendo para o efeito acções de promoção e recolha de informações sobre os negócios pretendidos e sobre as características dos respectivos imóveis»* – Ac. RL de 21.04.2009, proc. 759/07.4YXLSB-1, Alexandra Branquinho.

«A mediação assume a feição de ***contrato bilateral:*** *o mediador obriga-se a procurar interessado e a aproximá-lo do comitente para a realização do negócio e este último, o dador do encargo, obriga-se a pagar uma indemnização ao primeiro.»* – Ac. RL de 24.05.2007, proc. 3613/2007-6, Carlos Valverde.

«No contrato de mediação imobiliária, ***compete ao mediador aproximar os possíveis contraentes, estabelecer contactos entre eles e prestar os esclarecimentos e informações necessárias, sem tomar qualquer partido em defesa de qualquer deles, limitando-se a aproximá-los e a facilitar a celebração do contrato previsto»*** – Ac. RL de 27.01.2004, proc. 8291/2003-7, Pimentel Marcos.

«II – O contrato de mediação imobiliária ***é, em essência, uma prestação de serviço, um contrato para a obtenção de um negócio,*** *sendo com a concretização desse negócio com a entidade angariada que se cumpre o fim precípuo da mediação. III – Por via disso,* ***a obrigação do*** *mediador é a de encontrar um terceiro com quem determinado contrato venha a ser celebrado e, celebrado este, é devido o pagamento da remuneração acordada, obrigação do cliente, só assim não sendo, excepcionalmente, conforme resulta do art. 18, do Dec. Lei referido»* – Ac. TRG de 31-01-2013, proc., Rita Romeira.

«Deve ser qualificado como contrato de mediação imobiliária *o contrato em que uma parte* ***solicita à contraparte que lhe localize espaços comerciais que possa arrendar*** *para a expansão da sua actividade comercial;* ***não descaracterizando tal qualificação contratual uma acessória actividade de estudo e pesquisa, tendo em vista encontrar os espaços/lojas pretendidas.***
Não impede tal qualificação contratual – e a sua validade – a circunstância da contraparte não ser um mediador imobiliário devidamente autorizado e licenciado; e o facto do contrato não ter sido reduzido a escrito.» – Ac.TRC de 18.03.2014, proc. 292391/11.7YPRT.C1, Barateiro Martins.

III
Da sua regulação e da delimitação perante figuras afins

III.1. Da regulação do contrato

III.1.1. Contrato civil ou contrato comercial?

A opção a tomar na classificação do contrato de mediação – e da mediação imobiliária, em particular –, como contrato civil ou comercial é de grande interesse prático, desde logo na solução do tema ora sob apreciação (*da regulação do contrato*), ou seja, para a determinação das normas legais aplicáveis, **a título subsidiário**, na falta ou insuficiência de estipulações contratuais ou quando o regime jurídico que prevê o contrato sob apreciação seja omisso.

Ora, sendo certo que o contrato de mediação não é um contrato cuja natureza comercial ou civil decorra de uma específica norma legal, certo é, também, que na maioria das situações que vimos é afirmada a natureza **comercial** de tal contrato[45], ou porque nele intervém um mediador no exercício da sua actividade comercial (comercialidade subjectiva), ou porque esteja em causa uma das modalidades de mediação tipificadas, como é o caso da mediação imobiliária ou da mediação de seguros[46] (comercialidade objectiva).

[45] Higina Orvalho Castelo, Regime Jurídico da Atividade de Mediação Imobiliária Anotado, Almedina, 2015, p. 52 e seguintes ("No nosso ordenamento, a atividade de mediação imobiliária regulada foi sempre uma atividade comercial") e Miguel Côrte-Real e Maria Mendes da Cunha, A atividade de Mediação Imobiliária – Anotações e Comentários ao DL 77/99, de 16/03 e à Legislação Complementar, Vida Económica, p. 11 ("Esta atividade do mediador imobiliário é uma atividade de cariz absolutamente comercial, uma vez que a entidade mediadora tem como escopo a prática de atos de comércio com vista à obtenção do lucro").

[46] DL 144/2006 de 31 de Julho.

A doutrina, porém, divide-se[47] no sentido de admitir ou não como subsumível o contrato de mediação à atividade prevista no artigo 230º, 3º do Código Comercial[48], por aplicação direta ou por analogia, entendendo-se, também com este argumento, tal contrato como comercial.

Não pode, porém, olvidar-se que a actividade do mediador se destina, sempre, a colaborar na intermediação entre a oferta e a procura, sendo, portanto, **jurídica e economicamente mercantil.**

Sobre este aspecto (**natureza do contrato de mediação – civil ou mercantil**), também em Espanha há alguma disparidade de opiniões. **A doutrina** do *Derecho Mercantil* considera-o de naturaleza mercantil por analogia do contrato de comissão, para o qual se estabelece um duplo requisito: que o objecto seja um acto ou operação de comércio e que seja comerciante o agente mediador, o comitente ou comissionista (art. 244 CCom)[49].

No entanto, alguma **jurisprudência** tem-se inclinado pela natureza civil do contrato[50]. Se bem que em determinadas circunstâncias, conforme o caso a tratar, lhe reconheça natureza mercantil por serem "empresários" as partes ou por analogia com o contrato de comissão mercantil – *en relación al artículo 272 CCom*[51].

[47] Admitindo que o contrato de mediação se subsume à actividade de "agência negócio ou leilões por conta de outrem em escritório aberto ao público e mediante salário estipulado", vejam-se, entre outros: Jorge Manuel Coutinho de Abreu, Curso de Direito Comercial, Vol. I, pp. 60, 78 e seguintes, p. 144; Maria de Fátima Ribeiro, Obra citada, p. 77 e seguintes; Higina Orvalho Castelo, Regime Jurídico da Atividade de Mediação Imobiliária, Anotado, Almedina, 2015, p. 53/54. Em sentido contrário: Carlos Lacerda Barata, obra citada, p. 190 e seguintes; António Menezes Cordeiro, in, Direito Comercial, 4ª Edição, Almedina, p. 690 e seguintes e Maria Helena Brito, O contrato de concessão comercial, p. 116.

[48] Estabelece o artigo 230º do Código Comercial que *"Haver-se-ão por comerciais as empresas, singulares ou coletivas, que se propuserem: (...) 3º Agenciar negócios ou leilões por conta de outrem em escritório aberto ao público e mediante salário estipulado".*

[49] SÁNCHEZ CALERO, Fernando y SÁNCHEZ CALERO GUILARTE, Juan; *Instituciones de derecho mercantil. Vol. II*, Ed. Aranzadi, Navarra, 2015., pp. 250-252.

[50] STS de 6 de octubre de 1990, RJ 1990/7478, F.3º: *"un contrato de mediación por el cual se comprometió el recurrente, y así lo hizo, a indicar la ocasión para contratar con el dueño de la obra a emprender, según lo que se convino por éste con la entidad contratista. Operación propia del llamado «corredor civil» que actúa sólo por una parte con la cual únicamente tiene relaciones contractuales".*

[51] Art. 272 CCom.: *"Si el comisionista percibiere sobre una venta además de la comisión ordinaria, otra, llamada de garantía, correrán de su cuenta los riesgos de la cobranza, quedando obligado a satisfacer al comitente el producto de la venta en los mismos plazos pactados por el comprador".*

III.1.2. Regulação do contrato de mediação

É um contrato ***atípico***[52], **embora nominado, não sujeito a um regime unitário**[53].

É uma **modalidade do contrato de prestação de serviços**, sem regulamentação geral.

Como tal, aplica-se-lhe a seguinte regulamentação jurídica:

1º – O que ressalta das ***estipulações contratuais das partes*** (liberdade contratual);

2º – Aplicam-se **por analogia as disposições relativas a contratos afins**[54];

3º – À falta ou insuficiência das referidas estipulações contratuais ou normas legais (caso de lacunas a preencher), aplicam-se, **subsidiariamente, as regras do contrato de prestação de serviços**[55] **e do mandato**[56] (sem prejuízo, é claro, da atenção às **regras gerais das**

[52] Considerando-o como contrato *atípico*, pode ver-se, v.g.: na doutrina, C. LACERDA BARATA, *O Contrato de Mediação*, 208, *in "Estudos do Instituto de Direito do Consumo"*, vol. I, 185-231, Almedina, Coimbra, 2002; MANUEL SALVADOR, *Contrato de Mediação*, 17, Petrony, Lisboa, 1964; na jurisprudência, os Acórdãos do STJ de 9-XII-1993 (JOSÉ MAGALHÃES), *in* 432 *BMJ* (1993), 332-341, e de 31-V-2001 (ABEL FREIRE), *in* IX *CJ*/STJ (2001), II, 108-111.

Já o considerando como um contrato típico, pode ver-se, v.g., o Acórdão do STJ de 17-1-1995 (MARTINS DA COSTA), *in* 443 *BMJ* (1995), 353-365.

[53] Há somente conjuntos de normas a regular o exercício de determinadas actividades profissionais de mediação, como é o caso da mediação imobiliária, *ut* Lei nº 15/2013, de 8 de Fevereiro.

[54] Ou seja, tratando-se de actividades de mediação licenciadas, releva a respectiva *legislação especial* que regula a relação jurídico-negocial de mediação nela consagrada, *ut, v.g.*, **art. 16º da Lei nº 15/2013, de 8 de Fevereiro** relativo ao *Contrato de mediação imobiliária* – anteriormente, o art. 19º do Decreto-Lei nº 211/2004, de 20 de Agosto.

[55] Assim entendendo, veja-se, v.g.: A. MENEZES CORDEIRO, *Manual de Direito Comercial*, 618, 2 edição, Almedina, Coimbra, 2007. Na jurisprudência, v.g., Acórdão do STJ de 9-XII-1993 (JOSÉ MAGALHÃES), in 432 BMJ (1993), 332-341. Em sentido oposto, rejeitando a mediação da prestação de serviços ou do mandato, ver o Acórdão do STJ de 4-111-1980 (AQUILINO RIBEIRO), in 295 BMJ (1980), 356-360.

A que são extensíveis *as disposições sobre o mandato,....com as necessárias adaptações* (art. 1156º CCiv).

[56] À prestação de serviço são extensíveis *as disposições sobre o mandato,....com as necessárias adaptações* (art. 1156º CCiv).

obrigações)[57]. É que, como dito supra, correspondendo a atribuição do mediador a um dever de prestação, o **contrato de mediação é uma modalidade dos contratos de prestação de serviços**[58].

[57] É este o entendimento pacífico da doutrina.
Assim, v.g.: Pires de Lima e Antunes Varela, Código Civil, Anotado, Volume II, 4ª edição, p. 785 (referem que *"uma outra modalidade do contrato de prestação de serviço, que não tem regulamentação geral na nova lei, é a do contrato de mediação (...)"*); António Menezes Cordeiro, O Direito, 139º (2007) III, p. 549 (*"Pela nossa parte, recordamos que a mediação é, antes do mais, uma prestação de serviço. Na falta de outras regras, haverá sempre que fazer apelo ao previsto para o mandato, por via do artigo 1156º do Código Civil"*); Fernando Batista de Oliveira, Contratos Privados, das Noções à Prática Judicial, Vol. III, 2014, p. 73 (*"Quanto à natureza jurídica do contrato de mediação imobiliária, Pires de Lima e Antunes Varela, entendem que estamos perante uma modalidade do contrato de prestação de serviço (...)"*. Fernando Batista de Oliveira, O Contrato de Mediação Imobiliária na prática judicial, outubro 2016, p. 22, refere que *"o contrato de mediação imobiliária é regulado, em "primeira mão" pelo diploma específico que o prevê (a aludida Lei nº 15/2013 de 8 de fevereiro). À falta ou insuficiência do ali estatuído e bem assim das estipulações contratuais (das partes, ao abrigo da liberdade contratual), regem (subsidiariamente, portanto) as regras do contrato de prestação de serviços (a que são extensíveis as disposições sobre o mandato, com as necessárias adaptações – artigo 1156º Código Civil)"*; Carlos Lacerda Barata, obra citada, p. 209, *"A ausência de uma regulamentação legal "imediata" é porém, atenuada pela inserção da mediação na categoria dos contratos de prestação de serviços (artigo 1154º CC), a par da sua irrecondutibilidade a qualquer dos tipos legais, permitindo, com as necessárias adaptações, do regime do mandato (artigo 1156º Código Civil)"*); Miguel Côrte-Real e Maria Mendes da Cunha, A atividade de Mediação Imobiliária – Anotações e Comentários ao DL 77/99, de 16/03 e à Legislação Complementar, Vida Económica, p. 16 (*"Ponto assente parece ser o de que o contrato de mediação, na sua essência, mais não é do que uma modalidade de contrato de prestação de serviços, nos termos do qual uma entidade se compromete a prestar determinados serviços à pessoa que a contrate, quais sejam serviços de mediação necessários à concretização de um qualquer distinto negócio de mediação que seja assegurada em cumprimento do celebrado contrato de mediação"*); Higina Orvalho Castelo, O Contrato de Mediação, Almedina, 2014, p. 355 (*"Podemos concluir que, no ordenamento português, contratos de mediação pelos quais o mediador se vincule a uma prestação, constituem uma modalidade da categoria dos contratos de prestação de serviços"*).

[58] **Sobre a regulamentação do contrato de mediação não imobiliária,** pode ver-se, ainda, a "conclusão intercalar" escrita por Higínia O. Castelo, *"O Contrato de Mediação"*, Almedina, *Teses*, pp 348-349.
Escreveu-se, com toda a pertinência, ali:
«Esta conclusão permite-me defender que, **na falta de regulação negocial** de um dado aspeto de um contrato de mediação não imobiliária, **se procure, em primeira linha, no RJAMI norma adequada** à disciplina desse aspeto. **Esta posição não contende com o disposto no art. 1156 do CC** que determina que, às modalidades de contratos de prestação de serviço (categoria na qual o de mediação, como vimos, se inclui) que a lei não regule especialmente são aplicáveis, com as necessárias adaptações, as disposições sobre o mandato. Estando em

III.1.3. Regulação do contrato de mediação imobiliária

Como dito, trata-se de um contrato **legalmente típico**[59] (cfr. Lei 15/2013, de 8.2)[60];

Aplica-se-lhe a seguinte regulamentação jurídica:

1º – **O diploma específico** que o prevê (Lei nº 15/2013, de 8 de Fevereiro, enquanto ***legislação especial*** – cfr. art. 16º);

2º – O que ressalta das ***estipulações contratuais das partes*** (liberdade contratual);

3º – À falta ou insuficiência das referidas estipulações contratuais ou normas legais, aplicam-se, **subsidiariamente, as regras do contrato de prestação de serviços** – a que são extensíveis *as disposições sobre o mandato,....com as necessárias adaptações* (art. 1156º CCiv)[61], [62] (sem prejuízo, é claro, da atenção às **regras gerais das obrigações)**[63].

causa a necessidade de regulação de um contrato de mediação comercial não imobiliária, a **busca de solução no RJAMI (prévia ao recurso à disciplina do mandato) impõe-se por força do disposto no art. 3º do CCom** (...). Nos residuais contratos de mediação civil há que ter em consideração que **a norma contida no art. 1156 do CC** foi elaborada num tempo em que a regulação especial de contratos de prestação de serviço era muito reduzida, limitando-se às espécies do CC e do CCom, pelo **que não pode deixar de ceder perante regimes entretanto instituídos e que se revelem mais próximos dos concretos contratos a regular.** De todo o modo, nunca será uma aplicação acrítica; **identificada uma lacuna na regulação de dado contrato**, a aplicação de um regime legal que não lhe é diretamente destinado passa necessariamente pela afirmação de analogia entre o caso omisso e a situação regulada, no concreto aspeto carente de regulação. O caso omisso deve partilhar características essenciais do caso regulado, não (apenas) em geral, mas no concreto aspeto cuja regulação se pretende (...)».

[59] Sendo, embora, um contrato estruturalmente idêntico ao tipo social do contrato de mediação geral: apenas divergem nos respectivos objectos.

[60] Como supra observámos, foi com o Dec.-Lei nº 285/92, de 19 de Dezembro que se instituiu um tipo contratual legal, passando a partir daí a ser regulado de forma explícita o contrato de mediação imobiliária. A **Lei nº 15/2013, de 8 de Fevereiro** (RJAMI) – actualmente em vigor (que revogou o Dec.-Lei nº 211/2004, de 20 de Agosto, alterado pelo Dec.-Lei nº 69/2011, de 15.06 – cfr. a *norma revogatória* contida no art. 43º) –, veio, como dito, conformar o respectivo regime jurídico com as alterações promovidas pelo Decreto-Lei nº 92/2010, de 26 de Julho, estabelecendo o novo regime jurídico do acesso e exercício da actividade de mediação imobiliária.

[61] Estabelece o artigo 3º do Código Comercial que se *"as questões sobre direitos e obrigações comerciais não puderem ser resolvidas, nem pelo texto da lei comercial nem pelo seu espírito, nem pelos casos análogos nela prevenidos, serão decididos pelo direito civil".*

III. 2. Da delimitação perante figuras afins

III.2.1. Contratos de distribuição comercial

III.2.1.1. Contrato de agência

Vem previsto neste Dec.-Lei nº 178/86, de 13.04 (publicado no DR nº 150, Série I, de 3 de Julho de 1986), com as alterações introduzidas pelo Dec.-Lei

Por sua vez, o artigo 10º do Código Civil também estabelece que "*1 – Os casos que a lei não preveja são regulados segundo a norma aplicável aos casos análogos. 2 – Há analogia sempre que no caso omisso procedam as razões justificativas da regulamentação do caso previsto na lei. 3 – (...)*" (a este propósito ensina J. Batista Machado, Introdução ao Direito e ao Discurso Legitimador, Almedina, 1995, p. 202, que "*Nos termos do artigo 10º, nº 1 do Código Civil o julgador deverá aplicar (por analogia) aos omissos as normas que diretamente contemplem casos análogos – e só na hipótese de não encontrar no sistema uma norma aplicável a casos análogos é que deverá proceder de acordo com o nº3 do mesmo artigo. Dois casos dizem-se análogos quando neles se verifique um conflito de interesses, paralelo, isomorfo ou semelhante – de modo a que o critério valorativo adotado pelo legislador para compor esse conflito de interesses num dos casos, seja por igual ou maioria de razão aplicável ao outro (nº2 do artigo 10º) (...) O recurso à analogia como primeiro meio de preenchimento das lacunas justifica-se por uma razão de coerência normativa ou de justiça relativa (principio da igualdade: casos semelhantes ou conflitos de interesses semelhantes devem ter um tratamento semelhante), a que acresce ainda uma razão de certeza do direito: é muito mais fácil obter a uniformidade de julgados pelo recurso à aplicação com as devidas adaptações, da norma aplicável a casos análogos do que remetendo o julgador para critérios de equidade ou para princípios gerais do Direito (...)*").

[62] Há jurisprudência que rejeita, de todo, a aplicação subsidiária ao contrato de mediação imobiliária das normas de alguns contratos como a prestação de serviços e, dentro desta, o mandato (cfr. Acórdão do STJ de 4 de Março de 1980, BMJ 295, p. 356 e seguintes: "*a aproximação (do contrato de mediação) com o contrato de mandato é arredada porque se o mandatário é encarregado de cuidar dos interesses de um dos contraentes, tendo por meta a realização do negócio jurídico, o mediador no contrato é, quando muito, intermediário nas propostas contratuais, sendo alheio à conclusão do contrato*").

Face ao que dissemos, cremos tratar-se de jurisprudência um tanto peregrina.

[63] Maria de Fátima Ribeiro, *O Contrato de mediação e o direito do mediador à remuneração, Scientia Iuridica*, Janeiro-Abril, Tomo LXII, Número 331, obra citada, p. 77 e seguintes, a propósito da aplicação subsidiária das regras dos contratos análogos, e estando em causa (como está na mediação imobiliária) um contrato comercial, sustenta que a resolução das questões não tem de fazer-se exclusivamente recorrendo ao direito comercial, pois pode perfeitamente sê-lo recorrendo ao direito civil sem que haja qualquer precedência formal a favor das normas mercantis. O que importa é, sim, encontrar a solução mais adequada ao caso: "*(...o intérprete estará autorizado a recorrer às normas de um ou do outro contrato, consoante o aspeto de regime que se apresente omisso: se, na situação a regular, o conflito de interesses apresentar maior similitude com aquele a que o*

nº 118/93, de 13.04 (publicado no DR nº 86, Série I de 14 de Abril de 1993), que transpôs a Directiva 86/653/CEE, do Conselho, de 18 de Dezembro de 1986.

Cfr. a noção ínsita no art. 1º do DL nº 178/86, de 3 de Julho.

III.2.1.1.1. Elementos essenciais

Como seus elementos essenciais temos:

- Obrigação de o agente promover a celebração de contratos[64];
- actuação **por conta do principal**[65];
- **estabilidade** (o agente exerce a sua actividade de modo estável: relação contratual duradoura)[66];
- autonomia[67];
- retribuição[68].

Para desenvolvimentos sobre todos e cada um destes elementos do contrato de agência, ver Fernando Baptista de Oliveira, *in Contratos Privados, das Noções à Prática Judicial*, Coimbra Editora, vol II, 2ª Ed., pp 568-586.

legislador pretendeu dar resposta ao regular um destes outros contratos, o de mandato ou o de agência, é das regras desse outro que o intérprete deve socorrer-se para resolver a questão que lhe é colocada").

[64] A este propósito refere Pinto Monteiro que *"Não se trata, assim, de modo, algum, de uma simples atividade publicitária, antes a obrigação de promover a celebração de contratos compreende um vasto e diversificado leque de atos com o objetivo último de conquista e/ou desenvolvimento do mercado"* (Contrato de Agência, Anotação, 4ª Edição actualizada, p. 38).

[65] Cfr. a cominação expressa no art. 6º DL 178/86, de 3.7.
Com efeito, o agente actua sempre por conta do principal, repercutindo-se os efeitos dos actos que pratica na esfera jurídica do principal.

[66] Pois, *"o agente é um colaborador da empresa e exerce a sua atividade de modo estável, tendo em vista, não uma operação isolada, antes um número indefinido de operações"* (Pinto Monteiro, *ob. cit.* p. 43).
Estabilidade essa **que não se extingue por um acto de cumprimento.** A actividade do agente não se limita à prática de um acto isolado, antes tem de se tratar **de uma actividade com continuidade, dentro do período de tempo por que o contrato foi celebrado.**

[67] Efectivamente, o agente age com autonomia, sem qualquer vínculo de autoridade ou subordinação, como existe numa relação de contrato de trabalho, conformando-se, contudo, com as orientações que lhe sejam dadas, devendo prestar contas da sua atividade.

[68] Com efeito, o contrato de agência é um contrato oneroso (*ut* artigos 15º a 18º do DL 178/86 de 3 de Julho com as alterações introduzidas pelo DL 118/93 de 13 de Abril).

III.2.1.1.2. Sua diferenciação do contrato de mediação

1. **O mediador** é um **profissional independente**, actuando por conta própria (o agente actua por conta do principal) e (segundo alguns autores) com imparcialidade relativamente aos contraentes que aproxima[69];
2. O mediador **limita-se a aproximar** as pessoas e a facilitar a celebração do contrato, agindo com **imparcialidade**[70], no interesse de ambos os contraentes, sem estar ligado a qualquer deles por relações....de dependência ou de representação.
3. O mediador **não representa nenhuma das partes** a aproximar.
4. A actividade do mediador **não é estável**, antes se limita à **prática de um acto isolado**[71].

[69] Como referimos supra, alguns autores, salientam como nota distintiva destas duas figuras jurídicas a imparcialidade caraterizadora do contrato de mediação, que a distingue do contrato de agência, no âmbito do qual o agente zela pelos interesses do principal.
Contudo, como já referido a propósito da análise dos elementos caracterizadores do contrato de mediação, a doutrina e jurisprudência não têm um entendimento unânime a respeito do elemento de "imparcialidade", pelo que, este elemento não será o bastante para a diferenciação entre os dois contratos congéneres em análise.

[70] Neste sentido, Pinto Monteiro, obra citada, a p. 43, refere que "Não se confunde, assim, a agência com o contrato de mediação, visto que, apesar de em ambos alguém atuar como intermediário, aproximando os contraentes e preparando a conclusão do contrato, o mediador, ao contrário do agente, atua com imparcialidade (...)".
No mesmo sentido, Fernando Batista Oliveira, *O contrato de Mediação Imobiliária na Prática Judicial*, E-book CEJ, pp. 22-3.

[71] **Extingue-se por um acto de cumprimento.**
O contrato de mediação é normalmente solicitado para determinado acto concreto, enquanto o contrato de agência tem em vista o exercício de uma actividade de modo estável, tendo por base um número indefinido de operações.

Também na **jurisprudência espanhola** se acentua esta característica do contrato de agência face ao de mediação.
El contrato de agencia está regulado pela *Ley 12/1992, de 27 de mayo, del Contrato de Agencia.*
Acentua-se ali que a principal diferença entre a agência e a mediação imobiliária está na ***"estabilidad"*** **da relação.** Assim, a *sentencia del TS del 10 de enero de 2011,* referindo que é manifesto que a principal diferença entre ambas as figuras reside *en "la falta de estabilidad de la relación",* acrescentando que *"**no puede confundirse** la "estabilidad" de una determinada relación con la duración de la actividad desarrollada a fin de ejecutar lo pactado, singularmente cuando a pesar de efectuarse*

5. É bem diferente a **forma da retribuição**[72].

III.2.1.2. Contratos de concessão e de franquia

III.2.1.2.1. Generalidades

O contrato de concessão comercial *"é um contrato juridicamente inominado que, em traços gerais, se pode descrever como aquele em que um comerciante independente (o concessionário) se obriga a comprar a outro (o concedente) determinada quota de bens de marca, para os revender ao público em determinada área territorial, e, normalmente (mas nem sempre), com direito de exclusividade"*.

O concessionário obriga-se, em regra, a comprar uma quantidade de produtos durante certo período, pelos quais paga um preço, e a revendê-los à sua clientela. Por vezes, estabelecem-se obrigações acessórias, como a obrigação de adquirir e/ou vender uma quantidade mínima de

un encargo aislado su ejecución requiere una actividad dotada de cierta continuidad debido a la existencia de plurales actos de mediación o ejecución del contrato único".

[72] Entre tudo o que se dirá à frente sobre a retribuição, como é evidente, a retribuição havida ao mediador não funciona nos mesmos "moldes" da do agente.

Assim, v.g., a remuneração pressupõe o nexo causal entre a a actividade do medidor e o negócio visado.

Na agência, por exemplo, o art. 16º/2 (DL 178/86) mantém o direito do agente exclusivo à comissão, mesmo que se trate de contratos em cuja negociação ele não interveio, uma vez concluídos com pessoas pertencentes à zona ou ao círculo de clientes reservado ao agente.

A propósito, uma palavra para o direito espanhol.

Observa-se ali que uma das significativas diferenças entre a agência e a mediação imobiliária tem a ver com a forma ou sistema da **remuneração.**

Com efeito, como establece *el Tribunal Supremo* na sua *sentencia de 12 de junio de 2007, "el mediador tiene derecho a cobrar el premio siempre y cuando el contrato promovido llegue a celebrarse"*. Quer dizer, para que sejam devidos os ***"honorários"*** **a favor do mediador é necessário que haja um *nexo de causalidad* entre o contrato de mediação e o contrato de compra e venda, sendo necessário que este último contrato se formalize.** Ora, uma diferença entre a mediação e a agência, no que respeita à remuneração, é que no caso do **contrato de agencia**, o agente tem direito a cobrar a comissão acordada não apenas caso a operação se conclua como consequência da sua intervenção profissional, mas também pelo simples facto de *"que el acto u operación de comercio se hayan concluido con una persona respecto de la cual el agente hubiera promovido y, en su caso, concluido con anterioridad un acto u operación de naturaleza análoga."* (art. 12.1.b Ley de Agencia CA).

produtos e ainda a não adquirir os mesmos produtos a empresas diferentes e de publicitar esses mesmos produtos.

Entre o concedente e o concessionário estabelece-se uma relação jurídica duradoura, representando o dever de revenda o núcleo central do contrato, agindo o concessionário em seu nome e por sua conta. Ele é proprietário dos produtos que distribui e a sua **contrapartida económica traduz-se na diferença entre o preço por que compra os produtos e o preço por que os revende**[73]**.**

São quatro as **caraterísticas essenciais** que vêm sendo apontadas ao contrato de concessão: obrigações recíprocas de compra e venda; atuação em nome e por conta próprios; autonomia; estabilidade (duradoura, não sendo o contrato celebrado apenas para uma situação pontual de revenda)[74].

O concessionário, na sua actuação de revenda, assume inteiramente os riscos da comercialização, pelo que actua em nome e por conta própria, suportando quaisquer vicissitudes decorrentes dessa sua atuação, diferentemente do que sucede no contrato de agência (pois o agente actua por conta alheia).

Já o "**Franchising**" é o contrato mediante o qual **o produtor de bens e/ou serviços concede a outrem, mediante contrapartidas, a comercialização dos seus bens, através da utilização da marca e demais sinais distintivos do primeiro** e em conformidade com o plano, método e directrizes prescritas por este, que lhe fornece conhecimentos e regular assistência.

Têm sido apontadas quatro caraterísticas essenciais desta figura contratual: a fruição da imagem empresarial do franquiador; a transmissão do "Know-how" e assistência técnica; o controlo e fiscalização do franquiado; a onerosidade[75].

A propósito das referidas caraterísticas, o franquiado tem um direito/dever de utilizar a imagem empresarial externa do franquiador, como estando integrado numa rede deste, sendo para tal necessário que o franquiador transmita ao franquiado o seu "saber-fazer", bem como que lhe forneça assistência técnica. Como forma de proteger e conservar a imagem

[73] Ver Helena Brito, *O Contrato de Concessão Comercial*, Almedina, 1990, pp. 54 e ss.

[74] Cfr. José Engrácia Antunes, *Direito dos Contratos Comerciais*, Almedina, 2007 obra, pp. 448 e segs.

[75] José Engrácia Antunes, *Direito dos Contratos Comerciais*, Almedina, 2007 obra, p. 454.

comercial do franquiador, o franquiado tem de se sujeitar ao controlo e fiscalização por parte do franquiador da sua actividade.

À semelhança dos demais contratos congéneres já analisados, o contrato de franquia é um contrato oneroso, pois, em contrapartida das prestações do franquiador, o franquiado fica vinculado ao pagamento de uma prestação inicial e fixa e prestações periódicas proporcionais ao volume de negócios (chamadas "royalties").

III.2.1.2.2. Sua diferenciação do contrato de mediação

Diferentemente do mediador (que apenas possui relações individuais e pontuais com o seu cliente/solicitante – a apontada característica da ocasionalidade), o **concessionário e o franquiado possuem uma relação orgânica e duradoura com o concedente e o franquiador** no quadro da rede distributiva destes últimos[76].

Diferentemente do que ocorre no contrato de mediação, o concessionário adquire os produtos que depois revende, sendo a sua contrapartida económica a diferença entre o preço por que compra os produtos e o preço por que os revende.

O franquiado está sujeito à fiscalização do franquiador, sendo a relação duradoura – diferentemente, portanto, do que ocorre no contrato de mediação imobiliária, cuja nota caraterística é, com dito, a ocasionalidade.

III.2.1.3. Contrato de mandato

III.2.1.3.1. Generalidades

A lei define o mandato como o *"contrato pelo qual uma das partes se obriga a praticar um ou mais actos jurídicos, por conta da outra"* (artigo 1157º do Código Civil).

Assim, como elementos caracterizadores, temos, essencialmente: a obrigação de praticar um ou mais actos jurídicos[77] e a actuação do mandatário por conta do mandante.

[76] Representando o dever de revenda o núcleo central do contrato, **agindo o concessionário em seu nome e por sua conta.**

[77] Só os actos jurídicos podem ser objecto deste tipo contratual, e não os actos materiais ou intelectuais, sendo que os mesmos são praticados pelo mandatário que actua por conta do mandante.

O artigo 1158º, nº 1 do Código Civil estabelece uma presunção de gratuitidade do mandato. Contudo, nas situações em que o mandante pratique actos próprios da sua profissão no exercício desse mandato, tal presunção cede perante uma presunção de onerosidade.

III.2.1.3.2. Sua diferenciação do contrato de mediação

Se o «***mandato*** *é o contrato pelo qual uma das partes se obriga a praticar um ou mais actos jurídicos* ***por conta da outra***" (art. 1157º CC), já «***O mediador*** *é um intermediário que aproxima as partes no negócio, põe-nas em presença e facilita o negócio,* ***mas não actua por conta de nenhuma das partes e nunca representa qualquer delas no negócio*** *que vem a ser celebrado.*»[78] – no contrato de mediação o mediador, embora haja no interesse do cliente, actua, porém, sempre por conta própria.

O Professor Menezes Cordeiro[79] – distinguindo-se a mediação da figura afim do contrato de mandato –, escreveu:

"A mediação pressupõe, por parte do obrigado, uma actuação material.

Além disso, configura-se como um contrato aleatório, só dando azo a retribuição quando tenha êxito.

A sua distinção perante o mandato fica facilitada:

- o mandato pressupõe uma actuação jurídica por conta do mandante; a mediação conduz a condutas materiais;
- o mandatário age por conta do mandante; o mediador actua por conta própria;
- o mandato pode ser acompanhado por poderes de representação; a mediação, a sê-lo, será uma mediação imprópria."[80].

[78] Efectivamente – e **aqui, também, o distinguindo claramente do contrato de agência –, no contrato de mediação** o mediador limita-se a aproximar as pessoas e a facilitar a celebração do contrato, agindo **com imparcialidade, no interesse de ambos os contraentes,** sem estar ligado a qualquer deles por relações....de dependência ou de representação...**é tipicamente uma pessoa independente: o mediador não representa nenhuma das partes a aproximar.**

[79] No estudo "*Do Contrato de Mediação*", publicado na Revista "*O Direito*", Ano 139º, 2007, III, págs pág. 545.

[80] Acrescenta este autor que, na tradição portuguesa, a figura actual do mediador era incluída na de corretor que foi regulada, desde as Ordenações até ao Código Comercial de 1883 de Ferreira Borges, que, no seu art. 102º definia – *"O officio de corretor é viril e publico. O corretor e ninguém mais, póde intervir e certificar legalmente os tractos e negociações mercantis"*.

III.3. Outra jurisprudência relevante

«I – O contrato de mediação ***constitui uma subespécie do contrato de prestação de serviços****, traduzindo a situação em que alguém se compromete perante outrem a conseguir--lhe um interessado para certo negócio, aproximando-os, para que o mesmo se concretize.*

II – No nosso ordenamento jurídico o contrato de mediação apenas se encontra regulado, e por isso tipificado ***enquanto tal, em relação a algumas categorias de actividade,*** *tais como: a mediação de seguros (DL nº 144/2006, de 31-07),* ***mediação imobiliária*** *(DL nº 211/2004, de 20-08 alterado pelo DL nº 69/2011 de 15-06) e mediação financeira (arts. 289º e segs. do CMVM).*

III – As regras a aplicar, em cada caso, são as decorrentes do contrato tipo com o qual apresenta maior analogia, sendo todavia necessário apurar um regime geral para o caso sujeito.

IV – Mas sendo a ***mediação****, antes de mais, uma prestação de serviços,* ***haverá que fazer apelo às regras do mandato, com as necessárias adaptações, por força do preceituado no art. 1156º do CC, se as regras daquela não regularem especificamente alguma situação.****»* – Ac. STJ de 09-09-2014 – Revista nº 5146/10.4TBCSC.L1.S1 – 1ª Secção – Maria Clara Sottomayor.

«O contrato de ***mediação*** *constitui* ***uma subespécie do contrato de prestação de serviços****, traduzindo a situação em que alguém se compromete perante outrem a conseguir-lhe um interessado para certo negócio, aproximando-os, para que o mesmo se concretize.»* – 06-12-2012, Revista nº 370001/09.6YIPRT.L1.S1 – 7ª Secção, Ana Paula Boularot

«1. ***O contrato de mediação imobiliária é uma modalidade de contrato de prestação de serviço, especialmente tipificado na lei,*** *pelo qual uma das partes se obriga, mediante remuneração, a conseguir interessado para certo negócio e a aproximar esse interessado da outra parte, de modo a que entre elas se estabeleçam negociações conducentes à celebração de um contrato definitivo.*

2. Assim, a obrigação do mediador é a de encontrar um terceiro com quem o contrato visado venha a ser celebrado, pelo que o fim da mediação só é alcançado com a concretização desse negócio com a entidade angariada.» – Ac. RL de 30.10.2010, proc. 3671/08.6TBALM.L1-7, Tomé Gomes

«I – O contrato de mediação é um contrato atípico cabendo no âmbito geral do contrato de prestação de serviços, aplicando-se-lhe as regras dos contratos atípicos afins, onde houver analogia, e depois as regras gerais das obrigações, no pressuposto de que as partes

não regularam o ponto em discussão, pois é a elas que compete essa regulação, fundada no princípio da autonomia da vontade.» – Ac. STJ de 1.4.2014, proc. 894/11.4TBGRD.C1.S1, Gabriel Catarino.

«..... o contrato de prestação de serviços, definido no art. 1154º do CC, apresenta a natureza jurídica de bilateral, consensual, de duração continuada e não solene, tendo por objecto a execução de uma actividade humana, intelectual ou manual, fungível ou infungível, a que está agregada, em regra, uma contraprestação ou retribuição pecuniária, como pagamento do serviço prestado.

IV – Quem mediante uma retribuição/remuneração, a receber a final, se compromete, perante o cliente, a promover, angariar, facilitar, desenvolver esforços, desencadear vontades de realização de negócios, concitar e convocar situações de convergência de vontades negociais e confluência de intenções de celebração de um contrato (encomendado e pretendido entre ele e o comitente), sem que, como resultado dessa actividade, se comprometa, perante o comitente, à conclusão de um negócio não compactua um contrato típico de mediação imobiliária, mas sim um contrato de prestação de serviços.» – Ac. STJ de 1.4.2014, proc. 894/11.4TBGRD.C1.S1- Gabriel Catarino.

«.....contrato de ***mediação,*** *que é uma* ***modalidade do contrato de prestação de serviços*** *e que não tem regulamentação geral,* ***devendo o respectivo regime jurídico ser determinado, sucessivamente, pelas estipulações das partes, pela aplicação analógica das disposições relativas a contratos afins e pelas regras gerais das obrigações»*** – Ac. RL de 17.11.2009, proc. 393/05.3TCFUN.L1-7, Roque Nogueira.

«O contrato celebrado entre requerente e requerido, nos termos do qual ***aquela se obrigou a promover a venda de um condomínio fechado,*** *pertencente a este, recebendo uma comissão no preço por cada venda realizada das fracções,* ***deve ser qualificado como de mediação imobiliária e não de agência.***

Enquanto que ***o contrato de agência postula uma certa continuidade, constituindo-se para as relações duradouras, o contrato de mediação tem como elemento essencial a promoção de certos e determinados negócios, cessando logo que os mesmos se concluam.»*** – Ac. TRC de 23.03.2004, proc. 102/04, Jorge Arcanjo.

IV
Requisitos de validade

IV.1. Da forma do contrato

Só foi obrigatória a forma escrita a partir do **DL 285/92, de 19/12** (cfr. art. 10º). **Até aí vigorou a regra da consensualidade ou da liberdade de forma** (art. 219º do Código Civil).

Actualmente, a **forma escrita é obrigatória** – requisito *ad substantiam* (art. 16º/1 do RJAMI)[81].

[81] Carácter formal esse que visa, sobretudo, a protecção do incumbente.
A lei actualmente vigente regula o contrato com pormenor e na perspectiva da protecção do incumbente – mais a mais se o contrato de mediação estiver sujeito ao regime das cláusulas contratuais gerais –, designadamente, as condições de remuneração, as modalidades do pagamento, a inscrição no contrato do valor do IVA e, sobretudo, impondo a forma escrita sob pena de nulidade como decorre dos arts. 16º, nº 2, c) e nº 5. A imposição de forma solene – formalidade *ad substantiam* – seguiu a linha dos precedentes diplomas que antecederam a Lei nº 15/2013, de 8.2.
Considerando que se trata de formalidade *ad substantiam*, HIGINA CASTELO, in *"O Contrato de Mediação"*, escreve, a pág. 412:
"Trata-se claramente de forma dita *ad substantiam*, um requisito de validade, forma mínima exigida para que o contrato seja válido.
Segundo a regra geral de direito civil, a declaração negocial que careça da forma legalmente prescrita é nula, quando outra não seja a sanção especialmente prevista na lei (art. 220º do Código Civil). A nulidade tem o significado impresso na disciplina contida nos artigos 286 e 289 a 293 do Código Civil, sendo, nomeadamente, invocável a todo o tempo por qualquer interessado e podendo ser declarada oficiosamente pelo tribunal.
O RJAMI, porém, apesar de expressar que a não redução a escrito determina a nulidade do contrato, afastou o regime geral da nulidade, atribuindo à proscrição da forma escrita no contrato de mediação imobiliária uma consequência específica: *nulidade* (assim lhe chamou) *não invocável pela empresa de mediação* (16, n-º5, do RJAMI). Esta estatuição também não constitui novidade, estando prevista em idênticos termos desde o regime de 1992...). Tem-se reconhe-

cido unanimemente que a nulidade prevista no RJAMI é atípica ou sui generis, ou seja, que não lhe corresponde o regime geral ditado pelo Código Civil para o negócio jurídico nulo.".

Ordenamentos jurídicos há em que vinga a liberdade de forma, como ocorre. Assim, v.g.:
Na **Suíça.** A forma escrita não é obrigatória. Vinga, como tal, a **liberdade de forma**, podendo o contrato ser celebrado oralmente, mesmo que se trate de um imóvel (ver Tribunal federal, acórdão 4C.136/2004 du 13 juillet 2004, c. 2.2.1.). Como ali tem referido a jurisprudência, é claro que em caso de litígio a prova do contrato é mais difícil sendo o mesmo verbal. Sendo certo, porém, que a sua prova se pode fazer mesmo através de **actos concludentes** (Arrêt du TF 4C.70/2003 du 6 juin 2003 c. 3.1, SJ 2004 I 257; arrêt 4C.54/2001 du 9 avril 2002 c. 2a, SJ 2002 I 557; arrêt du TF 4C.66/1992 du 29 septembre 1992, SJ 1993 p. 189).
Como tal, insistentemente se aconselha ali que o contrato seja **escrito**, pois tal permite, muitas vezes, **evitar surpresas desagradáveis relacionadas com "*arranjos orais imprecisos*"**.
Além disso, lembramos que a Associação Suíça de Profissionais Imobiliários estabeleceu um contrato padrão e colocou em prática o conceito "*Broker Label USPI Vaud*", que incentiva e apoia a formação profissional contínua dos mediadores das agências membro e enumera uma série de regras que também garantem que os clientes recebam serviços de qualidade para que os objectivos da realização do bem imobiliário sejam atendidos para satisfação de todos.
O consentimento duma das partes visando a celebração dum contrato **de mediação imobiliária também pode resultar de actos concludentes,** *ut* art 1 al. 2 CO – manifestação **tácita** da vontade (**Art. 1**
Le contrat est parfait lorsque les parties ont, réciproquement et d'une manière concordante, manifesté leur volonté.
Cette manifestation peut être expresse ou tacite.), ou seja, de comportamentos que exprimem a sua vontade de contratar ou dos quais a outra parte pode, de **boa fé**, em conformidade com o **princípio da confiança**, deduzir essa mesma vontade.
Os tribunais têm ali sido tentados a interpretar por **actos concludentes** da(s) parte(s) a determinação da sua intervenção (Cf. Arrêt du TF 4C.70/2003 du 6 juin 2003, c. 3.2, SJ 2004 I 257; arrêt du TF 4C.334/2000 Du 29 janvier 2001, c. 3a).
Com interesse particular o decidido no Arrêt du TF 4C.66/1992 du 29 septembre 1992, c. 2b, SJ 1993 p. 189.
Como se diz, v.g., no *Arrêt* du TF 4C.70/2003 du 6 juin 2003, c. 3.1, SJ 2004 I 257, recai sobre o mediador que reclama a comissão o **ónus da prova** das circunstâncias que permitam constatar a existência de um acordo entre as partes (art. 8º CC). Nas **situações ambíguas ou duvidosas**, os tribunais suíços têm tido a tentação de **proteger o comitente inexperiente no mercado em questão em detrimento do mediador profissional.**

Em Espanha o contrato de mediação imobiliária é um contrato **consensual**, podendo, portanto, ser concluído de **forma verbal** sem que, em absoluto, tal afecte a sua **validade**, podendo celebrar-se tanto por **escrito** como **verbalmente** (ver la **Sentencia del Tribunal Supremo** de fecha **18/11/1991**), estando sujeita a sua perfeição à prestação de **consentimento por**

IV.1.1. Da inobservância da forma legal

IV.1.1.1. Do contrato

A falta da forma escrita leva à **nulidade** do contrato. Trata-se de **nulidade atípica** (*"não podendo esta....., ser invocada pela empresa de mediação"* (nº 5) – portanto, sem aplicação do regime previsto no CC, *ut* arts. 286º e 289º a 293º).

IV.1.1.2. De cláusula acessória

Obviamente que sendo nulo o contrato, **igualmente o serão quaisquer convenções verbais concomitantes aos mesmo**, desde que cláusulas essenciais do contrato[82].

IV.1.1.3. De alteração ao contrato

Bem assim, qualquer **acordo verbal, pelo qual as partes alterem o contrato** de mediação imobiliária (quer tenha sido celebrado por escrito, quer verbalmente), designadamente no que tange ao **valor da remuneração**[83],

parte do oferente que, inclusive, pode ser tácito (cfr. la Sentencia de la **Audiencia Provincial de Alicante** en fecha **22/02/2001**).

Ou seja: que *se perfecciona por el consentimiento de las partes, por el mero concurso de oferta y aceptación* (art. 1262 CC).

[82] Nessa senda se decidiu no Ac. Rel de Lisboa de 5.6.2018 (Luis Filipe Sousa), proc 85/17.0T8VFX.L1-7, que "uma convenção verbal relativa a um contrato verbal concomitante a tal contrato que condicionasse a venda ao prévio pagamento de uma caução ou sinal pelos promitente-compradores seria sempre nula nos termos do Artigo 221º, nº1, do Código Civil, **porquanto a razão determinante da forma se lhe aplica porque é uma cláusula essencial do contrato**, o que justifica a sujeição da mesma à forma escrita para precaver os declarantes contra a sua precipitação ou ligeireza bem como para dar maior segurança à conclusão do negócio". Acrescentando o aresto que "só não estaria sujeita à razão determinante da forma uma **cláusula acessória** que, por exemplo, fixasse o lugar ou tempo de cumprimento da obrigação ou a quitação do próprio pagamento (cf. Luís Filipe Sousa, Prova por Presunção no Direito Civil, 3ª ed., p. 221; Carlos Ferreira de Almeida, Contratos V, 2017, pp. 80-81*)".*

[83] Por se tratar de um elemento essencial do contrato, tem entendido a jurisprudência que **a forma de remuneração não é uma cláusula acessória ou adicional,** sendo que qualquer alteração da cláusula atinente à forma da remuneração (cfr. art. 16º nº2, al. c) RJAMI) só será admissível se obedecer à forma escrita, sob pena de nulidade nos termos do art. 220º do Código Civil.

De facto, a cláusula que, nos contratos de mediação imobiliária, contempla o pagamento de remuneração ao mediador, respeita a um elemento essencial do negócio que é oneroso. Ao

é **igualmente nulo,** dada a obrigatoriedade da redução a escrito do contrato[84].

IV.1.1.3.1. Da prova da alteração ao contrato

Tratando-se de um contrato obrigatoriamente reduzido a escrito, por força de lei, **em princípio**, não pode a **prova da sua alteração** ser efectuada senão por acordo escrito (documento de valor idêntico), nos termos do disposto no art. 364º e 393º[85] ambos do Código Civil – não, portanto, por via testemunhal[86].

Porém, por vezes a prova testemunhal pode (e deve) ser admitida.

contrário do nº1 do art. 221º que, expressamente, se refere a *estipulações verbais acessórias anteriores ou contemporâneas* do documento legalmente exigido para a declaração negocial, sancionando em regra a sua nulidade, se preterida a forma legal exigida, já o nº2 apenas se refere às "estipulações posteriores" ao documento para as sancionar no caso de não obedecer à forma legal prescrita para a declaração "*se as razões da exigência especial da lei lhes forem aplicáveis*".
Este normativo tem sido objecto de interpretações antagónicas como nos dá conta no "Código Civil Anotado", vol. I, pág. 273, Ana Prata – "*2. Não há dúvidas de que o nº1 apenas se aplica a elementos acessórios do negócio; porém, o texto do nº2 não restringe o seu âmbito aos elementos acessórios, o que deu origem a interpretações divergentes na doutrina. Uma parte da doutrina interpreta restritivamente este nº2, defendendo que apenas estão em causa estipulações sobre elementos acessórios do negócio (posição, entre outros, de Carvalho Fernandes, cit. P. 243, e Pires de Lima e Antunes Varela, cit., p. 142), ao invés, C. Mota Pinto defendeu nas suas Lições a aplicação do nº2 deste artigo também a elementos essenciais (cit., p. 432).*
Em nosso entender, a melhor doutrina é a de Mota Pinto, por ser aquela que decorre do texto e do espírito da lei.".

[84] Cfr. Ac. STJ de 13.11.2018, proc. 6200/15.1T8MTS.P1.S2 (Fonseca Ramos):
«...
II. Uma cláusula posterior à estipulação inicial escrita, em que, verbalmente, as partes acordaram, num acréscimo da comissão, será em princípio nula.
...».

[85] "*Se a declaração negocial, por disposição da lei ou estipulação partes, houver de ser reduzida a escrito ou necessitar de ser provada por escrito, não é admitida prova testemunhal*".
Reza, ainda, o art. 394º, nº1, do mesmo diploma, que "*É inadmissível a prova por testemunhas, se tiver por objecto quaisquer convenções contrárias ou adicionais ao conteúdo de documento autêntico ou dos documentos particulares mencionados nos artigos 373º a 379º, quer as convenções sejam anteriores à formação do documento ou contemporâneas dele, quer sejam posteriores.*".

[86] Vide Ac. TRG de 31-01-2013, proc. 356/11.OTBPVL.G1 onde se decidiu "*Não é admitida prova testemunhal, para prova de factos relativos a um contrato de **mediação imobiliária** sujeito a forma escrita...*".

Assim o decidiu o STJ, no Ac. de 13.11.2018, proc. 6200/15.1T8MTS.P1.S2 (Fonseca Ramos), em cujo sumário se escreveu: «*.....concluindo, dizemos que o carácter formal e solene do contrato de mediação imobiliária visa, sobretudo, a protecção do incumbente e uma cláusula posterior à estipulação escrita, em que verbalmente as partes acordaram, fixando um acréscimo de comissão, será em princípio nula; todavia, se a preterição da forma legal é de imputar ao incumbente, tendo a actuação da mediadora, que actuou na convicção de que não seria invocada a nulidade de tal cláusula, sido pautada pela confiança incutida pela contraparte, é defeso ao incumbente prevalecer-se da nulidade quando, findo o contrato, recusa o pagamento em que acordou, por tal actuação ser contrária ao princípio da boa fé e abusiva do direito na modalidade do "venire contra factum proprium".*

Também, ***pela confiança incutida, é admitida a prova testemunhal da convenção posterior ao documento escrito.»***[87].

[87] Fundamentou assim o aresto:
«A severidade da proibição de prova testemunhal pode ser atenuada, admitindo-se a prova testemunhal, ante um quadro circunstancial que torne verosímil que a convenção informal foi celebrada.
Como ensina Vaz Serra, citado no Acórdão recorrido, em estudo publicado no BMJ 112, a respeito da proibição:
"Se estabelecida com carácter absoluto, pode levar a resultados iníquos, dado que a inadmissibilidade da prova testemunhal pode sancionar soluções de injusto enriquecimento de uma das partes à custa da outra ou qualquer outro desrespeito de convenções reais e efectivas que podem ser de grande interesse para uma das partes.
A circunstância de terem podido as partes reduzir a escrito tais convenções não é bastante, pois podem ter-se abstido de o ***fazer por confiarem uma na outra*** *ou por qualquer outra causa e ver-se depois uma delas impossibilitada de provar por testemunhas a convenção".*
Neste quadro sustentou ser de admitir a prova testemunhal *"quando, em consequência das circunstâncias do caso concreto, for verosímil que a convenção tenha sido feita" situação em que a prova testemunhal já não padece dos mesmos perigos pressupostos na proibição. Nesta hipótese, o tribunal, para considerar provada a convenção, não se apoiará apenas naquela, "mas também nas circunstâncias objectivas que tornam verosímil a convenção"* [RLJ, 103-, 13].
No Acórdão recorrido foi admitida prova testemunhal e considerada válida a cláusula em disputa, por se ter considerado, na ponderação da reapreciação do julgamento da matéria de facto, que existia um ambiente de confiança entre as partes que foi a causa da não celebração por escrito de cláusula adicional.
A fls. 317, pode ler-se – *"O acordo verbal denunciado em 11, da f.f. não foi reduzido a escrito dada a confiança depositada no Réu, por ser uma pessoa "muito conhecida", "idónea", "ex-secretário de Estado", "Professor Doutor".*

Importa dizer que, sendo a exigência de forma, para a celebração de contrato de **mediação imobiliária**, essencialmente destinada a proteger o incumbente, ao ponto dessa nulidade ser atípica, já que o vício formal apenas pode ser invocado pelo cliente e não pela mediadora com quem contratou, a prova testemunhal pode ser excepcionalmente admitida se o Tribunal puder concluir que a omissão da forma escrita teve a aquiescência da parte mais fraca, ou seja, daquela que podia ter exigido (por a visar proteger) e não impôs a forma escrita.
No fundo trata-se de ponderar um princípio geral de direito e essencial nas relações contratuais – a actuação de boa fé (art. 762º, nº2, do Código Civil) e o princípio da confiança nela suposto.
Mota Pinto, in "Teoria Geral do Direito Civil" – 4ª edição – Maio de 2005, por António Pinto Monteiro e Paulo Mota Pinto – pág. 124 – sobre o princípio da boa-fé, escreve:
"A boa fé é hoje um princípio fundamental da ordem jurídica, particularmente relevante no campo das relações civis e, mesmo, de todo o direito privado. Exprime a preocupação da ordem jurídica pelos valores *ético-jurídicos* da comunidade, pelas particularidades da situação concreta a regular e por uma *juridicidade social* e *materialmente fundada*.
A consagração da boa fé corresponde, pois, à superação de uma perspectiva positivista do direito, pela abertura a princípios e valores extra-legais e pela dimensão *concreto-social* e material do jurídico que perfilha (...).
Significa o que acabamos de dizer que o princípio da boa fé se ajusta a – e contribui para – uma visão do direito em conformidade com a que subjaz ao *Estado de Direito Social* dos nossos dias, intervencionista e preocupado por corrigir desequilíbrios e injustiças, para lá das meras justificações formais.
Como já dissemos, o princípio da boa fé tem um âmbito muito vasto, invadindo todas as áreas do direito. Mas ele assume uma importância muito grande no domínio dos contratos, em permanente diálogo e contraponto com um outro princípio fundamental, já analisado, e que é o da autonomia privada. De todo o modo, ao fazermos estas afirmações estamos a perspectivar o princípio da boa fé como *critério normativo*, e, portanto, num sentido *objectivo*.".
As regras de conduta, postuladas pela actuação leal e prudente que contempla os interesses das partes são apanágio dos contratos em que as partes negoceiam em plano de igualdade; com mais rigor, tais regras, devem ser *exigidas* em contratos em que tal igualdade substancial não existe, ou esteja atenuada pela disparidade da força negocial.
Como ensina Antunes Varela, o conceito de boa-fé, *existente há séculos*, não conhece matizes, é uma regra civilizacional no mundo jurídico, um padrão ético inspirador da confiança, norteado por critérios de lisura, lealdade e de protecção dos interesses contrapostos.
Se as partes, conscientemente e confiando reciprocamente no fiel cumprimento do que acordaram verbalmente, optaram por não reduzir a escrito a cláusula adicional, a invocação, findo o contrato, da nulidade formal pelo incumbente para se eximir ao pagamento da comissão acordada, traduz abuso do direito – art. 334º do Código Civil – na modalidade de *venire contra factum proprium* por trair a confiança que incutiu na contraparte e em que esta razoável e justificadamente *confiou*.

IV.1.2. Da admissibilidade de declaração tácita

No contrato de mediação, como em todos, requer-se a prestação do consentimento para que possa nascer na vida jurídica.

Porém, como é sabido, a declaração pode ser expressa ou tácita.

Ora, a **admissibilidade de declaração tácita** depende, não apenas da concludência dos comportamentos ou condutas materiais, mas também da circunstância de os factos em que se corporizam tais comportamentos terem algum suporte em documento escrito[88].

Na especificidade do caso, deve ser paralisada a invocação da nulidade por falta de forma – *inalegabilidade formal*. Neste quadro não se acolhe o regime regra da nulidade – art. 220º do Código Civil.

Como se sentenciou no Acórdão deste Supremo Tribunal de Justiça, de 17.3.2016 -Proc. 2234/11.3TBFAF.G1.S1- Relator Lopes do Rego, in www.dgsi.pt

"Em situações excepcionais e bem delimitadas, pode decretar-se, ao abrigo do instituto do abuso de direito, a inalegabilidade pela parte de um vício formal do negócio jurídico, decorrente da preterição das normas imperativas que, à data da respectiva celebração, com base em razões de interesse público, regiam a forma do acto: porém, esta solução – conduzindo ao reconhecimento do vício da nulidade, mas à paralisação da sua normal e típica eficácia – carece de ser aplicada com particulares cautelas, não podendo generalizar-se ou banalizar-se, de modo a desconsiderar de modo sistemático o conteúdo da norma imperativa que regula a forma legalmente exigida para o acto. Em consonância com esta orientação geral, pode admitir-se a paralisação da invocabilidade da nulidade por vício de forma, com base num censurável venire contra factum proprium, quando é claramente imputável à parte que quer prevalecer-se da nulidade a culpa pelo desrespeito pelas regras legais que impunham a celebração do negócio por determinada forma qualificada ou quando a conduta das partes, sedimentada ao longo de período temporal alargado, se traduziu num escrupuloso cumprimento do contrato, sem quaisquer focos de litigiosidade relevante, assumindo aquelas inteiramente os direitos e obrigações dele emergentes – e criando, com tal estabilidade e permanência da relação contratual, assumida prolongadamente ao longo do tempo, a fundada e legítima confiança na contraparte em que se não invocaria o vício formal, verificado aquando da celebração do acto.".

[88] Cfr., v.g., acórdão do Supremo Tribunal de Justiça de 07-05-2014, Processo nº7185/09.9TBCS C.L1.S1, in www.dgsi.pt.:

"I. O contrato de ***mediação imobiliária*** *é um contrato formal por força da lei, que impõe a sua sujeição à forma escrita, com menção obrigatória das especificações legalmente previstas (entre as quais avulta o estabelecimento contratual das condições de remuneração do mediador, nomeadamente o montante, percentagem e forma de pagamento, com indicação da taxa de IVA aplicável), prescrevendo -se ainda que o incumprimento de tais exigências de forma gera a nulidade do contrato, não podendo esta, contudo, ser invocada pela empresa de* ***mediação***.

IV.1.2.1. A prorrogação/renovação do contrato escrito carece de forma escrita? Prorrogação tácita do contrato

- **Questão: a prorrogação/renovação do contrato escrito carece de forma escrita?**

Não nos parece que tal exigência se imponha – porém, apenas desde que os termos do contrato inicial não sejam alterados e no contrato se preveja a possibilidade de ser prorrogado por acordo *inter partes*[89].

3. ***Assentando a pretensão do autor na celebração – embora com desrespeito da forma legalmente imposta (que considera imputável ao outro contraente) – de um contrato de mediação imobiliária e uma vez que tal contrato se mostra legalmente sujeito a forma escrita, a admissibilidade de declaração tácita por parte de algum dos contraentes depende, não apenas da concludência dos comportamentos ou condutas materiais, mas também da circunstância de os factos em que se corporizam tais comportamentos terem algum suporte em documento escrito.".***

[89] Assim:

– Ac. STJ de 14.07.2016, processo: 130250/13.7YIPRT.L1.S1 (Lopes do Rego):

«Deve ter-se por ***tacitamente renovado o contrato de mediação imobiliária*** *quando ocorreu uma manutenção, ao nível prático-económico, da relação de mediação, durante cerca de 6 anos, sendo o seu prosseguimento conhecido e consentido por ambos os contraentes, e implicando que a A./mediadora tivesse efectivamente continuado a prestar serviços próprios da sua actividade à R., traduzidos na publicitação, mediação e finalização das vendas dos lotes originariamente previstos no contrato celebrado por escrito, cooperando ainda com a A. nessa sua actuação prática, trocando correspondência e facultando-lhe elementos para agilizar a negociação das ditas fracções.*

II. Quer se tenha a exigência de forma escrita para a renovação do contrato de mediação imobiliária, no termo do prazo originariamente estipulado, como legal ou meramente convencional, ***não há obstáculo à referida renovação tácita, inferida dos comportamentos concludentes atrás referidos – que, por um lado, sempre implicariam o afastamento da presunção contida no nº 1 do art. 223º do CC;*** *e, por outro,* ***assentando o comportamento concludente da R. em documentos escritos, juntos aos autos, o carácter formal da declaração não impedia que a mesma se pudesse ter por tacitamente emitida.***

– Ac. Ac. RL de 11.02.2016, proc. 130250-13.7YIPRT.L1-8 (ANTÓNIO VALENTE):

«Celebrado por escrito contrato de mediação imobiliária por determinado período, ***a sua prorrogação posterior ao seu termo, desde que não se mostre terem ocorrido alterações nas condições do contrato inicial, não carece de ser reduzida a escrito, desde que se prove claramente que as partes continuaram a executar o contrato para além de tal termo.***

– Apesar de as partes terem convencionado que o contrato poderia ser prorrogado, desde que ocorresse acordo escrito de ambas até um mês antes do respectivo termo, o facto de as partes contraentes terem prosseguido as actividades constantes do contrato mostra que foi sua vontade efectuar tal prorrogação, mesmo sem a reduzir a escrito.

...».

IV.1.2.2. Nota de direito comparado

A questão do consentimento tácito e da renovação tácita do contrato de mediação imobiliária também tem sido abordada no **ordenamento jurídico espanhol.**

Na jurisprudência espanhola sobre o contrato de mediação imobiliária, tem-se, de facto, por vezes considerado que esse **consentimento pode ser tácito,** por exemplo quando um possível comprador se dirige aos escritórios de uma agência imobiliária, analisa a sua carteira de imóveis e decide visitar alguns deles fazendo uso dos serviços do agente.

As reticências à **renovação tácita do contrato de mediação imobiliária** têm sido ali postas pela doutrina quando o contrato é celebrado **com exclusividade.**

Entende-se que a exclusividade não pode pactuar-se com carácter indefinido, antes deve fixar-se prazo para o contrato exclusivo.

Efectivamente, particular característica do contrato de mediação é que a sua duração não pode ser indefinida. E no que tange à exclusividade, jurisprudência há que sustenta a mesma exclusividade está limitada ao prazo fixado pelos contratantes. É que (dizem) se assim não fosse, o comitente ficava obrigado a permanecer numa incerteza se obteria ou não o resultado por si pretendido com a outorga do contrato, desperdiçando eventual opor-

O CASO

Os factos:

*A Mediadora) e Ré outorgaram um "Contrato de Mediação Imobiliária", **datado de 1 de Setembro de 2001, pelo qual a A., em regime de exclusividade e durante 24 meses,** se comprometeu a promover (contra o recebimento da comissão acordada) a venda de vários lotes de um prédio pertencente à R.*

*Na **cláusula 3ª** consta que "As partes poderão acordar, por escrito, até 30 dias antes do final do contrato, a sua prorrogação por igual período";*

– A A. prestou à R. serviços de mediação de venda de imóveis da Ré entre 03/12/2003 e 23/02/2009.

– A A. publicitou, mediou e finalizou as vendas a que se reportam as facturas que enviou à R., referentes a lotes que são objecto do acordo de mediação imobiliária celebrado, e que esta se recusa a pagar;.

– Entre A. e R. foi trocada, durante o ano de 2006, correspondência com vista a agilizar a negociação para venda de fracções do imóvel.

Entendeu a Relação:

«Pretende a recorrente que foram praticados actos, reduzidos a escrito, dos quais se pode retirar tacitamente a existência de uma renovação contratual.

(...).

tunidade que lhe surgisse de conseguir essa finalidade, em prejuízo dos seus (legítimos) interesses patrimoniais, que ficariam sujeitos à inatividade ou negligência do agente autorizado[90].

*Se analisarmos **a correspondência travada entre Autora e Ré ao longo do ano de 2006,** não podem restar dúvidas que, nesse período, ambas **as partes consideravam em vigor o contrato de mediação imobiliária,** trocando informações sobre a sua execução, ou seja a negociação para venda das fracções do imóvel em causa.*

Entendemos que a renovação do contrato de mediação imobiliária não tem necessariamente de ser reduzida a escrito caso se mantenham os termos do contrato inicial (esse sim, reduzido a escrito) e este previsse já a possibilidade da sua prorrogação por acordo das partes.

Os interesses de ordem pública,** com a inerente fiscalização, expressos no preâmbulo do DL 77/99 de 16/03, visando sobretudo a protecção do consumidor e impedir o exercício clandestino da mediação imobiliária, **ficam, no que à forma diz respeito, satisfeitos com a redução a escrito do contrato,** contendo os diversos elementos exigidos pelo art. 20º do aludido diploma. Entre tais elementos consta o prazo de duração do contrato. Contudo, **se as partes contraentes prevêm a possibilidade de prorrogação do contrato após o seu termo, e desde que não se provem discrepâncias relativamente ao contrato inicial, não é legalmente exigível que tal prorrogação seja igualmente reduzida a escrito, já que, no fundo, estamos perante o mesmo contrato.

É certo que no âmbito da forma convencional as partes acordaram que o contrato poderia ser prorrogado por igual período, desde que o fizessem por escrito até 30 dias antes do fim do contrato.

Ou seja, o que as partes acordaram relativamente à forma escrita, foi a declaração de vontade de renovar o contrato.

*Não o tendo feito, **mas existindo documentos escritos posteriores àquele que seria o termo do contrato,** mostrando que as partes consideravam plenamente em vigor o contrato de mediação imobiliária, trocando, como vimos, informação diversa no sentido da sua execução, há que aceitar que existiu vontade das partes em prorrogar o contrato dispensando a expressa declaração escrita com 30 dias de antecedência.*

Do mesmo modo que as partes podem estipular a forma escrita para uma dada declaração – neste caso a vontade de prorrogação do contrato – também podem posteriormente, **desde que tal resulte claramente demonstrado da análise do seu comportamento negocial,** ***satisfazer-se com uma prorrogação tácita, que se deduz inevitavelmente do facto de terem prosseguido a execução do contrato após o seu termo e durante vários anos.***

Neste aspecto, estamos no domínio da forma convencional, nada impedindo que o regime convencionado seja alterado, desde que exista pleno acordo de ambos os contraentes ou uma conduta da qual tal acordo resulte inequivocamente.

*Nestes termos, entendemos assistir razão à recorrente, **considerando-se o contrato de mediação imobiliária celebrado entre as partes, em vigor até 23/02/2009».***

Procedeu a apelação, com a condenação da Ré a **pagar a retribuição acordada** e peticionada pela A.

[90] STS de 21 de mayo de 1992, RJ 1992/4272, en F.4º.

Por outro lado, a doutrina entende que o ter de fazer uso de pré-aviso para evitar a prorrogação automática consubstancia um encargo desproporcionado para o consumidor, pois assumirá a obrigação ou dever de antecipar a data de termo do prazo da exclusividade para evitar dar ao contrato um carácter indefinido[91].

IV.2. Dos sujeitos do contrato

IV.2.1. O mediador

Trata-se de um profissional independente que age por conta própria e com imparcialidade relativamente aos contraentes que aproxima – é um profissional que actua na base de operações de intermediação para negócios concretos, de forma independente e equidistante relativamente aos interesses das respectivas partes: uma *empresa* (cfr. Lei nº 15/2013, de 8 de Fevereiro, a dispor que no contrato de mediação imobiliária ali previsto o mediador é.... **uma *empresa***, *ut* arts. 2º e art. 3º/1[92]). Empresa que significa tão somente uma pessoa jurídica que tanto pode ser singular como coletiva, mas com determinadas caraterísticas (nº3 do art. 2º)[93].

[91] González Carrasco, Mª del Carmen, *El carácter de consumidor de una empresa de mediación inmobiliaria. Posible carácter abusivo de determinadas cláusulas del contrato,* CESCO, Centro de Estudios de Consumo, Universidad Castilla-La Mancha, 2006.

[92] O artigo 2º, nº1 da Lei 15/2013 define a atividade de mediação imobiliária referindo-se ao exercício da mesma por "*empresas*". O nº3 do mesmo normativo refere que *"Considera-se empresa de mediação imobiliária a pessoa singular ou coletiva cujo domicílio ou sede se situe em qualquer Estado do Espaço Económico Europeu e, sendo pessoa coletiva, tenha sido constituída ao abrigo da lei de qualquer desses Estados e se dedique à atividade de mediação imobiliária"*.

Por sua vez, o artigo 3º, nº1 do mesmo diploma estabelece que *"A atividade de mediação imobiliária só pode ser exercida em território nacional por* ***empresas*** *de mediação imobiliária (...)"*.

[93] Sobre o conceito de empresa tem-se debruçado alguma doutrina.

Assim, v.g., Menezes Cordeiro refere que "A comercialística de diversos quadrantes aceita hoje que a empresa não é nem uma pessoa coletiva, nem um conjunto de elementos materiais. Podemos entendê-la como um conjunto concatenado de meios materiais e humanos, dotados de uma especial organização e de uma direção, de modo a desenvolver uma atividade segundo regras de racionalidade económica" (Direito Comercial, 4ª edição, p. 324). E Coutinho de Abreu ensina que "(...) a empresa ou estabelecimento comercial é uma unidade jurídica fundada em organização de meios que constitui um instrumento de exercício relativamente estável e autónomo de uma atividade comercial" (*Curso de Direito Comercial*, vol. I, Almedina, 1998, p 217-218). E acrescenta: "Se não é possível um conceito genérico de empresa, já um conceito

IV.2.1.1. É válido um contrato celebrado, ocasionalmente, por um mediador que não seja uma *empresa?*

Perante a redacção dos arts. 2º/1 (*...procura, por parte das empresas...*) e 3º (*...A atividade de mediação imobiliária só pode ser exercida...por empresas de mediação imobiliária...*) da Lei nº 15/2013, **a um contrato celebrado por quem não seja.....*empresa* sempre faltaria um elemento essencial à qualificação do contrato.** É que a qualificação do sujeito mediador como empresa é um elemento que conforma o tipo legal neste contrato de mediação imobiliária.

Sendo assim, teríamos um contrato atípico de mediação imobiliária (não sujeito às exigências de licenciamento previstas no referido diploma[94]), mas **válido por celebrado no âmbito da liberdade contratual** (*ut* art. 405º CCiv), a que se aplicaria, por analogia, o regime previsto para a mediação imobiliária "*em tudo quanto tenha a ver com a semelhança em termos de conteúdo*"[95].

Quid juris se a se a atividade de mediação for exercida por empresa que não seja de mediação imobiliária? E se a actividade for exercida por empresa não licenciada ou autorizada?

Ambas as questões tem a ver com a necessidade de licença para o exercício dessa mesma actividade. E é a lei que exige a licença, a conceder pelo InCI, para o exercício da actividade de mediação imobiliária por prestador individual ou coletivo estabelecido em território nacional

Estabelece ainda, o artigo 4º, nº 1, da Lei 15/2013 o exercício da actividade de mediação imobiliária por prestador individual ou coletivo estabelecido em território nacional depende de licença a conceder pelo InCI[96].

geral de empresa em sentido objetivo – compreendendo empresas comerciais e não comerciais, de pessoas ou grupos de pessoas singulares e de pessoas coletivas públicas, privadas, etc – é possível (...) podemos, então dizer que empresa em sentido objetivo é a unidade jurídica fundada em organização de meios que constitui um instrumento de exercício relativamente estável e autónomo de uma atividade de produção para a troca" (cit., pp 243).

[94] Neste sentido, veja-se, entre outros, o Acórdão do STJ de 05/11/1974, BMJ 241, pp.265-9.

[95] Neste sentido, Pais de Vasconcelos, *Contratos Atípicos*, pp 155 (na circunstância, a propósito de contrato de locação financeira em que nenhuma das partes é uma sociedade de locação financeira) e Higina Orvalho Castelo, *O Contrato de Mediação*, pp 383-385.

[96] Os procedimentos administrativos relativos ao licenciamento, ao registo e ao controlo da validade do título detido pelas empresas que se dediquem ao exercício da atividade de mediação imobiliária encontram-se previstos no Regulamento 16/2014, do InCI, publicado no Diário da República, 2ª Série, de 15 de janeiro de 2014.

Ou seja, não distingue a lei, para a e xigência de licença, se a empresa é ou não de mediação imobiliária. Aliás, como parece óbvio, se a licença é exigida para as empresas que são de mediação imobiliária, por maioria de razão a exige para as que o não são.

Esta questão da licença, porém, será mais desenvolvidamente apreciada aquando da análise da eventual nulidade do contrato quando celebrado por mediador não autorizado (sem licença).

IV.2.1.2. Mediador não representa a parte que o contratou

Questão: em que medida o vendedor fica vinculado quando o mediador não representa a parte que o contratou?

Responde o **Ac. Ac. STJ de 11.02.2016,** proc. 8727/06.7TBCSC.L1.S1 (MARIA DA GRAÇA TRIGO): a conduta assumida pelo mediador ***"apenas vinculará o vendedor nos casos em que este lhe tenha atribuído poderes de representação"***[97].

[97] Sumário do aresto:
«*I – No âmbito de um contrato de mediação imobiliária, não representando o mediador a parte que o contratou, a conduta por si assumida apenas vinculará o vendedor nos casos em que este lhe tenha atribuído poderes de representação.*
II – A ***violação dos deveres,*** *previstos no art. 16º, nº 1, al. c) e d), do DL 211/2004, de 20-08 (vigente à data dos factos), que recaem sobre o* ***mediador imobiliário apenas responsabiliza este último e não o vendedor que o tenha contratado.***
III – A ***existência de uma placa promocional, exposta no exterior de um prédio, anunciando que os imóveis para venda são equipados com cozinha da marca x, integra uma declaração negocial do vendedor que o vincula ao cumprimento da respectiva obrigação*** *(arts. 217º, nº 1, e 236º do CC) e constitui um acto publicitário que se encontra sujeito ao princípio da veracidade no que toca às características das fracções em venda (arts. 3º nº 1, al. a), 10º, nº 1, e 30º, nº 1, do Código da Publicidade).*
IV – O ***incumprimento da referida obrigação faz incorrer o vendedor na obrigação de indemnizar.***
V – ....».

O CASO

Os factos:

1. Por escritura pública de 26 de Abril de 2006, a ré declarou vender aos AA, que declararam comprar, uma fracção autónoma e uma arrecadação.

2. Aquando da negociação da compra o **Senhor EE, enquanto promotor imobiliário, informou os autores que o preço de aquisição da fracção incluía a instalação completa de electrodomésticos da marca DD na cozinha, tendo, ainda acordado com os autores que um dos estacionamentos da fracção seria fechado em box,**

3.- **......o que seria feito a expensas da ré segundo informação dada pelo Senhor EE aos autores.**
4. O Senhor EE foi informado que o referido em 1,2,e,3 **era essencial para os autores se decidissem a comprar a fracção.**
5. **Existia uma placa promocional, exposta no exterior** dos blocos que constituem o prédio, **dizendo que os imóveis para venda eram equipados com cozinha DD.".**
6. **A ré não entregou aos AA os electrodomésticos nem procedeu ao "fecho em box"** de um dos lugares de parqueamento, como fora garantido pelo mediador.

Quanto à questão de saber se os AA. têm direito a ser compensados pelo facto de a R. não ter procedido ao "fecho em box" de um dos lugares de parqueamento como fora garantido pelo mediador imobiliário, EE, como respondeu o STJ, **impunha-se averiguar se os compromissos por este assumidos vinculam ou não a R. vendedora** perante os AA. compradores. **Ou seja, apurar se a conduta do mediador fez nascer alguma obrigação do vendedor.**
Ora, o mediador não atua por conta de nenhuma das partes, não representa qualquer delas e não intervém no negócio que vem a ser celebrado.
Disse o Supremo: *«...na mediação imobiliária o mediador não representa a parte que o contratou resulta também da jurisprudência deste Supremo Tribunal. Nas palavras do acórdão de 15 de Fevereiro de 2012: "a sociedade Ré, na qualidade de mediadora, nunca pode ser considerada, como sustentam os Autores/ Recorrentes, representante das Rés promitentes vendedoras e não poderia de modo algum,* ***mesmo que houvesse lugar à anulação do contrato-promessa, ser-lhe imposta co-responsabilidade solidária pela restituição do sinal pago"*** (proc. nº 5223/05.3TBOER.L1.S1, www.dgsi.pt).
(...).
A R. vendedora não se encontra, assim, vinculada pelas promessas feitas pelo mediador EE. Só o mediador poderia ser responsabilizado por tais promessas *(concretamente quanto ao encerramento de um parqueamento em box), designadamente por eventual violação dos deveres a que se encontra adstrito pelo regime legal que regula a actividade de mediação imobiliária, que, à data dos factos dos autos, era o Decreto-Lei nº 211/2004, de 20 de Agosto. No art. 16º, nº 1, deste diploma dispõe-se: "A empresa de mediação é obrigada a: c) ....; d) ...." A eventual violação destes deveres apenas pode responsabilizar o próprio mediador e não quem o contratou, neste caso a R. vendedora.»* – hoje, art. 17º da Lei nº 15/2013, de 08.02.

Já quanto à questão de saber se a R. se encontrava obrigada à instalação dos electrodomésticos na fracção vendida aos AA:
A resposta seria, só por si, idêntica à da questão anterior: **a conduta do mediador imobiliário não vincula a R. vendedora.**
Porém, uma vez que existia no exterior a placa a anunciar que a cozinha era equipada com os electrodomésticos, a mesma preenche, por si mesma, uma declaração negocial da R. vendedora, enquanto declaração expressa feita por escrito (art. 217º, nº 1, do CC). Vale aqui (em matéria de **interpretação da declaração negocial) a teoria da impressão do destinatário** (art. 236º, nº 1, do CC).

IV.2.2. Os colaboradores da empresa de mediação imobiliária: técnicos ou angariadores

Segundo o art. 23º da Lei 15/2013 (RJAMI), *técnicos* de mediação imobiliária são *"os colaboradores das empresas de imobiliária que desempenham, em nome destas, as funções de mediação imobiliária referidas nos nº 1, 2 e 4º do artigo 2º"*[98].

Coisa diferente são os *angariadores* imobiliários, os quais vêm definidos no art. 24º do mesmo diploma como *"os colaboradores das empresas de mediação imobiliária que coadjuvam os técnicos referidos no artigo anterior, executando tarefas*

Como escreveu o STJ, «*Não oferece dúvidas que a existência de "uma placa promocional, exposta no exterior dos blocos que constituem o prédio, dizendo que os imóveis para venda eram equipados com cozinha DD"* ***constitui simultaneamente um factor de atracção de potenciais interessados na aquisição das fracções e um elemento que integra a declaração negocial da R. vendedora****. É esse o sentido que corresponde à compreensão do comportamento do declarante, segundo um padrão de normal diligência, atenção e racionalidade. E a R. declarante vendedora não podia deixar de razoavelmente contar com esse sentido*».

Aliás, como anotou o Supremo, **também pelo regime próprio de publicidade a bens e serviços se chegava ao apuramento da responsabilidade da R. perante os AA, pois a aposição da placa junto ao** integra o conceito legal de publicidade ínsito no **art. 3º, nº 1, alínea a), do Código de Publicidade** - cfr., **ainda, o princípio da veracidade** previsto no art. 10º, nº 1, do Código de Publicidade, cuja violação faz nascer responsabilidade civil do anunciante: "*Os anunciantes, os profissionais, as agências de publicidade e quaisquer outras entidades que exerçam actividade publicitária (...), respondem civil e solidariamente, nos termos gerais, pelos prejuízos causados a terceiros em resultado da difusão de mensagens publicitárias ilícitas*" (art. 30º, nº 1, do Código da Publicidade).

Concluindo:
1. Aos AA assistia o direito a indemnização pelo incumprimento da promessa/garantia (da mediadora) de "fecho em box" do lugar de parqueamento. Porém, não estando a Ré vinculada pelas promessas do mediador EE, apenas este podia ser responsabilizado perante os AA por tais promessas.
2. Já a R. vendedora, atenta a placa aposta no prédio, que o anunciava, estava obrigada à instalação dos electrodomésticos DD, assim se obrigando a indemnizar os AA. pela violação desta obrigação.

[98] No anterior DL 211/2004 dispunha o art. 2º, nºs 5 e 6 que "5- No âmbito da preparação e do cumprimento dos contratos de mediação imobiliária celerados, as empresas de mediação imobiliária podem ser coadjuvadas por angariadores imobiliários. 6- É expressamente vedado às empresas de mediação celebrar contratos de prestação de serviços com angariadores imobiliários não inscritos no Instituto dos Mercados de Obras Públicas e Particulares e do Imobiliário, doravante designado IMOPPI".

necessárias à preparação e ao cumprimento dos contratos de mediação imobiliária celebrados pelas mesmas".

Note-se, porém, que a exigência que continha o DL 211/2004 de que o angariador imobiliário fosse um empresário em nome individual[99]deixou de existir no actual RJAMI.

O art. 20º, nº 1, da Lei 1572013 refere que as empresas de mediação imobiliária estabelecidas em território nacional são obrigadas a *"e) Conservar atualizado um arquivo de todos os contratos de trabalho e de prestação de serviços celebrados quer com técnicos de mediação imobiliária, quer com angariadores imobiliários"*.

Assim, portanto, actualmente a empresa de mediação imobiliária pode estabelecer com os seus colaboradores um **contrato de prestação de serviços ou um contrato de trabalho.**

Ver, ainda, no capítulo "*Da responsabilidade civil da mediadora*", o *item* "*Prática de actos ilícitos pelos seus agentes, colaboradores ou auxiliares*".

IV.2. 3. O cliente da mediadora

Outro dos sujeitos do contrato é, naturalmente, o cliente da mediadora – o comitente.

A Lei 15/2013, porém, ao falar do *cliente*, apresenta-o como alguém em nome de quem a mediadora actua. O que não é correcto.

Efectivamente, sendo embora certo que o artigo 2º, nº1 da Lei 15/2013 dispõe que *"A atividade de mediação imobiliária consiste na procura, por parte das empresas,* ***em nome dos seus clientes (...)****"*, a verdade é que – como vimos aquando da análise da noção de contrato de mediação imobiliária –, o ***mediador*** **é apenas um facilitador......não actua por conta de nenhuma das partes, embora contratado por uma delas.....*mas nunca representa* qualquer delas no negócio que vem a ser celebrado.**

Assim, aquela expressão legal não pode ser entendida em sentido jurídico, mas apenas num sentido corrente, ou talvez económico, com o signifi-

[99] Isso mesmo dispunha o nº 1 do artigo 4º: "A atividade de angariação imobiliária é aquela em que, por contrato de prestação de serviços, uma *pessoa singular* se obriga a desenvolver as ações e a prestar os serviços previstos, respetivamente, nos nº 2 e 3 do artigo 2º, necessários à preparação e ao cumprimento dos contratos de mediação imobiliária, celebrados pelas empresas de mediação imobiliária".

cado de que a actividade de mediação se destina à satisfação do interesse do cliente, logo, que não é neutra ou imparcial[100].

IV.2.3.1. O cliente da mediadora – comitente – como *consumidor?*

A resposta a esta questão, obviamente, depende do que se deva entender por **consumidor.**

Sobre esta temática, debruçámo-nos no nosso "*O Conceito de Consumidor, Perspectivas Nacional e Comunitária*"[101], para onde se remete o leitor interessado em maiores desenvolvimentos.

Como ali observámos, **a noção de consumidor** é, sem dúvida, a grande questão que agita o Direito do consumo[102]. Verdadeira pedra angular[103], esta é, sem dúvida, a grande questão que no domínio dos direitos dos consumidores está – e não pode deixar de estar – sempre presente, pois não se pode fazer uso da (cada vez mais diversa) legislação atinente à protecção dos direitos dos consumidores[104] (não esquecendo que este direito do consumo cobre ou disciplina áreas cada vez mais amplas e diversificadas do mercado e da vida social) sem saber, afinal, quem devem ser os seus destinatários.

[100] Para além da demais jurisprudência que, a propósito, citamos na obra, veja-se o Acórdão do STJ de 11/02/2016, Pº 8727/06.7TBCSC.L1.S1 – "*I – No âmbito de um contrato de mediação imobiliária, não representando o mediador a parte que o contratou, a conduta por si assumida apenas vinculará o vendedor nos casos em que este lhe tenha atribuído poderes de representação (...)*" – e o Acórdão do STJ de 15 de Fevereiro de 2012, Pº 5223/05.3TBOER.L1.S1 – "*a sociedade ré, na qualidade de mediadora, nunca pode ser considerada, como sustentam os autores/recorrentes, representante das rés-promitentes vendedoras e não poderia de modo algum, mesmo que houvesse lugar à anulação do contrato-promessa, ser-lhe imposta corresponsabilidade solidária pela restituição do sinal pago*" –, ambos disponíveis em *www.dgsi.pt.*

[101] Ed. Almedina.

[102] Jean Calais-Auloy/Frank Steinmetz, *Droit da la Consommation*, 6ª ed., págs. 6 segs.

[103] Para não dizer calcanhar de Aquiles.

[104] Legislação essa que nos últimos anos sofreu intenso labor e mudanças constantes: crédito ao consumo, regime das cláusulas contratuais gerais; segurança geral dos produtos, protecção dos utentes de serviços públicos essenciais (*maxime* do serviço telefónico), Lei de Defesa do Consumidor (LDC – Lei nº 24/96, de 31.07), contratos celebrados à distância, responsabilidade do produtor decorrente de produtos defeituosos e regulamentação de aspectos da venda de bens de consumo e das garantias a ela relativas (DL nº 67/2003, de 8.4).

De facto, como concluíram alguns autores, a noção de consumidor é um conceito múltiplo e ambíguo, quando não mesmo uma noção «indeterminada» que «escapa a qualquer definição precisa»[105].

Ora, segundo prescreve o art. 2º, nº 1, da Lei nº 24/96, de 31.07 (cit. Lei de Defesa do Consumidor – LDC): "*Considera-se consumidor* ***todo aquele a quem sejam fornecidos bens, prestados serviços*** *ou transmitidos quaisquer direitos, destinados a uso não profissional, por pessoa que exerça com carácter profissional uma atividade económica que vise a obtenção de benefícios*"[106].

Como é bom de ver, trata-se de um conceito em que o elemento subjectivo é definido como "***todo aquele...***", o elemento objectivo são os "*bens*" "***serviços***" e o elemento teleológico (a finalidade) é traduzido em "*destinados a uso não profissional*", sendo que todos esses elementos são ligados por via da relação negocial entre o consumidor e a outra parte, representada pelo elemento copulativo «*sejam fornecidos*»[107].

Ora, perante este conceito legal, logo se vê que o cliente da mediadora (o comitente) pode ser um *consumidor*, para efeitos da aplicação da legislação consumérica, *maxime* a LDC.

Com efeito, a relação havida entre a mediadora e o cliente é, por regra, uma relação de consumo, na medida em que, por um lado, temos uma "*pessoa*" que "*exerce com carácter profissional uma atividade económica*" que visa a "*obtenção de benefícios*" (a mediadora – uma *empresa*, cfr. art. 2º da Lei 15/2013) e, por outro, alguém (o cliente ou comitente) a quem são "***prestados serviços***", por regra, destinados a uso não profissional (diligenciar pela obtenção de interessado na compra/venda/arrendamento de um imóvel).

Resulta da leitura deste normativo que **o proprietário** de um imóvel, no âmbito duma relação de mediação imobiliária (v.g., visando a venda do imóvel), é o destinatário final, na acepção do citado art. 2º, nº1, da Lei nº 24/96, de 31.07 (**é ele a quem são "*prestados serviços*" pela agência mediadora).**

O que interessa aqui é o serviço, isto é, o desempenho adequado do contrato de mediação e não a finalidade do contrato principal – issa já tem a ver

[105] G. Cas e D. Ferrier, *Traité de droit de la consommation*, PUF, Paris, 1986, a pág. 9.

[106] Destaque nosso.

[107] A actual LDC sofreu modificação (substancial) em relação ao que o que seja o objecto de tal «fornecimento»: agora, a par dos «bens» e dos «serviços», há, ainda, a transmissão «de quaisquer direitos».

com outra relação (agora, entre o comitente o interessado efectivo no negócio, angariado pela mediadora).

Assim, portanto, temos que **o serviço de mediação imobiliária é uma relação de consumo**, ou seja, tem como destinatário final o principal proprietário/comitente, quando, ao contrário de qualquer tipo de mediação entre empresas, o cliente não utilizar o serviço de mediação como parte (ou peça) de uma cadeia de marketing, **mas como uma necessidade imposta pela conveniência em se desprender de um bem para destinar o produto ao aforro privado** (ou, eventualmente, até, para adquirir outro bem em substituição daquele). A condição de *consumidor* é que justifica, neste caso, a contratação do *serviço*[108].

Obviamente que **assim não seria caso** o comitente se dedicasse à actividade de compra e venda de imóveis, por exemplo. Então, teríamos, também do lado do comitente, alguém que (tal como a mediadora) se dedicava "*com carácter profissional*" a uma atividade económica que visava (também) a obtenção de benefícios. Aqui, portanto, a relação de consumo deixaria de existir.

IV.2.3.2. Contrato de mediação apenas celebrado por um dos cônjuges

No que tange à sua validade e outrossim à responsabilidade da(s) dívida(s) dele emergente, dir-se-á que o contrato é válido, sendo a dívida da responsabilidade de ambos os cônjuges[109].

[108] Neste sentido, também González Carrasco, Mª del Carmen, *El carácter de consumidor de una empresa de mediación inmobiliaria. Posible carácter abusivo de determinadas cláusulas del contrato*, CESCO: Centro de Estudios de Consumo, Universidad Castilla-La Mancha, 2006.

[109] Assim, Ac. RG de 18.12.2017, processo: 3381/13.2TBMTS.G1 (António Sobrinho):
«... *O contrato de mediação imobiliária é distinto do contrato de compra e venda de imóvel do casal.*
A alienação do imóvel comum e casa de morada de família exige o consentimento de ambos os cônjuges – art. 1682º-A, nº 1, als. a) e nº 2, do Código Civil (CC).
*Já **a celebração de um contrato de mediação imobiliária não exige a intervenção de ambos os cônjuges – cfr. citado art. 19º.***
Não existe assim qualquer interdependência jurídico-contratual entre ambos.
***O contrato de mediação imobiliária apenas tem efeitos obrigacionais,** podendo ser celebrado por um dos cônjuges sem o consentimento do outro e **enquadrando-se no âmbito dos poderes de administração de qualquer dos cônjuges relativamente aos bens comuns do casal** – art. 1678º, nº 3, do CC.*
*A **responsabilidade de tal dívida por ambos os cônjuges** decorre do disposto no art. 1691º, nº1, al. c), do CC, como fundamentado pelo tribunal recorrido.*».

IV.2.3.3. O cliente é comproprietário do imóvel

O comproprietário[110] de imóvel[111] **tem legitimidade para, nessa qualidade, celebrar um contrato de mediação imobiliária, sem que essa circunstância possa comprometer a sua validade**[112]. Com efeito, ao subscrever o contrato de mediação com a mediadora, o qual, como decorre da definição legal, tem por objecto a (mera) realização de diligências no sentido de conseguir um interessado para um determinado negócio, o comproprietário **limita-se a praticar um acto de gestão** (e não de disposição ou oneração) da coisa comum, exercendo, nessa medida, os direitos que assistem aos comproprietários (artº.s 1403º e ss., do CC). E **se actua por si só, só ele tem de arcar com a retribuição à mediadora**[113].

[110] Compropriedade é a situação de **titularidade plural do direito de propriedade sobre uma coisa** (art. 1403 do Cód. Civil). Essa situação dá a cada comproprietário faculdades sobre a coisa no seu todo, mas não sobre partes especificadas da coisa (art. 1408).
Segundo A. VARELA (*Revista de Leg. e de Jur.*, 115º-68), compropriedade ou *propriedade em comum* existe sempre que duas ou mais pessoas sejam simultaneamente (contitulares) do direito de propriedade sobre a mesma coisa.
Os direitos dos comproprietários, como diz o art. 1403, nº 2, são **qualitativamente iguais** (estão, pois, fora da compropriedade as situações de concurso de direitos reais de diferente natureza sobre o mesmo objecto – por exemplo, coexistência de direito de propriedade e de usufruto sobre o mesmo imóvel), embora possam ser quantitativamente diferentes. Na falta de indicação, manda o mesmo preceito legal presumir que as quotas são quantitativamente iguais.
Para maiores desenvolvimentos sobre esta temática da compropriedade, veja-se, designadamente: Henrique Mesquita, *Direitos Reais,* pp. 231 ss.; Luís Carvalho Fernandes, *Lições de Direitos Reais,* 4ª ed., Quid Juris, pp. 333 ss.; Álvaro Braga e Carlos Fraga, *Direitos Reais* (segundo as lições do Prof. Mota Pinto ao 4º Ano Jurídico de 1970-71), pp 251 a 267).

[111] Ac. Rel Lisboa de 10.05.2016, proc. 2119/13.9TJLSB.L1-7 (Maria do Rosário Morgado): *«**A celebração de um contrato de mediação imobiliária por um comproprietarío do imóvel** não consubstancia violação do preceituado no art. 16º, nº 1, alínea a) do Decreto-Lei nº 211/2004»* – correspondente ao art. 17º/1/a) da lei 15/2013, de 8 de fevereiro).

[112] Neste sentido, o Ac. Rel. Lisboa de 26/11/2015, processo 4483/14.3T8ALM.L1-8, in www.itij.pt.

[113] **Efectivamente, se o comproprietário o faz por si só, apenas ele** (e não também os demais comproprietários) **fica adstrito ao cumprimento das obrigações** emergentes daquele contrato, *maxime* do pagamento da remuneração ali prevista.

IV.2.3.3.1. Da representação na mediação imobiliária e da ratificação do negócio

Por vezes o comproprietário age **em representação** (e com conhecimento) **dos demais.**

Estamos, então, perante a figura da **representação**[114].

[114] Sobre o **instituto da *representação*** – que pode ser legal ou voluntária –, dispõe o art. 258º do Cód. Civil que *"o negócio jurídico realizado pelo representante, em nome do representado, nos limites dos poderes que lhe competem, produz os seus efeitos na esfera jurídica deste último."*

Apesar de a norma se referir, *prima facie*, aos efeitos da representação, é possível construir a partir dela um conceito de representação no qual se encerrem os elementos definidores do instituto, em geral, e da representação voluntária, em particular.

Assim, a **representação voluntária** consiste em alguém (o *representante*) realizar actos jurídicos em nome e no interesse de outrem (o *representado*), nos limites de poderes conferidos por este. Não se inclui no conceito de *representação* a produção directa dos efeitos do negócio na esfera jurídica do representante, uma vez que isso é uma consequência directa daquela acção e não um seu elemento (RUI PINTO, *Falta e Abuso de Poderes na Representação Voluntária*, Lisboa: AAFDL, 1994, p. 14).

O representante, embora seja parte formal no negócio celebrado com terceiro, actua em nome de outrem – o dono do negócio ou *dominus negotii* – e não em seu próprio nome, como sucede no mandato sem representação (art. 1180º), em que o mandatário age *em nome próprio*, apesar de *"praticar um ou mais actos jurídicos por conta"* do mandante (art. 1157º). Isto significa que o representante deve mostrar-se perante terceiros como substituindo a pessoa em lugar de quem age e em relação à qual se referem, por isso, os efeitos do negócio jurídico. Esta ideia é expressa pelo brocardo latino *contemplatio domini*. O representante, ao actuar em nome alheio, mostra que não quer os efeitos do negócio para si, mas para o *dominus*.

A representação pressupõe ainda que o representante actue ao abrigo de *poderes* que lhe permitam agir em nome alheio. Caso contrário, os efeitos negociais não se fazem sentir na esfera jurídica do *dominus*.

Assim, **são pressupostos de produção de efeitos jurídicos emergentes de representação, ou seja, da sua eficácia:**

a) negócio jurídico realizado pelo representante em nome do representado, munido com o necessário poder de representação, que lhe legitima a conclusão do negócio em nome do representado;

b) cognoscibilidade à parte com quem contrata que os efeitos entram, não na esfera jurídica do representante, mas na do representado;

c) a *contemplatio domini*, significando que o representante deverá revelar que realiza o acto em nome do representado (utilizando-se vulgarmente a expressão "em nome de").

d)actuação dentro dos limites dos poderes que foram conferidos ao representante pelo representado (cit. art. 258º do C. Civil).

Sobre esta **figura da representação na mediação imobiliária e bem assim a** ratificação do negócio (e respectica forma), ver Ac Rel. Lisboa de 02.06.2016, processo: 266/14.9TJLSB.L1-2 (ONDINA CARMO ALVES)[115].

O representante pode dispor de poderes de representação legal ou voluntariamente concedidos pelo representado.
Das modalidades de representação salienta-se a representação voluntária que é dominada pela procuração, enquanto negócio jurídico unilateral, a qual permite ao representante celebrar em nome e por conta do representado, actos com terceiros, conforme decorre do artigos 262º a 269º do Código Civil, estabelecendo a lei um conjunto de regras que visam proteger os interesses desses terceiros (v. artigo 266º do CC.).

[115] *«A **representação** traduz-se na prática de um acto jurídico, em nome de outrem, para na esfera desse outrem se produzirem os respectivos efeitos.*
*2.**A subscrição de um acordo em nome de outrem exige** que o representado tenha atribuído poderes de representação ao representante para a celebração e assinatura do mesmo, mediante procuração ou, se assim não acontecer, que o representado venha posteriormente ratificar o acordo.*
*3.Sendo **a ratificação** a declaração de vontade pela qual alguém faz seu um acto jurídico celebrado por outrem em seu nome, **está sujeita à forma exigida para tal contrato.***
...)».

O CASO
Os factos:
– **Entre a Autora, empresa de Mediação Imobiliária e a 4ª Ré – agindo em seu nome e em representação das 1ª, 2ª, 3ª rés,** com o conhecimento destas – foi celebrado, em 10.12.2012, um contrato de mediação imobiliária, em regime de exclusividade, para a venda dum **imóvel pertença, em compropriedade, às 1ª a 5ª RR.**
– **Inexiste procuração emitida pelas 1ª, 2ª e 3ª rés a favor da 4ª ré,** para esta negociar e celebrar com a autora o contrato de mediação imobiliária junto aos autos e outros, para a venda do mencionado imóvel;
– A autora obteve um **comprador para o imóvel, pelo valor de €290.000** e elaborou a respetiva minuta do **contrato de promessa de compra e venda.**
– As 1º, 2º, 3ª e 4ª rés **aceitaram o valor** de €290.000 e as condições do contrato de promessa de compra e venda, sendo que as 1ª, 2ª, 3ª rés informaram tal à 4ª ré que o comunicou à autora.
– As 1ª, 2ª, 3ª e 4ª rés estiveram prontas para assinar o contrato de promessa de compra e venda, mediado pela A., em outubro de 2013, embora o não tivessem assinado.
– **Porém, a 5ª ré não quis celebrar o contrato de promessa de compra e venda do imóvel.**
– O imóvel **veio a ser vendido em julho de 2015 por 370,00 euros, por outra mediadora imobiliária, através de contrato de mediação imobiliária assinado por todas as RR. em janeiro de 2015.**
– A valor da comissão acordada a favor da A. no contrato é de €17.835,00.

IV.3. Do objecto do contrato

Cfr. art. **art. 2º/1 da lei nº 15/2013, de 8 de Fevereiro** (define a actividade imobiliária):

Posição da Relação:
Após discorrer sobre a **figura da representação, nomeadamente a da representação sem poderes** – e, outrossim, a ratificação do negócio jurídico –, **entendeu a Relação** que, embora a 4ª R. tenha actuado em seu nome e em representação das 1ª, 2ª e 3ª RR (que aceitaram, inclusive, assinar o contrato promessa de compra e venda mediado pela A.), o **certo é que a 5ª R. não ratificou o contrato celebrado entre a A e a 4ª R – nem, sequer, de forma tácita** (esta que é a fundada na conduta do representado que gere legitimamente no terceiro contraente a confiança na existência da ratificação, assente no princípio da boa fé, na vertente de tutela da confiança – v. RUI PINTO, ob. cit., 77 e Ac. R.C. de 21.01.87, C.J. ano XII, t. I, 40 e ss.). **Para além de que a A. não usou da faculdade prevista no artº268º, nº1, do CC, exigindo da 4ª R. a prova dos poderes de representação das demais RR.**
Como tal, a declaração feita pela 4ª R. em nome das 1ª, 2ª e 3ª RR, ao assinar o contrato de mediação imobiliária, de que as "representava", **não produziu quaisquer efeitos relativamente àquelas RR** (muito menos relativamente à 5ª R.
Assim sendo, e porque a a 5ª ré não aceitou celebrar o aludido contrato de promessa de compra e venda – sendo certo que, atenta a co-titularidade do direito sobre o bem, objecto do contrato de mediação, sempre seria indispensável a participação de todas as rés na concretização do negócio visado pelo contrato de mediação, ou seja, na celebração do contrato de compra e venda –, **não assistia à A. o direito à remuneração.**

Nota:
É certo que o imóvel veio a ser vendido cerca de 2 anos e meio sobre a celebração do contrato de mediação com a A., agora com intervenção de outra mediadora imobiliária.
Porém – à parte a questão da falta de ratificação do contrato pela 5ª Ré (por si só bastante para afastar o direito da A à remuneração, pois o contrato **não produziu quaisquer efeitos relativamente à Ré) – nunca teria a A. tal direito à remuneração**, uma vez que se **não provou que as rés se tivessem aproveitado da actividade desenvolvida pela autora,** donde se não verificar o nexo de causalidade entre a actividade exercida pela mediadora, na vigência do contrato de mediação, e a ulterior celebração do contrato de compra e venda entre as rés e um terceiro.
Para além disso, **sempre se acrescentará que a A. tinha incorrido em violação dos seus deveres** (cfr. art. 16º/1/a) do DL 211/2004, de 20.08 – correspondente ao **art. 17º/1/a) da Lei 15/2013, de 8.2**), pois que, atentas a suas qualificações profissionais, não desconhecia (não podia ou devia desconhecer) a necessidade de intervenção no contrato de mediação de todos os contitulares do direito de propriedade do imóvel objecto do aludido contrato, como o demonstra a circunstância de ter diligenciado, sem êxito, pela subscrição do contrato por parte de todas as contitulares do direito de propriedade sobre o imóvel a vender.

*«1 – ....**constituição ou aquisição de direitos reais sobre bens imóveis,** bem como **a permuta, o trespasse ou o arrendamento dos mesmos ou a cessão de posições em contratos que tenham por objecto bens imóveis.»**.*

Já o art. 16º/2 da lei nº 15/2013, de 8 de Fevereiro, diz que "*do contrato constam, obrigatoriamente, ...:*

*a) A **identificação das características do bem imóvel que constitui o objecto material do contrato,** com especificação de todos os ónus e encargos que sobre ele recaiam;*
b) A identificação do negócio visado pelo exercício de mediação;"[116].

Um reparo: este art. 16º/2 fala em ***trespasse*** de...*bens imóveis*. Obviamente que a linguagem não está correcta, pois é sabido que **não se trespassa um *bem imóvel*, mas, sim....., o estabelecimentos a funcionar no prédio** (podendo fazer parte desse estabelecimento um arrendamento do imóvel)[117].

[116] *«II – A lei satisfaz-se com a **"identificação das características" do imóvel,** a qual não terá de ser exaustiva, mas **tão somente indicativa ou, melhor, identificativa** – art. 20º, nº 2, al. c), do DL nº 77/99, de 16-03.*
*III – Mostra-se satisfeita essa exigência legal se, atentos os contactos estabelecidos entre a vendedora, a mediadora e o comprador e as deslocações ocorridas ao local onde se situavam os bens, **todas as partes tinham presente que se tratava fundamentalmente** de um solar e de uma quinta com terrenos rústicos adjacentes que até abasteciam de água o dito solar, ou seja, uma unidade económica bem delimitada, na qual se integravam os prédios que vieram a ser alienados»* – Ac. STJ de 18-04-2006, Revista nº 435/06 – 1ª Secção, Borges Soeiro.

[117] É certo que a a lei não dá, de forma directa, o **conceito de trespasse**, motivando que a doutrina e a jurisprudência se venham empenhando na procura da sua identificação, podendo hoje definir-se, de acordo com a doutrina dominante, como "a transmissão definitiva, por acto entre vivos (seja a título oneroso, seja a título gratuito), da titularidade do estabelecimento comercial" (Cfr. Antunes Varela, na *RLJ*, ano 115º, pág. 253, nota 1).
Estabelecimento comercial esse que "é a estrutura material e jurídica integrante, em regra, de uma pluralidade de coisas corpóreas e incorpóreas – coisas móveis e ou imóveis, incluindo as próprias instalações, direitos de crédito, direitos reais e a própria clientela ou aviamento – organizados com vista à realização do respectivo fim" (Ac. do STJ de 4/12/07, Proc. nº 07B4168, no ITIJ).
Ou seja, o estabelecimento comercial é uma organização estável e autónoma de um conjunto de elementos que permitem o desempenho de uma actividade daquela natureza.
Diz, com efeito, o **artigo 1112º, nº 1, do Código Civil** (na redacção dada pela **Lei nº 6/2006, de 27.02**):

Alargamento do objecto: parece que a mediação imobiliária **poderá, por analogia, ter por como objecto a celebração de contratos idênticos aos referidos naquele art. 2º/1, como é o caso da cessão de quotas**[118].

IV. 4. A declaração negocial e os vícios da vontade (ou na formação da vontade) negocial

IV.4.1. Generalidades

1. Como negócio jurídico que é, este tipo contratual tem de respeitar a previsão do **art. 280º CC**[119].

"*1. É permitida a transmissão por acto entre vivos da posição do arrendatário, sem dependência de autorização do senhorio:*
a) *No caso de trespasse de estabelecimento comercial ou industrial;*
b) *(...).*
*2. **Não há trespasse:***
a) Quando a transmissão não seja acompanhada de transferência, em conjunto, das instalações, utensílios, mercadorias ou outros elementos que integram c estabelecimento;
b) Quando a transmissão vise o exercício, no prédio, de outro ramo de comércio ou indústria ou, de um modo geral, a sua afectação a outro destino.
3. A transmissão deve ser celebrada por escrito e comunicada ao senhorio.
4. (...)."
Daqui se vê que o trespasse é o contrato entre vivos pelo qual se **transmite definitivamente um estabelecimento comercial ou industrial** (COUTINHO DE ABREU, *Curso de Direito Comercial,* 2006, I, 276). Poderá ocorrer no âmbito de uma venda, de uma dação em cumprimento, de uma doação ou mesmo de um contrato de sociedade.

Em suma, sendo a doutrina pátria pacífica em definir o trespasse como a transferência definitiva e por acto entre vivos da titularidade de um estabelecimento comercial, paradigmaticamente a sua compra e venda, cremos que no aludido art. 2º, nº1, da Lei 15/2013, ao falar-se em *trespasse,* se terá querido contemplar a compra e venda de um estabelecimento que inclua um direito real ou de arrendamento sobre um bem imóvel.

[118] Designadamente, quando o contrato de mediação imobiliária ter por objeto a cessão da totalidade ou da maioridade das participações sociais de uma sociedade titular de um estabelecimento comercial instalado em imóvel próprio ou arrendado, ou **quando do capital social da sociedade faz(em) parte imóvel(eis) – v.g., labora em imóvel da sociedade.**
Em sentido diferente, cfr. Ac RP de 21.03.2013, proc. 582/12.4TJPRT.P1: para este aresto a cessão de quotas *está fora do âmbito da actividade de mediação imobiliária, donde não poder fundamentar um pedido de remuneração por parte do mediador.*

[119] O obecto não pode ser *física ou legalmente impossível, contrário à lei ou indeterminável* ou contrário à *ordem púbica,* ou *ofensivo dos bons costumes.* Sob pena de **nulidade.**

2. A **declaração negocial** é **composta por dois elementos: a vontade e a declaração,** manifestação que são, respectivamente, do elemento subjectivo (ou interno) e do objectivo (ou externo) – art. 236º do Código Civil[120].

Princípio da autonomia privada e da regra *falsa demonstratio non nocet*: afirmação da ponderosa vontade real.

A **interpretação da declaração negocial** (arts. 236º a 238º do CC)[121]: a posição preferível «*de jure constituendo*», para a generalidade dos negócios, é a **doutrina da impressão do destinatário.** É a posição mais razoável. É a mais justa por ser a que dá tutela plena à legítima confiança da pessoa em face de quem é emitida a declaração. Acresce – e por isso se justifica a sua aplicação mesmo quando o declarante não teve culpa de exteriorizar um sentido diverso da sua vontade real – **ser a posição mais conveniente, por ser largamente mais favorável à facilidade, à rapidez e à segurança da vida jurídico-negocial**[122]**.**

[120] Ou seja, para haver uma declaração negocial, que leva à constituição dum contrato, tem que haver um comportamento declarativo, ou seja um comportamento que, visto de fora, apareça como significativo de uma vontade negocial.

Estamos, assim, reconduzidos à análise do art. 236º do Código Civil. Constatado que o declarante e declaratário atribuíram à declaração o mesmo sentido, será esse o decisivo.

[121] Reza o art. 236º do CC:

1. A declaração negocial vale com o sentido que um declaratário normal, colocado na posição do real declaratário, possa deduzir do comportamento do declarante, salvo se este não puder razoavelmente contar com ele.

2. Sempre que o declaratário conheça a vontade real do declarante, é de acordo com ela que vale a declaração emitida.

Nos termos do art. 237º, *em caso de dúvida sobre o sentido da declaração, prevalece, nos negócios gratuitos, o menos gravoso para o disponente e, nos onerosos, o que conduzir ao maior equilíbrio das prestações.*

Por fim, estabelece o art. 238º:

1. Nos negócios formais não pode a declaração valer com um sentido que não tenha um mínimo de correspondência no texto do respectivo documento, ainda que imperfeitamente expresso.

2. Esse sentido pode, todavia, valer, se corresponder à vontade real das partes e as razões determinantes da forma do negócio se não opuserem a essa validade.

[122] O Código Civil define o tipo de sentido negocial decisivo para a interpretação nos termos daquela posição objectivista: a declaração vale com o sentido que um declaratário normal, colocado na posição do real declaratário, possa deduzir do comportamento do declarante» (art. 236º, nº 1). Releva o sentido que seria considerado por uma pessoa normalmente diligente, sagaz e experiente em face dos termos da declaração e de todas as circunstâncias situadas dentro do horizonte concreto do declaratário, isto é, em face daquilo que o concreto destinatário da declaração conhecia e daquilo até onde ele podia conhecer.

Nos **negócios solenes ou formais**, o sentido objectivo correspondente à impressão do destinatário, isto é, o sentido correspondente à doutrina geral, **não pode valer se não tiver um mínimo de correspondência, embora imperfeita, no texto do respectivo documento (art. 238º 1).**

3. Os **vícios da vontade (arts. 251º a 257º CC)**[123] – melhor, **na formação da vontade**

Também na mediação imobiliária a **vontade dos outorgantes tem de ser livre e esclarecida**[124].

O vício na formação da vontade, quando relevante, gera, em geral, a **anulabilidade do respectivo negócio** (arts. 251º, 251º/1, 254º, 256º e 257º CC).

IV.4.1.1. O erro

Consiste no **desconhecimento ou na falsa representação da realidade** (circunstância de facto ou de direito) que determinou ou podia ter determinado a celebração do negócio – **erro**, em direito, e neste campo, **abrange a própria ignorância da realidade**[125].

Esta doutrina sofre, porém, desvio no sentido de maior objectivismo: é o que sucede nos **negócios solenes ou formais**.

[123] Os **vícios da vontade** são perturbações do processo formativo da vontade, operando de tal modo que esta, embora concorde com a declaração, é determinada por motivos anómalos e valorados, pelo direito, como ilegítimos (Mota Pinto, *Teor. Geral Dir. Civil*, 4ª reimpressão, 1980, p. 381).

Têm relevância autónoma no nosso direito o erro-vício, o dolo, a coacção moral, a incapacidade acidental e o estado de necessidade (Mota Pinto, *Teor. Geral..., cit.*, p. 382).

Ainda sobre os *vícios da vontade* (o **erro**, o **dolo**, a **coacção moral**, o **estado de necessidade e a usura**, a **incapacidade acidental**), ver, desenvolvidamente, Pedro Pais de Vasconcelos, *Teoria Geral do Direito Civil*, Almedina, 6ª ed., pp. 658 e ss.

[124] Os vícios de que falamos podem revestir várias modalidades. A análise das disposições legais que se ocupam do problema (arts. 251º a 257º do Código Civil) permite-nos identificar os seguintes três elementos perturbadores da esclarecida e livre formação da vontade: o erro, o medo e a incapacidade acidental. Não é esta, porém, a forma tradicional e mais corrente de designar os vícios na formação da vontade: usa-se antes dizer que esses vícios são o erro, o dolo e a coacção (moral) – sobre esta maneira de identificar os vícios, *vd.*, por todos, Mota Pinto, *Teoria Geral*, p. 501, e, mais claramente ainda, Manuel de Andrade, *Teoria Geral*, vol. II, p. 228.

[125] É um dos principais vícios da formação da vontade (a par do medo ou coacção moral e da incapacidade acidental.

O erro-vício[126]

Situação referente ao erro-vício, em contrato de mediação imobiliária, foi a suscitada no **Ac. STJ de 15-05-2012,** Revista nº 5223/05.3TBOER.L1.S1 – 1ª Secção (António Joaquim Piçarra):

*«I – A **vontade negocial** deve ser livre, esclarecida, ponderada e formada de um modo julgado normal e são.*

*II – O **erro vício ou erro motivo**, que se traduz num erro na formação da vontade e do processo de decisão, existe quando ocorre uma falsa representação da realidade ou a ignorância de circunstâncias de facto ou de direito que intervieram nos motivos da declaração negocial, de modo que, se o declarante tivesse perfeito conhecimento das circunstâncias falsas ou inexactamente representadas, não teria realizado o negócio ou tê-lo-ia realizado em termos diferentes.*

III – É relevante saber se o erro foi factor determinante da declaração negocial emitida – essencialidade do elemento sobre que incidiu o erro – e se o destinatário da declaração conhecia ou devia conhecer essa essencialidade.

*IV – **A demonstração dos factos integradores da essencialidade e respectiva cognoscibilidade,** por **constituírem requisitos de relevância do erro e fundamento da***

Sobre a exigência do necessário esclarecimento, Heinrich Ewald Hörster refere (*in A Parte Geral do Código Civil Português*, Teoria Geral do Direito Civil, 6ª reimpressão, Almedina, pág. 567) que «o negócio jurídico apenas pode desempenhar as suas funções quando a vontade, que se manifesta através da declaração negocial, se formou de uma maneira esclarecida, assente em bases correctas, e livre, sem deformações provindas de influências exteriores. Se a vontade não se formou esclarecida e livremente, ela está viciada. Na sequência do vício, que fere a vontade, também a declaração negocial em que esta se manifesta fica viciada».
O vício da vontade negocial que se traduza ou envolva uma deficiência de discernimento do seu autor constitui, assim, erro que corresponde à ignorância ou falsa representação de uma realidade (a ignorância do que se ignora) – cfr, a este propósito, J. Dias Marques, *Noções Elementares de Direito Civil*, 6ª edição, 1977, pág. 84, e José Oliveira Ascensão, *Direito Civil Teoria Geral*, Volume II, 2ª edição, Coimbra Editora, pág. 135 – que poderia ter intervindo ou interveio entre os motivos da declaração negocial.

[126] É a situação que mais frequentemente ocorre dentro do erro, e *"...consiste na ignorância (falta de representação exacta) ou numa falsa ideia **(representação inexacta), por parte do declarante, acerca de qualquer circunstância de facto ou de direito que foi decisiva na formação da sua vontade, por tal maneira que se ele conhecesse o verdadeiro estado das coisas não teria querido o negócio, ou pelo menos não o teria querido nos precisos termos em que o concluiu"*** (Manuel de Andrade (*Teoria Geral da Relação Jurídica*, vol. II, 9ª reimpressão, Coimbra, 2003, pág. 233) – destaques nossos.

***anulabilidade do negócio** (arts. 251º e 247º, ambos do CC), **constitui ónus de quem invoca o erro** (art. 342º, nº 1, do CC).».*

Entendeu-se no aresto que faltava um dos (dois) pressupostos ou requisitos exigidos pelo art. 247º do CCivil para a relevância anulatória do erro: a *essencialidade* e a *cognoscibilidade*[127].

Faltava ali a *cognoscibilidade* (se se provou que a área do logradouro foi determinante para a decisão de contratar dos promitentes compradores (*essencialidade*), já não lograram, porém, estes fazer a prova da aludida *cognoscibilidade* do erro, isto é, que as promitentes vendedoras sabiam dessa diferença de área e que isso foi determinante da decisão de compra dos promitentes compradores)[128].

[127] De facto, resulta dos arts. 251º e 247º do CCivil que **o negócio jurídico só é anulável por erro sobre o objecto se** esse erro for tal que sem ele a parte não teria celebrado o negócio, ou não o teria celebrado com aquele conteúdo. É esse o sentido da *essencialidade* a que se refere o art. 247º do Cód. Civil e, concluindo-se que a parte teria celebrado o negócio do mesmo modo, ainda que não tivesse incorrido em erro, não haverá já fundamento para o anular.
Ainda que necessária, a *essencialidade* não é, todavia, suficiente para fazer desencadear o efeito anulatório. **Para além da *essencialidade* é também necessário que o declaratário conhecesse ou não devesse ignorar a essencialidade, para o declarante, do elemento sobre que incidiu o erro.**
A parte que errou tem, pois, para obter a anulação do negócio, o ónus de demonstrar este duplo requisito: que se não tivesse ocorrido o erro não o teria celebrado ou não o teria celebrado desse modo; e que a outra parte sabia ou não devia desconhecer que assim era. De outro, se o negócio jurídico pudesse ser anulado por erro sobre uma qualquer qualidade do objecto, que fosse essencial para a parte que errou, mas cuja essencialidade fosse surpreendente ou imprevisível, a contraparte no negócio ficaria injusta e excessivamente desprotegida e daí que o art. 247º do Cód. Civil imponha à parte que invoca o erro o ónus de alegar e demonstrar que, nas circunstâncias do negócio, a outra parte conhecia, ou não devia ignorar, que o *quid* sobre o qual o erro incidiu era para ela essencial.

[128] **O CASO**
Os AA, promitentes compradores e, como tal, interessados na aquisição do prédio urbano (moradia) de que as 1ª e 2ª RR eram (respectivamente) dona e usufrutuária, intentaram contra essas e a 3ª Ré Sociedade de Mediação Imobiliária Lda, acção a pedir a anulação do contrato-promessa celebrado, através da mediação da sociedade 3ª Ré, com as 1ª e 2ª Rés.
Alegaram, em suma: que **a mediadora agiu....*em nome* das Rés;** que quando visitaram o prédio, *não conseguiram (através do exame visual) ter a noção exacta da área* do prédio que preten-

diam adquirir, em virtude das obras que ali decorriam e das diversas construções existentes no terreno.
Os AA assinaram com as Rés dona e usufrutuária um contrato-promessa de compra e venda da Casa, tendo pago uma quantia título de sinal e princípio de pagamento.
Porém, depois de terem dado início às diligências para licenciamento e execução das obras de renovação e reconstrução do imóvel, entre as quais um levantamento topográfico, **vieram os AA a constatar que o prédio tinha menos cerca de 20% da área espacial definida no contrato-promessa.**
Pediram, com tal fundamento, **a anulação do contrato-promessa de compra e venda celebrado, pelo erro em que teriam sido induzidos pelas Rés,** e a condenação solidária destas a aos AA a importância do sinal que prestaram e as despesas que suportaram.
A **acção improcedeu** em 1ª instância.

A **Relação confirmou** a sentença. O STJ negou a Revista,
Entendeu o S.T.J. que, não obstante a prova do essencial da factualidade na petição inicial e bem assim de que "*A área coberta e descoberta do imóvel foram relevantes para a decisão de aquisição por parte dos AA. e proposta de preço*" (ponto 30), e que "*Os AA. visitaram o imóvel, por diversas vezes, com a 3ª R.*" (ponto 42) e bem assim que relevou de forma especial para a decisão o facto de que "*Apenas após a elaboração do levantamento topográfico referido em 17., a 3ª R. tomou conhecimento do referido, em que os AA. alegavam que a área do logradouro do imóvel constante da certidão do registo predial e da caderneta predial era superior à área real do logradouro*", "*Facto que, até àquela data, era totalmente desconhecido tanto das 1ª e 2ª Rés como da 3ª R.*" (*pontos 50 e 51*), **não lograram os AA alegar e muito menos demonstrar que as RR (promitentes vendedoras) conheciam ou não deviam ignorar a essencialidade, para si (AA), do elemento sobre que recaiu o erro (a área do logradouro)** – de que todos se aperceberam já bem tardiamente.
Mais disse o acórdão:
"***........ ainda que o contrato-promessa fosse anulado, nunca a sociedade Ré (mediadora) teria de restituir o sinal pago,*** *na medida em que interveio como mediadora e, ao contrário do que defendem os Autores/Recorrentes,* ***não agiu em representação das Rés***" (sublinhados nossos).
É que (observou) sendo a mediação, na nossa lei, assumida como objecto de um contrato – o contrato de mediação – de que a imediação imobiliária constitui uma das valências, o *mediador* é um facilitador, não actuando por conta de nenhuma das partes, embora contratado por uma delas, *mas nunca representa* qualquer delas no negócio que vem a ser celebrado.

Uma nota:
Sem embargo da bondade do decidido pelo STJ, temos **algumas reservas sobre se não deveria/poderia a 3ª Ré/Mediadora ser responsabilizada com fundamento em falta ou deficiência de informação aos promitentes-compradores acerca das *características do imóvel* (cfr. art. 16º/2/a da Lei 15/2013.....).**
Vejam-se estes factos:

IV.5. Da nulidade do contrato de mediação imobiliária

O art. 16º nº 7 da lei 15/2013 (redacção do DL 102/2017, de 23.08), estabelece que *"O incumprimento do disposto nos nº 1, 2, 4 e 6 determina a nulidade do contrato, não podendo esta, contudo, ser invocada pela empresa de mediação".*

Como é bom de ver, trata-se de uma *nulidade atípica* ou *sui generis*, à qual não corresponde na íntegra o regime geral previsto no Código Civil, para o negócio jurídico nulo (*ut* art. 286º CC).

10. A 3ª R. forneceu aos AA. as plantas correspondentes à Casa B que constituem o documento 4 junto com a p. i., em 10/04/2001, ***cópia da certidão da Conservatória do Registo Predial e da Caderneta Predial do imóvel*** *identificado em 1. que constituem os documentos nºs 5 e 6 da p. i., cujo teor se dá por reproduzido.*
11. ***Na certidão da Conservatória do Registo Predial*** *com referência à descrição do imóvel identificado em 1. facultada pela 3ª R. aos AA. consta:*
– a casa com a área coberta de 116 m2
– logradouro com a área descoberta de 485 m2
Total: 601 m2.
15. Com referência ao imóvel identificado em 1., por ap. 20, de 2004/12/21 ***foi averbada a rectificação*** *nos seguintes termos "área coberta 116 m2,* ***área descoberta 387,78 m2.***
27. ***A 3ª R. informou os AA. sobre as dimensões do terreno e casa,*** *tal como consta do ponto 11.*
28. Aquando da entrega das plantas identificadas em 10., ***a 3ª R. informou os AA.*** *que as duas casas eram idênticas e com as mesmas dimensões.*
29. ***Foi com base nas informações a que se refere o ponto 28. e ainda as que resultam dos pontos 10. e 11. que os AA. apresentaram a sua proposta de aquisição do referido imóvel.***
30. ***A área coberta e descoberta do imóvel foram relevantes para a decisão de aquisição*** *por parte dos AA. e proposta de preço.*
31. ***Foi a 3ª R. quem apresentou aos AA. a minuta de contrato-promessa de compra que após discussão foi aceite.***

Pergunta-se: não deveria a mediadora ter previamente diligenciado pela averiguação real (ou...pelo menos...aproximada da realidade...) da área do terreno, considerando que em causa **está uma diferença (para menos) de....20% da área descoberta?!**
Não estaria isso dentro do âmbito dos seus deveres (cfr. art. 17º, nº2, al. b) da Lei 15/2013), até ponderando a natural experiência e preparação que é suposto ter nestas matérias (contactos com entidades licenciadoras, áreas dos prédios, projectos, etc...), a impor-lhe um especial cuidado antes de informar os promitentes compradores das dimensões do terreno e casa? Se sim, então, talvez lhe pudesse ser assacada responsabilidade pelos danos que por via dessas (incorrectas) informações veio a causar.

IV.5.1. Quem pode invocar a nulidade (por vício de forma)?

1. **Interpretação literal**: a letra da lei[129] apenas proíbe a sua invocação pela *empresa de mediação*[130]-[131];

2. **Interpretação da jurisprudência e doutrina**: a nulidade não pode ser invocada por terceiros[132] nem pelo próprio tribunal (ex *officio*)[133], **apenas podendo ser invocada pelo cliente** (o comitente)[134].

[129] Cfr. art. 16º, nº 7 da lei nº 15/2013.

[130] Justificação: previne-se, assim, a protecção do consumidor e o exercício clandestino da actividade de mediação.

«... *II – Por isso,* ***ainda que haja a mediadora exercido actividade ao abrigo de contrato nulo, não pode ela reclamar as quantias correspondentes à actividade exercida, designadamente comissões, como se o contrato fosse válido, pois, a ser assim, os objectivos visados com este regime específico de nulidade seriam defraudados.***» – Ac. RL de 06.02.2007, proc. 9851/2006-7, Orlando Nascimento.

[131] A valer esta interpretação, então a nulidade podia ser invocada a todo o tempo por qualquer interessado e pode ser declarada oficiosamente pelo tribunal.

[132] Ver Acórdão do TRC de 16/10/2007, proc. 408/05.5TBCTB.C1, CJ 2007, IV, 33: o terceiro angariado, por acordo com o cliente do mediador, havia assumido em exclusivo a obrigação de pagamento da remuneração. Discutiu-se, então, **se o terceiro angariado podia arguir a nulidade do contrato para se escusar à remuneração**. O tribunal assim não entendeu, argumentando que «*só o cliente*» o podia fazer. Que se tratava de uma nulidade *atípica*, que só pode ser invocada pelo cliente da empresa mediadora, não o podendo ser por esta, nem oficiosamente pelo tribunal.

[133] Justificação: evitar que a eventual invocação da nulidade por terceiros ou pelo próprio tribunal (ex *officio*) pudessem levar a que a empresa mediadora se aproveitasse do vício....que ela própria criou (não reduzindo a escrito o contrato).

De facto, **a não possibilidade da nulidade ser declarada *ex officio* visa evitar** que a parte mais forte, presumivelmente causadora da nulidade (a empresa mediadora), pudesse beneficiar com essa declaração (o prejudicado seria a parte em cujo favor a nulidade é estabelecida).

[134] **Outra jurisprudência** pertinente:

«*II – O contrato de mediação imobiliária, previsto no DL nº 77/99, de 16-03, está sujeito à forma escrita, devendo constar, do documento que o titula, as menções indicadas no nº 2 do art. 20º deste diploma.*

III – A inobservância da forma escrita ou a não inserção dessas menções fere de nulidade o contrato – uma ***nulidade atípica, que só pode ser invocada pelo cliente da entidade mediadora, não o podendo ser por esta nem conhecida oficiosamente.***» – Ac. STJ de 03-04-2008, Revista nº 4498/07 – 2ª Secção, Santos Bernardino

Este desvio ao regime padrão da nulidade tem também como consequência a impossibilidade do seu conhecimento ex-officio pelo tribunal.» – Ac. STJ de 10-04-2008, Revista nº 52/08 – 2ª Secção, Santos Bernardino.

IV.5.2. Como invocá-la

Basta ao cliente da mediadora a alegação de factualidade demonstrativa de não ter sido celebrado contrato escrito.

(O contrato de mediação imobiliária em causa fora elaborado nos termos do DL nº 77/99, de 16-05).
«I – O contrato de mediação imobiliária está sujeito à forma escrita.
II – A inobservância da forma escrita fere de nulidade o contrato – uma ***nulidade atípica, que só pode ser invocada pelo cliente da entidade mediadora*** *–, com os efeitos previstos no art. 289º do CC.»* – Ac. STJ de 03-07-2008, Revista nº 1727/08 – 2ª Secção, João Bernardo.

«III – Tendo sido celebrado verbalmente entre Autora e Rés um contrato de mediação imobiliária, nos termos do disposto no DL nº 285/92, de 19-12, tal ***contrato é nulo por não ter sido reduzido a escrito e por a nulidade não ter sido invocada pela Autora mediadora, mas sim pelas Rés*** *(art. 10, nºs 1 e 6, do citado Decreto-Lei).»* – Ac. STJ de 07-06-2005, Revista nº 206/05 – 1ª Secção, Barros Caldeira.

«.... é de concluir que entre a A. e a R foi estabelecido um contrato de mediação imobiliária regido pelo DL nº 285/92, de 19-12.

11 – Esse contrato é nulo por falta de forma, visto que a A não demonstrou que o mesmo tenha sido reduzido a escrito, como a lei impõe, mas ***tal nulidade não pode ser invocada pela R mediadora, nem é de conhecimento oficioso.»*** – Ac. STJ de 21-10-2003, Revista nº 2693/03 – 1.a Secção, Moreira Alves

«I. A nulidade a que se reporta o art. 19º nº 8 do D.L. nº 211/2004, de 20 de Agosto, é atípica, só podendo ser invocada pelo "cliente" (art. 2º nº 4 b) do predito diploma legal), que não, consequentemente, pela entidade mediadora ou "ex-officio".» – Ac. STJ de 11.2.2010, proc. 2044/07.2TBFAR.E1.S1 – Pereira da Silva

«I – Resulta do nº 8 do art. 19 do DL 211/04 citado que a nulidade pela inobservância dos requisitos dos nºs 1, 2, 7 desse normativo não pode ser invocada pela empresa de mediação, o que é penhor absoluto de que se trata de uma nulidade atípica, na medida em que não podendo ser invocada pela empresa, apenas o pode ser pelo cliente do mediador ou comitente e não também pelo tribunal.» – Ac. RL de 08.03.2012, proc. 1724/09.2T2AMD.L1-2, Vaz Gomes.

«I – ***Não pode a mediadora invocar a nulidade*** *do contrato de mediação imobiliária (ver artigo 10º/6 do Decreto-Lei nº 285/92, de 19 de Dezembro)* ***prevenindo-se, assim, a protecção do consumidor e o exercício clandestino da actividade de mediação.***
II – Por isso, ***ainda que haja a mediadora exercido actividade ao abrigo de contrato nulo, não pode ela reclamar as quantias correspondentes à actividade exercida, designadamente comissões, como se o contrato fosse válido, pois, a ser assim, os objectivos visados com este regime específico de nulidade seriam defraudados.»*** – Ac. RL de 06.02.2007, proc. 9851/2006-7, Orlando Nascimento.

«I – O contrato de mediação deve ser reduzido a escrito, ***não podendo, no entanto, o mediador arguir a sua nulidade por falta de forma*** *– artigo 10 nº do Decreto-Lei nº 285/92 de 19 de Dezembro.*

IV.5.3. Aproveitamento da invocação da nulidade por parte da empresa de mediação

Nunca a posição a tomar sobre a nulidade **poderá conduzir a que haja um aproveitamento dessa invocação por parte da empresa de mediação.**

Efectivamente, seja qual for a posição que se assuma (de conhecimento oficioso do tribunal ou de conhecimento por invocação de terceiros), a invocação da nulidade nunca poderia **conduzir a um aproveitamento dessa invocação por parte da empresa de mediação**, sob pena de tal situação se poder reconduzir a um abuso de direito da sua invocação, sendo contrária à boa fé, sendo necessário, nesse caso, a afirmação da validade do contrato[135].

IV.5.4. Consequências da sua não invocação

Se não for invocada (por quem o pode ser), o **contrato mantém-se válido** (mesmo que ferido daquele vício formal)[136].

IV.5.5. Consequências da (declaração da) nulidade do contrato (por vício de forma) no que tange à remuneração da mediadora

As posições divergem:

*II – **O tribunal não pode declarar oficiosamente a nulidade** do contrato, porque é uma situação de nulidade atípica, sujeita ao regime de invocação específica, ou seja, apenas susceptível de ser invocada pela parte não inibida de pedir tal declaração»* – Ac. TRP de 08.10.2002, proc., Mário Cruz

Ainda neste sentido:

– Acórdão do TRC de 10/07/2007, proc. 3631/05.9TBAVR.C1: em causa uma *«invalidade de carácter misto, **não podendo ser conhecida oficiosamente**, e apenas invocável pela pessoa singular ou colectiva que celebra o contrato de mediação com a empresa imobiliária»*.

Acórdãos do TRL de 27/02/2007, proc. 10818/2006-7, do TRC de 18.03.2014, proc. 29239/11.7YPRT.C1. e do STJ de 03/04/2008, proc. 07B4498.

[135] Neste sentido, vejam-se entre outros, o Acórdão do Tribunal da Relação de Coimbra de 09/03/2004, proferido no Pº 7282/2003-1 e o Acórdão do Tribunal da Relação do Porto de 20/03/2007, proferido no Pº 0720378, ambos disponíveis in www.dgsi.pt.

[136] Cfr., v.g., o Ac. STJ de 31-03-2004, Revista nº 647/04 – 6ª Secção, Silva Salazar: *«I – O contrato de mediação imobiliária tem de ser reduzido à forma escrita, sem o que enferma de nulidade. II – Esta não pode ser invocada pelo mediador nem conhecida oficiosamente, **pelo que, se o comitente também não a invocar, o contrato, embora meramente verbal, permanece válido.»**.*

- Nada deve receber?[137]
- A compensação (*ut* **art. 289º CC) deve corresponder ao valor dos serviços efectivamente prestados pelo mediador?**[138]

137 *«III – Tendo sido celebrado verbalmente entre Autora e Rés um contrato de mediação imobiliária, nos termos do disposto no DL nº 285/92, de 19-12,* ***tal contrato é nulo por não ter sido reduzido a escrito*** *e por a nulidade não ter sido invocada pela Autora mediadora, mas sim pelas Rés (art. 10, nºs 1 e 6, do citado Decreto-Lei).*
IV – ***Por tal motivo, as Rés não se constituíram na obrigação de remunerar a Autora*** *pelos serviços de mediação que esta diz ter prestado.»* – Ac. STJ de 07-06-2005, Revista nº 206/05 – 1ª Secção, Barros Caldeira.

138 *«II – O contrato de mediação deve obrigatoriamente ser reduzido a escrito, devendo dele constar os actos a praticar pelo mediador, bem como a contrapartida. Se o contrato não tiver sido escrito é nulo por falta de forma.* ***Porém, quando a falta de forma não for imputável ao mediador, este tem direito a receber em contrapartida, o valor correspondente ao trabalho desenvolvido, pela actividade da meação.***
III – ***Estando provado que a mediadora prestou serviços de mediação, aproximando o promitente comprador do promitente vendedor, interessado e beneficiário da mediação, serviços ou tarefas que não lhe podem ser devolvidas, como consequência da declaração de nulidade do contrato, ter-lhe-á de ser pago o valor correspondente calculado equitativamente de forma justa e equilibrada. Se assim não fosse, estava estabelecido um convite ao incumprimento e à fraude generalizada neste tipo de contratos.»*** – Ac. RL de 09.06.2005, proc. 4801/2005-6, Gil Roque.

Assim também entendem Miguel Côrte Real e Maria Mendes Cunha (A atividade de mediação imobiliária: anotações e comentários ao DL 77/99 de 16/03 e à legislação complementar, Porto: Vida Económica, 2000), que referem: "no caso de haver celebração de um contrato de mediação imobiliária sem sujeição à forma escrita e de cuja execução resultem vantagens para o cliente da sociedade de mediação (interessado), vantagens que decorram do integral cumprimento, por esta, do contrato celebrado, apesar da sua nulidade, nesta especifica hipótese, é certo que através do próprio instituto do enriquecimento sem causa sempre a sociedade prestadora de tais serviços deverá ser ressarcida pela sua prestação. Milita decisivamente neste sentido o disposto no artigo 289º do C.C." (p 84).

«Tendo o contrato de mediação imobiliária celebrado entre as partes sido ***declarado nulo, a ré tem que restituir ao autor os € 8 000 000,00 que dele recebeu a título de remuneração pelos serviços que lhe prestou e este que restituir àquela o valor dos serviços de mediação imobiliária que, de facto, foram prestados.»*** – Ac. TRC de 06.03.2012, proc. 2372/10.0TJCBR.C1, António Beça Pereira.

«IV – Não obstante a ***nulidade do referido contrato de mediação, por inobservância da forma escrita*** *legalmente exigida (art. 20º, nº 1, do DL nº 77/99, de 16-03, e arts. 220º e 286º do CC), estando provado que a Autora prestou serviços de mediação, confiando legitimamente que a Ré estava a ser regularmente representada,* ***tais serviços ter-lhe-ão de ser pagos, nos termos do art. 289º, nº 3, do CC.»*** – Ac. STJ de 21-03-2006, Revista nº 3393/05 – 1ª Secção, Paulo Sá.

– A compensação deve equivaler ao **valor da remuneração acordada?**[139]

– Posição a seguir: a compensação deve equivaler ao **valor da remuneração acordada.** Parece-nos que esta última posição é a mais correcta: afinal, **não sendo possível restituir a prestação de facto positiva ("...*tudo o que tiver sido prestado*"), o critério para encontrar o valor a restituir deverá ser o da retribuição/comissão que foi acordada pelas partes contratantes, pois parece ser a única quantia que, de forma objectiva, se poderá reconduzir ao conceito de "*valor correspondente*" (cit. art. 289º/1).**

Nota: se a actividade desenvolvida pela mediadora não for de molde a justificar o recebimento da remuneração, a declaração da nulidade do

[139] Assim:

«I – É nulo o contrato de mediação em que as partes omitiram a identificação determinada pelo art. 20º, nº 2, al. h), do Dec. Lei nº 77/99, de 16 de Março devendo ser restituído tudo o que tiver sido prestado ou, se a restituição em espécie não for possível, o valor correspondente, nos termos do disposto no art. 289º, nº 1, do C. Civil.

II – Tratando-se de uma prestação de actividade, a sua restituição in natura não é possível devendo ser restituído o valor correspondente.

Tendo a entidade mediadora desenvolvido toda a actividade a que se tinha obrigado, fazendo-o com sucesso uma vez que a mesma conduziu à celebração de um contrato-promessa com entrega, efectiva, de uma quantia a título de sinal, ***a remuneração acordada entre as partes contratantes é a única quantia que, de uma forma objectiva, se pode reconduzir ao conceito de valor correspondente.*** *»* – Ac. RL de 22.11.2011, proc. 1634/05.2TCSNT.L1-7, Orlando Nascimento.

«Tendo o mediador prestado toda a actividade a que se obrigou e sendo declarada a nulidade do contrato, nos termos do 289º, nº 1, do CC, não sendo possível restituir a prestação de facto positiva, o critério para encontrar o valor a restituir é o da retribuição que foi acordada pelas partes.» – Ac. STJ de 19-04-2012, Revista nº 1634/05.2TCSNT.L1.S1 – 2ª Secção, Álvaro Rodrigues.

«Declarada a nulidade de contrato de mediação imobiliária por vício formal, há que observar o exarado no art. 289º nº 1 do CC.

Não podendo o "cliente" restituir em espécie os serviços prestados pela entidade mediadora, o melhor critério para achar o valor daqueles é o comitente pagar a acordada comissão.» -

Ac. STJ de 11.2.2010, proc. 2044/07.2TBFAR.E1.S1 – Pereira da Silva

Acórdão do STJ de 20/04/2004, proc. 04A800, sobre um **contrato de mediação nulo por não ter sido celebrado na forma prescrita,** o tribunal decidiu que *«não merece reparo o critério adoptado pelas instâncias para a fixação do valor dos serviços prestados pelo autor, ou seja, de que* ***a ré deve pagar ao autor a comissão de 3%, que foi acordada*** *sobre o preço da venda,* ***pois foi aquele valor que as próprias partes fixaram como justo e adequado, do ponto de vista contratual, para a remuneração dos serviços do autor»***.

contrato não muda as coisas – não lhe vai propiciar um recebimento a que não teria direito caso o contrato fosse válido[140]!

Por outro lado, se a atividade da mediadora conduzir à celebração do negócio visado e este ulteriormente vier a ser declarado nulo, esta **declaração de nulidade do negócio visado não pode afetar a validade do contrato de mediação, nem o direito à remuneração pela mediadora**[141].

[140] Assim, v.g.:

«Sendo nulo o contrato de mediação imobiliária, ***não há lugar a qualquer pagamento à mediadora se for de concluir que, ainda que não tivesse ocorrido a causa de nulidade, não havia lugar a remuneração, em consequência de a actividade desenvolvida pela mediadora no âmbito do contrato, não ter tido, para o comitente, no caso concreto, qualquer significado ou valor económico.»*** – Ac. STJ de 03-04-2008, Revista nº 4498/07 – 2ª Secção, Santos Bernardino.

«III – Sendo o contrato de mediação imobiliária ***nulo,*** *logicamente* ***não poderá haver lugar a qualquer pagamento por parte do Apelante à Apelada, pela simples razão de que a actividade por esta desenvolvida, nos termos em que o foi, não era passível de qualquer remuneração.***
IV – A atribuição de qualquer compensação seria de todo incompreensível, levando à situação absurda de se fixar determinado quantitativo à entidade que, não podendo arguir a nulidade do contrato de mediação imobiliária via, por força da declaração desta, a sua situação beneficiada recebendo compensação monetária a que não teria direito se o contrato fosse válido.» – Ac. RL de18.12.2007, proc. 8728/2007-2, Sousa Pinto.

«A nulidade do contrato de mediação por vício de forma ***não permite que o mediador possa a coberto de um contrato nulo obter aquilo que não poderia obter ao abrigo de um contrato válido.»*** – Ac. RL de 29.05.2007, proc. 7417/2007-7, Isabel Salgado.

«......
IV- ***Apesar de a mediadora ter desenvolvido algumas dessas acções, mas que não conduziram à conclusão e perfeição do contrato visado, a contraparte nada deve restituir como valor equivalente por força da nulidade do contrato de mediação.»*** – Ac. TRC de 10.07.2007, proc. 3631/05.9TBAVR. Cl, Ferreira de Barros.

[141] Neste sentido, ver, v.g., o Acórdão do Tribunal da Relação de Lisboa de 20/01/2011, Pº 5237/04 YXLSB.L1-8: *"(...) tendo a mediadora desenvolvido todos os atos necessários à celebração do negócio e vindo este a ser celebrado, sem que contudo os respetivos contraentes tenham observado os requisitos formais do mesmo (reconhecimento notarial das assinaturas) a subsequente declaração de nulidade do negócio não pode afetar o direito da mediadora à comissão. A mediadora não tem de intervir na celebração do negócio nem lhe compete definir os termos acordados pelos contraentes, incluindo a observância de requisitos formais".*

IV.5.6. Contrato de mediação escrito com cláusula de exclusividade que não figura desse escrito (apenas foi clausulada verbalmente)

É nulo o contrato de mediação escrito com cláusula de exclusividade, quando esta cláusula não figura desse escrito, mas apenas foi clausulada verbalmente?

Cremos que nesta situação, por recurso ao estatuído nos arts. 221º e 293º do Código Civil, o contrato (que seria de exclusividade) **deve ser convertido num contrato de mediação imobiliária simples**, valendo sem a cláusula de exclusividade, atenta a sua nulidade por inobservância de forma.

Efectivamente, se é certo que o artigo 16º, nº 5 da Lei 15/2013 comina com a nulidade do contrato o incumprimento do disposto no artigo 16º, nº 2, al. g) do mesmo diploma, alínea esta que dispõe que do contrato deve constar obrigatoriamente *"a referência ao regime de exclusividade, quando acordado, com especificação dos efeitos que do mesmo decorrem, quer para a empresa quer para o cliente"*, não vemos que se não possa aproveitar o contrato, embora despido dessa cláusula de exclusividade que deveria figurar do documento escrito.

Sancionar, pura e simplesmente, o contrato com a sua nulidade "total", não estaria, seguramente, conforme a vontade presumida das partes contratantes caso tivessem previsto essa nulidade, atento o fim (supostamente) pretendido prosseguir com o contrato de mediação (cit. art. 293º CC)[142].

IV.5.7. Contrato celebrado por um mediador não autorizado (sem licença)

Será nulo tal contrato?

1. **Para uns é válido:** há apenas lugar a **coima**[143].

[142] Diferente é o caso de constar do contrato de mediação uma cláusula relativa ao regime de exclusividade mas o contrato ser **omisso quanto aos efeitos** que dele decorrem "*quer para a empresa, quer para o cliente*" (al. g) do nº 2 do art. 16º da lei 15/2013). Nesta situação, o contrato é nulo, como emerge do nº 5 de tal art. 16º.
Por outro lado, se tiver sido estipulado no escrito do contrato o regime de exclusividade mas com **deficiência ou pouca clareza quanto aos efeitos de tal regime**, teremos de recorrer à interpretação da vontade das partes, mantendo-se o contrato válido, embora com os efeitos da cláusula que correspondam à vontade efectiva das partes contratantes.

[143] Assim considera Manuel Salvador: "No plano do direito privado, da validade dos atos jurídicos, dos direitos e das obrigações das partes, não interessa esta distinção, nem o facto de terem ou não cumprido os ditames do Dec Lei 43 767 (...) Está em causa, apenas, o aspeto

2. **Para outros é nulo** – estamos perante um vício contemporâneo da formação do contrato[144].
3. **Posição adoptada:** não obstante a falta de licenciamento e as sanções a que as empresas se possam sujeitar (artigo 32º da Lei 15/2013), o contrato de mediação imobiliária **é válido.** É isso que cremos resultar da legislação vigente, dela se extraindo que o contrato é válido, havendo apenas lugar à aplicação de coima (*ut* arts. 4º/1/a) e 32º/1/a da Lei 15/2013).

– penal sob o ângulo repressivo (...) A sanção legal está, aliás, de harmonia com os princípios jurídicos, segundo os quais nem toda a infração à lei produz nulidade" (*Contrato de Mediação*, 1964, pp 82-83). Bem assim Menezes Cordeiro, dizendo que "na hipótese de surgir um profissional não autorizado: poderá haver sanções contra este mas o contrato de mediação, em si, não é nulo" (*O Direito*, Ano 139, 2007, III. P. 547).

Na jurisprudência:
«À face do regime da mediação imobiliária previsto no Dec. Lei nº 285/92, de 19-12, ***não é nulo o contrato celebrado com quem não tenha autorização prévia do Ministro das Finanças,*** *uma vez que* ***daí não resulta a falta ou vício de um elemento interno ou formativo do negócio.***
A remuneração só é devida ao mediador com a conclusão e perfeição do negócio visado pelo exercício da mediação.» – Ac. RL de 17.02.2004, proc. 8846/2003-7, Maria Amélia Ribeiro.

Idem:
«I – A ***intervenção de um mediador não autorizado na realização de um contrato não torna este nulo,*** *mas apenas acarreta a multa ao interveniente que, como tal, se apresenta.*
II – A falta de redução a documento particular do contrato de mediação acarreta a nulidade do mesmo, mas a falta dos elementos referidos no nº 2 do artigo 10 do Decreto-Lei nº 285/92, de 19 de Dezembro, ***designadamente do seu prazo de duração, não é cominada com a nulidade*** *do contrato. Essa nulidade só é sancionada pelo nº 8 do artigo 20 do Decreto-Lei nº 77/99, de 16 de Março?»* – Ac. TRP de 20.09.2001, proc. 0131169, Leonel Serôdio.

[144] Assim, Higina Orvalho Castelo, que, partindo da análise dos efeitos da caducidade, suspensão e cancelamento das licenças e registos, previstos no artigo 12º da Lei 15/2013, que impõem a cessação do contrato de mediação, conclui: "Ora, se o legislador impõe o termo automático de contratos de mediação imobiliária a partir do momento em que a empresa mediadora fica sem a respetiva licença por caducidade, suspensão ou cancelamento, não me parece que possam celebrar-se contratos de mediação imobiliária válidos por empresas mediadoras não licenciadas. Se os contratos válidos e eficazes, celebrados por empresa licenciada, perdem a sua eficácia a partir do momento em que a empresa perde a licença, por maioria de razão não podem surtir efeitos contratos de mediação celebrados por empresa não licenciada. A ineficácia total inicial, num contrato celebrado, como começamos por ver, contra disposição legal de caráter imperativo, apenas se compagina com a nulidade" (Ob cit., pp 73-74).

Ver capítulo VII: "*Outros aspectos relevantes*" – *item "Da licença"*.

IV.5.7.1. E se a licença caducar na vigência do contrato?
Interpretação literal: caducada[145] a licença, há *caducidade dos contratos em vigor* (art. 12º/2/c da Lei 15/2013);

Posição adoptada: entendemos ser de aplicar apenas a **coima**.

IV.5.8. O contrato de mediação imobiliária nulo por vício de forma pode ser convertido noutro negócio?
A resposta é negativa[146].

IV.5.9. E se nulo for, não o contrato de mediação, mas....o (subsequente) negócio visado (v.g., por falta de reconhecimento notarial das assinaturas)?
Não afecta o direito da mediadora à retribuição (se a mediadora tiver desenvolvido todos os actos necessários à celebração do negócio)[147].

IV. 5.10. Outra jurisprudência

> *«I – As partes subscreveram o formulário/tipo de um contrato de mediação imobiliária, elaborado nos termos do DL nº 77/99, de 16-05; contudo, **não preencheram, na ocasião em que o assinaram, os espaços em branco que deviam ser integrados com o acordado quanto aos elementos referidos no nº 2 do art. 20º daquele DL,»** – correspondente ao art. 16º/2 da lei 15/2013 – «que do contrato obrigatoriamente devem constar.*

[145] Cancelada ou suspensa.

[146] *«Porque o contrato de mediação **é nulo**, são inaplicáveis os arts. 224 e 236 do CC e também, no caso, o art. 293 do mesmo Código, pois **não pode converter-se noutro negócio qualquer**.»* – Ac. STJ de 07-06-2005, Revista nº 206/05 – 1ª Secção, Barros Caldeira.

[147] Cfr. Ac. da RL de 20.01.2011, proc. 5237/04.0YXLSB.L1-8, António Valente: *«I – Num contrato de mediação imobiliária celebrado anteriormente à entrada em vigor do regime estabelecido no DL nº 285/92 de 19/12, o direito à comissão decorre da actividade da mediadora, não só encontrando interessado para o negócio mediado e aproximando as partes com vista à sua celebração, mas também da efectiva celebração do negócio.*
*II – Contudo, **tendo a mediadora desenvolvido todos os actos necessários à celebração do negócio e vindo este a ser celebrado, sem que, contudo, os respectivos contraentes tenham observado os requisitos formais do mesmo (reconhecimento notarial das assinaturas) a subsequente declaração de nulidade do negócio não pode afectar o direito da mediadora à comissão.***
III – .... ».

II – Esses ***espaços em branco foram posteriormente*** *(não se sabe quanto tempo depois)* ***preenchidos pelo autor, mas não está provado que o tenha feito na estrita observância do acordado com a ré, desconhecendo-se o que, quanto às respectivas matérias, terá sido negociado pelas partes.***

III – Tudo se passa como se do contrato não constassem todos os elementos que ele obrigatoriamente deve incluir; o nº 8 do mesmo art. 20º*» – correspondente ao art. 16º/5, da Lei 15/2013 – «,para além de estatuir que o incumprimento do disposto naquele nº 2 gera a* ***nulidade do contrato****, também é claro na asserção de que a nulidade não pode ser invocada pela entidade mediadora.*

IV – Este desvio ao regime padrão da nulidade tem também como consequência a ***impossibilidade do seu conhecimento ex-officio pelo tribunal.****»* – Ac. STJ de 10-04-2008, Revista nº 52/08 – 2ª Secção, Santos Bernardino.

V
Do conteúdo do contrato – Dos direitos e obrigações das partes

V.1. Dos elementos do contrato e cominação para a sua falta

Elementos obrigatórios: vêm plasmados no art. **16º/2** Lei 15/2013 (...)[148].

Cominação para a falta de qualquer desses elementos: **nulidade** do contrato.

É uma nulidade **atípica**: não pode ser invocada pela empresa de mediação (nº 5 art. do art. 16º).

Não é de conhecimento oficioso.

Não é admissível prova testemunhal acerca dos elementos obrigatórios do contrato (escrito).

[148] São, assim, elementos que têm de constar *obrigatoriamente* do contrato:
"a) A *identificação das caraterísticas do bem imóvel* que constitui objeto material do contrato, com especificação de todos os ónus e encargos que sobre ele recaiam;
b) A *identificação do negócio visado* pelo exercício da mediação;
c) As *condições de remuneração* da empresa, em termos fixos ou percentuais, bem como a forma de pagamento, com indicação da taxa de IVA aplicável;
d) A *identificação do seguro de responsabilidade civil* ou da garantia financeira ou instrumento equivalente previsto no artigo 7º com indicação da apólice e entidade seguradora ou, quando aplicável, do capital garantido;
e) A identificação do *angariador imobiliário* que, eventualmente, tenha colaborado na preparação do contrato;
f) A identificação discriminada de eventuais *serviços acessórios* a prestar pela empresa;
g) A referência ao *regime de exclusividade*, quando acordado, com especificação dos efeitos que do mesmo decorrem, quer para a empresa quer para o cliente".

As quatro primeiras alíneas respeitam a elementos obrigatórios do contrato de mediação imobiliária e as três últimas são elementos eventuais, pois só devem constar do contrato na eventualidade de ter havido a colaboração de angariador e de terem sido acordados serviços acessórios a prestar ou regime de exclusividade.

V.1.1. Alteração do preço final do negócio pretendido com a mediação: deve constar do contrato escrito?

Na positiva, qual a consequência se ali não figurar?

Não tem de figurar (não se inclui na al. b) do nº2 do art. 16º): **a alteração do preço não faz parte do contrato de mediação imobiliária (cfr., v.g., art. 16º do RJAMI), antes é um mero elemento do contrato visado** (v.g., da compra e venda)[149].

Aliás, tratando-se de **estipulação posterior ao documento**, e por se não ver que nisso haja razão especial da lei, o novo preço nunca careceria de forma escrita para relevar em face do contrato de mediação, atento o estatuído no **artigo 221º- 2 do Código Civil**[150].

V.2. Das obrigações das partes

V.2.1. Da obrigação do mediador

V.2.1.1. Sua natureza: obrigação de meios ou obrigação de resultado?

[149] A *identificação do negócio visado* é uma coisa (essa, sim, tem de constar do contrato escrito – cit. al. b); a alteração do preço final desse negócio é outra: um elemento desse negócio.

[150] Assim, v.g., seguintes arestos:

– «*O contrato de mediação imobiliária é um contrato de natureza formal, no sentido de que, como resulta do nº 1 do art. 19º do DL nº 211/2004, carece, para a sua validade, de ser celebrado por escrito. Todavia, as menções que devem constar do documento que o titula são as indicadas no nº 2 do mesmo art. 19º» – actualmente, as indicadas no nº 2 do artº16º da lei nº 15/2013 –, «não se incluindo na al. b) do mesmo preceito» – igual à al. b) do nº 2 do artº16º da lei nº 15/2013 – «a alteração do preço final do negócio de compra e venda pretendido mediante o exercício da mediação, designadamente, porque uma tal alteração é, antes, um elemento essencial do contrato de compra e venda.»* – Ac. RL de 17.03.2011, proc. 33245/08.5YIPRT.L1-2, Isabel Canadas.

– «VII – Se, encontrados interessados no negócio pretendido de venda, **o preço final da mesma for, então, alterado, por livre e mútuo acordo** entre os comitentes e os interessados no negócio, **tal tem a ver com a compra e venda e não com a mediação.**
*VIII – Entendendo-se que tem interesse para caracterizar o negócio que se visa com a mediação, então, a exigência de passar esse novo valor para a forma escrita, por ser uma estipulação posterior ao documento, e por não se ver que nisso haja razão especial da lei, então **o novo preço não carece de forma escrita** para relevar em face contrato de mediação – **artigo 221º- 2 do Código Civil.** »* – Ac. RL de 16.10.2007, proc. 7541/2007-1, Rui Moura.

V. 2.1.1.1. Obrigação de meios *versus* obrigação de resultado: generalidades

O que as distingue é essencialmente o seguinte: na **obrigação de meios**, o seu conteúdo consiste num comportamento com referência a um modelo de conduta – melhor dito, é aquela em que o devedor promete apenas realizar determinado esforço ou diligência para a produção de um resultado ou efeito[151]; na **obrigação de resultado**, esse conteúdo reside numa alteração na realidade física[152].

Melhor: nas **obrigações de resultado** o devedor fica adstrito, em benefício do credor, à produção de um certo efeito útil, que actua satisfatoriamente o interesse creditório final ou primário (respondendo o devedor perante o credor no caso de frustração de tal resultado, salvo se provar que se ficou a dever a facto fortuito ou de força maior); já nas **obrigações de meios** o devedor obriga-se apenas a desenvolver uma actividade ou conduta diligente em direcção ao resultado final, mas sem assegurar que o mesmo se produza[153].

A diferença entre os dois tipos de obrigação é de enorma importância prática: para o devedor se libertar da responsabilidade nas obrigações de meios **bastar-lhe-á provar** a sua ausência de culpa; ao contrário, tratando-se de uma obrigação de resultado, terá de provar a impossibilidade superveniente da prestação por causa não imputável ao devedor.

Ou seja, o devedor de uma prestação diligente liberta-se provando que utilizou a diligência devida. Não se liberta pelo facto da responsabilidade ser distinta, pois a regra da responsabilidade é sempre a mesma, mas liberta-se porque, provando a diligência, provou que cumpriu[154], [155].

[151] ANTUNES VARELA, *Das Obrigações*, 3ª ed., 2º, pág. 72.
Para ALMEIDA COSTA existe obrigação de meios quando o devedor apenas se compromete a desenvolver prudente e diligentemente certa actividade para a obtenção de um determinado efeito, mas sem assegurar que o mesmo se produza (*in Direito das Obrigações*, 3.ª ed., pág. 758).

[152] Neste sentido, ALMEIDA COSTA, *Direito das Obrigações*, 4ª ed., pág. 733 e FRANCISCO JORDANO FRAGA, *La Responsabilidad Contratual*, Editorial Civitas, S.A., 1987, 1ª ed., pág. 174/175.

[153] RICARDO LUCAS RIBEIRO, *Obrigações de Meios e Obrigações de Resultado*, Coimbra Editora, 2010, p. 19.

[154] Autores e obs. cit., págs. 733 e 176, respectivamente.

[155] Por nos parecer útil, deixa-se, com a devida vénia, um breve excerto do estudo sobre *"OBRIGAÇÕES DE MEIO, DE RESULTADO E DE GARANTIA"*, da autoria de WALDIR DE PINHO VELOSO, disponível na *net*.

Escreveu o autor:

«(...).

Obrigações de Meio

As obrigações de meio são espécie de comprometimento que um contratante faz para com outro de prestar um serviço com o melhor de sua força física, mental, intelectual, bem como com a responsabilidade normal que se espera de um profissional qualificado para o desenvolvimento da tarefa contratada. Uma obrigação de meio indica que há um comprometimento de uma dedicação pessoal com vista ao melhor resultado, mas sem a obrigação de conseguir o que é o desejo e, até mesmo, o fim da contratação. Para não parecer estranho, lembra-se do socorro a uma pessoa gravemente acidentada: haverá o esforço do médico ou do hospital, mas não necessariamente a obrigação de salvar a vida. Ou no caso dos serviços advocatícios, deve-se lembrar que um litígio ao representar uma vitória para um lado estará, automaticamente, representando uma derrota para a parte adversa.

Em um conceito mais técnico, obrigações de meio são as que o contratado assume não com o fito de obter uma finalidade certa e desejada, mas pelas quais se compromete a exercer com zelo, prudência, esforço, dedicação e diligência, além da inteligência em benefício do objeto do contrato, na execução de uma tarefa a ele confiada pelo contratante.

Nos contratos de meio encontram-se os legítimos e já decantados lacatio operarum que os romanos antigos atribuíam as mesmas características hoje presentes nas "locações de serviços", ao contrário da empreitada, que é um típico contrato de resultado, como se verá.

Os exemplos típicos são os contratos com os profissionais liberais, como médicos, dentistas e advogados. Tais profissionais, ao assumirem uma missão, fazem o compromisso de aplicar todo o esforço, o conhecimento e a dedicação possíveis para a obtenção do melhor resultado. Mas não se comprometem a atingir, necessariamente, o resultado esperado pelo contratante. Um médico, ao fazer uma cirurgia tem o compromisso máximo de dedicar, com a maior competência possível, mas não pode garantir, com absoluta certeza, de que tudo sairá conforme se espera. O mesmo se diz de um contrato com o advogado. Uma causa deve ser assumida pelo advogado com a dedicação maior que se espera do melhor dos profissionais da área. Mas, não há como garantir que o cliente sairá vencedor no litígio. Assim, os contratos que os advogados e médicos celebram são contratos de meios, não de resultados.

Outra referência com a qual todos concordarão sem questionamentos é a questão dos contratos de prestação de serviços da área de educação. Facilmente se explica que ministrar aulas não pode apresentar condição ligada ao desempenho futuro do contratante dos serviços. A não aprovação no concurso que o educando vier a participar não é da responsabilidade de quem ofertou os serviços educacionais. E, tampouco, a satisfação para com as condições da escola seria motivo para pagar ou deixar de pagar as parcelas contratadas. Seria fácil, por exemplo, dizer que não está gostando da qualidade do ensino disponibilizado apenas para não ter que pagar as mensalidades. A lei não poderia deixar que tal situação acontecesse, pois traria insegurança no setor.

A prática processual vem apontando que profissionais que prestam serviços especiais não têm como garantir que seus clientes sejam amplamente satisfeitos nas empreitadas que com eles contratam.

Um exemplo é o Acórdão oriundo da Terceira Turma do Tribunal Regional Federal da 2ª Região, na Ação Civil 93.02.08638-0 – RJ, cujo relator foi o Juiz Arnaldo Lima, conforme publicação no DJU de 23-02-1999, p. 247, nos seguintes termos (fragmento):

"... Como se sabe, a obrigação que os profissionais liberais em geral (médicos, advogados, dentistas, etc.) têm para com o cliente é de colocar a seu serviço, da melhor e mais eficiente forma possível, o seu trabalho, não se responsabilizando, contudo, pelo eventual sucesso ou insucesso da empreitada. Daí a razão pela qual, no estudo das modalidades das obrigações, deve-se ao grande jurista francês DEMOGUE, sua classificação em obrigações de meio e de resultado, o que "... representa progresso notável, no dizer de MAZEAUD ET MAZEAUD, pois permite precisar qual seja o exato objeto da obrigação, dando-lhe explicação lógica sobre o ônus da prova." Apud "Curso de Direito Civil", Prof. Washington de Barros Monteiro, Saraiva, 28ª ed. pp. 52/3..."

Em havendo insatisfação do resultado conseguido, e sendo um contrato ou uma obrigação de meio, o que se deve passar a analisar é se o contratado agiu com o máximo profissionalismo possível, se empregou todos os meios normais para conseguir o bom resultado ou, conforme a doutrina costuma tratar o tema, se o contratado agiu "como um bom pai de família". Deve-se inserir o conhecimento de que as causas externas, como a força maior e os casos fortuitos, costumam impedir a obtenção do melhor resultado. E, em havendo um contrato de meio, estará o contratado isento de responsabilidade se não depender dele o não êxito do empreendimento.

Ficando comprovado que todos os meios possíveis foram empregados pelo profissional que faz um contrato de meio, ainda que o fim não tenha sido conseguido, não há o que falar em inadimplemento, em não cumprimento da obrigação, em irresponsabilidade no agir e, conseqüentemente, em responsabilidade de indenizar pelo inadimplemento; este, não existente. A utilização da melhor diligência disponível e a prova de que não houve negligência, imperícia ou imprudência por parte de quem celebrou contrato de meio, na qualidade de contratado, exime de culpa e desqualifica o inadimplemento da obrigação.

Adimplir uma obrigação de meio é cumprir a combinação com a dedicação possível que se espera do melhor profissional. Não é, necessariamente, conseguir êxito na tarefa. Volta-se ao caso do advogado: a causa não vencida não significa que não tem o profissional o direito de cobrar pelo serviço feito, se o fez com as condições suficientes, necessárias e disponíveis para a defesa das teses esposadas pelo seu cliente.

O tempo é para completar o tema – as obrigações de meio – frisando que em tais tipos de obrigações, somente cabe falar em inadimplemento quando há prova de que o contratado age com culpa ou sem as ações próprias de quem deveria empregar todos os esforços possíveis para a obtenção do melhor e mais esperado resultado. Cabe, pois, unicamente ao contratante a prova de que o contratado não agiu como cumpridor das obrigações normais de um profissional da área.

Sendo assim, uma vez cumprida a obrigação, ainda que o êxito não seja o melhor possível, encontra-se extinta a obrigação. Não se contrata, em obrigações de meio, uma condição de vitória, mas de trabalho normal. Por exemplo, não há necessidade de um médico operar total cura ao paciente para que tenha direito aos honorários profissionais, bastando-se que haja o atendimento dentro do padrão aceitável para o caso, com variáveis como estado do paciente, condições de aceitação e cumprimento da medicação em suas posologias e interstícios, e cumprimento de serviços complementares sugeridos ou exigidos. O pagamento pelos serviços de uma cirurgia não implica, necessariamente, garantia de pronto restabelecimento do paciente. O inadimplemento, no caso, seria a imperícia, o erro ou a negligência do médico. Fora disso, nada a reparar. Mas, não em qualquer cirurgia. O melhor entendimento do que se caracteriza um contrato de meio, em termos de cirurgia, é a cirurgia corretiva (ainda que a plástica) ou necessária à situação do paciente. Quanto à cirurgia estética, facilmente se entende que, em não atingindo o objetivo, não há a prestação do serviço conforme pretendido, sendo, portanto, um contrato de resultado.

Por tais razões, o alemão Bernhoef assinalou que as obrigações de meio são subjetivas. E o são tanto pelo lado do contratado – o qual cumpre a sua obrigação agindo conforme o padrão esperado para situações semelhantes e, não, unicamente se obtiver o resultado imaginado pelo contratante – ou pelo lado do contratante – que deverá provar que, pelo prometido pelo devedor/contratado, ou pelo que deveria ter agido, se estivesse cumprindo para com as suas obrigações, era de se esperar um resultado melhor. O ônus da prova é exclusivo do contratante que deverá ocupar-se de duas pontas: que houve o inadimplemento do contratado e que, pelo que se pode ter como paradigma, a conduta do contratado foi insuficiente para a consecução do resultado tão positivo quanto o esperado, prometido ou contratado.

Por serem subjetivas, há corrente – vitoriosa, por sinal – de doutrinadores que expõe que os contratos de meio são inerentes à natureza da própria obrigação e, destarte, é inválida uma estipulação em contrário. Nem mesmo a força do contrato, verdadeira lei entre as partes, poderia ser interpretada de forma a levar uma parte a comprometer a um resultado que, em condições normais, mais se poderia, de sã consciência, creditar unicamente ao contratado. A boa-fé (conforme, inclusive, disposições do novo Código Civil, artigo 422) é inerente a todo contrato, fazendo parte, antes do contrato, dos princípios gerais do Direito.

Obrigações de Resultado

Desde os antigos romanos já se celebravam contratos de resultado. Até os dias presentes ainda se estuda o contrato denominado locatio operis faciendi, entendido como contrato de empreitada, típico do que se tem por objetivo o resultado conforme pretendido pelo contratante, sob pena de não pagamento dos valores da retribuição inicialmente prevista. Mas, em síntese, prevista para se e somente se o resultado conseguido for o pretendido pelo contratante.

São obrigações de resultado aquelas pelas quais o contratado se compromete a obter um fim combinado, uma previsão especificada, sem a qual não se considera cumprida a tarefa e, destarte,

são indevidas as verbas contratadas. O resultado específico é da essência do contrato e, não o atingindo, não houve o adimplemento da obrigação.

O clássico exemplo é o contrato de transporte, pelo qual o transportador se compromete fazer a mercadoria despachada chegar ao destino em suas quantidades, qualidades (exemplo dentro do exemplo: carga refrigerada, produto perecível ou com prazo de validade ou vida útil fixada) e nas condições especiais especificadas. O extravio importa em indenização, porque ocorreu o inadimplemento da obrigação. O perecimento da coisa, idem.

Há também exemplos de contrato de resultado. As agências de propaganda e as produtoras de vídeo costumam primeiramente fazer um filme comercial, com finalidade de propaganda e, somente após a aprovação do cliente, ter validade o contrato que autorizava o inicio dos serviços (de resultado condicional). Também serve como exemplo o caso de uma encomenda a um pintor de um quadro a óleo, dentro do tema proposto. Ou de uma música para propaganda. Também ilustra a cena o contrato para uma planta de um imóvel, em termos de arquitetura: o desenho das formas deve ser aprovado para merecer o contratado a retribuição. Outro exemplo pouco ou jamais explorado é a empresa comercial que recebe um cliente que comparece apenas para ver um produto e fazer um orçamento, chegando algumas casas comerciais a anunciar e popularizar o "orçamento sem compromisso" como forma de salientar a disposição para prestar uma obriga-

V.2.1.1.2. Antes da vigência da Lei nº 15/2013, de 8 de Fevereiro (RJAMI)

Interpretação literal: a prestação do mediador era, então, vista como uma *obrigação de meios* (art. 2º, nº 1, do DL 211/2004[156]).

ção de resultado.Há ainda possibilidade de citar situações de um reparador de serviços hidráulicos que é contratado para consertar validade um chuveiro elétrico, como exemplo. O esforço não é suficiente para a cobrança do serviço: é necessário que haja o conserto esperado e contratado. Para modificar tais obrigações, algumas prestadoras de serviços do tipo obrigações de resultado, principalmente nos grandes centros urbanos, costumam anunciar que cobram pela simples "taxa de visita".

Obviamente, o contrato de resultado deve prever que a simples aprovação do serviço ou produto encomendado resultada na obrigação de pagar. Ou seja, a não utilização do produto ou serviço não significa que não tenha direito ao pagamento quem o elaborou. Imagine-se, no caso do advogado, a encomenda de um contrato, por uma empresa comercial, de venda em prestações com reserva de domínio. Feito o contrato e aprovado o seu teor, a dívida está contraída, independentemente de a contratante vir ou não a utilizar o modelo do contrato por razões outras como, por exemplo, parar de atuar na revenda do produto que mereceria o contrato entre a empresa e o seu cliente, e cujo modelo foi encomendado ao advogado.

Ao celebrar um contrato de resultado, o contratado tem em mente que, em condições normais, conseguirá chegar ao bom fim com a sua tarefa, com total agrado ao contratante. E, tanto confia em seu serviço que se compromete a, em não atingindo o resultado esperado, não receber pelo serviço.

Por tais motivos, mesmo que – utilizando, propositadamente, os mesmos termos ditos quando da exposição quanto aos contratos de meio – o contratado utilize o máximo de esforço, diligência, dedicação, perícia, prudência e até carinho, em não atingindo o resultado, não terá adimplido a obrigação.

Para que a obrigação de resultado tenha extinção válida, há a necessidade imperiosa de seu cumprimento a contento. O não atingir do resultado contrato é tido como inadimplemento da obrigação e resulta em não recebimento da retribuição pecuniária prometida e, até mesmo ao contrário, em obrigação de indenizar ao contratante. A presunção de culpa do devedor está regulamentada no atual Código Civil (Lei 10.406, de 10 de janeiro de 2002) em cujo artigo 389 pode-se ler "Não cumprida a obrigação, responde o devedor por perdas e danos, mais juros e atualização monetária segundo índices oficiais regularmente estabelecidos, e honorários de advogado".

Como sempre, as exceções impostas pelos casos fortuitos e de força maior, devidamente comprovados, poderá excluir a responsabilidade do contratado. Novamente o novo Código Civil traz disposição aplicável, quando deixa escrito, no artigo 393, que "O devedor não responde pelos prejuízos resultantes de caso fortuito ou força maior, se expressamente não se houver por eles responsabilizado." Mas, deve-se frisar com todas as letras que o ônus da prova de tais exceções cabem ao contratado, pela presunção da sua culpa e que pode o contratado, no instrumento de contrato, comprometer-se ao cumprimento do assinado independentemente de forças exógenas ao

seu comportamento. Exatamente ao contrário das obrigações de meio, que são subjetivas. Logo, infere-se que Bernhoef classificou as obrigações de resultado como objetivas.

(....)».

[156] Ao prescrever que a actividade de mediação imobiliária era aquela em que, por contrato, uma empresa se "*obriga a diligenciar no sentido de conseguir interessado na realização de negócio*" que vise a constituição ou aquisição de direitos reais sobre bens imóveis, a permuta, o trespasse ou

Porém, a jurisprudência dividia-se:

V.2.1.1.2.1. Para uns, a obrigação do mediador era uma obrigação de meios[157]

o arrendamento dos mesmos ou a cessão de posição em contratos cujo objecto seja um bem imóvel (*Idem* no art. 3º do Dec.Lei nº 77/99).
No (anterior) DL 285/92 dizia-se, também, que a mediadora se *obrigava a conseguir interessado* para dado negócio.

[157] *«I – O contrato de mediação imobiliária é um negócio jurídico bilateral, oneroso e sinalagmático, que gera para o mediador uma* ***obrigação de meios*** *e não de resultado».* – Ac. STJ de 19-04-2012, Revista nº 1634/05.2TCSNT.L1.S1 – 2ª Secção, Álvaro Rodrigues.
«O mediador ***obriga-se a uma actividade, que não a um resultado,*** *embora seja em função da realização do negócio que ele desenvolve toda a sua actividade, sendo a sua remuneração, em princípio, apenas devida se o negócio se efectivar.»* – Ac. STJ de 29-03-2011, Revista nº 2439/07.1TBPTM.E1.S1 – 1ª Secção, Paulo Sá

«Como resulta do disposto no nº 3 do art. 3º do DL nº 77/99, a obrigação do mediador é a de encontrar um terceiro com quem o negócio visado pelo contrato de mediação venha a ser celebrado.» – Ac. STJ de 03-04-2008, Revista nº 4498/07 – 2ª Secção, Santos Bernardino

«1 – Integra um contrato de mediação imobiliária aquele em que uma das partes se obriga a conseguir interessado para certo negócio e a aproximar esse interessado da outra parte.» – Ac. STJ de 28-05-2002, Revista nº 1609/02 – 7ª Secção, Dionísio Correia

«O comitente só fica constituído na obrigação de remunerar o mediador se o negócio tido em vista pelo incumbente for concretizado em virtude da actividade do mediador, ou seja, a obrigação de meios que lhe incumbe há-de desembocar no resultado pretendido .....»- Ac. STJ de 28.04.2009, Proc. 29/09.3YFLSB – Fonseca Ramos.

– Acórdão do STJ de 28/04/2009, proc. 29/09.3YFLSB – *«Sendo a actividade do mediador, no essencial, e durante o iter contratual, ao menos até à obtenção de interessado com quem o incumbente celebre o negócio visado, uma obrigação de meios e, uma vez que o contrato para o mediador, comporta uma certa margem de aleatoriedade (a retribuição só será paga se o negócio se concretizar em virtude da acção do mediador) correm por sua conta as despesas feitas na busca de interessado no negócio, pelo que essas despesas, a menos que diversamente tenha sido convencionado, não são autónomas, não podendo ser exigidas ao incumbente se o negócio não foi celebrado, por mor da actuação do mediador».*

– Acórdão do TRL de 14/04/2011, proc. 5500/05.3TJLSB.L1-6 – *«No dizer do acórdão do STJ de 28.04.2009, cuja doutrina se acompanha, "O comitente só fica constituído na obrigação de remunerar o mediador se o negócio tido em vista pelo incumbente for concretizado em virtude da actividade do mediador, ou seja, a obrigação de meios que lhe incumbe há de desembocar no resultado pretendido – a celebração do negócio para que foi mandatado o mediador (...)"».*

V.2.1.1.2.2. Para outros, a obrigação do mediador era uma obrigação de resultado[158]

«*I – Nos casos mais comuns de contrato de mediação imobiliária, o mediador fica tão-somente incumbido de diligenciar no sentido de encontrar interessados para certo negócio, e preparar depois a respectiva conclusão; ele obriga-se assim a uma actividade, não a um resultado, embora este seja para si desejável na medida em que corresponde ao seu próprio interesse de lucro*» – Ac. STJ de 5.6.1996, proc. JSTJ00030226 – Metello de Nápoles.

«Tem sido entendimento da doutrina e da jurisprudência que a função do mediador consiste em pôr em contacto duas ou mais partes interessadas em realizar uma operação que é, usualmente, comercial, desenvolvendo, assim, uma actividade de carácter material e preparatória, já que se limita a facilitar a conclusão de contratos, sendo a sua actividade, essencialmente, não jurídica.» – Ac. RL de 05.04.2011, proc. 700/09.0TVLSB-C.L1-7, Roque Nogueira.

– Acórdão do TRP de 02/11/2009, proc. 1913/08.7TJPRT.P1 – «*Por via destes normativos, que correspondem à regulação constante do regime pretérito, a doutrina e a jurisprudência têm definido o contrato de mediação imobiliária como um contrato de prestação de serviços (artigo 1145º do Código Civil), mediante o qual o mediador assume uma obrigação de meios, consubstanciada na obrigação de aproximar duas ou mais pessoas, com vista à celebração de um certo negócio, mediante retribuição*».

– Acórdão do TRC de 23/04/2002, CJ 2002, II, 30 – «Temos, assim, que o mediador se obriga a uma actividade, que não a um resultado, embora, seja em função da realização do negócio que ele desenvolve toda a sua actividade».

– Acórdão do TRE de 29/03/2007, proc. 2824/06-3 – «*nos casos mais comuns de contrato de mediação imobiliária, o mediador fica tão-somente incumbido de diligenciar no sentido de encontrar interessados para certo negócio e preparar depois a respectiva conclusão; ele obriga-se assim a uma actividade, não a um resultado*».

– Acórdão do TRE de 03/12/2008, CJ 2008, V, 254 – «*O contrato de Mediação Imobiliária é um negócio jurídico bilateral, oneroso e sinalagmático que gera para o mediador uma obrigação de meios e não de resultado, como claramente se recorta até da própria definitio legis gizada pelo art. 2º*».

«*I – O mediador, que exerce uma actividade essencialmente de carácter material e em nome próprio, obriga-se perante o comitente apenas a diligenciar por conseguir interessado em certo negócio e a aproximá-lo daquele (facilitando a conclusão do negócio).*» – Ac. TRP de 19.02.2009, proc., José Ferraz.

– Acórdão do TRE de 17/03/2010, proc. 898/07.1TBABF.E1 – «*A doutrina e a jurisprudência têm definido o contrato de mediação imobiliária como um contrato de prestação de serviços (artigo 1145º do Código Civil), mediante o qual o mediador assume uma obrigação de meios, consubstanciada na obrigação de aproximar duas ou mais pessoas, com vista à celebração de um certo negócio, mediante retribuição*».

[158] Cfr., v.g.:

– Acórdão do TRL de 14/04/2011, proc. 761/07.6TCFUN.L1-2 – «*pese embora o carácter tendencial da distinção entre obrigações de meios e de resultado, pode considerar-se que o contrato de media-*

V.2.1.1.2.3. Para outros, ainda, a obrigação do mediador era de meios ..... e de resultado[159]

V.2.1.1.2.4. Posição adoptada

Os **dois regimes imediatamente anteriores ao RJAMI (2004 e 1999) descreviam e classificavam a obrigação típica do mediador imobiliário** – independentemente de as partes poderem concretizar as suas obrigações de

ção imobiliária se reconduz a uma obrigação de resultado. Esta conclusão resulta clara, quer da própria noção ínsita no citado artigo 2º do Decreto-Lei 211/2004, quer sobretudo do nº 1 do artigo 18º do mesmo diploma, no qual se reproduz (...) a necessidade de concretização do negócio visado pelo exercício da atividade de mediação, não se podendo limitar à promoção da venda».
«I – O contrato de mediação imobiliária é uma modalidade do contrato de prestação de serviço, pelo que o mediador, para cumprir a sua prestação, deve proporcionar à outra parte determinado resultado que constitui o objecto da sua actividade e consta do documento que o titula» – Ac. TRP de 21.03.2013, proc. 582/12.4TJPRT.P1, Fernando Samões.

– Acórdão do TRP de 02/06/2011, proc. 141/09.9TBMAI.P1 – *«Integrando, como se disse, a categoria dos contratos de prestação de serviços (...), a mediação é um contrato de resultado e não de mera actividade, compreendendo-se que, por regra, sem a obtenção do objectivo contratado não seja devida remuneração».*

«I – Do regime legal do contrato de mediação imobiliária regulado no Decreto-Lei nº 211/2004, de 20-08, infere-se que a prestação do mediador é de resultado e só lhe confere o direito à totalidade da remuneração se o negócio visado pelo contrato de mediação vier a ser concluído por acção exclusiva do mediador» – Ac. TRP de 03.03.2009, proc. 0827745, Guerra Banha.

– Acórdão do TRP de 15/07/2009, processo 2187/07.2TBVRL.P1 – *«O contrato de mediação imobiliária é um contrato de prestação de serviços. Logo, na óptica do mediador, a sua obrigação consubstancia-se em* ***proporcionar ao comitente um certo resultado da sua actividade*** *– art. 1154 do CC (...). Tal resultado é a obtenção ou concretização de um negócio atinente a um determinado imóvel».*

– Acórdão do TRC de 16/10/2007, proc. 408/05.5TBCTB.C1 – *«Verifica-se, assim, que a obrigação principal do mediador é a de aproximar diferentes pessoas, através da sua intermediação, na busca comum e convergente para a celebração de um contrato entre ambas (obrigação de fazer), numa relação de causa/efeito (obrigação de resultado)».*

– Acórdão do TRE de 15/09/2010, proc. 2439/07.1TBPTM.E1 – *«Temos por isso que a obrigação do mediador se caracteriza como uma obrigação de resultado, por haver nela "perfeita coincidência entre a realização da prestação debitória e a plena satisfação do interesse do credor" (...) traduzindo-se o resultado no contrato de mediação imobiliária "na celebração ou conclusão do negócio visado pelo exercício da mediação"».*

[159] *«I – O contrato de mediação imobiliária é um contrato de prestação de serviços e, como tal, não apenas de meios mas também de resultado – artº 1154º do CC – qual seja, a realização do negócio consensualizado pelo terceiro angariado»* – Ac. TRP de 15.07.2009, proc. 2187/07.2TBVRL.P1, Carlos Moreira.

forma diferente – como **obrigação de meios**[160]**. É este o melhor entendimento,** como, aliás, já então o era[161].

V. 2.1.1.3. Após a vigência do RJAMI (Lei nº 15/2013)

Agora, estipulando-se um vasto leque de negócios visados pelo contrato de mediação imobiliária (cfr. art. 2º/1[162]), a prestação do mediador passou a ser entendida de forma diferente: tal "*actividade de mediação imobiliária "consiste* ***na procura, por parte das empresas, ...de destinatários para a realização de negócios...*"** (destaque). Obriga-se a **diligenciar no sentido de procurar interessado** no negócio visado no contrato. **Mas ...não se obriga a encontrar mesmo esse interessado que leve a cabo o negócio**[163].

A actividade do mediador deixou, assim, de ficar "reduzida" a uma simples obrigação, passando a ter bem maior amplitude, devendo a vinculação contratual do mediador e os seus termos e dimensão ser vista e analisada caso a caso.

«O mediador desenvolverá a actividade pretendida pelo seu cliente no interesse de ambos, sabendo que só será remunerado se for bem sucedido na procura e se, na sequência disso, o cliente vier a celebrar o contrato desejado,

160 De facto, era o entendimento ínsito nos arts. 2º/1 do DL 211/2004 e 3º/1 do DL 77/99, de 16 de Março (que estipulavam que "*a actividade de mediação imobiliária é aquela em que, por contrato, uma empresa* ***se obriga a diligenciar*** *no sentido de conseguir interessado na realização de negócio que vise....*").

161 A prestação típica do mediador esgotava-se, de facto, em desenvolver os actos suficientes e adequados à obtenção do resultado.

Claro que o mediador tinha como objectivo último conseguir a concretização do desejado contrato – até porque é **condição necessária do nascimento do seu direito à remuneração. Mas a concretização do negócio visado nunca pode consubstanciar a obrigação do mediador uma vez que não depende da sua vontade,** mas das vontades do cliente e do terceiro angariado.

162 Que reza: A actividade de mediação imobiliária «*consiste na procura, por parte das empresas, em nome dos seus clientes, de destinatários para a realização de negócios que visem a constituição ou aquisição de direitos reais sobre bens imóveis, bem como a permuta, o trespasse ou o arrendamento dos mesmos ou a cessão de posições em contratos que tenham por objecto bens imóveis*».

163 Como dito, **não depende do mediador a realização do negócio visado**, pois isso depende das vontades do cliente e do interessado encontrado. Daí que **não faça parte da obrigação do mediador garantir o negócio, mas, sim, a *procura* de *destinatário* para o mesmo** (se fará, ou não, o negócio, logo se verá; mas isso já nada tem a ver com o contrato de mediação imobiliária).

celebração que se mantém na disponibilidade deste. A faculdade do mediador tem como contraponto a liberdade do cliente relativamente à celebração do contrato desejado – sem prejuízo de casos especiais, como o contrato com cláusula de exclusividade ou o contrato de leilão, e da proibição do abuso de direito.»[164].

É, assim, bom de ver que por via de regra a obrigação assumida pelo mediador no contrato de mediação imobiliária simples é uma obrigação de meios (diligenciar por encontrar um destinatário). No entanto, no contrato de mediação imobiliária com regime de **exclusividade**, poderá haver uma maior ou menor vinculação do mediador, conforme o acordado *inter partes*. E, então, aqui pode encontra-se uma obrigação de meios ou de resultado. Isto mesmo é também sustentado por Ricardo Lucas Ribeiro[165], o qual, tendo por base o **princípio da liberdade das partes** na conformação do conteúdo dos contratos, acaba por concluir que "em princípio as partes podem converter validamente obrigações de resultado em obrigações de meios e obrigações de meios em obrigações de resultado"[166], sem transcenderem os limites impostos pela lei.

[164] Higina O. Castelo, *O Contrato de Mediação, cit.*, pp 401.
Neste sentido, v.g.:
– Ac. STJ de 1.4.2014, proc. 894/11.4TBGRD.C1.S1- Gabriel Catarino.*«II – Para que ocorra uma mediação basta que, como consequência dos actos de promoção e facilitação envidados pelo mediador, se perfeccione o contrato a que as mesmas tendem, através da concorrência da oferta realizada por uma das partes e a consequente aceitação pela outra, não se exigindo a sua posterior consumação, pois que este resultado é independente da vontade do mediador, a não ser que se haja responsabilizado expressamente de o obter, através de um pacto especial de garantia no qual assuma o bom fim da operação.»*.
– *«Não constitui obrigação fundamental do mediador concluir o contrato;* ***a sua obrigação essencial é a de conseguir interessado*** *para certo negócio que ele próprio, raramente, conclui, sendo indiferente que este intervenha na fase final do negócio»* – Ac. TRG de 23.10.2014, proc. 49320/12.9YIPRT.G1, Manuel Bargado.

– *«O contrato de mediação imobiliária é um contrato bilateral e oneroso: o mediador obriga-se a procurar interessado e a aproximá-lo do comitente para a realização do negócio no sector imobiliário e este último obriga-se a remunerá-lo pelo serviço prestado»* (Ac. STJ de 12.12.2013, proc. 135/11.4TVPRT.G1.S1, Granja da Fonseca).
[165] *Obrigações de Meios e Obrigações de Resultado*, Coimbra Editora, 2010, pp. 76-78.
[166] Tal possibilidade tem implicações, como o mesmo autor refere, nas regras do ónus da prova, modificando-as, em prejuízo do devedor, pois a assunção de uma **obrigação de resultado faz recair sobre o devedor uma presunção de culpa** alargada à ilicitude e ao nexo de causalidade.

V. 2.1.2. Obrigações específicas do mediador

V. 2.1.2.1. Os normativos legais

Anota-se o que neste aspecto dispõe o DL 211/2004, de 20.08 e a (actualmente vigente) Lei 15/2013, de 8.02 (RJAMI).

- **DL DL 211/2004, de 20.08**: relevam, em especial, os arts. (8º - Denominação e obrigação de identificação), 16º (deveres para com os interessados[167]), 17º (Artigo 17º - Recebimento de quantias), 21º (Deveres para com o IMOPPI), 23º (Seguro de responsabilidade civil), 31º (Dever de colaboração[168]), 32º (Incompatibilidades – indicação do que é *expressamente vedado ao angariador imobiliário*), 33º (Recebimento e retenção de quantias) e 35º (Deveres para com o IMOPPI).

[167] 1 – A empresa de mediação é obrigada a:
a) Certificar-se, no momento da celebração do contrato de mediação, da capacidade e legitimidade para contratar das pessoas intervenientes nos negócios que irão promover;
b) Certificar-se, no momento da celebração do mesmo contrato, por todos os meios ao seu alcance, da correspondência entre as características do imóvel objecto do contrato de mediação e as fornecidas pelos interessados contratantes, bem como se sobre o mesmo recaem quaisquer ónus ou encargos;
c) Obter informação junto de quem as contratou e fornecê-la aos interessados de forma clara, objectiva e adequada, nomeadamente sobre as características, composição, preço e condições de pagamento do bem em causa;
d) Propor com exactidão e clareza os negócios de que forem encarregadas, procedendo de modo a não induzir em erro os interessados;
e) Comunicar imediatamente aos interessados qualquer facto que ponha em causa a concretização do negócio visado.
2 – Está expressamente vedado à empresa de mediação:
a) Receber remuneração de ambos os interessados no mesmo negócio, sem prejuízo do disposto no nº 6 do artigo 18º;
b) Intervir como parte interessada em negócio cujo objecto coincida com o objecto material do contrato de mediação do qual seja parte, nomeadamente comprar ou constituir outros directos reais, arrendar e tomar de trespasse, para si ou para sociedade de que sejam sócios, bem como para os seus sócios, administradores ou gerentes e seus cônjuges e descendentes e ascendentes do 1º grau;
c) Celebrar contratos de mediação imobiliária quando as circunstâncias do caso permitirem, razoavelmente, duvidar da licitude do negócio que irão promover.

[168] No exercício da respectiva actividade, os angariadores imobiliários devem colaborar com as empresas de mediação no cumprimento dos deveres estabelecidos nas alíneas a) a e) do nº 1 do artigo 16º

- **Lei nº 15/2013, de 8 de Fevereiro:** com particular relevo no âmbito dos deveres/obrigações da empresa de mediação, temos os arts. 5º (Requisitos de licenciamento), 6º (Idoneidade comercial), 7º (Seguro de responsabilidade civil), 13º (Denominação e identificação das empresas), 17º (Deveres para com os clientes e destinatários), 18º/2 (Quantias prestadas pelos destinatários) e 20º (Deveres gerais das empresas de mediação imobiliária).

V.2.1.2.2. Na Doutrina e Jurisprudência

O essencial do vínculo obrigacional do mediador consubstancia-se na aproximação entre comprador e vendedor, pondo-os em contacto com vista à celebração do contrato.

O mesmo é dizer que a **obrigação principal** do mediador tem **natureza material** não jurídica (pois não existe representação).

O agente actua como intermediário entre aquele que quer comprar ou arrendar um imóvel e o proprietário. Daí que uma das suas principais obrigações seja a de publicitar o imóvel o mais e melhor possível, a fim de encontrar um comprador ou arrendatário disposto a pagar o preço que o cliente pede.

Do exposto logo se extrai que o mediador imobiliário **não assume a obrigação de vender ou arrendar o imóvel**, mas tão somente a obrigação de levar a cabo as diligências necessárias a conseguir executar a incumbência do seu cliente[169] – diligências essas que deve levar a cabo com **lealdade e boa fé**, ou seja, assume a **obrigação de agir sempre de forma diligente** e nunca contra os interesses do seu próprio cliente.

Como "pano de fundo", cremos que neste domínio dos deveres do mediador (melhor, das partes contratantes) deve imperar sempre a **boa fé** – esta deve estar presente ao longo de toda a relação contratual (na sua génese, na outorga do contrato, na sua execução).

V.2.1.2.2.1. Deveres de informação e esclarecimento

Ver à frente no *item* "Da responsabilidade civil da mediadora", em especial no subtítulo "Responsabilidade do mediador por violação culposa dos seus

[169] Ver *supra* "obrigação de meios ou obrigação de resultado?".

deveres, ...*maxime* de cuidado e informação, de lealdade e de colaboração ou outros..." (**XIII.2.1.**).

A mediação deverá assentar num dever de informação, isto é, o mediador deverá manter todas as partes totalmente (e bem) informadas, mesmo sob pena de o mediador ter um papel decisivo nocivo relativamente à posição que deverá tomar.

Assim, e desde logo, impõe-se ao mediador **informar e esclarecer o comitente acerca dos termos em que é devida a remuneração acordada** (nomeadamente que, sendo o contrato celebrado em regime de exclusividade, a remuneração será devida se o negócio visado no contrato de mediação não se concretizar por causa *imputável* ao cliente – art. 19º/2 da Lei 15.2013), deveres esses de comunicação e de informação que resultam, aliás, dos artigos 5º e 6º do Dec.-Lei nº 446/85, de 25.10 – RJCCG, aplicáveis no domínio da mediação imobiliária[170].

Note-se que se está **num domínio em que a proteção do consumidor** (sendo evidente que um campo em que o dever de informação tem especial acuidade é precisamente o dos **direitos do consumidor**) deve ser particularmente exigente (normalmente é uma relação de consumo aquela que existe entre a mediadora e o seu cliente – ou mesmo entre ela e...o interessado no negócio, por si conseguido). Daí que um dos deveres mais prementes da mediadora nesta relação contratual seja (deva ser) precisamente o de informar, correcta e cabalmente, o comitente sobre os vários aspectos salientados no art. 17º do RJAMI[171].

A mediadora tem o particular dever de se **informar e certificar, antes da celebração do contrato de mediação, por todos os meios ao seu alcance, da situação do mesmo imóvel, nomeadamente se as características** do imóvel objecto do contrato de mediação correspondem às fornecidas pelos

[170] Ver, à frente, o item "Cláusulas contratuais gerais e contrato de mediação imobiliária" – "Da violação dos deveres de informação e esclarecimento".
Cfr. **Ac Trib Rel Lisboa de 29.09.2016**, proc. 1138.13.0TJLSB.L1..2 (Jorge Leal)

[171] Como ensinam Gomes Canotilho e Vital Moreira, in *Constituição da República Portuguesa Anotada*, 3ª ed. revista, p. 323, esse **direito à informação** importa que seja produzida *"uma informação completa e leal capaz de possibilitar uma decisão consciente e responsável (sobre as características essenciais dos bens e serviços fornecidos, sobre a natureza, qualidade, composição, quantidade, durabilidade, origem, proveniência, modo de fabrico e ingredientes utilizados no fabrico, sobre o preço dos produtos etc.)"* – cfr. Gomes Canotilho e Vital Moreira, in *Constituição da República Portuguesa Anotada*, 3ª ed. revista, p. 323.

interessados contratantes **e bem assim se sobre o mesmo recaem quaisquer ónus ou encargos.**

Assim também, o mediador tem a obrigação de **verificar a legitimidade das partes** e assegurar-se de que o bem que está a comercializar cumpre com todas as garantias, *maxime* as que lhe foram dadas pelo comitente, informação que deve ser não apenas verdadeira mas, também, **completa**[172].

E anote-se que a responsabilidade da mediadora por violação culposa do dever de informação que sobre si impende não pode ser descartada mediante a mera imputação ao promitente-vendedor da sonegação de informações que aquela podia e devia obter[173].

Os deveres de informação e/ou esclarecimento são deveres acessórios da prestação, os quais obrigam as partes a, na vigência do contrato que as une, **informarem-se mutuamente de todos os aspectos atinentes ao vínculo,** de ocorrências que com ele tenham certa relação e, ainda, de todos os efeitos que, da execução contratual, possam advir[174].

Por outro lado, espera-se que no desempenho da sua actividade o mediador **informe o comitente** da marcha das suas diligências e o vá assessorar para que a operação corra da melhor forma[175].

[172] Em Espanha, *el Real Decreto sobre* ***protección de consumidores***, no que respeita à informação na compra e venda ou arrendamento de imóvel, estabelece que *esta debe ser veraz y completa, y que el agente inmobiliario tiene que hacer explícito no solo el precio de la compraventa o arrendamiento, sino también sus emolumentos, si se incluyen en el precio ofertado, y quién los paga. "En particular se prohíbe imponer un incremento del precio por servicios, financiación, aplazamientos, recargos, indemnizaciones o penalizaciones que no correspondan a prestaciones adicionales efectivas que puedan ser libremente aceptadas o rechazadas por el comprador o arrendatario con independencia del contrato principal"*, sublinha Izverniceanu.

[173] Neste sentido, cfr. Ac. RL de 15.09.2009 (Abrantes Geraldes).
Ainda o Ac. STJ de 27-01-2011, Revista nº 3141/04.1TVLSB.L1.S1 – 2ª Secção (Bettencourt de Faria): «*I – A responsabilidade da mediadora imobiliária pela* ***violação do dever de informação****, em regime de solidariedade com o promitente-vendedor (art. 23º do DL nº 77/99, de 16-03), não pode ser descartada mediante a mera imputação a este da sonegação de informações que aquela podia e devia obter. (...)*».

[174] Sobre os deveres secundários ou acessórios da prestação, ver Fernando Baptista de Oliveira, in *Contratos Privados,* vol. II, 2ª ed., Coimbra Editora, pp 546 a 551.

[175] Em Espanha, por aplicação analógica, aplicam-se ao contrato de *corretaje* os **deveres de informação** do mandatário para *dar cuenta de sus operaciones* (art. 1720 CC) e do comissionista, sobre *las noticias que interesen al buen éxito de la negociación* (art. 260 CCom; STS 783/1999, de 2 de octubre, RJ 1999/7007), que incluem as de **comunicar ao oferente todas las cir-**

V.2.1.2.2.2. Deveres de discrição, lealdade (sinónimo de fidelidade), confidencialidade, imparcialidade e diligência

O agente imobiliário está vinculado por um **dever de discrição quanto às informações que recolhe** na prática da sua actividade[176]. Ou seja, espera-se que no desempenho da sua actividade **guarde segreto** sobre as informações e instruções que o mediador lhe haja dado[177],

Pode mesmo ocorrer que em certas circunstâncias os seus comitentes queiram rodear a venda do seu bem de precauções e duma discrição particular – o que bem se compreende[178].

cunstancias que conheça e que possam influir na celebração do contrato; e **de consulta**, quando as circunstâncias requerem especiais instruções ou indicações devido à anormalidade da situação, ou deva separar-se das recebidas para não prejudicar o negócio pretendido (art. 255 CCom).

[176] Sobre este dever, pode ver-se L. Collon, Le statut juridique de l'agent immobilier, 2e éd., Bruxelles, Larcier, 2015, pp 62 ss.

[177] Al ser el contrato de corretaje un contrato basado en la confianza, el corredor está obligado a guardar reserva de las instrucciones que recibe del oferente, de las informaciones que reciba o llegue a conocer durante su gestión, salvo que por la naturaleza o circunstancias del contrato sea necesario" (Parra Lucán, Mª. Ángeles., y Calatayud Sierra, Adolfo, *Acceso a la vivienda y contratación*, Ed. Tirant lo Blanch, Valencia, 2015, p. 279).

[178] A propósito, cita-se um caso (ocorrido na Bélgica) que deu origem ao **acórdão do Tribunal de Recurso de Gante de 21 de Maio de 2014**. Um casal havia confiado a um agente um mandato de venda exclusivo para a sua propriedade. No momento da redação do contrato de mediação, no entanto, eles tinham tomado o cuidado para barrar a menção "colocação de um painel publicitário" e indicaram "tratamento discreto – não publicação do endereço".
O agente, no entanto, publicou num jornal uma foto do prédio com a descrição "localização central em Gistel" e "perto de lojas e da Grand Place", tornando o prédio claramente identificável.
Altamente insatisfeitos, os comitentes informaram o agente sobre a sua disposição de resolver o contrato de mediação que os vinculava, por causa das violações do dever de discrição do agente.
Confirmando a decisão da primeira instância, o tribunal considerou que o dever de discrição previsto no contrato havia sido violado. Considerou que a intenção das partes era, claramente, assegurar que o anúncio não permitisse identificar o prédio.
O dever de discrição imposto ao agente não se limitava, portanto, à ausência de uma sinalização no edifício e à não publicação do endereço.
O tribunal, portanto, indeferiu o pedido do agente mediador para obter o pagamento da indemnização prevista no contrato no caso de rescisão.

O dever de lealdade – outro dos deveres acessórios – obriga as partes a absterem-se, no período de vida do contrato, de práticas que possam falsear a finalidade do negócio ou desequilibrar o jogo das prestações por elas estabelecido.

Embora agindo (não no nome, mas) no interesse do seu principal, o agente está **vinculado por um dever de lealdade em relação a terceiros** e é obrigado a fornecer-lhes **informações correctas e completas sobre o bem vendido.**

Recorde-se que **a missão do agente não termina** necessariamente com o simples facto de obter uma oferta firme e definitiva correspondente às exigências do seu comitente. O agente **permanece obrigado a procurar sempre uma oferta melhor.**

No que diz respeito à negociação em si mesma, uma vez que o agente não assumiu nenhum compromisso contratual com eles, as suas **obrigações perante terceiros são, todavia, necessariamente mais limitadas.**

Obrigações que igualmente passam a impender sobre o mediador, logo que passa a desenvolver a sua actividade, são as **de diligência[179] e de fidelidade[180].**

[179] Em Espanha, o RD 1294/2007, de 28 de septiembre, reconhece no *artículo 9* que os APIs devem actuar *con eficacia* – tendente à conclusão da compra e venda –, *ética, y deontología profesionales, reserva* – actuação discreta – *y legalidad,* observando a adequada diligência no exercício da profissão.
Com efeito, o art. 9 b) RD 1294/2007 establece que os APIs devem "*respetar y velar por el íntegro cumplimiento del ordenamiento jurídico que afecte a sus funciones profesionales, velando especialmente por la aplicación de la normativa reguladora de las garantías legalmente establecidas para la percepción de cantidades a cuenta para viviendas en construcción*". O *apartado c)* do mesmo artigo refere que os *APIs deben "observar las disposiciones legales sobre protección del consumidor en materia de compraventa y de arrendamientos inmobiliarios, en cuanto incida en su actividad profesional*".
Ver à frente sobre as *consequências da inactividade do mediador.*
Este dever de diligência tem, no fundo, muito a ver com o dever de actuação de **boa fé** no cumprimento das suas obrigações.
Devendo anotar-se que no exercício da sua actividade o mediador deve **actuar com independência** dos acordos que as partes hajam firmado (ver, v.g., o que a propósito reza o artigo 1258 do CC espanhol).
A doutrina espanhola vem "exigindo", neste domínio da diligência do mediador, uma diligencia superior à que vem prevista no art. 1104.2 CC. De forma que assim não procedendo o mediador, pode ser-lhe negado o direito à retribuição.

[180] Sobre estes deveres, pode ver-se: Caterina AMMANN, Art. 412-418 OR, in Basler Kommen-

O mediador deve ser diligente no exercício das suas funções e **nunca agir contra os interesses do seu próprio cliente.**

A obrigação de **fidelidade** (sinónimo **de lealdade**) impede o mediador de prejudicar os interesses do seu comitente. Traduz-se notoriamente numa **obrigação de confidencialidade**[181], impedindo-o de divulgar o que o comitente lha haja confiado ou o que ele próprio haja apreendido no âmbito da mediação se esta revelação puder prejudicar o comitente.

A **obrigação geral de lealdade** do mediador traduz-se, em princípio, numa obrigação de evitar os conflitos de interesses e outrossim, surgindo os mesmos, de evitar que possam prejudicar o comitente[182].

O dever de **confidencialidade** tem especial importância na medida em que a mediação é uma actividade específica de aproximação e concertação de vontades, pelo que é essencial não divulgar no mercado. É que tal poderá ser prejudicial para o objectivo, pois que não será conveniente que terceiros o saibam (depois de concluído o objectivo, o mediador deverá manter confidencialidade sobre um negócio que não foi "seu").

Por outro lado, o mediador também está **obrigado a desenvolver a sua actividade com imparcialidade** de modo a evitar danos para qualquer das partes, devendo, por isso, avisá-las quando conheça alguma circunstância, relativa ao negócio, capaz de influenciar a decisão de contratar - ou não[183].

tar zum Schweizerischen Privatrecth - Obligationenrecht I, 3 éd., Bâle: Helbing & Lichtenhahn, 2003, p. 2265-2282 - n. 8 ad art. 412; François Rayroux, Art. 418-418 CO, in Commentaire romand du Code des obligations I, sous la dir. de L. Thévenoz et F. Werro, Bâl: Helbing & Lichenhahn, 2003, p. 2109-2132 - n. 28 ad art. 412; Pierre Tercier, Les contrats spéciaux, 3e éd., Zürich: Schulthess, 2003, p. 733, n. 5066.
Estes deveres vêm expressamente previsto, v.g., no art. 398 al 2 do *Código das Obrigações* Suíço.

181 Ammann, cit., n. 8 ad art. 412; Rayroux, cit., n. 30 ad art. 412; Tercier, p. 733, n. 506.

182 Rayroux, n. 32 ad art. 412.

183 Veja-se o Ac. RL de 23.4.2015, proc. 3311/10.3TBBRR.L2-6, (Vítor Amaral), assim sumariado:
«A **violação culposa de dever de informação** a cargo de mediador imobiliário, no âmbito da actividade de mediação, perante terceiro interessado, é fonte de obrigação indemnizatória pelo dano causado a esse terceiro.».

V. 2.1.2.2.3. Dever de assessoria ao cliente e de colaboração com o mesmo após o contrato

A assessoria do mediador ao cliente depende muito do que for pactuado, em especial no domínio da preparação do contrato, documentação, etc. Mas deve sempre pôr o comitente ao corrente de todos os dados relevantes para a celebração do contrato. Neste aspecto, o mediador tem o dever profissional de averiguar e conhecer a verdadeira **situação jurídica e registral do imóvel** (a vender, arrendar, etc) – ou outra relevante de que tenha conhecimento– e dá-la a conhecer às partes contratantes, logo que possível, procurando ser sempre verdadeiro na prestação das informações[184].

Resulta da lei que a **função do mediador** é basicamente uma função de angariação de interessados. E nessa função a **colaboração** (**que deve ser mútua**, diga-se em verdade) deve imperar.

A mediadora não se deve quedar pela mera outorga do contrato de mediação. Não se deve esquivar a prestar ao cliente toda a colaboração de que este possa necessitar após a outorga do mesmo, em especial se lhe for solicitada (obviamente que terá ou pode ter custos adicionais, dependendo do que for pactuado), designadamente no âmbito das *démarches* tendentes à formalização do negócio visado. Isso mesmo já parece resultar do princípio geral da boa fé que vinga no direito das obrigações – e dos chamados deveres acessórios da prestação.

No entanto, deve anotar-se que se o **agente tem o dever de aconselhar o seu comitente** e deve acompanhá-lo e aconselhá-lo da melhor forma possível, com vista à conclusão da venda, **não pode ser responsabilizado pelos erros e inconsistências do comitente.**

O não cumprimento pela mediadora deste dever de colaboração **pode constituir incumprimento culposo de obrigação contratualmente assumida** e tornar a empresa mediadora responsável pelo prejuízo que cause ao cliente[185].

O contrato de mediação imobiliário – como qualquer outro, diga-se –, acarreta sempre uma **complexidade intra-obrigacional**. E é precisamente nesta complexidade que se situam os **deveres acessórios de conduta,** os quais se baseiam **na boa fé,** que é um verdadeiro conceito jurídico (ou

[184] V.g., a situação registral, problemas havidos no imóvel (**danos**), possíveis expropriações, etc.

[185] Neste sentido, v.g., Ac. RL de 24.06.2010 (Aguiar Pereira).

ético-jurídico), a que não corresponde um conteúdo rígido e uniforme, antes apresentando contornos variáveis ou flexíveis, determinados em função das circunstâncias de cada tipo de situações, e que **aponta para o dever social de agir com a lealdade, a correcção, a diligência e a lisura exigíveis das pessoas, conforme as circunstâncias de cada acto jurídico**[186].

Com estes deveres visa-se assegurar que, na realização da prestação, as condutas a desenvolver não envolvam danos para o credor nem impliquem sacrifícios desmesurados para o devedor.

V. 2.1.2.2.4. Boa fé e equidistância

A actuação do mediador implica que a aproximação das partes e os contactos mantidos entre elas (directamente ou através do mediador) sejam norteados por uma intervenção positiva deste, com a margem necessária entre as partes para que possam, **se da sua vontade,** concertar ou acertar o objectivo.

Como vimos já, o mediador não representa qualquer das partes, não dispondo, como tal, de qualquer mandato para vincular uma das partes perante a outra. Deve, assim, limitar-se a encontrar, preparar e a fomentar o necessário para a conclusão do "objecto" (encontrar alguém genuinamente interessado na efectiva celebração do negócio visado no contrato de mediação imobiliária).

V.2.1.3. Das consequências da inactividade do mediador

O mediador, por norma, pode ficar inactivo sem que isso lhe acarrete qualquer responsabilidade – designadamente sem ter de indemnizar o comitente por tal inação.

Efectivamente, a regra é esta: o mediador tem a obrigação de diligenciar no sentido de conseguir interessado para o negócio visado, sem ser obrigado a conseguir esse resultado.

E se nada fizer, por norma não lhe será assacada responsabilidade por banda do comitente.

Mas pode não ser assim: se se estiver perante um contrato de mediação imobiliária **com exclusividade**, aqui o mediador, como contrapartida do exclusivo que tem, parece ter a obrigação de "trabalhar", isto é, de levar a

186 Cfr. Pires de Lima e Antunes Varela, *Código. Civil Anotado,* vol. II, 4ª ed., pp. 4-5.

cabo uma actividade em favor do comitente, devendo tudo fazer para conseguir encontrar um efectivo interessado no negócio visado.

Nesta situação, portanto, **verificada a falta de diligência ou inactividade do mediador**, pode ser-lhe exigida responsabilidade ao abrigo ou tendo em conta o fim último do contrato de mediação (para cuja efectivação se havia comprometido a levar a cabo todas as diligências possíveis).

Blanco Carrasco considera parecer excessivo transportar a dita responsabilidade para o âmbito extracontratual[187].

Há, assim, que **distinguir, quanto à inatividade do mediador, a situação de haver exclusividade da de não exclusividade**: não havendo exclusividade, a inactividade do mediador não acarreta para si qualquer responsabilidade, podendo o comitente terminar o contrato quando quiser sem que tal lhe acarrete qualquer consequência; havendo **exclusividade, a inatividade total do mediador pode configurar uma violação das suas obrigações de salvaguarda e de diligência,** susceptível de lhe ser assacada responsabilidade por banda do comitente[188].

[187] Blanco Carrasco, Marta, *El contrato de corretaje. Revista de Derecho Privado,* mes 3-4, 2005, p. 16 (consulta em VLex: Portal de conteúdo jurídico on-line).

[188] A **questão da inactividade do medidor** tem sido tratada em alguns ordenamentos jurídicos.

Assim, v.g., no Suíço: questiona-se ali **se a actividade do mediador tem por objecto uma incumbência ou obrigação.**

A regra adoptada é esta: a actividade do mediador tem por objecto uma incumbência e não uma obrigação.

Porém – diz-se ali –, pode não ser assim: o mediador pode obrigar-se a levar a cabo uma actividade em favor do mandante – é esta a regra sempre que se esteja perante um contrato **com exclusividade (cfr.,** Arrêt du TF 4C.228/2005 du 25 octobre 2005, c. 3; arrêt du TF 4C.257/1999 du 17 janvier 2000, SJ 2000 I 321; ATF 103 II 129, JdT 1978 I 150, c.3).

Assim sendo, também ali se **distingue**, quanto à inatividade do mediador, a **situação de haver exclusividade da de não exclusividade**: não havendo exclusividade, a inactividade do mediador constitui sempre para o comitente **justa causa de revogação do contrato** com efeito imediato e sem que haja lugar a indemnização (art. 404 CO – Código das Obrigações); **já no caso de exclusividade, a inatividade total do mediador pode configurar uma violação das suas obrigações de salvaguarda e de diligência,** susceptível de levar à perda do seu direito à remuneração, e mesmo que o comitente não tenha respeitado a cláusula de exclusividade (neste sentido, v.g., Arrêt du TF 4C.257/1999 du 17 janvier 2000, 5j 2000 I 321).

Fala-se por vezes em **reforço das obrigações do mediador**[189].

V.2.2. Das obrigações do cliente (comitente)

V.2.2.1. Obrigação de pagar a retribuição

A obrigação principal do cliente é proceder ao pagamento da comissão sempre que o trabalho do mediador conduza à celebração do contrato visado (salvo acordo expresso noutro sentido – sendo que casos há em que a remuneração é devida independentemente da consumação ou realização efectiva desse negócio: a sabida situação em que, sendo clausulada exclusividade, o negócio visado se não realizou por facto *imputável* ao cliente).

Sobre esta obrigação do cliente, remete-se para o *item "Da remuneração"*.

V. 2.2.2. Obrigação/dever de informação ao mediador

Particularmente relevante é o **dever de informação do cliente ao mediador.**

Com efeito, outorgado que esteja o contrato *inter partes*, deve o cliente fornecer ao mediador toda a informação necessária a que este possa cumprir da melhor forma as obrigações que perante aquele assumiu. Designadamente, deve fornecer ao mediador todos os dados do imóvel, autorizar a sua

[189] Assim, v.g., no direito Suíço.
Ali, sustenta-se que as obrigações do mediador são reforçadas quando é **investido dum "*mandat large*"** (mandato amplo) – por exemplo, porque lhe incumbe participar activamente na negociação, na redacção ou na execução do contrato principal –, pois é suposto dar o seu melhor na defesa dos interesses do seu cliente, nomeadamente, estar preparado para escolher a(s) técnica(s) de venda que seja(m) mais vantajosa(s) para o seu cliente. **Sob pena de lhe ser assacada responsabilidade** (assim, v.g., o Tribunal federal entendeu que um agente experimentado deve poder estar ao corrente das possíveis incidências fiscais que impliquem a escolha de uma técnica de vendas em vez de outra. Se lhe for perguntado sobre as suas respectivas vantagens, ele deve saber dar as respostas que tenham em conta as pertinentes consequências fiscais, seja abstendo-se de responder ou apresentar reservas – cfr. SJ 1985 p. 69).
Também a doutrina admite que a exclusividade põe a cargo do mediador uma verdadeira **obrigação de agir** (François Rayroux, Art. 418-418 CO, in Commentaire romand du Code des obligations I, sous la dir. de L. Thévenoz et F. Werro, Bâl: Helbing & Lichenhahn, 2003, p. 2109-2132 – n. 27 ad art. 412; Pierre Tercier, Les contrats spéciaux, 3e éd., Zürich: Schulthess, 2003, p. 733, n. 5066).
Como tal, se o mediador exclusivo nada ou pouco faz e o comitente conclui um contrato com um terceiro, perde o direito à comissão, apesar da cláusula de exclusividade.

publicidade, tirada de fotografias, mostrar o imóvel a possíveis interessados compradores, etc.

Por outro lado, **deve o cliente informar o agente imobiliário de como vão as relações com as terceiras pessoas encontradas pelo mediador**, se chegaram a acordo pelo preço previsto no contrato ou se há outras ofertas ou contraofertas. Ou seja, a partir do momento em que o mediador houver posto o seu cliente em contacto com um terceiro interessado no negócio, este **deve informar aquele da evolução de todas as negociações.**

O dever de informação do cliente ao mediador **tem na sua essência a boa fé e colaboração**[190], imprescindíveis para dessa forma poder avaliar o grau de eficiência da actuação do mediador e, em consequência, pagar-lhe a comissão devida (e, eventualmente, as despesas (gastos) que **excepcionalmente** possam surgir, se devidas em conformidade com o acordado) uma vez concretizado o contrato visado, ou seja, para que surja a obrigação de pagamento da comissão acordada.

V.2.3. Da remuneração

Trata-se (como vimos da noção de mediação plasmada supra[191]**) de um elemento essencial do contrato: a sua onerosidade**[192].

É a contraprestação do cliente pelos serviços acordados com a empresa de mediação (como vimos na noção de contrato de mediação, a *onerosidade* é um dos seus elementos essenciais).

Por outro lado, "*....As condições de remuneração da empresa, em termos fixos ou percentuais, bem como a forma de pagamento, com indicação da de IVA aplicável (...)*" têm de constar, "*obrigatoriamente*", do contrato (cfr. art. 16º, nº2 al. c) da lei

[190] Sobre este aspecto, pode ver-se Cremades García, Purificación, *Contrato de mediación o corretaje y estatuto del Agente de la Propiedad Inmobiliaria*, Ed. Dykinson, Madrid 2009, p. 108.

[191] O contrato de mediação é o contrato pelo qual uma parte (o mediador) se vincula para com a outra (o solicitante) a, de modo independente e mediante retribuição, preparar e estabelecer uma relação de negociação entre este último e terceiros (os solicitados) com vista à eventual conclusão definitiva de negócio jurídico.

[192] **Aliás**, o **art. 16º/2/b** da Lei nº 15/2013 até impõe que as ***condições de remuneração da empresa...*** **constem, *obrigatoriamente*, do contrato, sob pena de *nulidade*** (nº5).

15/2013), de tal forma que se dele não constarem tornam o contrato nulo[193] (artigo 16º, nº5 da Lei 15/2013)[194].

V.2.3.1. Da forma da remuneração

Forma escrita, pois que:

É um elemento essencial do contrato de mediação imobiliária

... e não uma cláusula acessória ou adicional.

A alteração da cláusula atinente à forma da remuneração (cfr. cit. art. 16º/2/c) da lei 15/2013) - modificação essa perfeitamente admissível ao abrigo do disposto no art. 406º/1 do CCivil - **terá de obedecer à forma escrita, sob pena de nulidade** nos termos do art. 220 do mesmo Código[195].

...... Mas...tal torna **nulo o contrato ou apenas essa cláusula?** Da letra da lei parece resultar que nulo é... o contrato (nº5 do art. 16º)[196] **- e só o cliente da mediadora pode invocar a nulidade.**

V.2.3.2. Por quem é devida

Obviamente, pelo cliente[197]

Pode, porém, ser acordado[198] o pagamento (total ou parcial) pelo destinatário do negócio?

1. A **al. a) do nº2 do art. 17º do RJAMI apenas proíbe** que a empresa de mediação receba *"remuneração de cliente e destinatários no mesmo negócio"*, ou seja, **receba duas vezes pelo mesmo serviço.**

[193] Nulidade essa, porém, com a "atipicidade" já atrás referida.

[194] Ou seja, se é certo que as *condições de remuneração da empresa* e a *forma de pagamento* têm de constar do contato, já o *quantum* e o modo de pagamento dessa mesma remuneração do mediador ficam dependente do que as partes (livremente) acordem.

[195] Cfr. Ac. STJ de 31-01-2002, Revista nº 4083/01 - 7ª Secção, Oliveira Barros.

[196] É duvidoso, pois o contrato escrito contém as *condições de remuneração* (art. 16º/2/c))..... embora sem a alteração acordada posteriormente.

[197] Foi ele quem contratou os serviços da mediadora.

Diga-se, desde já, que a lei é clara em proibir a empresa mediadora de receber duas vezes a remuneração, por parte do cliente e do destinatário do negócio visado (cfr. artigo 17º, nº2 al. a) da Lei 15/2013).

[198] **Quer** entre a mediadora e o destinatário, **quer** entre o cliente da mediadora e o destinatário, **quer** entre os três em conjunto.

2. Temos uma **assunção cumulativa da dívida** (que era do cliente da mediadora) por banda do destinatário – art. 595º/1 CC[199].
3. A transmissão **só exonera o antigo devedor havendo** declaração **expressa do credor**[200].
4. Assim também é entendido noutros ordenamentos jurídicos[201].

V.2.3. 3. Quando é devida

Rege o art. 19º do RJAMI:

> *«Artigo 19º*
>
> ***Remuneração da empresa***
>
> *1 – A remuneração da empresa é devida* ***com a conclusão e perfeição do negócio visado pelo exercício da mediação ou, se tiver sido celebrado contrato – promessa*** *e no contrato de mediação imobiliária estiver prevista uma remuneração à empresa nessa fase, é a mesma devida logo que tal celebração ocorra.*
>
> *2 – É igualmente devida à empresa a remuneração acordada nos casos em que o negócio visado no contrato de mediação tenha sido celebrado* ***em regime de exclusividade e não se concretize por causa imputável ao cliente proprietário ou arrendatário trespassante do bem imóvel.***
>
> *3 – Quando o cliente for um potencial comprador ou arrendatário, a empresa, desde que tal resulte expressamente do respectivo contrato de mediação imobiliária, pode cobrar quantias a título de* ***adiantamento por conta da remuneração*** *acordada, devendo as mesmas ser devolvidas ao cliente caso o negócio não se concretize.*

[199] Com efeito, diz o nº 1 do art. 595º do CC que pode verificar-se a transmissão a título singular de uma dívida por contrato entre o antigo e o novo devedor, ratificado pelo credor (al. *a)*) ou por contrato entre o novo devedor e o credor, com ou sem consentimento do antigo devedor (al. *b)*).

[200] De contrário, o antigo devedor (originário) responde solidariamente com o novo obrigado (nº 2 do mesmo normativo).

[201] V.g., na Suíça.

Com efeito, também ali a jurisprudência tem entendido que a remuneração do mediador é, em princípio, da responsabilidade do principal (é, aliás, a sua principal obrigação). Mas (sempre ao abrigo da liberdade contratual, que também ali impera), podem **as partes do contrato de mediação acordar que ela deva ser suportada por um terceiro** (cfr. por exemplo o acórdão do TF 4C.121/2005 du 5 juillet 2005, onde o contrato de mediação previa que a comissão deveria ser suportada pelo comprador sob o controle do principal-comitente).

No entanto, ali se chama a atenção de é algo difícil qualificar o contrato nestas circunstâncias (ver o ATF 124 III 481 c. 4a, JdT 1999 I 455 – *courtage d'assurances*).

4 – O direito da empresa à remuneração cujo pagamento caiba ao cliente proprietário de imóvel objecto de contrato de mediação não é afastado pelo exercício de direito legal de preferência sobre o dito imóvel.

5 – O disposto nos números anteriores aplica -se apenas a contratos sujeitos à lei portuguesa.».

V.2.3.3.1. A regra

Adiante-se, desde já, que a regra exposta, no tocante à prestação do cliente, não afasta a possibilidade de as partes, querendo, poderem acordar em sentido contrário, designadamente prevendo uma indemnização mesmo na eventualidade de o negócio não se chegar a concretizar.

1. A remuneração é devida **aquando da *conclusão* e *perfeição***[202] **do negócio visado** pelo exercício da mediação[203]-[204]-[205].

[202] Nos termos do disposto nos artigos 224º a 226º do Código Civil, a perfeição da declaração negocial corresponde ao momento da sua eficácia, pois aquela torna-se perfeita quando alcança a sua plena eficácia.

[203] Ou aquando da outorga do contrato-promessa – mas, neste caso, apenas se no contrato de mediação estiver prevista uma remuneração à empresa nessa fase.
O que significa que a remuneração é devida, não apenas pelo exercício da atividade de mediação, designadamente pelas diligências levadas a cabo pela empresa mediadora com o propósito de encontrar destinatário para o negócio visado, nem pela obtenção de tal destinatário, mas com a celebração do negócio visado (seja o contrato definitivo ou o contrato-promessa na eventualidade de ser este o negócio estipulado).
Desde o DL 77/99 de 16/03 (cfr. art. 19º, nº 1) que: "*A remuneração só é devida com a conclusão e perfeição do negócio visado pelo exercício da mediação*" – redação esta que foi mantida no art. 18º nº 1 do DL 211/2004 de 20/08).

[204] **Salvo, pensamos, acordo expresso em sentido contrário** (as partes outorgantes são livres de acordar, querendo, uma indemnização .....mesmo que o negócio não se venha a concretizar). **Não vale, porém, a mera vontade presumida nesse sentido.**
Sobre este aspecto, trazemos à colação a jurisprudência suíça, na qual à pergunta **se pode o contrato estipular que a comissão é devida logo que o mediador apresente uma contraparte apta e disposta a concluir o contrato nas condições anunciadas pelo cliente, mesmo que o seu trabalho não seja bem sucedido,** tendo a resposta sido positiva.
A justificação é esta: as cláusulas que visam tal propósito são o que ali se designa de "**garantias de provisão** "em sentido estrito (esta denominação é por vezes utilizada em sentido genérico englobando os diversos tipos de cláusulas permitindo ao mediador reforçar o deu direito à comissão). Elas são, em si, lícitas na medida em que **não violam qualquer regra imperativa.** Assim, o Tribunal Federal já decidiu que o **art. 413 CO** (Código das Obrigações) **tem natureza dispositiva,** de modo que as partes são livres de acordar uma garantia de pro-

2. **Não basta à mediadora a "*procura, (...) de destinatários*** *para a realização de negócios*" (art. 2º/1 do RJAMI).
3. Nem, sequer, que o contrato visado seja, de facto, levado a efeito.

visão assegurando os *"honorários"* ao comitente, mesmo se o caso não foi bem sucedido (cfr. Arrêt du TF 4C.278/2004 du 29 décembre 2004, c. 2.3.). No entanto, observa-se que **essas cláusulas tendem a afastar o contrato de mediação do mandato**. Isso mesmo já foi decidido pelo Tribunal federal. Assim, numa decisão de 2005, onde se escreveu que "*o contrato que não subordina a remuneração do mediador ao sucesso de sua intervenção, mas fixa-a, por exemplo, de acordo com o tempo que ele dedicou ao caso e os esforços que fez, de modo que os honorários são devidos, mesmo que o resultado desejado não tenha sido alcançado,* ***não pode ser qualificado como um contrato de mediação, mas antes como um mandato ordinário*** (ATF 131 III 268, c. 5.1.2, SJ 2005 I 403. O Tribunal federal entendeu ali que a **vontade presumida das partes** era de ligar a remuneração do mediador à conclusão do contrato principal).

[205] Ou seja, que a comissão do mediador apenas é devida **quando a sua actividade tenha contribuído, de forma determinante, para a celebração (e perfeição) do negócio,** por via da aproximação do comitente com terceiros, para o efeito.
Portanto, (em princípio) não concretizado o negócio, não há que pagar qualquer remuneração; **se assim não fosse, então o dono do imóvel ver-se-ia na contingência de remunerar a mediadora por cada interessado (2, 5 ou...20) que aquela lhe indicasse!** Era injustificada e sem qualquer sentido esta posição, a qual, a vingar, levaria a que ninguém procurasse as empresas de mediação (que assim veriam os seus "negócios" a definhar...) para angariação de potenciais clientes sabendo que teria de pagar comissão mesmo que tal intervenção não levasse à concretização do negócio visado!

É, de facto, pacífico na doutrina e na jurisprudência que no contrato de mediação imobiliária a remuneração, em regra, só é devida com a *conclusão e perfeição do negócio visado* pelo exercício da mediação.
Assim, v.g.:
«I – De acordo com a regra geral prevista no art. 18º do DL 211/04, de 20 de Agosto» – cfr., também, o art. 19º da Lei nº 15/2013, de 8 de Fevereiro (Remuneração da empresa) – «, não basta angariar um qualquer candidato a negociar com o cliente dono do imóvel; isto porque, o contrato de mediação é, essencialmente, um contrato para a obtenção de um negócio: a empresa de mediação cumpre a sua obrigação contratual quando encontra um terceiro com quem o contrato visado com a mediação venha a ser efectivamente celebrado; pelo que o mediador só pode reclamar a remuneração no momento em que, entre o comitente e a entidade angariada, for concluído o negócio visado pelo exercício da mediação.
II – Isto é assim a ponto de, não obstante todo o empenho na actividade de angariação de interessado e o êxito dessa diligência, se o negócio não vier a concluir-se, não há lugar a remuneração!
III – Como se refere no Ac. do STJ de 03/04/2008 (Santos Bernardino) – in www.dgsi.pt – "... Esta é uma fatalidade com que as empresas de mediação, que são comerciantes, que exercem uma actividade comercial numa economia de mercado têm de viver e é nesse pressuposto que a desempenham, sendo que as percentagens cobradas sobre o valor das vendas que ajudam a concretizar têm já em conta o risco normal,

a álea que é inerente a essa actividade...".» (Ac. RL de 17.02.2011, proc., 3452/07.4TVLSB.L1-8 – Maria Amélia Ameixoeira).

Idem, o seguinte aresto:

«*O **direito da mediadora à retribuição acordada no âmbito de um contrato de mediação imobiliária pressupõe,** por regra e sem prejuízo das excepções previstas na lei, que a mediadora tenha desenvolvido uma concreta actividade no sentido de angariar um interessado para a celebração do negócio, que o negócio visado pelo contrato de mediação tenha sido concretizado e que este negócio tenha sido celebrado com um terceiro angariado pela mediadora, de tal modo que se possa afirmar que a conclusão do contrato foi o resultado da actividade desenvolvida pela mediadora em virtude de esta se integrar na cadeia de factos que deram lugar ao negócio pretendido, ainda que não tenha sido a única causa.*

*Para que a mediadora tenha direito à remuneração acordada **não basta, no entanto, que o interessado com quem vem a ser celebrado o negócio a tenha contactado, tal como não basta que o tenha acompanhado numa visita ao imóvel,** ainda que tenham sido esse contacto e essa visita que **despoletaram** nesse terceiro o interesse no negócio que, mais tarde, se veio a concretizar.*

*Para que a mediadora tenha direito a tal remuneração **será ainda necessário que tenha apresentado esse interessado ao seu cliente** (ainda que seja pelo mero fornecimento da identificação das pessoas que a contactam e às quais proporciona uma visita ao imóvel) **ou que, de qualquer forma, tenha potenciado ou facilitado o contacto entre ambos, promovendo a sua aproximação, já que é este o cerne da mediação e o conteúdo essencial da prestação a que se obrigou pelo contrato de mediação.***

*Assim, se, no âmbito de um contrato de mediação em regime de **não exclusividade**, o proprietário do imóvel celebra o negócio visado na mediação com um terceiro que o contacta directamente, não obstante já ter contactado a mediadora e visitado o imóvel por intermédio desta, e não tendo ficado provado que tenha sido a mediadora a apresentar – por qualquer meio – esse interessado ao seu cliente ou que a mediadora tenha informado oportunamente o seu cliente de que tal interessado a havia contactado e que, por intermédio dela, havia visitado o imóvel e não estando sequer provado que, à data da celebração do negócio, o proprietário (cliente da mediadora) tivesse conhecimento daquele contacto e visita, não estão reunidos os necessários pressupostos para que possa ser reconhecido à mediadora o direito à retribuição acordada no contrato de mediação.*» (Ac. TRC de 17.12.2014, proc. 242/11.3TBNZR.C1, Catarina Gonçalves).

Como se refere no Ac. do STJ de 03/04/2008 (Santos Bernardino) – in www.dgsi.pt –, "*... Esta é uma fatalidade com que as empresas de mediação, que são comerciantes, que exercem uma actividade comercial numa economia de mercado têm de viver e é nesse pressuposto que a desempenham, sendo que as percentagens cobradas sobre o valor das vendas que ajudam a concretizar têm já em conta o risco normal, a álea que é inerente a essa actividade...*".

Do explanado se conclui, portanto, ***a contrario,*** **que mesmo que a mediadora se tenha empenhado imenso na busca de interessados** na conclusão do negócio, **se o negócio não se concretizar, não haverá lugar a remuneração, suportando, então, o mediador o risco da sua actividade comercial – ressalvadas,** porém, as excepções prevista no art. 19º da Lei 15/2013.

4. .... **exigindo-se, agora – para além da *conclusão* do negócio**[206] **–, ainda, que o negócio (concluído) esteja perfeito** (*ut* art. 19º/1 do RJAMI), **isto é, que seja....eficaz** (*v.g.*, **não ferido *ab initio*** de qualquer **invalidade absoluta** ou pendente de **condição suspensiva**[207] ou em que **se venha a verificar a condição resolutiva** de que estava dependente)[208].

[206] Compra e venda, arrendamento, trespasse, etc...
Como também se tem acentuado na jurisprudência suíça, **não basta a mera possibilidade** conferida ao comitente de concluir um contrato (ATF 113 II 49, c.l.). É, antes, necessário que o contrato seja concluído e que seja válido perante a lei vigente.
[207] Caso em que a remuneração só será devida se tal condição (**imprópria...**) se verificar.

Sobre a inserção de **condição suspensiva** nesta relação contratual, a solução é a mesma **noutros ordenamentos jurídicos**.
Assim, em Itália, de acordo com o art. 1757 c.c. o direito à comissão surge logo que a condição se verifica. Assim, v.g., se as partes contratantes **subordinarem a eficácia da proposta de venda à concessão do empréstimo bancário em favor do comprador**, o agente imobiliário só poderá reclamar a comissão se e quando o banco tiver concedido o financiamento.

Assim também em Espanha.
Como referem, entre outras, as Sentenças do Tribunal Supremo (sessões de 13/06/2006, 30/03/2007 e 13/10/2011) "*...dicho contrato está supeditado, en cuanto al devengo de honorarios, a la condición suspensiva de la celebración del contrato pretendido, salvo pacto expreso.* ***Lo cual no alcanza a la consumación del mismo y si posteriormente se resuelve, se anula o, por cualquier razón pierde su validez o eficacia, el contrato de mediación queda incólume****; esto es, desde el momento en que se perfecciona en el contrato objeto de la mediación, el mediador ha cumplido y agotado su actividad intermediaria*".
[208] De facto, se é pacífico que, em regra, no contrato de mediação imobiliária a remuneração só é devida com a *conclusão e perfeição do negócio visado* pelo exercício da mediação, a verdade, também, é que não há unanimidade no que tange à **qualificação jurídica do direito à remuneração** no contrato de mediação, antes há divergências na doutrina e na jurisprudência, que estão directamente ligadas à qualificação do contrato de mediação como sujeito a *condição* [ensina Mota Pinto, Teoria Geral do Direito Civil, 4ª edição, p. 561: "As noções de condição suspensiva e condição resolutiva constam do artigo 270º: subordinação pelas partes a um acontecimento futuro e incerto, ou da produção dos efeitos do negócio jurídico (condição suspensiva) ou da resolução dos mesmos efeitos (condição resolutiva)"] e *aleatório* [igualmente ensina Mota Pinto, obra citada, p. 403, que "Nos contratos aleatórios as partes submetem-se a uma álea, a uma possibilidade de ganhar ou perder. A onerosidade consiste na circunstância de ambas estarem sujeitas ao risco de perder, embora, no final de contas, só uma venha a ganhar. Pode haver uma só prestação, dependendo de um facto incerto a determinação de quem a realizará (aposta, certos tipos de jogo), pode haver uma prestação

5. **O direito à remuneração não é minimamente afectado pelo ulterior desfecho do negócio visado** que, efectivamente, foi celebrado[209].

certa e outra incerta, de maior montante do que aquele (seguro de responsabilidade civil, de incêndio, etc), pode haver duas prestações certas na sua existência sendo uma delas incerta no seu quantum (seguro de vida)"].
Efectivamente, alguns autores, como Carlos Lacerda Barata (*Contrato de Mediação – Estudos do Instituto de Direito do Consumo,* vol I, Almedina, pp 202-203) referem que "O direito à retribuição depende da celebração do contrato promovido, embora seja independente do cumprimento do mesmo. Só com a verificação de um resultado útil – a realização do negócio – da actuação do mediador, este ganha o direito à retribuição. Está em causa mais do que a mera exigibilidade; é da própria constituição do direito que se trata. Pode-se, assim, afirmar que o direito à retribuição **está sujeito a *condição suspensiva*:** a celebração do negócio" (no mesmo sentido, entre outros: o Acórdão do STJ de 19/01/2004, CJSTJ, 2004, I, p. 27; Acórdão do Tribunal da Relação de Lisboa de 11/11/2004, Pº 5439/2004-8, disponível, in, www.dgsi.pt.; Acórdão da Relação de Coimbra de 23/03/2004, Pº 102/04, igualmente disponível, in, www.dgsi.pt).
Também Maria de Fátima Ribeiro (*in O contrato de mediação e o direito do mediador à remuneração, Scientia Iuridica,* Janeiro-Abril 2013, Tomo LXII, Número 331, pp 93-99) refere que "(...) para que se torne devida a remuneração acordada, não basta que o mediador tenha desenvolvido todos os esforços para a produção desse resultado, sendo ao invés necessário que esses esforços tenham conduzido à celebração do negócio visado e que o negócio assim celebrado tenha resultado diretamente dessa atividade do mediador (...) Por outro lado, se o mediador conseguir interessar um terceiro no negócio, mas o comitente decidir que não quer celebrar o contrato assim promovido, deve entender-se que o mediador não tem direito à remuneração (...) Daqui decorre que este contrato costuma ser qualificado como ***aleatório***, pois o direito à remuneração depende da verificação de um facto eventual: ele depende não apenas do facto de o mediador conseguir interessar um terceiro no negócio pretendido, mas também da vontade do comitente de celebrar o contrato proposto ou indicado pelo mediador, pelo que, este corre o risco de não ser remunerado pela atividade desenvolvida – aliás, este risco é caraterístico do contrato de mediação e é ele que justifica, economicamente, os elevados montantes fixados como remuneração na generalidade dos contratos".

209 Se é certo que (em princípio) a remuneração apenas é devida com a conclusão (e perfeição) do negócio visado – salvo na situação excepcional prevista no nº 2 do art. 19º –, **se o negócio visado** (o contrato) que, efectivamente, foi celebrado **posteriormente à sua celebração, não foi (por uma ou ambas as partes) correcta ou inteiramente cumprido ou executado, isso em nada atinge o direito da mediadora.** De facto, são realidades bem distintas a conclusão do contrato e o seu cumprimento, ou execução.
Por isso mesmo, a propósito da qualificação jurídica da remuneração no contrao de mediação, Higina Orvalho Castelo (*ob cit.*, p 122) escreve que "A conclusão do contrato visado perfeito não marca apenas o momento em que a remuneração é devida, sendo, mais que isso, uma circunstância sem a qual não nasce para o mediador o direito à remuneração". Porém, como

Com efeito, em matéria de direito à retribuição, **o momento relevante é o da constituição do contrato promovido,** pelo que as **ocorrências supervenientes que incidam sobre a execução ou o conteúdo do contrato serão, em regra, indiferentes**[210 211]**.**

bem refere a mesma autora, se atendermos ao sentido técnico-jurídico da *condição*, o contrato de mediação não pode ser entendido como condicional, pois o mesmo "é plenamente eficaz desde o momento da celebração e não tem a sua eficácia ameaçada por qualquer ocorrência futura e incerta" (*Ob cit.*, p 126). E acrescenta: "o que nele se passa é que um dos seus efeitos, o nascimento do direito a uma das prestações, concretamente, a remuneração do mediador está dependente de um evento futuro e incerto: a celebração do contrato visado".

[210] Cfr. Acórdão do STJ, de 28-04-2009 (Fonseca Ramos).
Escreveu-se neste Aresto:
«O comitente só fica constituído na obrigação de remunerar o mediador se o negócio tido em vista pelo incumbente for concretizado em virtude da actividade do mediador, ou seja, **a obrigação de meios que lhe incumbe há-de desembocar no resultado pretendido** – a celebração do negócio para que foi mandatado o mediador – sob pena de se considerar que o contrato não almejou a perfeição e, não surtindo efeito útil a actividade do mediador – o risco, a álea negocial –, não há lugar à remuneração (comissão), nem ao pagamento de despesas se o contrato for celebrado pelo incumbente com terceiro, que não se interessou pelo negócio por causa da actuação do mediador.». Neste aresto, citando-se Carlos Lacerda Barata, acrescentou-se: «O direito à retribuição depende da celebração do contrato prometido embora seja independente do cumprimento do mesmo. **Só com a verificação de um "resultado útil" – a realização do negócio – da actuação do mediador, este ganha o direito à retribuição.** Está em causa mais do que a mera exigibilidade; é da própria constituição do direito que se trata. **Pode-se, assim, afirmar que o direito à retribuição está sujeito a condição suspensiva: a celebração do negócio.** Naturalmente, que só o negócio cuja celebração advenha (exclusivamente ou não) da actuação do mediador relevará, para este efeito. A prestação do mediador terá de ser causal, em relação ao negócio celebrado entre o comitente e o terceiro.... **Em matéria de direito à retribuição, o momento relevante é o da constituição do contrato promovido, pelo que as ocorrências supervenientes que incidam sobre a execução ou o conteúdo do contrato serão, em regra, indiferentes"** – destaques nossos.

[211] Também na **jurisprudência suíça** se tem acentuado **que não é exigido que o contrato seja executado, isto é, que as prestações das partes tenham sido efectuadas.** É que o pagamento efectivo do preço do negócio visado (v.g., a venda) não é, em princípio, uma condição da remuneração do mediador. Sempre, porém, **sem embargo da liberdade que assiste às partes de convencionar o que acharem melhor, designadamente acordando que a remuneração do mediador não tenha lugar antes do pagamento do preço da venda** (caso em que se faz incidir sobre o mediador o **risco de uma inexecução ou duma execução tardia** do contrato: ele não terá que pagar uma comissão sobre um preço de venda que ele (ainda) não recebeu).

6. **Em princípio, sendo nulo o contrato,** (ver, porém, o capítulo DO ABUSO DE DIREITO – DO PRINCÍPIO DA BOA FÉ, cap. VIII, VIII.2 a VIII.2.1.3.) **não haverá lugar à remuneração**[212].

V.2.3.3.2. As excepções

Desde logo se anote que a ligação do pagamento da comissão acordada à **conclusão** de negócio pretendido (compra e venda, arrendamento, trespasse, etc...) é uma exigência que **tem particular sentido quando a mediadora não tem a exclusividade da mediação.** É que, podendo, neste caso, os

❖ **Outra questão** que ali se suscita consiste em saber **quando pode afirmar-se que o contrato principal** (o negócio visado) **foi celebrado de acordo com o contrato visado no contrato de mediação.**
A esta questão a jurisprudência suíça vem exigindo aqui uma **equivalência económica (e não apenas uma identidade jurídica)** entre a operação para a qual o mediador foi contratado e o contrato principal (**princípio de equivalência** este que impõe se afira se o contrato efectivamente concluído representa o mesmo valor e pode preencher a mesma função que o contrato desejado pelo comitente). Entende-se que em caso de procedimento judicial, o juiz terá de **averiguar do benefício económico** procurado pelo comitente e se o mesmo foi atingido pelo contrato principal (Arrêt du TF 4C.320/2003 du 4 mars 2004, c. 2.1; arrêt du TF 4C.334/2000 Du 29 janvier 2001, c. 4baa; ATF 114 II 357, JdT 1989 I 177, c. 3ª). Assim, v.g., o Tribunal federal **considerou verificada a condição de equivalência económica quando** o proprietário de uma sociedade, exploradora de um café-restaurante, tinha encarregado um mediador de procurar um comprador para *fonds de commerce* (o que implicava a cessão do contrato de gerência e a venda do inventário do restaurante) e que ele acabou por vender a sociedade de exploração (Arrêt du TF 4C.320/2003 du 4 mars 2004, c.2.2). Já, ao invés, o preenchimento desta condição foi negado quando o comitente pretendia vender uma parcela a CHF 600 / m2 quando a venda foi finalmente concluída por um preço de CHF 450 / m2 (cfr. Arrêt du TF 4C.334/2000 du 29 janvier 2001, c. 4bcc).
Tem-se aqui observado que, obviamente, a condição de *equivalência* é relativamente severa para o mediador, pois que ela pode ter como efeito privá-lo da remuneração no caso de haver uma diferença significativa entre o que foi desejado e o que foi alcançado.

[212] *Idem*, **caso se tenha sujeito a exigência da remuneração a uma condição suspensiva,** apenas será devida se tal condição se verificar.
Há quem apelide esta condição de... *imprópria:*
*«II – **O pagamento só é devido** quando o negócio se realize e, por isso, o contrato bilateral de mediação obriga o mediador ao pagamento **uma vez verificada a condição legal ou imprópria da conclusão do negócio visado.»*** – Ac. RL de 11.11.2004, proc. 5439/2004-8, Salazar Casanova.

vendedores realizar o negócio projectado, quer por eles próprios, quer através de outra empresa mediadora, **então mais se exige a conclusão daquele.**

Dito isto:

Há **direito à remuneração mesmo que o negócio visado não se tenha concluído** (art. 19º, nºs 1, 2ª parte e 2) se[213]:

1. **Tiver sido celebrado contrato promessa** e no contrato de mediação imobiliária se previu ***uma*** *remuneração à empresa nessa fase* (art. 19º/1/2ª parte);
2. O contrato de mediação **for celebrado em regime de exclusividade** *e*[214] ***o negócio visado...não se concretize por causa imputável ao cliente proprietário ou arrendatário trespassante do bem imóvel*** (art. 19º/2)[215]-[216].

[213] Anote-se que **não ocorrendo qualquer destas excepções,** as **asserções aludidas supra** (anterior parágrafo) **valem também para a situação em que o contrato de mediação é celebrado em regime de exclusividade** – *ut* art. 19º/2 do RJAMI (*Idem,* 19º/2 e 20º/3 DL 77/99, de 16 de Março e 18º/2 do DL 211/2004, de 20 de Agosto): **exige-se então, também aqui, a conclusão e perfeição do negócio.**

[214] Nota: **o "*e*" do nº 2 do art. 19º está a mais!**

[215] Tem-se entendido que a existência de um contrato de mediação em **regime de exclusividade** (situação a ver mais à frente....) **autoriza a presunção (de facto) de que a actividade da empresa mediadora contribuiu para a aproximação entre o comitente e terceiros,** facilitando o negócio (ou seja, presunção de existência do nexo causal), sendo devida a remuneração (cfr. ac. STJ de 10.10.20102, proc. 02B2469 – Moitinho de Almeida).

Porém,

«*I* – ***Não é de conceder uma presunção de facto*** *quanto à verificação de nexo de causalidade entre a actividade de mediadora imobiliária, contratada em regime de exclusividade, e uma* ***venda efectuada mais de um ano depois de denunciado o contrato de mediação,*** *sendo essa denúncia efectivada nos termos contratualmente previstos. II* – ***Tal não exclui porém a verificação, no confronto da factualidade apurada, desse nexo de causalidade, fundamentando o direito à comissão acordada.***» – Ac. RL de 20.03.2015, proc. 3199/08-4TBCLD.L1-2, Ezaguy Martins.

[216] Sobre o que **se deve entender pela expressão utilizada pelo legislador no nº 2 deste preceito -"*quando o negócio visado no contrato de mediação não se concretize por causa imputável ao cliente proprietário (...)*" –, escreveu-se no Ac RP de 20.06.2016, processo nº 2050/14.0T8PRT.P1** (MANUEL DOMINGOS FERNANDES):

«...Como decorre do exposto, este preceito legal vem já dos dois regimes anteriores (artigo 18º, nº 2, do DL 211/2004 e artigo 19º, nº 2, do DL 77/99).

Nos casos em que não há regime de exclusividade, mesmo que o contrato visado não venha a ser concretizado por causa imputável ao cliente, não nasce a remuneração para o mediador

Saliente-se, porém, que **mesmo no regime de exclusividade** a atribuição da remuneração pressupõe sempre que o contrato visado esteja em vias de se concretizar, i.e. que a mediadora tenha cumprido a sua obrigação de encontrar um destinatário para o negócio, alguém verdadeiramente interessado no negócio visado, i.e. uma pessoa que se disponha a satisfazer as condições que o seu cliente tenha estabelecido para a sua concretização[217].

imobiliário, pois o cliente, nestes casos mantém intacta a sua liberdade de contratar (balizada, nos termos gerais, perante o terceiro pelo dever de boa-fé nas negociações).
Todavia, já assim não sucede no caso de o contrato de mediação imobiliária ter sido celebrado em regime de exclusividade.
Efectivamente, nestes casos a remuneração do mediador imobiliário já não depende da perfeição, da eficácia, da concretização do negócio visado, mas antes de duas circunstâncias: a)- que o negócio visado não se concretize por causa imputável ao cliente proprietário e **b)**- que o mediador tenha cumprido a sua obrigação de mediação. Circunstâncias que, uma vez verificadas, responsabilizam o cliente da mediadora imobiliária pelo pagamento da remuneração.
Acontece que a verificação destas circunstâncias impõe, desde logo, que o mediador imobiliário não se limite a angariar um qualquer interessado no negócio visado, mas sim que angarie um interessado que satisfaça o interesse especifico do seu cliente (proprietário do bem imóvel-os aqui RR.), ou seja, um interessado que esteja pronto a celebrar o negócio visado nos moldes em que este negócio foi concebido no âmbito do contrato de mediação e nos termos em que o cliente da mediadora imobiliária está disposto a celebrar o contrato, sendo este quem determina se a proposta apresentada satisfaz os seus interesses e não a mediadora imobiliária (o que se exige é que entre o proprietário e o interessado não possam existir dissensos impeditivos da concretização do negócio).
Significa, portanto, que neste âmbito, a mediadora imobiliária tem que alegar e provar a existência do sucesso desse cumprimento que satisfez o interesse do credor, ou dito de outra forma, é exigível que o negócio esteja não somente perspectivado, mas acertado, isto é, que haja um interessado efectivo para o mesmo, que aceite as condições do vendedor...».

[217] Isso mesmo foi salientado no Ac. da Rel. de Lisboa de 22.3.2018, proc. 7439/16.8T8STB.E1 (Maria João Sousa e Faro), assim sumariado:
*«I – **Constitui pressuposto do direito à remuneração do mediador à luz do disposto no nº2 do art. 19º do RJAMI** (Lei nº 15/2013, de 8 de Fevereiro) que tenha sido estabelecida de forma válida e eficaz uma cláusula de exclusividade;*
*II – **A atribuição de tal remuneração pressupõe, outrossim, que o contrato visado esteja em vias de se concretizar**, i.e. que a mediadora tenha cumprido a sua obrigação de encontrar um destinatário para o negócio i.e. uma pessoa que se disponha a satisfazer as condições que o seu cliente tenha estabelecido para a sua concretização (v.g. preço, (in) existência de contrato promessa, montante do sinal, momento da celebração do contrato visado).*

No que tange ao **contrato-promessa**, a jurisprudência tem-se pronunciado acerca da possibilidade de antecipação da remuneração ou de parte dela para o momento da sua celebração[218]. O que está, aliás, em sintonia com a prática corrente de se inserir nos contratos de mediação uma cláusula a conceder à mediadora a possibilidade de exigir tal antecipação remuneratória (cit. art. 19º/1, 2ª parte, da Lei 15/2013)[219].

V.2.3.3.3. A mediadora, no momento da celebração do contrato de mediação, não se certifica da capacidade e legitimidade para contratar por banda dos seus clientes

Pergunta-se: tem a mediadora, nesta situação direito à remuneração acordada[220]?

III – Aliás, só se compreende a solução legislativa de fazer o cliente do mediador pagar uma comissão por um negócio que não se concretizou quando se possa concluir que o estádio/fase em que ocorreu a frustração do negócio visado o justifica.

IV- Além disso, esta previsão normativa – enquadrável num quadro de responsabilidade civil do cliente – tem como propósito ressarcir o mediador, colocando-o na situação em que estaria se não fosse a conduta culposa daquele art. 562º do Cód. Civil).

V- Em contrapartida, não se pode reconhecer que o mediador tem direito à retribuição nesta situação quando tenha obtido apenas um potencial destinatário no negócio, i.e. alguém que se mostre interessado em celebrá-lo mas que não tenha anuído ainda a fazê-lo com a integralidade dos propósitos delineados pelo cliente do mediador.».

[218] Assim, v.g.:
– Acórdão do TRE de 17/03/2005, proc. 873/04-2;
– Ac. do TRP de 15/02/2012, proc. 1988/09.1TBPFR.P1.

[219] Ver IX.2.9.1.1.

[220] **No âmbito da responsabilidade da mediadora nestas situações, pode consultar-se, v.g., os seguintes acórdãos (mais à frente melhor analisados – precisamente no *item* da *responsabilidade civil da mediadora*):**

Ac RP DE 04.05.2017 – Proc. 3773/13.7TBVNG.P1 (Inês Moura):

«........

*V – **Não se provando que Mediadora soubesse ou tivesse como saber**, à data da celebração do contrato promessa de compra e venda, antes do registo a favor de terceiro da aquisição do imóvel prometido vender, **que o promitente vendedor não era o proprietário do imóvel, estribando-se nas informações fornecidas por quem a contratou, não pode concluir-se que a mesma violou de forma culposa algum dos deveres** previstos nas várias alíneas do nº 1 do art. 16º do DL nº 211/2014 de 20 de Agosto, relativo ao exercício da actividade de mediação imobiliária.*

VI – ....».

Ac. RL de 11.02.2014, proc. 251512/11.6YIPRT.L1-1 (Isabel Fonseca):
*«Num contrato de mediação imobiliária **a fonte da obrigação (de pagamento do preço pelos serviços prestados) é o contrato e não radica na titularidade de um direito real (o direito de propriedade que incide sobre o bem a negociar)».***

Ac. RL de 15.09.2009 – Abrantes Geraldes:
*«A responsabilidade da mediadora imobiliária pela **violação do dever de informação**, em regime de solidariedade com o promitente-vendedor, **não pode ser descartada mediante a mera imputação a este da sonegação de informações que aquela podia e devia obter.***
Determinando o incumprimento do contrato-promessa a obrigação de restituição do sinal em dobro, não podem os promitentes-compradores reclamar do promitente-vendedor indemnização por danos morais decorrentes do incumprimento.».
Em causa uma situação em que entre os **AA (promitentes-compradores) e as 1ª e 2ª RR. foi celebrado um contrato-promessa de compra e venda de uma fração autónoma, em que a 3ª R. foi a mediadora imobiliária.**
Nesse contrato as 1ª e 2ª RR. intitularam-se "únicos donos e legítimos proprietários" da fracção – o que não era verdade – e prometeram vender aos AA. o imóvel "devoluto e livre de quaisquer ónus ou encargos obrigacionais".
A Ré mediadora não se certificou ou não comunicou aos AA., antes de estes subscreverem o contrato-promessa, que as promitentes-vendedoras não detinham sobre a fracção os necessários poderes de alienação (o que estava dependente da resolução de uma questão de partilhas).
Mais concretamente, sobre o direito à remuneração da mediadora na hipótese que ora se suscita, decidiu o Ac . do Trib da Rel de Évora de 22.11.2018, proc. 25679/17.0YIPRT.E1:
«1. Assiste à empresa de mediação a obrigação de certificar-se, no momento da celebração do contrato de mediação, que os seus clientes têm capacidade e legitimidade para contratar nos negócios que irá promover.
*2. **Sabendo a empresa de mediação, desde o início, que o imóvel integra uma herança indivisa da qual o seu cliente é o cabeça-de-casal,** e não tendo exigido dos herdeiros não outorgantes a ratificação do contrato de mediação, corre por sua conta o risco da recusa de outorga do negócio visado por um desses herdeiros.*
*3. Neste caso, **a empresa não pode exigir a remuneração acordada no contrato de mediação imobiliária celebrado em regime da exclusividade, por recusa de outorga do negócio visado por parte de um dos herdeiros não outorgantes, já que o referido contrato lhe é ineficaz.».***
Justificou o aresto:
«para além de se ter demonstrado que a A. conhecia desde o início a situação jurídica respeitante à titularidade do imóvel, pois não apenas foi informada do estado civil da Ré, como lhe foi entregue cópia da escritura de habilitação de herdeiros (e do registo predial, conforme cópia por si anexa à petição inicial), há igualmente a reter que o art. 17º, nº 1, al. a), da Lei 15/2013 comete à empresa mediadora a obrigação expressa de certificar-se, no momento da celebração do contrato de mediação, que os seus clientes têm capacidade e legitimidade para contratar nos negócios que irá promover.

V.2.3.3.4. Da condição suspensiva...genérica

Como dissemos supra, a remuneração é devida aquando da *conclusão* e *perfeição* do negócio visado pelo exercício da mediação, exigindo-se, portanto, agora, para além da *conclusão* do negócio, ainda, que o negócio (concluído) esteja perfeito (*ut* art. 19º/1 do RJAMI), isto é, que seja....eficaz (v.g., não ferido *ab initio* de qualquer invalidade absoluta ou pendente de condição suspensiva).

Assim, dissemos que tendo sido inserida tal condição suspensiva nesta relação contratual (v.g., as partes contratantes **subordinaram a eficácia da proposta de venda à concessão do empréstimo bancário em favor do comprador**), **o mediador** só poderia reclamar a comissão se e quando a mesma se verificasse (no exemplo dado, se e quando o banco concedesse, efectivamente, o financiamento).

Logo, sendo a certificação da capacidade e legitimidade do cliente uma obrigação legal da mediadora, a A. não pode transferir para a Ré a responsabilidade pela falta de cumprimento dessa obrigação e por não ter procurado que todos os herdeiros celebrassem o contrato de mediação imobiliária (o argumento desenvolvido pela A., do formulário por si utilizado não conter espaço suficiente para a outorga por todos os herdeiros, não impressiona minimamente, quer porque tinha a possibilidade de utilizar o número de formulários necessário à outorga por todos os herdeiros, quer porque esse facto não pode justificar o afastamento das regras imperativas relativas à alienação de bens da herança).

Conhecendo a empresa mediadora a falta de legitimidade da Ré para proceder à venda do imóvel, e ponderando que o contrato de mediação era ineficaz em relação aos demais herdeiros enquanto por eles não fosse ratificado – art. 268º, nº 1, do Código Civil – assistia à A. o direito de exigir a ratificação do contrato pelos herdeiros não outorgantes, podendo rejeitá-lo ou revogá-lo se tal ratificação não fosse concedida – nºs 3 e 4 do mesmo normativo.

Não tendo a A. usado essa possibilidade legal de ratificação do contrato de mediação imobiliária pelos herdeiros não outorgantes, "o risco corre por sua conta, pois não parece possível a compressão dos interesses do pseudo-representado, sustentada apenas numa qualquer confiança do terceiro na aparência da existência ou consistência da representação." (Acórdão da Relação de Lisboa de 02.06.2016 (Proc. 266/14.9TJLSB.L1-2), publicado em www.dgsi.pt.)».

Como tal, entendeu (e bem) a Relação que não era devida a remuneração à mediadora, na medida em que não tendo a Ré capacidade e legitimidade para celebrar o negócio visado no contrato de mediação imobiliária, também lhe não era imputável qualquer culpa pela falta de outorga desse negócio, aferida nos termos aplicáveis à responsabilidade civil (artigo 799º, nº 2, do Código Civil) – não se preenchendo, como tal, os requisitos ou pressupostos que, nos termos do artigo 19º, nº 2, da Lei 15/2013, permitiriam à A. exigir a peticionada remuneração.

Pode, porém, ocorrer que as partes insiram no contrato uma condição suspensiva mas...**genérica**, vaga, algo imprecisa. *Quid juris?* Aqui é que surgem as incertezas sobre o funcionamento e o âmbito da condição. É o caso, por exemplo, de não estar claro face à condição inserida no contrato se, para a sua verificação, o comprador deve concretizar o empréstimo com o banco ou simplesmente conseguir o deferimento ("despacho") da solicitada concessão do financiamento.

Aí ter-se-á de recorrer à vontade presumida do potencial comprador/interessado no negócio, recorrendo, designadamente, às regras da interpretação da declaração negocial, *maxime* por via da teoria da impressão do destinatário. E perante estas, cremos que, no exemplo citado, o que o mutuário/interessado no negócio visado pretenderá é, apenas, que a remuneração acordada só seja devida se e quando o empréstimo bancário se concretizar, pois sem a disponibilidade do dinheiro não pode concretizar o anunciado negócio.

Para que dúvidas não se suscitem, há que ter muito cuidado na redacção das cláusulas do contrato, evitando redações vagas, genéricas ou imprecisas que só trazem problemas (e por vezes surpresas desagradáveis) aos contratantes[221].

V.2.3.3.5. Outra jurisprudência relevante

Segue, em rodapé, outra jurisprudência sobre esta temática **da remuneração do mediador** – *maxime* acerca dos pressupostos necessários para a sua exigibilidade *(conclusão e perfeição do negócio .....; nexo causal.......)*[222].

[221] Uma nota de jurisprudência italiana: segundo Cass., 18 de novembro de 1996, n. 11074, se as partes subordinam os efeitos de um contrato de venda preliminar à condição de o comprador mutuário obter o empréstimo, trata-se de uma condição c.d. mista. De acordo com o Tribunal de Turim de 5 de novembro de 2008, em www.ilcaso.it, 1409, a cláusula de uma proposta de contrato preliminar de venda, proposta essa que fica subordinada à obtenção do empréstimo, deve ser qualificada como uma condição suspensiva, dependente da aceitação da contraparte.

[222] Ac. Rel Lisboa de 10.05.2016, proc. 2119/13.9TJLSB.L1-7 (Maria do Rosário Morgado): «.....

Condição (essencial) da aquisição do direito à remuneração é, portanto, a conclusão do negócio ou, pelo menos, que o negócio final (isto é, o previsto no contrato de mediação), tenha sido concluído como consequência (adequada) da atividade do mediador;

A circunstância de as negociações encetadas com a colaboração do mediador serem rompidas e, mais tarde, retomadas com sucesso, já sem a sua participação, desde que o seu desenvolvimento subsequente possa ser reconduzido, face a um critério de continuidade lógica, à anterior atividade do mediador, não deve excluir o nexo de causalidade adequada, nem o correspondente direito à retribuição do mediador;

....».

«*No contrato de mediação imobiliária* ***a prestação da mediadora só se considera satisfeita, em princípio, com a concretização do negócio visado por aquele contrato,*** *porque a esse fim tende a actividade de mediação*» – Ac. TRC de 10.07.2007, proc. 3631/05.9TBAVR.C1, Ferreira de Barros.

«Tendo a mediadora direito à remuneração desde que conseguisse um interessado que concretizasse o negócio, como efectivamente aconteceu, está o réu obrigado ao pagamento da remuneração estabelecida no acordo.» **– Ac. do STJ de 29-09-2011, Revista nº 6067/07.3TCLRS.L1.S1 – 7ª Secção, Sérgio Poças**

«Não tendo sido obtida a celebração do negócio visado, excluído fica o direito à remuneração nos termos contratualmente acordados.» **– Ac. RL de 12.07.2012, Proc.1187/11.2TBPDL.L1-7, Ana Resende.**

«I – No contrato de mediação imobiliária, a regra é a de que remuneração da empresa mediadora só é devida com a conclusão e perfeição do negócio visado pelo exercício da mediação.
II – Excepcionalmente, a remuneração da empresa mediadora pode ser devida nos casos em que o negócio visado, no âmbito de um contrato de mediação celebrado em regime de exclusividade, *não se concretiza por causa imputável ao cliente da empresa mediadora ou se for celebrado contrato-promessa relativo ao negócio visado pelo contrato de mediação e as partes tiverem previsto o pagamento da remuneração após a sua celebração.»* – Ac. STJ de 22-01-2009, Revista nº 976/08 – 2ª Secção, Rodrigues dos Santos

«I – A remuneração do mediador só é devida com a conclusão e perfeição do negócio visado pelo exercício da mediação – art. 19º do DL nº 77/99, de 16-03 – e com a venda ao cliente angariado pelo mediador.
II – Para tanto, ***deverá o mediador demonstrar que o comprador foi angariado por si ou que a venda em causa, apesar de ter sido feita a um terceiro, foi-o simuladamente, para encobrir o verdadeiro comprador – o cliente angariado pelo mediador.»*** – Ac. STJ de 23-04-2009, Revista nº 204/07.5TVPRT.S1 – 7ª Secção, Custódio Montes.

«IV – Como resulta do disposto no nº 3 do art. 3º do DL nº 77/99, a obrigação do mediador é a de encontrar um terceiro com quem o negócio visado pelo contrato de mediação venha a ser celebrado.
V – Por isso, ***só se e quando esse negócio for concluído*** *– e concluído com o angariado – é que o mediador tem jus à remuneração.»* – Ac. STJ de 03-04-2008, Revista nº 4498/07 – 2ª Secção, Santos Bernardino.

«II – Em regra, a remuneração só é devida ao mediador ***com a conclusão e perfeição do negócio visado.»*** – Ac. STJ de 28-05-2002, Revista nº 1609/02 – 7ª Secção, Dionísio Correia

«De acordo com o art. 18/1, a comissão só se vence com a outorga do contrato visado pelo contrato de mediação; a cláusula contratual 4ª harmoniza-se perfeitamente com o disposto no art. 18/1 e 18/2/b do citado diploma: não tendo havido contrato-promessa (que normalmente existe mas no caso não chegou a existir pela actuação do Réu), do nº 1 do art. 18 resulta que a comissão é devida com a conclusão do negócio visado neste caso a compra e venda, pelo que existe prazo certo para o pagamento da comissão que é a celebração da escritura de compra e venda.» – Ac. RL de 08.03.2012, proc. 1724/09.2T2AMD. L1-2, Vaz Gomes.

«Tendo a angariada comunicado a sua disponibilidade para vir a celebrar o ***contrato promessa de compra e venda, mas estabelecendo condições,*** *tal permite considerar que o desenvolvimento das negociações* ***não era ainda de molde a autorizar uma total confiança na conclusão do contrato, em termos tais passíveis de gerarem o dever de indemnizar»*** – RL de 12.07.2012, Proc.1187/11.2TBPDL.L1-7, Ana Resende.

«I – A contraprestação a pagar pelo comitente à entidade mediadora ***depende da conclusão e perfeição do negócio a celebrar*** *entre aquele e o terceiro angariado, devendo a actividade mediadora* ***ser causal do resultado*** *produzido.*
II – Efectivamente, o pagamento da comissão acordada encontra-se ligado à conclusão de negócio pretendido, no caso a projectada venda, sendo que, quando a mediadora não tem a exclusividade da mediação, o que quer dizer que os vendedores podem realizar o negócio projectado quer por eles próprios quer através de outra empresa mediadora, mais se exige a conclusão daquele» – Ac. RL de 14.04.2011, proc. 5500/05.3TJLSB.L1-6, Maria Manuela Gomes.

«De acordo com a regra geral a remuneração devida pelo mediador depende da celebração do contrato promovido, mediante a sua intervenção, sendo, em princípio, insuficiente o desenvolvimento, pela empresa mediadora, de diligências no sentido de conseguir o fim em vista. » – Ac. RL de 14.04.2011, proc. 761/07.6TCFUN.L1-2, Olinda Carmo Alves.
«No contrato de mediação imobiliária, embora a actividade essencial do mediador se consubstancie no desenvolvimento de acções de prospecção e recolha de informações que visem encontrar o bem imóvel pretendido pelo cliente e de acções de promoção dos bens imóveis sobre os quais o cliente pretenda realizar negócio jurídico, designadamente através da sua divulgação, publicitação ou da realização de leilões (conforme resulta do disposto no nº 2 do referido art. 2º do DL nº 211/2004, de 20.08), a remuneração do mediador só é devida com a conclusão e perfeição do negócio visado pelo exercício de mediação. » – Ac. RL de 17.03.2011, proc. 33245/08.5YIPRT.L1-2, Isabel Canadas.

«I – Num contrato de mediação imobiliária celebrado anteriormente à entrada em vigor do regime estabelecido no DL nº 285/92 de 19/12, o direito à comissão decorre da actividade da mediadora, não só encontrando interessado para o negócio mediado e aproximando as partes com vista à sua celebração, ***mas também da efectiva celebração do negócio.***
II – Contudo, ***tendo a mediadora desenvolvido todos os actos necessários à celebração do negócio e vindo este a ser celebrado,*** *sem que contudo os respectivos contraentes tenham observado os requisitos formais do mesmo (reconhecimento notarial das assinaturas)* ***a subsequente declaração de nulidade do negócio não pode afectar o direito da mediadora à comissão.***

III – A mediadora não tem de intervir na celebração do negócio ***nem lhe compete definir os termos acordados pelos contraentes, incluindo a observância de requisitos formais.»*** – Ac. RL de 20.01.2011, proc. 5237/04.0YXLSB.L1-8, António Valente.

«.... a obrigação do mediador é a de encontrar um terceiro com quem o contrato visado venha a ser celebrado, pelo que o fim da mediação só é alcançado com a concretização desse negócio com a entidade angariada.
3. Segundo o preceituado no nº 1 do artigo 19º do Dec.-Lei nº 77/99, então em vigor, ***a remuneração só é devida com a conclusão do negócio visado pelo exercício da mediação com a entidade desse modo angariada; não obstante todo o empenho do mediador,*** *se tal negócio não se concretizar, não haverá lugar a remuneração, ressalvadas, porém, as excepções do nº 2 do mencionado artigo, suportando o mediador o risco da sua actividade comercial.»* – Ac. RL de 30.10.2010, proc. 3671/08.6TBALM.L1-7, Tomé Gomes.

«– O cliente da mediadora imobiliária ***deve pagar a esta a comissão acordada, mesmo que venda o imóvel a preço inferior ao previsto*** *no contrato de mediação, no caso de ter aceite vender a casa a comprador angariado pela mediadora.»* – Ac. RL de 26.11.2010, proc. 724/07.1TBSSB.L1-2, Jorge Leal.
Idem
«I – No contrato de mediação imobiliária o mediador adquire direito à comissão quando a sua actividade contribuiu para a celebração do negócio, determinando a aproximação do comitente com terceiros.
II – ***O mediador mantém o direito à remuneração, ainda que a venda se tenha efectuado por valor inferior ao que os réus pretendiam no contrato de mediação,*** *pois o negócio visado era a venda das fracções autónomas,* ***sendo o preço apenas um dos elementos do negócio, na inteira disponibilidade do vendedor.»*** – Ac. TRG de 29.09.2014, proc. 1651/11.3TBBCL.G1, Eva Ameida.
Idem
«VII – Se, encontrados interessados no negócio pretendido de venda, o ***preço final da mesma for, então, alterado, por livre e mútuo acordo*** *entre os comitentes e os interessados no negócio,* ***tal tem a ver com a compra e venda e não com a mediação.***
VIII – Entendendo-se que tem interesse para caracterizar o negócio que se visa com a mediação, então, ***a exigência de passar esse novo valor para a forma escrita,*** *por ser uma estipulação posterior ao documento, e por não se ver que nisso haja razão especial da lei, então o novo preço não carece de forma escrita para relevar em face do contrato de mediação – artigo 221º- 2 do Código Civil. »* – Ac. RL de 16.10.2007, proc. 7541/2007-1, Rui Moura.
Idem
«O facto de o ***negócio se ter realizado por um valor inferior*** *ao inicialmente previsto, em nada interfere com o direito à remuneração por parte do mediador. Afinal isso é uma questão que está na livre disponibilidade do vendedor de aceitar ou não a redução de preço proposta pelo comprador, que se reporta ao contrato de compra e venda e não ao da mediação.»* – Ac. TRE de 17.03.2010, proc. 898/07.1TBABF.E1, Bernardo Domingos.

«III – Não constitui obrigação fundamental do mediador concluir o contrato; a sua obrigação essencial é a de conseguir interessado para certo negócio que ele próprio, raramente, conclui, sendo indiferente que este intervenha na fase final do negócio.

IV – Tendo o ***interessado apresentado uma proposta inferior ao preço de venda previsto no contrato de mediação imobiliária, a qual não foi aceite pelo comitente,*** *a não realização do negócio visado não ocorre por culpa deste último, não sendo devida qualquer remuneração ao mediador.»*- Ac. TRG de 23.10.2014, proc. 49320/12.9YIPRT.G1, Manuel Bargado.

«O contrato de mediação imobiliária importa que o mediador tenha sido, expressa ou tacitamente incumbido pelo comitente, que só fica constituído na obrigação de remunerar o mediador se o negócio incumbido for concretizado em virtude da actividade do mediador, ou seja, ***a retribuição só é devida com a conclusão do contrato definitivo: não bastam esforços nesse sentido.***
Atenta o facto de não haver sido firmado entre as partes o regime de exclusividade, não obstante a intervenção da A, o papel desempenhado pelo R, neste caso concreto, foi causal da concretização do contrato de compra e venda do imóvel. Por isso, ***não há lugar à retribuição, mas apenas e tão só à responsabilização contratual deste último, por não ter mantido o preço fixado com a A.»*** – Ac. RL de 04.03.2010, proc. 816/08.0YXLSB.L1-8, Teresa Prazeres Pais.

«I – No contrato de mediação, a remuneração só é devida com a conclusão e perfeição do negócio visado pelo exercício da mediação (Decreto-Lei nº 77/99, de 16 de Março – artigo 19º/1).
II – Não concretizado o negócio, não há que pagar qualquer remuneração; ***se assim não fosse, então o dono do imóvel ver-se-ia na contingência de remunerar o mediador por cada interessado que lhe fosse indicado pelo mediador»*** – Ac. RL de 29.05.2007, proc. 7417/2007-7, Isabel Salgado.
«II – ***O pagamento só é devido*** *quando o negócio se realize e, por isso, o contrato bilateral de mediação obriga o mediador ao pagamento* ***uma vez verificada a condição legal ou imprópria da conclusão do negócio visado.***
... VI – ***O mediador não está obrigado a influenciar o processo negocial*** *designadamente no que respeita à estipulação dos elementos essenciais do contrato apresentando propostas visando o consenso das partes* ***salvo se, para tal efeito, lhe for solicitado colaboração pelos intervenientes.***
Idem:
«Num contrato de mediação imobiliária, a remuneração do mediador ***está dependente duma condição essencial, que alguns apelidam de condição suspensiva,*** *que se traduz na realização do negócio objecto do contrato de mediação»* – Ac. RP de 10.02.2015, proc. 1216/11.0YIPRT.P1, Maria Amália Santos.
VI – O ***mediador terá direito à retribuição estipulada*** *verificando-se que a realização do contrato resultou do facto da angariação do comprador com o qual o negócio foi celebrado* ***ainda que os termos do contrato tenham resultado de negociações directas entre os interessados que o mediador pôs em contacto.»*** – Ac. RL de 11.11.2004, proc. 5439/2004-8, Salazar Casanova.
«No contrato de mediação imobiliária, compete ao mediador aproximar os possíveis contraentes, estabelecer contactos entre eles e prestar os esclarecimentos e informações necessárias, ***sem tomar qualquer partido em defesa de qualquer deles, limitando-se a aproximá-los e a facilitar a celebração do contrato previsto.***
Para ter direito ao recebimento da comissão (remuneração), a mediadora terá de provar que a venda foi feita em virtude da acção por ele desenvolvida.

V.2.3.4. Do nexo de causalidade entre a actividade de mediação e o contrato celebrado a final

A **questão da relação da causalidade que deve intercorrer entre a actividade desenvolvida pelo mediador e a conclusão do negócio é um dos temas mais melindrosos e mais debatidos da teoria da mediação,** como bem se compreende, desde logo pelas suas relevantes consequências práticas.

De facto, **por regra e sem prejuízo das excepções previstas na lei,** tem sido entendimento generalizado na jurisprudência que o mediador, no contrato de mediação imobiliária, **só tem direito à remuneração/ comissão** convencionada com o comitente/cliente verificados os seguintes **pressupostos:**

Não é suficiente que a mediadora faça diligências no sentido de aproximar os interessados na realização do negócio, *sendo, em princípio, necessário que o contrato previsto seja realizado.* ***Mas se depois não for integralmente cumprido já não será a mediadora responsável por tal incumprimento,*** *tendo direito a receber a comissão acordada.*
Para tal não é necessário que o comprador seja a pessoa que contactou com a mediadora, bastando que o negócio tenha sido feito por seu intermédio, ou seja, que tenha sido concluído em virtude da acção por ela desenvolvido.» – RL de 27.01.2004, proc. 8291/2003-7, Pimentel Marcos.
«No contrato de mediação imobiliária, o mediador tem direito à comissão quando, embora não sendo a sua actividade a única causa determinante da realização do negócio pretendido pelo comitente, ela contribuiu para a sua realização, ***bastando que se tenha limitado a dar a conhecer o nome de uma pessoa disposta a fazer determinado»*** – Ac. RL de 07.04.2003, proc., Roque Nogueira.
«No contrato de imediação imobiliária, tendo embora os compradores contactado a empresa imobiliária a propósito de um bem a transaccionar que já conheciam e o negócio se concretizou por impulso dado pelos potenciais compradores ao qual aquela empresa foi alheia, não tem a mesma direito à remuneração acordada.» – Ac. TRP de 21-01-2013, proc. 1646/11.7TBOAZ.P1, António Eleutério.
«A remuneração só é devida no contrato de mediação imobiliária quando se verifique uma relação causal entre a actividade do mediador e a perfeição/conclusão do negócio.
O facto do dono do imóvel ter rejeitado em Julho de 2011 uma proposta efectuada pela mediadora de 380.000,00 euros, valor este que veio a aceitar em negociação directa com os angariados pela autora, mas num momento em que estes verbalizam o fim da intermediação, é insuficiente para se dar por verificados os pressupostos justificativos da remuneração.» – Ac. TRC de 24.03.2015, proc. 811/13.7TBVIS.C1, Jacinto Meca.

- **O negócio visado vier**[223] **a ser concluído/concretizado**[224];
- **Existência de nexo causal: a celebração do negócio visado deve ser o corolário ou a consequência da actividade** do mediador (no âmbito da mediação)[225].

[223] Constituindo objecto legal da sua actividade de mediação.

[224] Com efeito, na concretização da obrigação do mediador, este pratica, por conta própria, vários actos materiais, que podem ser de publicitação do que se pretende vender (por exemplo, publicação de anúncios em jornais e revistas, colocação de placas nos prédios em venda, estabelecimento de contactos com clientes em carteira, etc.), visando a obtenção ou concretização do negócio em relação a determinado imóvel.
No entanto, é apenas no momento da concretização do negócio com o interessado que o mediador cumpre o fim precípuo da mediação, razão pela qual, em princípio, apenas nesse momento lhe assiste o direito à remuneração, ressalvado o caso do nº 2.

Exige-se, ainda, que o **negócio seja perfeito, no sentido de eficaz** [(Higina Orvalho Castelo, in "Regime Jurídico da Actividade de Mediação Imobiliária Anotado, pág.129", refere: "Quando o contrato é celebrado sob condição suspensiva o direito à remuneração só nasce quando a condição se verifica; e quando enferma de invalidade absoluta, o mediador não tem direito à remuneração (...)]".

Portanto, a remuneração do mediador, **em princípio, está dependente duma condição suspensiva**, que se traduz na realização do negócio objecto do contrato de mediação.
«O direito à retribuição depende da celebração do contrato prometido embora seja independente do cumprimento do mesmo. ***Só com a verificação de um "resultado útil" - a realização do negócio - da actuação do mediador, este ganha o direito à retribuição.*** *Está em causa mais do que a mera exigibilidade; é da própria constituição do direito que se trata.* ***Pode-se, assim, afirmar que o direito à retribuição está sujeito a condição suspensiva: a celebração do negócio.*** *Naturalmente, que só o negócio cuja celebração advenha (exclusivamente ou não) da actuação do mediador relevará, para este efeito. A prestação do mediador terá de ser causal, em relação ao negócio celebrado entre o comitente e o terceiro....»*
- *in* Ac. STJ de 28.4.2009 (Fonseca Ramos - citando Carlos Calerda Barata).

[225] Com efeito, é pacífico na doutrina (bem assim na jurisprudência) que a prestação do mediador terá de ser causal em relação ao negócio celebrado entre o comitente e o terceiro (cfr., v.g., Carlos Lacerda Barata, *ob cit.*, p. 203. Ou Menezes Cordeiro, referindo este Autor (*ob cit.*, a p. 729) que "a atividade do mediador deve ser causa adequada ao fecho do contrato definitivo; ou então: este deve alcançar-se como efeito de intervenção do mediador").

Segue alguma jurisprudência relevante **sobre o problema da relação da causalidade entre a actividade desenvolvida pelo mediador e a conclusão do negócio – e aspectos conexos:**
- Ac. Rel Lisboa de 10.05.2016, proc. 2119/13.9TJLSB.L1-7 (Maria do Rosário Morgado):
- Ac. TRE de 12.02.2015, proc. 380/13.8T2STC.E1, Acácio Neves.
- Ac. STJ, de 13-11-2012, Revista nº 3401/07.0TVLSB.L1.S1 – 1ª Secção, Paulo Sá.

- Ac. STJ de 29-03-2011, Revista nº 2439/07.1TBPTM.E1.S1 – 1ª Secção, Paulo Sá.
- Ac. STJ de 19-05-2009, Revista nº 5339/06.9TVLSB – 6ª Secção, Silva Salazar
- STJ de 15-11-2007, Revista nº 3569/07 – 2ª Secção, João Bernardo.
- Ac. STJ de 28-05-2002, Revista nº 1609/02 – 7ª Secção, Dionísio Correia.
- Ac. STJ de 12.12.2013, proc. 135/11.4TVPRT.G1.S1- Granja da Fonseca.
- Ac. TRE de 17.03.2010, proc. 898/07.1TBABF.E1, Bernardo Domingos.
- Ac. STJ de 11.2.2010, proc. 2044/07.2TBFAR.E1.S1 – Pereira da Silva.
- Ac. STJ de 27.5.2010, proc. 9934/03.0TVLSB.L1.S1, Hélder Roque.
- Ac. STJ de 28.4.2009, proc. 29/09.3YFLSB – Fonseca Ramos.
- Ac. RL de 12.12.2013, Proc. 4588/08.OTBCSG-A.L1-1, Afonso Henriques.
- Ac. TRG de 12.06.2014, proc. 1218/10.3TBBCL.G1, Filipe Caroço.
- Ac. RL de 22.11.2012, proc. 5208/10.8T2SNT.L1-6, Anabela calafate.
- Ac. RL de 08.04.2010, proc., Rui da Ponte Gomes.
- Ac. TRC de 16.10.2007, proc. 408/05.5TBCTB.C1, Jorge Arcanjo.
- Ac. RL de 24.11.2009, proc. 1542/09.8YRLSB-7, Dina Monteiro.
- Ac. RL de 21.04.2009, proc. 759/07.4YXLSB-1, Alexandra Branquinho.
- Ac. RL de 24.05.2007, proc. 3613/2007-6, Carlos Valverde.
- Ac. RL de 21.09.2006, proc., Fátima Galante.
- Ac. RL de 17.11.2009, proc. 393/05.3TCFUN.L1-7, Roque Nogueira.
- Ac. RP de 01.07.2014, proc. 19005/12.2YIPRT.P1, Maria João Areias.
- Ac. TRP de 17-06-2014, proc., João Proença.
- Ac. RP de 10.02.2015, proc. 1216/11.0YIPRT.P1, Maria Amália Santos.
- Ac. TRP de 21.03.2013, proc. 582/12.4TJPRT.P1, Fernando Samões
- Ac. TRC de 17.01.2012, proc. 486/10.5T2OBR.C1, Barateiro Martins.
- Ac. TRP de 13.04.2010, proc. 5408/06.5TBVFR.P1, M. Pinto dos Santos:

«I – O mediador, no contrato de mediação imobiliária, só tem direito à remuneração convencionada com o comitente/cliente se o negócio visado vier a ser concluído/concretizado e ***desde que a celebração deste tenha sido o corolário ou a consequência da sua actividade.***

II – ***Compete ao mediador-autor a alegação e prova dos pressupostos do seu direito, particularmente da verificação do nexo causal entre a sua actuação (no âmbito da mediação) e a outorga do contrato visado.»***

- Ac. TRP de 15.07.2009, proc. 2187/07.2TBVRL.P1, Carlos Moreira.
- Ac RC de 3.2.2015, proc. 1399/11.9TBCLD.C1 (António Carvalho Martins)
- Ac. TRP de 22.10.2018, proc.84410/17.2YIPRT.P1 (Manuel Domingos Fernandes):

«I – No contrato de mediação imobiliária, a remuneração do mediador está dependente da verificação de uma condição essencial que se traduz na realização do negócio objecto do contrato.

II – O mediador, devido ao risco/álea inerente à actividade comercial da mediação, apenas tem direito a ser remunerado quando a sua actuação determine a conclusão e perfeição do negócio visado, o que significa que tem de se verificar um nexo de causalidade adequada entre a sua actividade e a realização do negócio, de modo a que se possa afirmar que a concretização deste foi o corolário ou a consequência daquela actuação.».

Sendo que para preenchimento do nexo causal:

1. **Basta** que o trabalho do mediador tenha **contribuído/influído decisivamente para a conclusão do negócio** (causa determinante)[226];
2. **Não é necessário que a actividade do mediador seja a única causa determinante** da realização ao negócio pretendido pelo comitente[227].
3. **Muito menos é necessário que a intervenção do mediador constitua a causa exclusiva** (da celebração do negócio), pois pode haver

[226] Cfr., v.g., Ac. STJ de 28-05-2002, Revista nº 1609/02 – 7ª Secção, Dionísio Correia. Idem Ac. RL de 28.09.2017, proc. 47571/15.3YIPRT.L1-8 (Ilídio Sacarrão Martins).

[227] Cfr., v.g.:
- Ac. TRG de 12.06.2014, proc. 1218/10.3TBBCL.G1, Filipe Caroço.
- Ac. RL de 28.09.2017, proc. 47571/15.3YIPRT.L1-8 (Ilídio Sacarrão Martins).
- *«No contrato de mediação imobiliária, o mediador tem direito à comissão quando, embora não sendo a sua actividade a única causa determinante da realização do negócio pretendido pelo comitente, ela contribuiu para a sua realização, bastando que se tenha limitado a dar a conhecer o nome de uma pessoa disposta a fazer determinado negócio»* – Ac. RL de 07.04.2003, proc., Roque Nogueira.

«O direito da mediadora à retribuição acordada no âmbito de um contrato de mediação imobiliária pressupõe, por regra e sem prejuízo das excepções previstas na lei, que a mediadora tenha desenvolvido uma concreta actividade no sentido de angariar um interessado para a celebração do negócio, que o negócio visado pelo contrato de mediação tenha sido concretizado e que este negócio tenha sido celebrado com um terceiro angariado pela mediadora, ***de tal modo que se possa afirmar que a conclusão do contrato foi o resultado da actividade desenvolvida pela mediadora em virtude de esta se integrar na cadeia de factos que deram lugar ao negócio pretendido, ainda que não tenha sido a única causa.»*** Ac. TRC de 17.12.2014, proc. 242/11.3TBNZR.C1, Catarina Gonçalves.

«...o mediador só tenha direito à remuneração ***quando haja desenvolvido uma actividade que haja influído na conclusão do negócio visado,*** *sendo a sua actividade causal dessa efectivação.»* – Ac. STJ de 19-05-2009, Revista nº 5339/06.9TVLSB – 6ª Secção, Silva Salazar

«III – A actividade do mediador confere direito à remuneração sempre que, ***embora não sendo a única causa do resultado produzido, se integre de forma idoneamente determinante na cadeia de factos que deram lugar ao negócio.»*** – Ac. STJ de 28-05-2002, Revista nº 1609/02 – 7ª Secção, Dionísio Correia.

Idem, Acs. do S.T.J.: de 10/10/2002, Processo 02B2469 (Moitinho de Almeida, que cita jurisprudência a propósito), in www.dgsi.pt; de 31/05/2001, in C. J., Acs. do S.T.J., ano IX, tomo II (2001), pág. 110; e de 19/01/2004, in C. J., Acs. do S.T.J., ano XII, tomo I (2004), pág. 28 (que, a propósito, cita Manuel Gonçalves Salvador); ainda o Ac. da Rel. de Lisboa, de 27/01/2004, in C. J. XXIX, tomo I (2004), pág. 89).

outras **concausas concorrentes** – afirmação que se justifica na hipótese de **intervenção de vários mediadores**[228].

4. Entendem outros que o direito à remuneração **não impõe que o mediador esteja presente até à conclusão do negócio,** bastando ao mediador a prova do nexo causal entre a sua actividade e a conclusão do negócio,
5. ..... ainda que **os termos do contrato tenham resultado, eventualmente, de negociações directas entre os interessados** que o mediador pôs em contacto[229].

[228] Como se defendeu no Ac. TRC de 16.10.2007, proc. 408/05 (Jorge Arcanjo), não prevendo a lei expressamente o concurso de mediadores, deve entender-se que, uma vez concluído o negócio com a intermediação de mais de um mediador, a remuneração será paga a todos e em partes iguais, salvo convenção em contrário.

Sobre este ponto, a **jurisprudência italiana** igualmente tem defendido que **não é necessário que a intervenção do mediador constitua a causa exclusiva** da celebração do negócio, pois pode haver outras **concausas concorrentes** (cfr., v.g., Cass., 8 marzo 2002, n. 3438, in *Giust. Civ.*, 2003, I, 410, con nota di Giacobbe. Cass., 6 dicembre 2016, n. 24950, in *Giur. It.*, 2017, 1830, com nota de *Barela*, fala em "causalità adeguata"); **afirmação que se justifica à luz do art. 1758 c.c. que – na hipótese de intervenção de vários mediadores** – reconhece a todos o direito a uma quota da provisão.

[229] Cfr., v.g.:

*«**Para o mediador ter direito à remuneração não é necessário que esteja presente até à conclusão do negócio, sendo suficiente** que se mostre demonstrada a existência de **uma relação de causalidade** adequada entre a actividade por si desenvolvida e o negócio realizado, **ainda que os termos do contrato tenham resultado, eventualmente, de negociações directas entre os interessados que o mediador pôs em contacto**»* – Ac. RL de 05.03.2013, proc., Manuel Marques.

*«Para o mediador ter direito à remuneração **não é necessário que esteja presente até à conclusão do negócio,** mas sim que a conclusão deste resulte adequadamente da sua conduta ou actividade, cabendo-lhe, nos termos do artigo 342 nº1 do Código Civil, alegar e provar o nexo de causalidade entre a sua actividade e a conclusão do negócio»* – Ac. TRP de 20.09.2001, proc., Leonel Serôdio.

Idem

– Ac. RL de 27.09.2011, proc. 1045/08.8TJLSB.L1-7, Ana Resende: *«Para o mediador ter direito à remuneração não é necessário que esteja presente até à conclusão do negócio, sendo suficiente que se mostre demonstrada a existência de uma relação de causalidade adequada entre a actividade por si desenvolvida e o negócio realizado, ainda **que os termos do contrato tenham resultado, eventualmente, de negociações directas entre os interessados que o mediador pôs em contacto,** nada obstando no concerne à factualidade que a relação de causalidade resulte, de forma implícita da matéria de facto dada como provada, ou seja alcançada por presunção natural»* -

6. Como se não exige que a **actividade do mediador, com vista à consecução do negócio, seja contínua e ininterrupta**[230].
7. Outros entendem que o mediador adquire o direito à remuneração quando **influir no resultado final, mas sem que seja necessário para isso** *"que tenha cooperado no desenvolvimento das negociações, pelo que* ***basta ter-se limitado a dar o nome de uma pessoa disposta a pagar determinado negócio****"*[231]-[232];

– Ac. RL de 29.06.2010, proc., Roque Nogueira:

«III – A autora provou que da sua actividade profissional resultou a apresentação do comprador com o qual, na sequência de negociações, veio a ser celebrado o contrato de compra e venda, precisamente, pelo preço pretendido pelo recorrente e referido no contrato de mediação.
IV – O que traduz actividade causalmente adequada por parte da autora, não obstante os termos do contrato ***terem resultado, eventualmente, de negociações directas entre os interessados que aquela pôs em contacto,*** *nada impedindo que a vertente factual da relação de causalidade conste implicitamente dos factos provados ou seja alcançada por presunção natural, nos termos do art.351º, do C.Civil.*
V – Consequentemente, a autora cumpriu a sua obrigação resultante do contrato de mediação imobiliária que celebrou com o réu e, por isso, tem direito à respectiva remuneração.».

– **Acórdão do Tribunal da Relação de Lisboa de 11.11.2004, Salazar** Casanova, 5439/2004; Acórdão do Supremo Tribunal de Justiça de 28.5.2002, Dionísio Correia, 02 B1609 e de 11.2.2010, Pereira da Silva, 2044/ 07; Ac. da RL de 12.6.2018, proc. 73800/16.8YIPRT.L1-1 (Manuel Marques).

[230] Cfr., Ac. TRC de 09.09.2014, proc. 1421/12.1TBTNV.C1, Carlos Moreira: *«O nexo causal necessário à atribuição à mediadora do direito à comissão* ***não exige que a sua actividade, com vista à consecução do negócio, seja contínua e ininterrupta, no sentido de que tenha participado em todas as tentativas até à sua fase conclusiva, antes sendo apenas necessário que ela indique a pessoa disposta a fazer o negócio e consiga a sua adesão à celebração deste;*** *e competindo ao comitente a prova de factos interruptivos de tal nexo»*.

[231] Situação que também consubstancia a aludida influência (**decisiva**) para a celebração do negócio.
Para Manuel Salvador (*ob cit.*, p. 104), a **mera indicação de um terceiro interessado** na celebração do negócio visado pode justificar o direito à remuneração, por se entender que influi sobre a conclusão do negócio.
No entanto, como refere Maria de Fátima Ribeiro (*ob cit.*, pp 101-102), tal não será assim **no caso de o mediador se ter obrigado a negociar o contrato pretendido pelo comitente**, pois nesse caso deverá estabelecer o contato entre o cliente o terceiro interessado. Neste sentido, ver o Acórdão do STJ de 09/12/1993, no qual não foi reconhecido o direito do mediador à remuneração, por não ter sido este "*a estabelecer o contacto entre a vendedora e os interessados na compra – uma diligência indispensável à prossecução do resultado pretendido*".

8. **cremos** que também bastará ter-se o mediador **limitado a pôr em contacto as partes interessadas no negócio** (**mas**, obviamente, **desde que tal actividade da mediadora tenha influído/contribuído decisivamente no negócio – não bastando, portanto, que a mediadora faça diligências** no sentido de aproximar os interessados na rea-

[232] Na jurisprudência, v.g.:
– *«O problema da relação da causalidade que deve intercorrer entre a actividade desenvolvida pelo mediador e a conclusão do negócio constitui um dos temas mais melindrosos e debatidos da teoria da mediação, até pelas suas relevantes consequências práticas.*
Pode considerar-se, no entanto, como assente que o conceito de causalidade não implica que a actividade de mediador, para como tal se deva considerar, não possa conduzir a outro resultado senão a da feitura do negócio, não se tratando de aplicar a teoria da causalidade adequada.
O mediador só adquire o direito à remuneração, quando influir no resultado final, mas ***sem que seja necessário para isso, que tenha cooperado ao desenvolvimento das negociações,*** *pelo que basta ter-se limitado a dar o nome de uma pessoa disposta a pagar determinado negócio. Não é necessária a continuidade do nexo causal, sendo suficiente que o mediador tenha posto em contacto as partes e que isso tenha influído na conclusão do negócio.»* – Ac. TRC de 03.02.2015, proc. 1399/11.9TBCLD.C1, Carvalho Martins.
«Nesta ordem de ideias, é de sufragar a posição da 1ª Instância, ao entender ter a Autora, no circunstancialismo do caso, direito a comissão pela realização do negócio, nos termos contratualmente acordados, ***não se provando que o negócio tivesse sido efectuado sem sua intervenção, que, por isso mesmo, se afigure como decisiva.***
E esse mesmo fundamento não é prejudicado, sequer, pelo facto de, no percurso posterior das negociações, terem, as partes negociadoras, consagrado pormenores de individualização, em ordem à concretização final do negócio. *Esta situação não retira valor causal decisivo à aproximação das partes, nos termos contratualizados, provocada pela Autora. Por isso ela tem, indubitavelmente, direito a uma remuneração (comissão), como bem se decidiu na sentença recorrida (cf. Acórdão de 18 de Março de 1997, do STJ, in Col. Jurisp. de Acórdãos do Supremo Tribunal de Justiça – Secção Cível – Ano V, Tomo I – 1997 -, pp.158 -160; por todos, AC. STJ de 12.12.3013, Proc.135.11.4TVPRT.G1.S1, www.dgsi.pt)).*
– remata-se no acórdão).
Acórdão do STJ, de 12-12-2013 (Granja da Fonseca).
«No contrato de mediação imobiliária, o mediador tem direito à comissão quando, ***embora não sendo a sua actividade a única causa determinante da realização do negócio pretendido pelo comitente,*** *ela contribuiu para a sua realização,* ***bastando que se tenha limitado a dar a conhecer o nome de uma pessoa disposta a fazer determinado negócio»*** – Ac. RL de 07.04.2003, proc., Roque Nogueira.
Acórdãos do STJ: de 18/03/97, proc. 700/96, CJASTJ 1997, I, 158; de 31/05/2001, CJASTJ 2001, II, 108; de 28/05/2002, proc. 02B1609; de 10/10/2002, proc. 02B2469; e de 20/04/2004, proc. 04A800. Idem, os Acórdãos do TRE de 29/03/2007, proc. 2824/06-3 e de 17/03/2010, proc. 898/07.1TBABF.E1, CJ 2010, II, 241; – Ac. RL de 28.09.2017, proc. 47571/15.3YIPRT.L1-8 (Ilídio Sacarrão Martins).

lização do negócio, **sem que as mesmas tenham sido determinantes** para a sua concretização[233]).

9. **Como não é suficiente a identificação de hipotéticos interessados** ou interessados meramente virtuais: os interessados têm de ser reais e efectivos[234].
10. À mediadora **não se deve exigir um comportamento impossível de realizar.**
11. Pensamos que o nexo de causalidade não deve ser apreciado com excessiva rigidez, antes o deverá ser com **alguma flexibilidade**[235].

[233] Neste sentido, cfr. Ac. RL de 16.10.2007, proc. 7541/2007-1, Rui Moura:
«I – A mediação imobiliária é então um contrato bilateral: o mediador obriga-se a procurar interessado e a aproximá-lo do comitente para a realização do negócio no sector do imobiliário, e este último, o dador do encargo, obriga-se a pagar uma indemnização ao primeiro.
II – A obrigação assumida é conseguir interessado para certo negócio que, raramente, conclui ele próprio; é indiferente que este intervenha na fase final do negócio.
III – Para a mediadora, para o contrato, ***é necessário que a actividade da mediadora esteja ligada à conclusão do negócio, tenha contribuído para a mesma.*** *O que interessa é que a mediadora encontrou interessados na projectada compra, verdadeiramente interessados, determinados, de vontade esclarecida, e de decisão tomada em adquirir.*
IV – Não é suficiente que a mediadora faça diligências no sentido de aproximar os interessados na realização do negócio. Se assim fosse bastar-lhe-ia simular um comprador que se mostrasse interessado e depois desistisse do negócio, mesmo que sem qualquer fundamento sério.».
Idem
Ac TRC de 3.3.2015, proc. 1399/11.9TBCLD-C1 (Carvalho Martins).
[234] Neste sentido, cfr., Ac.STJ de 07-04-2011, Revista nº 393/05.3TCFUN.L1.S1 – 1ª Secção, Moreira Alves: *«III – É necessário que exista uma* ***relação de causa e efeito no sentido de que a actividade desenvolvida pelo mediador influa ou contribua positivamente para a concretização do negócio.***
IV – Para que tal ***influência ou contribuição positiva*** *se verifique* ***não é suficiente a identificação de hipotéticos interessados,*** *nem chega enviar-lhes um dossiê/estudo sobre o negócio em causa. Seriam ainda necessárias outras diligências no sentido de captar o efectivo interesse dessas pessoas ou entidades para o negócio em causa, pondo-as em contacto concreto com a ré (ainda que sem participar nas negociações propriamente ditas)* ***de modo a que, de interessados meramente virtuais se transformassem em interessados reais e efectivos, ou em promitentes-compradores apresentados pela autora, o que implica uma relação concretizada e não apenas uma relação abstracta (ou mera possibilidade) só existente na perspectiva subjectiva da autora.».***
[235] Tal como, aliás, é sustentado pela jurisprudência suíça.
Assim, tem-se ali entendido, que «l n'est pas nécessaire que la conclusion d'un contrat principal soit la conséquence immédiate de l'activité fournie. Il suffit que celle-ci ait été une cause même éloignée de la décision du tiers satisfaisant à l'objectif du mandant» (Arrêt du

12. Precisamente por causa desse nexo causal, pode uma remuneração ser devida ao mediador mesmo que o **contrato principal tenha sido concluído depois de resolução do contrato pelo mediador.**
13. Da mesma forma que pode subsistir o nexo causal apesar de ter havido uma **interrupção temporária nas negociações** entre o principal e o potencial comprador.
14. Preenchido que esteja o nexo causal, **o direito à remuneração não deixa de se manter no caso de ter lugar uma quebra aparente desse mesmo nexo** (por via de actos alheios ao comportamento do mediador).
15. Por outro lado, é **irrelevante ou pouco relevante o tempo decorrido entre as diligências do mediador e a conclusão do contrato principal.**
16. Mas também pode acontecer que uma **ruptura final nas negociações** elimine todo o nexo causal entre a actividade do mediador e a conclusão subsequente de um contrato com o potencial comprador, de modo a que o mediador perca irremediavelmente o seu direito à comissão[236].

V.2.3.4.1. Presunção de nexo causal
Havendo regime de exclusividade, presume-se a existência do nexo causal – inversão do ónus da prova[237].

TF 4C.93/2006 du 14 juillet 2006, c. 2.1; arrêt du TF 4C.259/2005 du 14 décembre 2005, c. 2, SJ 2006 I 216).

[236] Tal foi o que ocorreu num caso relatado pela jurisprudência suíça (Arrêt du TF 4C.259/2005 du 14 décembre 2005, SJ 2006 I 216) em que o potencial comprador, que estava muito **insatisfeito com a atividade do mediador por causa de uma informação incorrecta incompleta,** retirou a sua oferta de compra, dirigindo-se, após, ao mediador concorrente, que também estava mandatado pelo vendedor/comitente, vindo a concluir a venda através deste último mediador. Entendeu, então, o Tribunal federal que a conclusão do contrato principal tinha sido obra exclusiva do segundo mediador
Ver, ainda, arrêt du TF 4C.136/2004 du 13 juillet 2004 (reproduzido em ATF 130 III 633 et SJ 2005 I 28).

[237] Constitui entendimento pacífico, *maxime* na jurisprudência, que no contrato de mediação imobiliária a regra é a de que a remuneração da empresa mediadora só é devida com a conclusão e perfeição do negócio visado pelo exercício da mediação, ou seja, que a comissão do mediador apenas é devida quando a sua actividade tenha contribuído, de forma deter-

minante (causal), para a celebração (e perfeição) do negócio, por via da aproximação do comitente com terceiros para o efeito (cfr., inter alia, acórdãos do STJ de 07.04.2011 (processo nº 393/05.3TCFUN.L1.S1) e de 19.05.2009 (processo nº 5339/06.9TVLSB), acórdão da Relação de Lisboa de 14.04.2011 (processo nº 5500/05.3TJLSB.L1-6) e acórdãos da Relação de Coimbra de 24.03.2015 (processo nº 811/13.7TBVIS.C1) e de 17.12.2014 (processo nº 242/11.3TBNZR.C1), disponíveis em www.dgsi.pt.).
No entanto, igualmente se vem defendendo que, pese embora a necessidade desse nexo causal, **a existência de um contrato de mediação em regime de exclusividade autoriza a presunção (de facto) de que a atividade da empresa mediadora contribuiu para a aproximação entre o comitente e terceiros, facilitando o negócio (ou seja, presunção de existência do nexo causal)** – o que significa a **inversão do ónus da prova nos termos do nº 1 do art. 344º do CC,** ou seja, impendendo sobre o dono do negócio o ónus de alegar e provar que a celebração do contrato com o interessado nada teve a ver com a actividade do mediador –, **sendo devida a remuneração** [(cfr., designadamente: acórdão do STJ de 10.10.2010 (processo nº 02B2469); acórdão da Relação de Lisboa de 8.04.2010 (processo nº 2983/07.0TJLSB.L1-8); Ac. RP de 27/03/2017, proc. 484.13.7TBPVZ.P1; Ac. RL de 28.09.2017, proc. 47571/15.3YIPRT.L1-8 (Ilídio Sacarrão Martins) e Ac. da Rel. do Porto de 16.06.2016, proc. 131855/14.4YIPRT.E1 (Elisabete Valente)].
O que bem se compreende, pois que se assim não fosse, facilmente seria colocada em causa o contrato de mediação com exclusividade, sem que a imobiliária conseguisse provar que a sua actividade de divulgação teria levado à celebração do negócio, o que violaria o princípio da auto-responsabilidade das partes quando tomam decisões contratuais livres.

A propósito, **para o caso análogo do contrato de agência exclusivo**, temos que o agente tem direito à comissão por actos concluídos durante a vigência do contrato (mesmo que não os tenha promovido nem tenham sido celebrados por clientes por si angariados), se gozar de um direito de exclusividade para uma zona geográfica ou para um círculo de clientes e se os mesmos actos tiverem sido concluídos com um cliente pertencente a essa zona ou círculo de clientes (cfr. art. 16, nº 2, conjugado com o nº 1, do Regime do Contrato de Agência – DL 178/86, de 3 de Julho, alterado pelo DL 118/93, de 13 de Abril).

No direito suíço fala-se numa ***presunção de facto* do nexo causal,** caso em que a tarefa do mediador fica facilitada. Diz-se ali: se a prova de uma actividade objectivamente conducente a favorecer a conclusão do contrato principal é relatada, a jurisprudência presume que esta actividade realmente levou a essa conclusão, desde que o contrário não ressalte das circunstâncias (Arrêt du TF 4C.259/2005 du 14 décembre 2005, SJ 2006 I 216, c. 2; arrêt Du TF 4C.136/2004).
Mas atenção: a presunção de facto **alivia o fardo da prova, mas não o subverte** (ATF 120 II 248, c. 2c; ATF 117 II 56, c. 2b). Com efeito, o principal continua a ter de provar a ausência de um nexo de causalidade entre os esforços do mediador e a conclusão do contrato principal (Décision de la Cour de justice genevoise du 30 novembre 1990, SJ 1991 p.2017).

V.2.3.4.2. Prova do nexo causal

Compete ao mediador a alegação e prova dos pressupostos do seu direito à comissão, em particular, da verificação do nexo causal.[238].

Ver em VII.3 (*Do ónus da prova"*)

[238] Isto é, o direito à remuneração implica a execução da prestação contratual a que o mediador se obrigou, nomeadamente a **prática dos actos adequados a conseguir que seja atingido o objectivo do contrato** – a concretização e perfeição do negócio visado com a mediação. – prova a fazer pelo mediador.

Ver os arestos que seguem:

– *«O cumprimento, pelo mediador, da obrigação assumida para com o comitente, por forma a satisfazer o interesse deste,* ***implica um nexo causal*** *entre a actividade daquele e a conclusão do negócio, sendo que, essa relação de causa e efeito é um facto integrado no processo constitutivo do direito do mediador à retribuição,* ***pelo que, lhe cabia o ónus da respectiva prova,*** *atento o disposto no art.342º, nº1, do C.Civil»*

– Ac. RL de 17.11.2009, proc. 393/05.3TCFUN.L1-7, Roque Nogueira.

– *«Para que a mediadora tenha direito à remuneração,* ***incumbe-lhe a alegação e prova*** *de factos que revelem que tenha de algum modo participado no processo que levou à concretização do negócio, no sentido de daí se poder concluir que, embora não sendo a sua actividade a única causa determinante da cadeia de actos que deram lugar ao negócio pretendido,* ***contribuiu para ela.»*** – Ac. RP de 01.07.2014, proc. 19005/12.2YIPRT.P1, Maria João Areias.

– *«No contrato de mediação imobiliária, o mediador só tem direito à remuneração convencionada com o cliente se o negócio visado constituir objecto legal da sua actividade de mediação, vier a ser concretizado e desde que o mesmo seja celebrado em consequência da sua actuação,* ***competindo-lhe o ónus de alegação e prova dos pressupostos deste seu direito.»*** – Ac. TRP de 21.03.2013, proc. 582/12.4TJPRT.P1, Fernando Samões.

– *«Nos termos do art. 18º do DL 211/2004, de 20-08, só é devida remuneração quando a actividade de mediação imobiliária tiver êxito.*

Porém, a retribuição é igualmente devida sempre que a actividade do mediador se apresente como ***causa adequada do fecho do contrato definitivo;*** *quando o fecho do contrato for alcançado como efeito de intervenção do mediador, se a actuação do mediador tiver contribuído para o êxito final; e no caso do contrato definitivo só não ser concluído por causa imputável ao comitente.*

É ao mediador que cabe fazer a prova de que a conclusão do negócio definitivo resultou da sua intervenção.» – Ac. TRC de 17.01.2012, proc. 486/10.5T2OBR.C1, Barateiro Martins.

– *«I – O mediador, no contrato de mediação imobiliária, só tem direito à remuneração convencionada com o comitente/cliente se o negócio visado vier a ser concluído/concretizado e* ***desde que a celebração deste tenha sido o corolário ou a consequência da sua actividade.***

II – ***Compete ao mediador-autor a alegação e prova dos pressupostos do seu direito, particularmente da verificação do nexo causal entre a sua actuação (no âmbito da mediação) e a outorga do contrato visado.»*** – Ac. TRP de 13.04.2010, proc. 5408/06.5TBVFR.P1, M. Pinto dos Santos.

V. 2.3.4.3. Outra jurisprudência relevante

Segue, em rodapé, outra jurisprudência relevante **sobre o problema da relação da causalidade entre a actividade desenvolvida pelo mediador e a conclusão do negócio – e aspectos conexos**[239].

[239] *«O problema da relação da causalidade que deve intercorrer entre a actividade desenvolvida pelo mediador e a conclusão do negócio constitui um dos temas mais melindrosos e debatidos da teoria da mediação, até pelas suas relevantes consequências práticas.*
Pode considerar-se, no entanto, como assente que o conceito de causalidade não implica que a actividade de mediador, para como tal se deva considerar, não possa conduzir a outro resultado senão a da feitura do negócio, não se tratando de aplicar a teoria da causalidade adequada.
*O mediador só adquire o direito à remuneração, quando influir no resultado final, mas **sem que seja necessário para isso, que tenha cooperado ao desenvolvimento das negociações**, pelo que basta ter-se limitado a dar o nome de uma pessoa disposta a pagar determinado negócio. Não é necessária a continuidade do nexo causal, sendo suficiente que o mediador tenha posto em contacto as partes e que isso tenha influído na conclusão do negócio.»* – Ac. TRC de 03.02.2015, proc. 1399/11.9TBCLD.C1, Carvalho Martins.

(*«Nesta ordem de ideias, é de sufragar a posição da 1ª Instância, ao entender ter a Autora, no circunstancialismo do caso, direito a comissão pela realização do negócio, nos termos contratualmente acordados, **não se provando que o negócio tivesse sido efectuado sem sua intervenção, que, por isso mesmo, se afigure como decisiva.***
***E esse mesmo fundamento não é prejudicado, sequer, pelo facto de, no percurso posterior das negociações, terem, as partes negociadoras, consagrado pormenores de individualização, em ordem à concretização final do negócio.** Esta situação não retira valor causal decisivo à aproximação das partes, nos termos contratualizados, provocada pela Autora. Por isso ela tem, indubitavelmente, direito a uma remuneração (comissão), como bem se decidiu na sentença recorrida (cf. Acórdão de 18 de Março de 1997, do STJ, in Col. Jurisp. de Acórdãos do Supremo Tribunal de Justiça – Secção Cível – Ano V, Tomo I – 1997 -, pp.158 -160; por todos, AC. STJ de 12.12.3013, Proc.135.11.4TVPRT.G1.S1, www.dgsi.pt)).»* – remata-se no acórdão).

*«Para que o mediador imobiliário, sem regime de exclusividade, tenha direito à remuneração não lhe basta angariar um qualquer interessado para negociar com o dono do imóvel, sendo **necessário que o contrato de compra e venda venha a ser celebrado em resultado e por força da sua mediação**, sem a qual o negócio não teria sido concluído»* – Ac. TRE de 12.02.2015, proc. 380/13.8T2STC.E1, Acácio Neves.

*«A remuneração ao mediador só é devida, como contrapartida que é da prestação que lhe incumbe realizar, **se a celebração do negócio tiver sido alcançada pela actividade de mediação que desenvolveu**, implicando a verificação de uma relação causal entre a actividade desenvolvida pelo mediador e a realização do negócio visado pelo contrato de mediação.»* – Ac. STJ, de 13-11-2012, Revista nº 3401/07.0TVLSB.L1.S1 – 1ª Secção, Paulo Sá.

«O direito à remuneração depende da conclusão e perfeição do negócio visado; ou seja, a remuneração do mediador só é devida, como contrapartida que é da prestação que lhe incumbe realizar, se a celebração do

negócio visado tiver sido alcançada pela actividade de mediação que desenvolveu, implicando a verificação de uma relação causal entre a actividade desenvolvida pelo mediador e a realização do negócio visado pelo contrato de mediação.» – Ac. STJ de 29-03-2011, Revista nº 2439/07.1TBPTM.E1.S1 – 1ª Secção, Paulo Sá.

(*"Não se encontrando provado que o negócio de compra e venda, que se consumou em 08-05-2007, entre o réu, como dono e vendedor do imóvel, e o seu comprador, tenha resultado da actividade de "aproximação" entre o vendedor e o comprador, promovida pelo autor, nem existindo qualquer prova da existência de nexo de causalidade entre qualquer pretensa actuação do autor junto daquele que veio a comprar ao réu o imóvel, não havendo um resultado – a concretização do negócio objecto da incumbência ao autor –, não se pode afirmar que o autor tenha jus a qualquer retribuição pela venda do imóvel, já que não resultou da sua actuação, em termos de nexo de causalidade, a celebração do negócio de compra e venda do imóvel"* – escreveu-se no Acórdão.

Idem, no art. 19º da Lei 15/2013).

«III – É necessário que exista uma ***relação de causa e efeito no sentido de que a actividade desenvolvida pelo mediador influa ou contribua positivamente para a concretização do negócio.***
IV – Para que tal ***influência ou contribuição positiva*** *se verifique* ***não é suficiente a identificação de hipotéticos interessados,*** *nem chega enviar-lhes um dossiê/estudo sobre o negócio em causa. Seriam ainda necessárias outras diligências no sentido de captar o efectivo interesse dessas pessoas ou entidades para o negócio em causa, pondo-as em contacto concreto com a ré (ainda que sem participar nas negociações propriamente ditas)* ***de modo a que, de interessados meramente virtuais se transformassem em interessados reais e efectivos, ou em promitentes-compradores apresentados pela autora, o que implica uma relação concretizada e não apenas uma relação abstracta (ou mera possibilidade) só existente na perspectiva subjectiva da autora.»*** – Ac.STJ de 07-04-2011, Revista nº 393/05.3TCFUN.L1.S1 – 1ª Secção, Moreira Alves.

«...o mediador só tenha direito à remuneração quando haja desenvolvido uma ***actividade que haja influído na conclusão do negócio visado,*** *sendo a sua actividade causal dessa efectivação.»* – Ac. STJ de 19-05-2009, Revista nº 5339/06.9TVLSB – 6ª Secção, Silva Salazar

«I – No contrato de mediação imobiliária, a remuneração só é devida se houver uma relação causal entre a actuação do mediador e a conclusão e perfeição do contrato.
... se a Relação estabeleceu a relação causal entre a actividade da mediadora que angariou um cliente e a compra que este veio a fazer do imóvel cuja venda se visava com a mediação, não obstante esta ter sido levada a cabo depois de ele ter referido não estar interessado no negócio e de ter sido denunciado o contrato de mediação, o STJ só pode apreciar se, em abstracto, tal actividade era adequada à efectivação da venda.» – STJ de 15-11-2007, Revista nº 3569/07 – 2ª Secção, João Bernardo.

«III – A actividade do mediador confere direito à remuneração sempre que, embora não sendo a única causa do resultado produzido, se integre de forma idoneamente determinante na cadeia de factos que deram lugar ao negócio.» – Ac. STJ de 28-05-2002, Revista nº 1609/02 – 7ª Secção, Dionísio Correia.
«III – O direito à remuneração implica a execução da prestação contratual a que o mediador se obrigou, nomeadamente a prática dos actos adequados a conseguir que seja atingido o objectivo do contrato, objec-

tivo este que é a concretização e perfeição do negócio visado com a mediação.» – Ac. STJ de 12.12.2013, proc. 135/11.4TVPRT.G1.S1- Granja da Fonseca.

«I – Para que o mediador tenha direito à remuneração ***não é necessário que esteja presente até à conclusão do negócio, mas sim que a conclusão deste resulte adequadamente da sua conduta ou actividade****»* – Ac. TRE de 17.03.2010, proc. 898/07.1TBABF.E1, Bernardo Domingos.

«Exceptuados os casos contemplados no art. 18º nº 2 do DL nº 211/2004, a remuneração só é devida com a conclusão e perfeição do negócio visado pelo exercício da mediação (art. 18º nº 1 do DL nº 211/2004), se, enfim, houver uma relação causal entre aquelas e a actuação do mediador.» – Ac. STJ de 11.2.2010, proc. 2044/07.2TBFAR.E1.S1 – Pereira da Silva.

«I – A contraprestação a pagar pelo comitente à entidade mediadora depende da conclusão e perfeição do negócio a celebrar entre aquele e o terceiro angariado, devendo a actividade mediadora ser causal do resultado produzido, de modo a integrar-se de forma idoneamente determinada na cadeia dos factos que deram origem ao negócio.» – Ac. STJ de 27.5.2010, proc. 9934/03.0TVLSB.L1.S1, Hélder Roque.

«O comitente só fica constituído na obrigação de remunerar o mediador se o negócio tido em vista pelo incumbente for concretizado ***em virtude da actividade do mediador****, ou seja,* ***a obrigação de meios que lhe incumbe há-de desembocar no resultado pretendido*** *– a celebração do negócio para que foi mandatado o mediador –* ***sob pena de se considerar que o contrato não almejou a perfeição*** *e, não* ***surtindo efeito útil a actividade do mediador*** *– o risco, a álea negocial – não há lugar à remuneração (comissão), nem ao pagamento de despesas se o contrato for celebrado pelo incumbente com terceiro, que não se interessou pelo negócio por causa da actuação do mediador.»*- Ac. STJ de 28.4.2009, proc. 29/09.3YFLSB – Fonseca Ramos.

«... o mediador só terá direito a retribuição (normalmente traduzida numa comissão) se, por efeito da actividade desenvolvida, vier a alcançar-se a celebração do contrato querido pelo comitente ou, também porventura, se o ***contrato deixar de ser celebrado por desistência ou má fé do comitente****»* – Ac. STJ de 5.6.1996, proc. JSTJ00030226 – Metello de Nápoles.

«II – À semelhança do que acontece com o mandatário, o comitente está obrigado à realização dos actos essenciais à concretização do negócio.
III – Tendo-se apurado que sem a mediação da recorrida o contrato em causa não se teria realizado há que concluir que atingiu o seu desiderato
IV – E tendo alcançado o seu fim é devido à mediadora a acordada remuneração». Ac. RL de 12.12.2013, Proc. 4588/08.OTBCSG-A.L1-1, Afonso Henriques.

«2 – A remuneração do mediador imobiliário é devida ***mesmo que a sua actuação apenas concorra para o resultado tido em vista no contrato de mediação, contanto que seja causa adequada (ainda que não única) da conclusão e perfeição do negócio visado.***
3 – Concorre para a conclusão e perfeição da compra e venda a mediadora que, tendo sido contratada para prestar serviços com esse fim, conduz o interessado na compra à subscrição do contrato-promessa de compra e venda e vê depois, ***unilateral e indevidamente ser revogado*** *o contrato de mediação pelo seu*

cliente que, afinal, ***com uma nova mediação, vem a celebrar a escritura pública de compra e venda com o mesmo promitente-comprador.»*** – Ac. TRG de 12.06.2014, proc. 1218/10.3TBBCL.G1, Filipe Caroço.

«A mediadora imobiliária tem direito à retribuição convencionada quando a sua ***actuação é determinante/causal*** *para a concretização da venda,* ***tendo sido as diligências por si desenvolvidas que conduziram à aproximação dos interesses na concretização do negócio, proporcionando que o mesmo se tivesse efectivamente concluído»*** – Ac. RL de 02.12.2014, proc. 2330/13.2TBSXL.L1, L. Espírito Santo.

«I – Não é de conceder uma presunção de facto quanto à verificação de nexo de causalidade entre a actividade de mediadora imobiliária, contratada em regime de exclusividade, e uma venda efectuada mais de um ano depois de denunciado o contrato de mediação, sendo essa denúncia efectivada nos termos contratualmente previstos. II – Tal não exclui porém a verificação, no confronto da factualidade apurada, desse nexo de causalidade, fundamentando o direito à comissão acordada.» – Ac. RL de 20.03.2015, proc. 3199/08-4TBCLD.L1-2, Ezaguy Martins.

«Para o mediador ter direito à remuneração não é necessário que esteja presente até à conclusão do negócio, sendo suficiente *que se mostre demonstrada a existência de* ***uma relação de causalidade*** *adequada entre a actividade por si desenvolvida e o negócio realizado,* ***ainda que os termos do contrato tenham resultado, eventualmente, de negociações directas entre os interessados que o mediador pôs em contacto»*** – Ac. RL de 05.03.2013, proc., Manuel Marques.
Idem
Ac. RL de 27.09.2011, proc. 1045/08.8TJLSB.L1-7, Ana Resende: *«Para o mediador ter direito à remuneração não é necessário que esteja presente até à conclusão do negócio, sendo suficiente que se mostre demonstrada a existência de uma relação de causalidade adequada entre a actividade por si desenvolvida e o negócio realizado, ainda* ***que os termos do contrato tenham resultado, eventualmente, de negociações directas entre os interessados que o mediador pôs em contacto,*** *nada obstando no concerne à factualidade que a relação de causalidade resulte, de forma implícita da matéria de facto dada como provada, ou seja alcançada por presunção natural»* -
Idem:
«III – A autora provou que da sua actividade profissional resultou a apresentação do comprador com o qual, na sequência de negociações, veio a ser celebrado o contrato de compra e venda, precisamente, pelo preço pretendido pelo recorrente e referido no contrato de mediação.
IV – O que traduz actividade causalmente adequada por parte da autora, não obstante os termos do contrato ***terem resultado, eventualmente, de negociações directas entre os interessados que aquela pôs em contacto,*** *nada impedindo que a vertente factual da relação de causalidade conste implicitamente dos factos provados ou seja alcançada por presunção natural, nos termos do art.351º, do C.Civil.*
V – Consequentemente, a autora cumpriu a sua obrigação resultante do contrato de mediação imobiliária que celebrou com o réu e, por isso, tem direito à respectiva remuneração.» – Ac. RL de 29.06.2010, proc., Roque Nogueira.

«I – Num contrato de mediação imobiliária em ***regime de exclusividade,*** *o direito à remuneração do mediador existe mesmo que não se concretize o negócio desde que a não concretização se deva a causa imputável ao cliente.*
(...). III – Portanto, é necessário que os factos provados permitam estabelecer um nexo causal entre a actividade que foi desenvolvida pela mediadora e a concretização do negócio visado pela mediação.
IV – Em suma, ***tem de ficar demonstrado que a mediadora praticou os actos necessários à concretização do negócio entre o seu cliente e o terceiro interessado*** *e que, só por culpa do cliente, o negócio não se concretizou por intermédio da mediadora.»* – Ac. RL de 22.11.2012, proc. 5208/10.8T2SNT.L1-6, Anabela calafate.

«O mediador só adquire direito à comissão ***quando a sua actividade tenha contribuído para a celebração do negócio,*** *determinando a aproximação do comitente com terceiros,* ***mesmo quando o contrato de mediação é celebrado em regime de exclusividade»*** – Ac. RL de 08.04.2010, proc., Rui da Ponte Gomes.

«1. O contrato de mediação pressupõe, essencialmente, a incumbência, a uma pessoa, de conseguir interessado para certo negócio, feita pelo mediador, entre o terceiro e o comitente, bem como a conclusão do negócio, entre estes, ***como consequência adequada da actividade do mediador.»*** – Ac. TRC de 16.10.2007, proc. 408/05.5TBCTB.C1, Jorge Arcanjo.

«Estando assente ***que foi a Apelada que levou o cliente a visitar o imóvel pela primeira vez e que, após esse acto, o negócio de compra e venda desse mesmo imóvel foi realizado entre a Apelante e aquele cliente,*** *à revelia de qualquer conhecimento da Apelada, podemos afirmar que foi esta que não honrou com os seus compromissos contratuais* ***sendo-lhe, assim, devido o pagamento da comissão*** *estabelecida no contrato de angariação celebrado com a Apelante.»* – Ac. RL de 24.11.2009, proc. 1542/09.8YRLSB-7, Dina Monteiro.

«2. A remuneração só é devida com a conclusão e perfeição do negócio visado com a mediação (al. a) do nº 2 do art. 19º do D.L. nº 77/99 de 16 de Março) e só ***se a empresa mediadora tiver contribuído para a conclusão ou perfeição do contrato*** *(alínea f) do nº1 do artigo 20º).*
3. ***A prestação do mediador terá de ser causal,*** *em relação ao negócio celebrado entre o comitente e o terceiro.»*- Ac. RL de 21.04.2009, proc. 759/07.4YXLSB-1, Alexandra Branquinho.

«II – O mediador tem direito à comissão quando, embora não sendo a sua actividade a única determinante da cadeia de factos que deram lugar ao negócio pretendido pelo comitente, contribuiu para ela.
II – A retribuição do mediador não fica afastada ***pela circunstância de as negociações encetadas com a colaboração deste serem rompidas e, mais tarde, retomadas com sucesso, já sem a sua participação, desde que o seu desenvolvimento subsequente possa ser conduzido, face a um critério de continuidade lógica, à anterior actividade do mediador.»*** – Ac. RL de 24.05.2007, proc. 3613/2007-6, Carlos Valverde.

«1. O direito ao valor correspondente à comissão só existe se a mediação tiver conduzido a um resultado, ou seja, à conclusão do negócio, que se consumou com a escritura de venda do andar dos autos ao interessado comprador.

2. É preciso que a actividade do mediador, ***mesmo que não seja a única causa do resultado produzido,*** *se integre de forma idoneamente determinante na cadeia de factos que deram lugar ao negócio pretendido pelo comitente»* – Ac. RL de 21.09.2006, proc., Fátima Galante.

«I – A mediação imobiliária é então um contrato bilateral: o mediador obriga-se a procurar interessado e a aproximá-lo do comitente para a realização do negócio no sector do imobiliário, e este último, o dador do encargo, obriga-se a pagar uma indemnização ao primeiro.

II – A obrigação assumida é conseguir interessado para certo negócio que, raramente, conclui ele próprio; é indiferente que este intervenha na fase final do negócio.

III – Para a mediadora, para o contrato, ***é necessário que a actividade da mediadora esteja ligada à conclusão do negócio, tenha contribuído para a mesma.*** *O que interessa é que a mediadora encontrou interessados na projectada compra, verdadeiramente interessados, determinados, de vontade esclarecida, e de decisão tomada em adquirir.*

IV – ***Não é suficiente que a mediadora faça diligências no sentido de aproximar os interessados na realização do negócio. Se assim fosse bastar-lhe-ia simular um comprador que se mostrasse interessado e depois desistisse do negócio, mesmo que sem qualquer fundamento sério.»*** – Ac. RL de 16.10.2007, proc. 7541/2007-1, Rui Moura.

«Se a mediadora imobiliária ***acompanhar uns interessados numa visita a um imóvel*** *que pretende vender os quais,* ***após a denúncia do contrato de mediação, vieram a adquiri-lo tal não é suficiente para estabelecer um nexo causal*** *entre a actividade desenvolvida pela mediadora e a celebração do negócio que justifique a remuneração desta.»* – Ac. TRP de 17-06-2014, proc., João Proença.

«... o mediador, devido ao risco/álea inerente à actividade comercial da mediação, apenas tem direito a ser remunerado quando a sua actuação determine a conclusão e perfeição do negócio visado pelo exercício da mediação, o que significa ***que tem que existir um nexo de causalidade adequada*** *entre a sua actividade e a realização do negócio pretendido, de modo a que possa afirmar-se que a concretização deste foi o corolário ou a consequência daquela actuação.*

III – A essa luz, considerando toda a envolvência do negócio, afigura-se-nos ***insuficiente para prova daquele nexo de causalidade, a alegação e prova de que a A. fez uma visita ao imóvel com um cliente que angariou e que esse cliente veio, algum tempo depois, a celebrar o contrato directamente com a Ré.»*** – Ac. RP de 10.02.2015, proc. 1216/11.0YIPRT.P1, Maria Amália Santos.

«Provando-se que actividade mediadora da autora contribuiu para a conclusão do negócio mediado, ***mas que este só veio a ser concluído e celebrado já depois de ter expirado o contrato de mediação que tinha celebrado com a ré e por intermédio de outro mediador que recebeu, por isso, remuneração igual a metade da que a autora pretendia receber se tivesse sido ela a tratar da conclusão do negócio, é equilibrado reduzir a remuneração da autora a quantia idêntica à que foi paga àquela segunda mediadora.»*** – Ac. TRP de 03.03.2009, proc. 0827745, Guerra Banha.

«O direito à remuneração da mediadora apenas existe se esta provar que o negócio se concretizou com o ***angariado numa relação de causalidade adequada, o que deve verificar-se apenas durante o período de vigência do contrato, salvo*** *– e mesmo que o contrato tenha sido posteriormente feito com o mesmo angariado –* ***se ela provar que o comitente impediu tal concretização neste período para***

V.2.3. 5. Da fonte da obrigação de pagamento da remuneração

A obrigação de pagamento da comissão à mediadora radica...no contrato. O que tem implicações práticas de relevo – como se pode ver, v.g., no **Ac. RL de 11.02.2014,** proc. 251512/11.6YIPRT.L1-1 (Isabel Fonseca):

> *«Num contrato de mediação imobiliária* ***a fonte da obrigação (de pagamento do preço pelos serviços prestados) é o contrato e não radica na titularidade de um direito real (o direito de propriedade que incide sobre o bem a negociar)***»[240].

se eximir ao pagamento da comissão.» – Ac. TRP de 15.07.2009, proc. 2187/07.2TBVRL.P1, Carlos Moreira.

«Para o mediador ter direito à remuneração ***não é necessário que esteja presente até à conclusão do negócio,*** *mas sim que a conclusão deste resulte adequadamente da sua conduta ou actividade, cabendo-lhe, nos termos do artigo 342 nº1 do Código Civil, alegar e provar o nexo de causalidade entre a sua actividade e a conclusão do negócio»* – Ac. TRP de 20.09.2001, proc., Leonel Serôdio.

«O nexo causal necessário à atribuição à mediadora do direito à comissão ***não exige que a sua actividade, com vista à consecução do negócio, seja contínua e ininterrupta, no sentido de que tenha participado em todas as tentativas até à sua fase conclusiva, antes sendo apenas necessário que ela indique a pessoa disposta a fazer o negócio e consiga a sua adesão à celebração deste;*** *e competindo ao comitente a prova de factos interruptivos de tal nexo»* – Ac. TRC de 09.09.2014, proc. 1421/12.1TBTNV.C1, Carlos Moreira.

[240] **O CASO**

A Autora, empresa de mediação imobiliária, accionou a Ré sociedade *(PR S.A.),* pedindo a condenação desta a pagar-lhe determinada quantia a título de comissão na venda do andar identificado nos autos.

A **ré alegou que nada deve à A., uma vez que o andar em causa nunca lhe pertenceu,** antes é pertença de uma empresa relacionada com a ré mas distinta da mesma.

Respondeu a Autora dizendo que **foi com a Ré sociedade "*PR S.A.*" que a autora se relacionou,** no âmbito da sua actividade comercial de mediação imobiliária, com a Ré se tendo reunido e exercido a mediação, apresentando a proposta de um interessado, com quem a ré veio a acordar na venda.

A sentença condenou a ré *PR S.A.,* no pagamento à autora.

A Ré apelou.

Com interesse, **provou-se que:**

– **A autora, uma empresa de mediação imobiliária,** no âmbito da sua actividade comercial, **reuniu com a ré (que sempre se apresentou como "*PR S.A.*"),** na pessoa do seu Presidente, para promover a venda de um andar, identificado nos autos.

– Foi **entre ambas celebrado contrato de mediação imobiliária, sem exclusividade.**

– O andar em questão nunca pertenceu à Ré "*PR SA.*", antes foi propriedade de uma outra empresa, relacionada com a requerida.

– A Autora colocou placas suas no andar referido de acordo com o que foi acordado com a Ré, tendo efectuado mais do uma visita ao imóvel com o (interessado) Sr. **Dr. TS que apresentou proposta de compra deste imóvel,** no montante de 400.000,00 Euros, proposta esta que foi discutida, **vindo a Ré a aceitar essa proposta, mas.... acordando directamente com esse Dr. TS** na venda do andar por aquele mesmo valor de 400.000,00 euros.
– **Venda que veio a ocorrer já depois de terminado o prazo do contrato.**
**

Escreveu-se no acórdão:
«Tal factualidade permite concluir que o negócio de mediação se estabeleceu entre a autora e a ré (cliente) e não entre a autora e a sociedade proprietária do prédio. A fonte da obrigação (de pagamento do preço pelos serviços prestados) é o contrato e não radica na titularidade de um direito real (o direito de propriedade que incide sobre o bem a negociar), **não importando sequer averiguar da relação existente entre a sociedade ré e a sociedade proprietária do prédio, uma vez que não se coloca no processo qualquer questão relacionada com a responsabilidade da autora, enquanto mediadora, pelo cumprimento das obrigações que impendem sobre si, *maxime* a que alude o art. 16º, nº1, alínea a) do** Dec. Lei 211/2004 de 0 de Agosto» – **actualmente, o art. 17º/1/a) da Lei nº 15/2013**) – «, não sendo esse o objecto do litígio.
(...).
Da factualidade assente resulta que a autora executou a actividade para a qual foi contratada, ..., E porque foi exactamente esse interessado a pessoa com quem foi acordada a venda da fracção, é legítimo inferir que **a actividade de intermediação da autora foi determinante na conclusão do negócio, independentemente da sua presença aquando da assinatura do contrato promessa e/ou venda.».**
*

Objectara a Ré que nada devia à A., uma vez que no contrato de mediação imobiliária **não se tinha inserido cláusula de exclusividade e o contrato de compra e venda do andar havia sido efectuado já....... depois de expirado o prazo do contrato de mediação.**
A isto, **respondeu – e bem – a Relação:**
«Quanto à invocada falta de exclusividade e prazo de duração do contrato (seis meses nos termos do art. 19º, nº3 do referido diploma), é matéria irrelevante. É indiscutível que nada obsta a que o negócio se processe à margem do contrato de mediação, quando o regime convencionado não implica exclusividade e/ou quando o negócio com o interessado se concretiza depois do *terminus* da mediação. **Ponto é que o cliente não se *aproveite* da actividade do mediador, assim concretizando o negócio – de tal forma que, sem essa intervenção e actividade, nunca teria chegado àquele interessado. A não ser assim, estaria encontrado o expediente para evitar o pagamento da comissão.»!**

V.2.3. 6. O negócio visado é celebrado com pessoa diferente da angariada pelo mediador

Esta também uma situação que se prende com a existência de nexo causal para que nasça o direito à remuneração.

A primeira reação à hipótese exposta é, naturalmente, a rejeição do direito à remuneração. É que, sendo a pessoa com quem o negócio visado se veio a concretizar, diferente da angariada pela mediadora, tudo leva a pensar que inexiste nexo causal entre a actuação do mediador e o negócio celebrado.

Pode, porém, não ser assim: apesar de celebrado com pessoa diferente da angariada pelo mediador, aquele nexo de causalidade pode existir por o novo interessado ter, graças a uma qualquer relação com o angariado da mediadora, celebrado o contrato apenas para frustrar o direito do mediador à remuneração, beneficiando o angariado do contrato a final celebrado de modo semelhante ao que beneficiaria se o tivesse celebrado pessoalmente. E, neste caso, o facto do negócio ter sido celebrado com pessoa diversa da angariada pelo mediador não impede o nascimento do direito à remuneração[241].

V.2.3.7. Recebimento de remuneração de ambos os clientes

- **Questão**: se ambas as partes no mesmo contrato forem clientes da mediadora (**porque ambas, através de contratos de mediação distintos, solicitaram à mediadora que encontrasse contraparte para um contrato que ambas desejavam com posições diferentes**), pode a mediadora receber remuneração de ambos os clientes, sendo concluído o negócio por eles visado?

Em causa, portanto, dois contratos de mediação imobiliária com clientes distintos, levados a cabo pela mesma mediadora, mas que se cruzam em virtude do mesmo interesse (*v.g.* um pretende alienar e o outro adquirir o mesmo imóvel).

[241] Assim, v.g., o Acórdão do Tribunal da Relação do Porto de 02/11/2009, Pº 1913/08.7TJPRT.P1 (que à frente melhor veremos, no *item* "*Alteração de uma das partes do negócio visado*") e Acórdão do Tribunal da Relação do Porto de 03/04/2014, Pº 247773/11.9YIPRT.P1, ambos disponíveis, in, www.dgsi.pt.

O RJAM não aborda a situação – ao contrário do DL 211/2004 (*ut* art. 18º/6[242]).

Apenas reza o artigo 17º, nº2 al. a) da Lei 15/2013 que a empresa mediadora não pode receber **a remuneração duas vezes,** por parte do cliente e do destinatário do negócio visado.

Cremos que a melhor solução, na falta de acordo das partes sobre qual delas pagará ou sobre a medida da divisão, **será a de cada uma pagar metade do valor acordado no seu contrato**[243], [244], [245].

Questão um tanto diferente tem a ver com o acordo entre as partes, posterior à celebração do contrato de mediação, pelo qual, o **destinatário assuma cumulativa ou individualmente a obrigação de satisfação da**

[242] Que dispunha: "*caso a empresa de mediação tenha celebrado contratos de mediação com ambas as partes no mesmo negócio, cujo objeto material seja o mesmo bem imóvel, a remuneração só é devida por quem primeiro a contratou, exceto se houver acordo expresso de todas as partes na respetiva divisão*".

[243] Neste sentido, Higina O. Castelo, *O Contrato de Mediação, cit.*, pp 407.

[244] É certo que os valores (ou percentagem...) acordados a título de remuneração, por cada parte, podem ser bem distantes e daí que **a parte que acordou o maior valor tenha de pagar também bem mais que a outra parte que acordou uma remuneração mais baixa. Mas, aí, *sibi imputet*:** afinal, a remuneração acordada entre a mediadora e cada uma das partes que a contratou não lhes foi imposta, antes foi acordada no âmbito da liberdade contratual de que gozam.
Parece, assim, perfeitamente aceitável aquela solução: cada uma paga metade da remuneração que acordou. É razoável. E é justo: se assim não fosse e pudesse a mediadora exigir de ambos os clientes a remuneração acordada, teríamos, afinal, a mediadora a ser paga ... duas vezes .....pelo mesmo serviço!

Veja-se que a Lei nº 15/2013, de 8 de Fevereiro, não manteve no seu articulado a limitação que vinha expressa no art. 18º, nº 6, do DL 211/2004, de 20 de Agosto, preceito este, como vimos já, que dispunha que no caso de a empresa mediadora celebrar contratos de mediação com ambas as partes no mesmo negócio, cujo objecto material seja o mesmo bem imóvel, a remuneração da mediadora **só seria devida *por quem primeiro a contratou.***
E fez bem legislador em não inserir norma análoga à aludida antecedente, antes deixando à liberdade das partes a forma de resolver o problema. Se não o resolvem, não se entendendo na forma de remunerar a mediadora, pagam as duas: não por inteiro (por, então, se tratar de um locupletamento inaceitável para a mediadora, pois o negócio visado, afinal, era o mesmo), mas fazendo incidir sobre ambas as partes tal ónus (pagando cada uma metade da comissão acordada no respectivo contrato).
Portanto, cremos poder-se legitimamente extrair a conclusão de que com a entrada em vigor da aludida Lei 15/2013 a remuneração será devida por ambas as partes, nos aludidos termos.

[245] Ver, ainda, mais à frente, no *item "Da dupla mediação"*.

remuneração da mediadora. Aqui está em causa uma *novação objetiva* e *parcialmente subjetiva*[246] (artigos 857º e 858º do Código Civil), uma *adesão à divida, assunção cumulativa* ou *coassunção de divida*, podendo, ainda, haver uma *assunção liberatória da dívida*[247] (artigo 595º do Código Civil). **Também aqui, o limite será apenas o da dupla remuneração** previsto no artigo 17º, nº2 al. a) da Lei 15/2013 (não admitindo que a empresa mediadora **receba a remuneração duas vezes,** por parte do cliente e do destinatário do negócio visado).

V. 2.3.8. Da eventual redução das comissões excessivas

Pode perguntar-se se sendo manifestamente excessiva a comissão acordada, a mesma pode ser reduzida, em sede contenciosa.

Trata-se de **questão melindrosa, na medida em que estamos no domínio da liberdade contratual, da soberania da vontade.**

No entanto, cremos que, mesmo aqui, se a situação configurar um manifesto abuso de direito, poderá o tribunal ter uma "palavra" a dizer – recorrendo à **equidade** para restabelecer a justiça desejada e desejável.

Cremos que é na hipótese em que a comissão é clausulada num valor monetário fixo que o problema se põe. Pode, com efeito, ocorrer que esse valor acabe por se consubstanciar numa "percentagem" manifestamente exagerada do valor a final obtido para o negócio visado, criando uma situação de manifesto "desequilíbrio" para o comitente, que se vê obrigado a pagar à mediadora uma fatia excessivamente elevada do montante que conseguiu no negócio, quando, perante as informações da mediadora, tinha a firme convicção de que esse montante seria substancialmente maior.

Atente-se no seguinte exemplo: o cliente entrega à mediadora a incumbência de angariar interessados para a compra de um terreno. A mediadora afiança ao cliente que, seguramente, irá conseguir obter 100.000 euros pelo

[246] A tal propósito veja-se Higina Orvalho Castelo, obra citada, p. 115, nota 153, referindo-se a "Novação objetiva da obrigação do devedor originário (o cliente da empresa de mediação) extinguindo-se a sua obrigação inicial e surgindo uma nova de valor inferior; e novação parcialmente subjetiva na medida em que o novo devedor (destinatário) substitui parcialmente o antigo devedor, contraindo uma nova obrigação de valor correspondente a uma parte do valor anterior".

[247] Por via da qual o cliente da empresa de mediação fica exonerado do pagamento ficando, então, este exclusivamente a cargo do destinatário.

terreno, tendo, por isso, o cliente aceite pagar àquela, a final, a comissão de 10.000 euros. Porém, apenas conseguem interessado no negócio por 50.000 euros. Ora, como o cliente está muito carecido de dinheiro, não lhe resta outra solução que não aceitar o negócio. A mediadora exige a comissão de 10.000 euros, a qual, afinal, corresponde, não a 10% (dos 100 mil euros esperados obter pelo comitente), mas a...20% (dos 50.000 euros que obteve).

Cremos que aqui se justificará que, com recurso à **equidade**, se reduza a comissão – talvez mesmo para os 5.000 euros (que correspondem a 10% do valor conseguido para o negócio).

É claro que não havendo acordo sobre essa redução, só o tribunal o poderá fazer.

À semelhança, aliás, do que ocorre com a redução da cláusula penal (também ali, o facto de o nº 1 do artigo 812º do Código Civil prescrever que "*a cláusula penal pode ser reduzida pelo tribunal*", não significa que tal operação possa ser realizada *ex officio*). Que não pode.

O devedor terá, então, de solicitar a redução da comissão ao tribunal, ainda que de forma indirecta ou mediata, contestando o seu elevado valor, quando exigido pela mediadora. Daí ser **sobre o comitente/devedor que recai o ónus de alegação e prova** dos factos que integrem a desproporcionalidade entre o valor da comissão exigida e o valor conseguido pela mediadora para o negócio visado.

Como quer que seja, cremos que se imporá muito cuidado na apreciação duma eventual redução da comissão acordada. Pelo que o poder moderador do juiz, de acordo com a **equidade**, só deve intervir quando a comissão for, de facto, extraordinária ou manifestamente excessiva, no quadro da relação contratual havida e atentos os benefícios obtidos.

Não nos parece que sendo acordada a comissão por percentagem haja qualquer problema. Pois aqui o valor a pagar ao mediador oscilará em função do valor que conseguir para o negócio.

* * *

Aliás, esta questão, se não tem sido tratada entre nós, já foi apreciada noutros ordenamentos jurídicos, como é o caso do suíço.

Efectivamente, no direito suíço rege sobre este aspecto o **art 417 CO**[248], norma que se aplica a todos os contratos que incidam sobre a alienação de um imóvel[249]. Trata-se de uma **norma imperativa**, de modo que as partes não podem renunciar validamente à excepção que a mesma contém. Além da **proteção do principal** (comitente), o Tribunal federal considera que esta regra tende a **impedir ganhos injustificados, com efeitos infelizes no mercado imobiliário**[250].

Como ali se salienta, saber se uma comissão é excessiva requer uma análise de todas as circunstâncias do caso. **O juiz actua por comparação, procurando as remunerações normalmente pagas**[251].

No sector imobiliário, a comissão normalmente corresponde a uma percentagem do preço de venda obtido (ali frequentemente fixado por uma escala decrescente). Uma comissão pode exceder ligeiramente a tarifa ou taxa usual, mas, portanto, sem corresponder a um "*salaire*" excessivo[252]. Isso decorre do facto de o **art. 417 CO ser ali interpretado restritivamente, na medida em que prejudique a liberdade contratual das partes**[253].

É precisamente esta liberdade contratual que exige muita ponderação neste ponto.

V.2.3.9. Das despesas da mediadora no exercício da mediação

Nada prevendo sobre a matéria o RJAMI (Lei 15/2013), é claro que ficam as partes com toda a liberdade de estipularem o que, a tal propósito, bem entenderem. E nada sendo estipulado, tais despesas havidas pela empresa mediadora, na prossecução do seu escopo de procura de destinatários, decorrerão por conta da mesma. Trata-se de **um risco que o mediador não pode deixar de correr ou suportar**, a não ser que do contato de mediação resulte (expressamente) o contrário.

[248] ***«Lorsqu'un salaire excessif a été stipulé*** *soit pour avoir indiqué une occasion de conclure un contrat individuel de travail ou une vente d'immeuble, soit pour avoir négocié l'un de ces contrats,* ***il peut être, à la requête du débiteur, équitablement réduit par le juge.»*** – destaque nosso.

[249] Cfr Rayroux, n.3 *ad*. 417.

[250] Francois Rayroux, in Commentaire romand du Code des obligations 1 (art. 417), sous la dir. de L. Thévenoz et Wero, Bâl: Helbin Lichenhahn, 2003.

[251] Arrêts du TF 4C.art121/2005 du juillet, c. 4.2.1; 4C. 362/1999 mars 2000, c.4baa.

[252] Idem.

[253] Arrêt du TF 4C.121/2005 du 5 juillet 2005, c. 4.2.1; ATF 106 II 56.

Este, também, o entendimento que tem sido sufragado, quase de forma pacífica, pela doutrina e jurisprudência. Assim, v.g., Manuel Salvador[254], referindo que "(...) no direito português, porque não há disposição, porque às regras do mandato só se pode recorrer naquilo que não contrarie a *natureza* e disciplina própria do contrato de mediação e porque os *usos* são realmente no sentido de não apresentar tais despesas, ainda que o negócio final não se realize, o comitente não é onerado com elas". O mesmo sustentando Carlos Lacerda Barata[255]: "(...) parece de concluir que o mediador não terá direito ao reembolso das despesas. É o que melhor se compatibiliza com a imparcialidade, que caracteriza a mediação, e, muito especialmente, com a autonomia do mediador. Este exerce a sua função por sua conta, assumindo, consequentemente, os riscos".

E, como bem anota Higina Orvalho Castelo[256], a ausência de estipulação legal (no RJAMI), no tocante a tal matéria, não é uma lacuna, afastando a aplicação do disposto no artigo 1167º, al. c) do Código Civil[257] ao contrato de mediação, quer por via da analogia, quer por interpretação extensiva[258].

V.2.3.10. Das quantias prestadas pelos destinatários

Sobre este ponto rege o art. 18º da Lei nº 15/2013[259].

[254] Obra citada, p. 112.

[255] Obra citada, p. 207.

[256] Obra citada, p. 138-9, nota 185.

[257] Que dispõe: "O mandante é obrigado: (...) c) A reembolsar o mandatário das despesas feitas que este fundadamente tenha considerado indispensáveis, com juros legais desde que foram efetuadas".

[258] Assim não entendem Miguel Côrte Real e Maria Mendes da Cunha (*ob cit.*, pp 80-82), considerando estar em causa uma lacuna que carece de integração, devendo a mesma ser feita com recurso às regras da prestação de serviços, designadamente ao disposto no artigo 1167º, al. c) e d) do Código Civil. Como tal, rematam: "tudo leva a considerar que efetivamente a entidade mediadora pode fazer-se reembolsar das despesas que tenha feito com a gorada mediação".

Pelas expostas razões, obviamente que discordamos.

[259] "***Quantias prestadas pelos destinatários***

1 – Consideram-se depositadas à guarda da empresa de mediação quaisquer quantias recebidas dos destinatários de negócio por si mediado, mesmo que a título de preço, que lhe sejam confiadas antes da celebração do mesmo ou do respetivo contrato-promessa, devendo restituí-las imediatamente a quem as prestou, logo que para tal solicitada.

Como mostra a prática corrente, normalmente a entrega de quantias às mediadoras pelos destinatários visam fazer operar a *reserva* do imóvel[260].

Anote-se que a aplicação das *disposições previstas no Código Civil para o contrato de depósito* (cfr. nº 3 do preceito sob análise) comporta várias exceções ao mesmo, configurando um regime *sui generis,* ao qual são aplicáveis as disposições do contrato de depósito, e não as do depósito irregular, com o desvio no tocante ao facto de ser gratuito.

V.2.3.11. Da celebração do contrato visado com o titular do direito de preferência

Em causa saber se deve, ou não, ser afastada a remuneração nos casos em, em vias da celebração do contrato visado, o preferente (legal ou convencional) se apresenta (seja ele próprio, seja por iniciativa do cliente da mediadora que notificou o beneficiário da preferência para exercer, querendo, tal direito) a exercer a preferência, vindo o contrato a ser com ele celebrado.

Mantém-se o direito à remuneração, pois não deixou de existir o nexo causal entre a actividade da mediadora e a celebração do negócio visado no contrato de mediação imobiliária[261].

V.2.4. Da cláusula de exclusividade: da noção, do seu âmbito e do direito à remuneração

a. Da noção e do âmbito da *exclusividade*

Dispõe o art. **16º, nº2, al. g), do RJAMI**:

> "2 – *Do contrato* ***constam, obrigatoriamente***, *os seguintes elementos:*

2 – É expressamente vedado às empresas de mediação utilizar em proveito próprio as quantias referidas nos números anteriores.
3 – O depósito efetuado nos termos do nº 1 é gratuito, aplicando-se, com as necessárias adaptações, as disposições previstas no Código Civil para o contrato de depósito.
4 – O disposto nos números anteriores aplic -se apenas a contratos sujeitos à lei portuguesa.".

[260] Sendo, porém, um acto que "não gera obrigações contratuais, constituindo apenas passos do *iter* negocial conducente ao contrato visado" (Higina Orvalho Castelo, *ob cit.*, p 120).

[261] Assim era no âmbito do DL 211/2004 (cfr. art. 18º/7) e continua a ser no domínio do RJAMI (art. 19º/4) – normativo este que dispõe que "*O direito da empresa à remuneração cujo pagamento caiba ao cliente proprietário do imóvel objeto do contrato de mediação não é afastado pelo exercício de direito legal de preferência sobre o dito imóvel*").

(...).

*g) A **referência ao regime de exclusividade**, quando acordado, **com especificação dos efeitos** que do mesmo decorrem, quer para a empresa quer para o cliente.".*

E **quanto à remuneração** no caso de inserção de cláusula de exclusividade, reza o art. **19º/2:**

*"2 – É igualmente devida à empresa a remuneração acordada nos casos em que o negócio visado no contrato de mediação **tenha sido** celebrado em regime de exclusividade **e não se concretize por causa imputável ao cliente proprietário ou arrendatário trespassante** do bem imóvel."*[262].

Isto é, aqui, não se celebrando o contrato visado por ***causa imputável ao cliente***, a remuneração da mediadora depende apenas do cumprimento da sua obrigação e do sucesso desta (...nexo causal)[263].

Ora, diferentemente do que se dispunha no 19º, nº 4 do DL 211/2004 de 20 de Agosto[264], o RJAMI não nos dá uma noção de exclusividade. Temos apenas o citado art. 16º, nº2, al. g), do RJAMI a exigir que do contrato conste *obrigatoriamente "A **referência ao regime de exclusividade**, quando acordado, **com especificação dos efeitos** que do mesmo decorrem, quer para a empresa quer para o cliente."*[265].

A pergunta impõe-se, então: **em que consiste a *exclusividade?***

[262] Como bem observa Higina O. Castelo (*ob cit.*, p 430), **as palavras ora destacadas ("*tenha sido*" e "*e*") estão a mais.**

[263] Obviamente que sendo o cliente o adquirente que ficou preterido pelo exercício de tal direito de preferência, não há lugar à remuneração, pois, nesse caso, o cliente não viu realizado o negócio por si visado.

[264] Que, embora não contivesse propriamente uma noção de exclusividade, dali se podia extrair o seu significado (corrente – digamos): *"Quando a empresa de mediação é contratada em regime de exclusividade, só ela tem o direito de promover o negócio objeto do contrato de mediação durante o respetivo período de vigência"*.

[265] Também os anteriores regimes obrigavam a que o regime da exclusividade devia constar do contrato de mediação (cfr. artigo 20º, nº4 do DL 77/99 e art. 19º, nº 5 do DL 211/2004), embora o actual regime se afaste dos anteriores no que toca ao âmbito do esse regime (ver., v.g., DL 77/99, DL 211/2004 e alterações introduzidas pelo DL 69/2011, no tocante ao âmbito desse regime).

Nos seus próprios termos, *exclusividade* significa dar o exclusivo a alguém (passe o pleonasmo). Exclusivo, obviamente, sobre o desenvolvimento da actividade de angariação de interessados para o negócio visado.

Como vimos, a Lei 15/2013, de 8.2 não aborda o âmbito da exclusividade ou não refere quais os efeitos da inserção no contrato duma cláusula de exclusividade. O que, porém, não ocorria com os regimes anteriores[266].

Numa primeira abordagem, diremos que a estipulação de exclusividade em benefício do agente implica, para o comitente, a obrigação, durante a vigência do contrato de mediação, não apenas de não confiar tal missão a um terceiro mediador (**exclusividade restrita** ou **simples**), como também, muitas vezes, de não realizar ele próprio a missão confiada ao agente (**exclusividade ampla** ou **reforçada**)[267].

Na doutrina pátria, Autores há que, abordando esta temática da mediação imobiliária, salientam a necessidade de aqui distinguir duas modalidades de exclusividade: a exclusividade simples, pela qual, o comitente não poderá celebrar com outro mediador um contrato que tenha por objeto o mesmo negócio; a exclusividade reforçada, pela qual, se prevê também que o comitente não poderá ele próprio procurar um terceiro interessado no negócio.

Consequentemente, quando uma **exclusividade ampla** ou **reforçada** foi acordada com o agente, o principal que, porém, em tal hipótese vende a propriedade que é objecto da exclusividade sem a intervenção do agente, «*fait plus que révoquer le contrat 'ad nutum',* ***il enfreint une obligation de ne pas faire, à savoir l'obligation de ne pas agir lui-même***»[268].

Parece inquestionável que, apesar do silêncio do legislador do RJAMI (Lei 15/2013, de 8 de Fevereiro) no que toca a uma noção de exclusividade, tal regime tem em vista consagrar uma obrigação (e não já uma incumbência) por parte da mediadora de desenvolver a sua actividade de obter inte-

[266] O DL 77/99 (artigo 20º nº 3) prescrevia que *"Quando a empresa de mediação é contratada em regime de exclusividade, só ela tem direito de promover o negócio objeto do contrato de mediação, durante o respetivo período de vigência"* – secundado pelos DL 211/2004, de 20 de Agosto e 69/11 de 15 de Junho.

[267] F. Navez, «*La clause d'exclusivité et d'irrévocabilité: comparaison et nuances*», note sous Civ. Liège, 2 février 1999, *J.L.M.B.*, 1999, p. 1360.

[268] F. Navez, «*La vente d'un bien par son propriétaire en violation de l'exclusivité accordée à l'agent immobilier*», note sous Liège, 20 février 1996, *J.L.M.B.*, 1997, p. 1131.

ressado no contrato e, por parte do cliente, de não poder recorrer a outra mediadora para tal fim.

Já, porém, no que toca à existência, ou não, por banda do cliente (que celebra o contrato de mediação em regime de exclusividade), duma obrigação de não promover, por si próprio (sua iniciativa), o negócio visado no contrato de mediação imobiliária, não há entendimento pacífico na doutrina e jurisprudência.

Ou seja, a dúvida que se tem suscitado na doutrina e na jurisprudência consiste em saber se a cláusula de exclusividade visa apenas afastar a concorrência de outras mediadoras ou se, para além disso, visa ainda impedir o cliente de celebrar, ele próprio, o contrato visado com um interessado por si diretamente encontrado.

É aqui que, de facto, não há unanimidade na doutrina e jurisprudência: se uns defendem que a cláusula de exclusividade impede o cliente, não apenas de contratar outras mediadoras para lograrem encontrar interessado para o negócio visado, mas também de ele próprio promover directamente o negócio visado – embora o não impedindo de aceitar propostas que espontaneamente lhe sejam feitas por clientes[269] –, já outros sustentam que a exclusividade impede o comitente de contratar outras mediadoras, mas já o não impede de procurar (directamente) interessados no negócio visado.

Esta última é a melhor solução.

[269] Cfr.,v.g.: Acórdão do Tribunal da Relação de Guimarães de 20/04/2010, Pº 7180/08.5 TBBRG.G1 ("1. *No contrato de mediação imobiliária, o regime de exclusividade visa proteger o interesse da empresa mediadora em só ela diligenciar no sentido de realização do negócio intencionado, de modo a garantir a correspondente remuneração. 2. Essa exclusividade visa, antes de mais, afastar a intermediação de qualquer outra mediadora. 3. Sempre que essa exclusividade se reporta apenas ao direito de promover o negócio intencionado, a mesma tem de ser interpretada restritivamente, no sentido de mediação exclusiva ou intermediação exclusiva. 4. Nesse caso, o comitente não pode diligenciar no sentido de angariar por si, interessados no negócio, mas não fica inibido de aceitar qualquer proposta que lhe seja apresentada por alguém que espontaneamente se lhe dirija*"); Acórdão do Tribunal da Relação de Coimbra de 18/02/2014, Pº 704/12.5T2OBR.C1 ("*A previsão contida no nº 4 do artigo 18º do DL 211/2004 de 20/08 não afasta a possibilidade do comitente negociar diretamente com o interessado que o "descobre" e que lhe apresenta uma proposta negocial, exceto se existir estipulação contratual em contrário*"); Acórdão do Tribunal da Relação de Évora de 05/11/2015, Pº 7120/13.0TBSTB.E1 ("*No contrato de mediação imobiliária o alcance da norma do nº4 do artigo 19º do DL 211/2004 de 20/08 em conjugação com a norma do artigo 18º, nº2 al. a) do mesmo diploma não afasta a possibilidade do comitente aceitar negócio que diretamente lhe for proposto por interessado não angariado pela mediadora*") – todos disponíveis *in* www.dgsi.pt.

No entanto – apesar da ("pobre" – deveria ter ido mais longe, com especificação dos efeitos da exclusividade, para que dúvidas não restassem) – redação ínsita no art. 16º, nº 2, al. g), do RJAMI, estando, como se está, num domínio onde **impera a liberdade contratual** e porque, como vimos, a lei não impõe um sentido único à exclusividade clausulada, deixando às partes a definição do seu âmbito (aquele art. 16º/2/g) apenas e só obriga a que do contrato conste a referência ao regime da exclusividade, *com especificação dos seus efeitos*[270]), podem as partes contratantes acordar numa exclusividade mais (ou menos) "comprimida" – e "comprimida" será aquilo a que, como vimos, doutrina chama de **exclusividade ampla ou reforçada.** E clausulada esta, então, o cliente/comitente, além de se obrigar a não recorrer a outros intermediários[271] (mediadoras), obriga-se, "*também a não descobrir, ele próprio, um terceiro interessado*"[272].

O certo, porém, é que, como ensina Menezes Cordeiro[273], "*Nada disso se presume: deverá ser clausulado e, havendo dúvidas, provado por quem tenha interesse na situação considerada*". **O contrato deve ser claro e inequívoco sobre o sentido ou âmbito da clausulada exclusividade.** Se o contrato não impedir expressamente a promoção directa do cliente (ou seja, não disser de forma inequívoca, que o cliente fica "impedido" de procurar directamente inte-

[270] Sob pena de nulidade do contrato, sem prejuízo da sua conversão num contrato de mediação simples nos termos do disposto no artigo 293º do Código Civil: "O negócio nulo ou anulado pode converter-se num negócio de tipo ou conteúdo diferente, do qual contenha os requisitos essenciais de substância e de forma, quando o fim prosseguido pelas partes permita supor que elas o teriam querido, se tivessem previsto a invalidade".

[271] Obviamente que mesmo no caso de as partes se ficarem pela exclusividade simples, o cliente não fica desobrigado do dever de informar previamente a mediadora exclusiva da sua intenção de celebrar contrato com pessoa por si diretamente encontrada e de se assegurar que tal pessoa não chegou a si graças à actividade da mediadora. O que, naturalmente, já emerge do princípio da boa fé que aqui deve estar sempre presente (assim, também, Higina Orvalho Castelo, RJAMI Anotado, p 99).

[272] Menezes Cordeiro, *O Direito*, Ano 139º, 2007, III, p. 549.

Já citámos Maria de Fátima Ribeiro, defendendo que a exclusividade reforçada impede o próprio cliente de procurar um terceiro interessado no negócio.

Carlos Lacerda Barata, *in Estudos do Instituto de Direito do Consumo*, vol. I, Almedina, 2001, p. 212, entende que "A estipulação de uma cláusula de exclusividade deverá constar expressamente do texto contratual, tendo por efeito excluir o recurso a outro(s) mediador(s), para o negócio visado, durante a vigência do contrato".

[273] *O Direito*, cit.

ressados para o negócio visado), teremos de nos quedar pela exclusividade simples e consequentes efeitos, isto é, que apenas se impede a contratação de outras mediadoras[274].

b. Da remuneração ao comitente

Sem embargo do mais que ressalta das considerações feitas e a fazer sobre a remuneração, duas notas se impõe deixar bem claras.

Como é bom de ver, **por regra e sem prejuízo das excepções previstas na lei**[275], celebrado contrato com ou sem exclusividade, o direito à remuneração convencionada com o comitente/cliente pressupõe: 1. a conclusão e perfeição do negócio (que o **negócio seja perfeito, no sentido de eficaz)** – com efeito, é apenas no momento da concretização do negócio com o interessado que o mediador cumpre o fim precípuo da mediação, razão pela qual, em princípio, apenas nesse momento lhe assiste o direito à remuneração; 2. A existência de nexo causal: a celebração do negócio visado deve ser o corolário ou a consequência da actividade do mediador[276].

Dito doutra forma: cremos ser entendimento pacífico que no contrato de mediação imobiliária a regra é a de que a remuneração da empresa mediadora só é devida com a conclusão e perfeição do negócio visado pelo exercício da mediação, ou seja, que a comissão do mediador apenas é devida quando a sua atividade tenha contribuído, de forma determinante (causal),

[274] Este entendimento é igualmente sufragado por Maria de Fátima Ribeiro, *ob e loc cits*, que, no fito de esclarecer a interpretação a seguir, no **caso de as partes nada dizerem sobre o alcance da exclusividade clausulada no contrato,** refere que "*deve resultar claramente do contrato que o comitente se abstém de procurar ele próprio o melhor negócio*". E outrossim por Higina Orvalho Castelo, *O Contrato de Mediação*, p. 428: "*Em meu entender, e sem prejuízo de as partes poderem manifestar claramente o seu acordo noutro sentido, a melhor interpretação de uma cláusula de teor idêntico ao do artigo 19º, nº4, do revogado DL 211/2004 (só a empresa de mediação tem o direito de promover o negócio objeto do contrato de mediação) restringe a operacionalidade da cláusula ao afastamento da concorrência, não podendo ver-se como tal a iniciativa do próprio cliente*".

[275] Diria antes das situações que, de facto, afastam a aplicação do regime geral que vigora no âmbito do contrato de mediação simples, no tocante ao direito à remuneração, quais sejam: a) quando o negócio visado não se concretiza por causa imputável ao cliente da mediadora (art. 19º/2 da Lei 15/20134); b) quando o cliente da mediadora infringe a cláusula de exclusividade e celebra o contrato com interessado que chegou até si por seu intermédio (no caso da exclusividade reforçada) ou por intermédio de outra mediadora (no caso da exclusividade simples).

[276] Ver, com maiores desenvolvimentos, "*Da remuneração*". (V.2.3.).

para a celebração (e perfeição) do negócio, por via da aproximação do comitente com terceiros para o efeito.

Uma particularidade, porém, se impõe levar em conta quando nos encontramos no domínio da exclusividade: **havendo regime de exclusividade, presume-se a existência do nexo causal – há, então, lugar à inversão do ónus da prova nos termos do nº 1 do art. 344º do CC,** ou seja, impendendo sobre o dono do negócio o ónus de alegar e provar que a celebração do contrato com o interessado nada teve a ver com a actividade do mediador[277].

Ou seja, vem-se defendendo que, apesar da necessidade daquele nexo causal, **a existência de um contrato de mediação em regime de exclusividade autoriza a presunção (de facto) de que a atividade da empresa mediadora contribuiu para a aproximação entre o comitente e terceiros, facilitando o negócio (ou seja, presunção de existência do nexo causal), sendo devida a remuneração**[278].

Higina Orvalho Castelo (*O Contrato de Mediação,* pp 134-135) separa os casos em que há incumprimento da cláusula de exclusividade pelo cliente que celebra o contrato visado com interessado angariado por outra mediadora ou angariado por si (**exclusividade reforçada**) – situação em que se prescinde do estabelecimento do nexo ausal –, dos casos em que há tão somente incumprimento de uma cláusula de **exclusividade simples** (que visa afastar apenas a concorrência) – situação em que, ao invés daquela

[277] Nem todos assim entendem, como é o caso do Acórdão do Tribunal da Relação de Coimbra de 18/02/2014, Pº 704/12.5T2OBR.C1, disponível in www.dgsi.pt, o qual refere que "*Mesmo em regime de exclusividade é a mediadora quem tem de demonstrar o nexo causal entre a atividade que por si foi desenvolvida e a concretização do negócio visado pela mediação*".

[278] Ver a abundante jurisprudência citada supra no *item "Da remuneração"*.

A propósito, escreve Maria de Fátima Ribeiro, Ob. cit, pp. 105-106: ""A função da cláusula de exclusividade é, em qualquer caso, tão-só a de afastar a necessidade de demonstração do nexo de causalidade entre a atividade do mediador e a conclusão desse negócio. Por outras palavras, também na presença de uma cláusula de exclusividade, o mediador só adquire o direito à comissão quando estejam presentes todos os requisitos necessários para a sua constituição. Nomeadamente, o mediador deve ter desenvolvido a atividade a que se obrigou; simplesmente, a existência desta cláusula autoriza a presunção (de facto) de que a atividade da empresa mediadora contribuiu para a aproximação entre o comitente e terceiros, facilitando o negócio".

outra, se torna necessário apurar o cumprimento da prestação pelo mediador, só depois se fazendo presumir o nexo de causalidade.

c. Cláusula de exclusividade e exigibilidade da remuneração quando o negócio visado não se concretiza *por causa imputável ao cliente proprietário ou arrendatário trespassante do bem imóvel*

Em causa uma situação em que, celebrado o contrato em regime de exclusividade, a remuneração é devida mesmo que o negócio se não concretize (art. 19º nº2 da Lei 15/2013[279]).

Estamos em presença de uma exceção que afasta o regime regra previsto para o contrato de mediação simples, deixando aqui a remuneração de depender de um evento futuro e incerto constituído pela celebração do contrato visado, desde que a empresa mediadora faça prova da efetiva obtenção de alguém verdadeiramente interessado em celebrar o contrato visado[280].

Obviamente que impende sobre a mediadora a prova de que realizou a sua prestação, ou seja, que, no período do contrato, logrou arranjar alguém genuinamente interessado no negócio visado no contrato de mediação. E obviamente, também, que não fica o comitente/cliente impedido de (para evitar ter de pagar a remuneração acordada) demonstrar que o negócio visado não se concretizou, sim, mas por causa que não lhe é imputável (*ut* 342º, nº 2 do Código Civil).

No âmbito desta excepção estão questões atinentes à revogação unilateral do contrato. Sobre esta temática, ver à frente (com referências jurispruden-

[279] Regime que já constava no DL 77/99 (artigo 19º, nº2, al. a)) e no DL 211/2004 (artigo 18º, nº2 al. a)) – alargado, porém, no actual RJAMI, ao arrendatário trespassante.
Como parece evidente, as palavras "*tenha sido*" referidas naquele nº 2 estão a mais, na medida em que em causa está o contrato de mediação celebrado em regime de exclusividade e não o contrato visado celebrado em regime de exclusividade.

[280] Entre outros arestos que citamos, pode ver-se o Acórdão da Relação de Lisboa de 22/11//2012, disponível, in, www.dgsi.pt: "*I – Num contrato de mediação imobiliária em regime de exclusividade, o direito à remuneração do mediador existe mesmo que não se concretize o negócio desde que a não concretização se deva a causa imputável ao cliente. II – Mas o direito à remuneração implica a execução da prestação contratual a que o mediador se obrigou, ou seja, a prática dos atos adequados a conseguir a concretização do negócio visado com a mediação. III – Em suma, tem de ficar demonstrado que a mediadora praticou os atos necessários à concretização do negócio entre o seu cliente e o terceiro interessado e que, só por culpa do cliente, o negócio não se concretizou por intermédio da mediadora*".

ciais) no capítulo da cessação do contrato, em particular nos *itens "revogação unilateral do contrato"* (mais em específico no segmento *"Revogação unilateral e cláusula de exclusividade – Direito à remuneração?"*[281] e *denúncia* (ou mesmo desistência do cliente – situação que pode cair na previsão do art. 19º/2 da Lei 15/2013, caso em que haverá direito do mediador à remuneração).

V.2.4.1. A jurisprudência: não exclusividade *versus* exclusividade

V.2.4.1.1. No regime de não exclusividade (mediação imobiliária simples)

O negócio visado (no contrato de mediação imobiliária) tanto pode ser realizado com o interessado angariado pela mediadora, como com um outro interessado angariado por outra mediadora, ou até pelo próprio cliente da mediadora, **nada impedindo** que este, em simultâneo, negoceie com outros interessados – **apenas se impõe como baliza que sejam observados os princípios da boa fé** (designadamente, que não actue em abuso do direito...).

Questão: é válida a seguinte cláusula **contratual aposta num contrato de mediação imobiliária em regime de não exclusividade** *"O Segundo Contraente fica obrigado a realizar o negócio nas condições acordadas neste contrato, no caso de a mediadora conseguir interessado. Se recusar a fazer a transacção ou negociar directamente com o Interessado angariado pela Mediadora, obriga-se a pagar a comissão como se o negócio tivesse sido realizado?*

É nula[282].

[281] Entendemos que no contrato de mediação **com exclusividade não é possível a cessação unilateral e discricionária do mesmo (isto é, não fundamentada ou imotivada)**, destinada a produzir efeitos imediatos ou em momento anterior ao termo do prazo do contrato. E caso tal extinção do contrato tenha lugar, será devida a remuneração, pois que a não concretização do negócio ficará, nestes casos, a dever-se a culpa do cliente (logo, se inserindo na previsão do nº2 do artigo 19º da Lei 15/2013).

[282] Assim, Ac. Rel Lisboa de 16.06.2016, proc.107.14.7T8MFR.L1.8 (Rui Moura).
MEDIAÇÃO IMOBILIÁRIA; CLÁUSULA CONTRATUAL
*«- **É nula a cláusula contratual** aposta num contrato de mediação imobiliária em **regime de não exclusividade segundo a qual o Cliente fica obrigado a realizar o negócio nas condições acordadas neste contrato, no caso de a mediadora conseguir interessado. Se recusar a fazer a transacção ou negociar directamente com o Interessado angariado pela Mediadora, obriga-se a pagar a comissão** como se o negócio tivesse sido realizado – artigos 19º, 1 e 2, da Lei nº 15/2013, de 8 de Fevereiro, 286º do CC e 612º do CPC.».*

Mesmo aqui, porém, caso o negócio se não conclua por *facto imputável ao cliente* da mediadora, **esta poderá ter direito a ser indemnizada, segundo as regras da responsabilidade civil, pelos prejuízos** que tal facto lhe cause[283].

V.2.4.1.2. No regime de exclusividade

Tal cláusula de exclusividade **visa proteger o interesse da empresa mediadora** em só ela diligenciar no sentido da realização do negócio intencionado,

Justificou a Relação:
*«**Pelos termos da referida cláusula se verifica que:***
(i)- *os Réus se obrigam a realizar o negócio no caso da mediadora conseguir interessado;*
(ii)- *os Réus se se recusarem a fazer a transacção com o interessado angariado pela mediadora, obrigam-se a pagar a comissão à mediadora como se o negócio tivesse sido realizado;*
(iii)- *o mesmo acontece se os Réus negociarem directamente com o interessado angariado pela mediadora.*
***A constatação de (i) vai contra a natureza da mediação**, uma vez que nela o **mediador assume uma obrigação de meios, – não de resultado** -, consubstanciada na obrigação de aproximar duas ou mais pessoas, com vista à celebração de um certo negócio, mediante retribuição, e não pode condicionar a celebração do negócio pretendido pelo cliente, que pode não chegar ao fim, e até não se realizar.*
Na mediação o mediador age com imparcialidade no interesse de ambos os contraentes – cliente e destinatário do negócio.
***As constatações de (ii) e (iii) vão contra o regime imperativo do artigo 19º, 1 e 2, da Lei nº 15/2013, de 8 de Fevereiro**. É que só no momento da concretização do negócio com o interessado, exigindo-se ainda que seja perfeito, no sentido de eficaz (Cfr. Higina Orvalho Castelo, in Regime Jurídico da Actividade de Mediação Imobiliária Anotado, 2015, Almedina, pág. 129), é que o mediador cumpre o fim precípuo da mediação, razão pela qual apenas nesse momento lhe assiste o direito à remuneração, ressalvado o caso do nº 2. E o nº 2 vige para as situações de mediação em regime de exclusividade, o que não é o caso.*
A cláusula em causa viola o regime da remuneração estabelecido para o caso da mediação exclusiva, permitindo o que a lei visa proibir, o que é subtraído ao princípio da autonomia privada na vertente da liberdade de estipulação de cláusulas.
***Tal cláusula é nula** – artigos 286º do CC – e por isso não produz efeitos, o que deve ser conhecido pelo tribunal o qual está obrigado a impedir que pelo processo se prossiga um fim proibido por lei – artigo 612º do CPC.*
Como vimos, a actividade do mediador deve ser causa adequada ao fecho do contrato definitivo, para efeitos de perceber a retribuição acordada. No caso não se alegou nem apurou que a Autora tenha contribuído com relevo para a concretização do arrendamento que os Réus vieram a celebrar com terceiro».
A apelação improcedeu.

[283] Cfr. Ac. da RG, de 23-04-2009, Proc. 2207/07.0TBV CT.G1 (Henrique Andrade).

de modo a garantir a remuneração dos actos materiais que, para tanto, leve a cabo[284].

Relativamente a esta cláusula, temos que:

1. **Não está expressamente consagrada no RJAMI** (Lei nº 15/2013) – há, apenas, referências a ela (cfr. arts. 16º, nºs 2, al. g) e 7 e 19º/2)[285] –, **ao contrário do que ocorria** no anterior DL 211/2004 (art. 19º/4[286]-[287]);

[284] Como bem observa Higina Castelo (in "*O Regime Jurídico da Actividade Mediação Imobiliária*", Almedina, 2015, pag. 8), é precisamente nos casos em que o contrato de mediação contempla uma cláusula de exclusividade que a configuração do contrato sofre uma alteração em três aspectos essenciais:
a) o mediador fica necessariamente vinculado à prestação;
b) o cliente, quando seja o proprietário do imóvel ou o arrendatário trespassante, fica obrigado a remunerar a mediadora pela obtenção de um destinatário interessado e pronto a celebrar o contrato visado, independentemente da celebração deste, excepto quando este contrato não se celebre por causa que não lhe seja imputável;
c) havendo incumprimento da cláusula pelo cliente, a mediadora tem direito à remuneração com a celebração do contrato visado, mesmo que não haja nexo causal entre a sua atividade e aquela celebração.

[285] "*O RJAMI absteve-se de estabelecer os efeitos da cláusula de exclusividade e proibiu o julgador de integrar a falta absoluta de estipulação das partes, fazendo recair sobre estas o ónus de explicitarem os efeitos que pretendem para a cláusula, sob pena de nulidade do contrato. De lembrar que tal nulidade, de resto não invocável pela empresa de* ***mediação****, não impede a conversão do contrato num contrato de* ***mediação*** *simples, ao abrigo do disposto no art. 293º do CC.*
Todavia, apesar de as partes terem de estipular os concretos efeitos da cláusula de exclusividade, sempre o seu texto terá de se interpretado e, caso seja de teor semelhante ao da revogada norma, manterá actualidade a discussão sobre a sua abrangência – afastar apenas a concorrência ou a actividade do próprio cliente ?" (Higina Castelo, "O Regime Jurídico da Actividade **Mediação Imobiliária**", Almedina, 2015, pag. 97).

[286] Que dispunha: *«só a empresa mediadora tem o direito de promover o negócio objecto do contrato de mediação»*.

[287] Mas não é por não se encontrar expressamente consagrada no RJAMI que a interpretação do sentido e efeitos da cláusula de exclusividade deixam de ser os que aqui apontamos. **A introdução de tal cláusula de exclusividade visa, de facto, proteger o interesse da empresa mediadora em só ela diligenciar no sentido da realização do negócio intencionado, de modo a garantir a remuneração dos actos materiais que, para tanto, leve a cabo.**

Significado desta omissão: significa que as partes podem definir os termos em que essa exclusividade opera[288].

2. Porém, a cláusula tem de **constar *obrigatoriamente* do contrato, *com especificação dos efeitos*** *que da mesma decorrem, quer para a empresa, quer para o cliente,* **sob pena de *nulidade* do contrato** – al. g) do nº 2 e nº 5, do art. 16º do RJAMI);
3. **Só a empresa mediadora pode diligenciar** no sentido da realização do negócio intencionado, de modo a garantir a correspondente remuneração[289];
4. O **cliente não pode contratar outra mediadora** para a promoção do mesmo negócio visado **durante o período de vigência** do contrato com o exclusivo[290];

[288] A exclusividade no contrato de **mediação** vem contemplada na alínea g) do nº2 do art. 16º, ali se mencionando os elementos que dele devem obrigatoriamente constar.
Exige-se que caso seja acordado o "regime de exclusividade", não apenas seja feita tal referência, como **também se especifiquem os efeitos que dele decorrem quer para a empresa, quer para o cliente.**
Assim se vê, portanto, que o legislador **não define os efeitos de uma cláusula desse jaez,** depreendendo-se do texto legal que a mesma pode ter uma díspar abrangência. O que bem se compreende: é precisamente na concretização do conceito "exclusividade" que se densifica (deve densificar...) a sua relevância contratual.

[289] Ao abrigo da anterior legislação (Decreto-Lei nº 211/2004, de 20 de Agosto) estava expressamente previsto (cfr. art. 19º/4) que "*Quando a empresa de mediação é contratada em regime de exclusividade, só ela tem o direito de promover o negócio objecto do contrato de mediação durante o respectivo período de vigência.*"
Nestes termos, a **cláusula de exclusividade funciona** como o nexo de causalidade previsto no número 1 do art. 18º do referido DL 211/2004 (e art. 19º, nº1, 1ª parte, da Lei nº15/2013, de 8.02), na medida em que sendo apenas a mediadora a promover a venda do imóvel os interessados na respectiva aquisição terão, necessariamente, surgido pela sua actividade, pelo que, concluindo-se o negócio, assiste-lhe o direito à remuneração pela verificação da regra geral contida nos referidos números.
Não obstante esta cláusula não estar expressamente consagrada na Lei nº 15/2013, tal não significa que o regime tenha um menor alcance: significa apenas que as partes podem definir os termos em que essa exclusividade opera.

[290] **Se o fizer, e o contrato visado vier a ser celebrado com interessado angariado pela mediadora terceira,** o direito à remuneração é inquestionável, **prescindindo-se, até, nesta situação, do preenchimento do nexo de causalidade** entre o contrato celebrado e a actividade da mediadora!

5. Durante a vigência da cláusula da exclusividade, o cliente **não pode fazer cessar unilateralmente o contrato sem justa causa**[291];
6. **Não impede, porém, a negociação directa pelo cliente**[292] com algum (terceiro) interessado que se lhe dirija sem ser por intermédio da mediadora[293] (ou por si directamente encontrado)[294], bem assim o

[291] **Se o pudesse, a cláusula seria de todo ineficaz.**

[292] Este também o entendimento expresso por Higina Castelo, "O Regime Jurídico da Actividade Mediação Imobiliária", Almedina, 2015, pag. 99, e por Maria de Fátima Ribeiro((In " O contrato de mediação e o direito do mediador à remuneração", Revista de Direito Comercial, pag.215 e seguintes, consultável em https://static1.squarespace.com/static/58596f8a29687fe710cf45cd/t/596cd1a6cd0f68fd3589dd22/1500303787254/2017-08.pdf), de que a melhor interpretação de uma cláusula de teor idêntico ao do art. 19º, nº4 do revogado D.L. 211/2004 (só a empresa de **mediação** tem o direito de promover o negócio objecto do contrato de mediação) restringe a operacionalidade da cláusula ao afastamento da concorrência, **não estando abrangida na sua previsão a situação em que o negócio é obtido pelo próprio cliente.** Entendimento, refira-se, igualmente sufragado no Acórdão da Relação de Lisboa de 5.11.2015 (Assunção Raimundo, consultável na Base de Dados do IGFEJ.).

[293] Efectivamente, o direito à remuneração não está sequer dependente da vigência do contrato de mediação à data da verificação do resultado dessa mesma actividade, mas sim da existência de um nexo de causalidade entre a actividade e o resultado, integrando-se aquela de forma idónea na cadeia dos factos que deram origem ao negócio, *"ainda que os termos do contrato tenham resultado, eventualmente, de negociações directas entre os interessados que o mediador pôs em contacto"* (neste sentido cfr., entre outros, Acórdão do Tribunal da Relação de Lisboa de 5 de Março de 2012 in www.dgsi.pt e da Rel. do Porto, de 16.06.2016, proc. 131855/14.4YIPRT.E1 – ELISABETE VALENTE).

[294] Foi neste entendimento que foi lavrado o Acórdão do STJ de 10-05-2005, o qual, apelando ao **princípio da boa fé** que deve nortear a aplicação da regra de integração dos contratos (*ut* art. 239º, do CC) e em função do risco negocial assumido, **sustentou que a negociação directa entre o cliente e outros interessados que conduza à celebração do contrato sem qualquer intervenção da mediadora não viola, é certo, o pacto de exclusividade existente; mas.....(também) não exonera aquele de pagar a esta, desde que tenha exercido actividade de mediação, a remuneração estipulada, ainda que não tenha sido em consequência desta actividade que o negócio foi conseguido mas na medida em que a negociação directa impediu a mediadora de ser ela a concluí-lo e tal impedimento é imputável ao cliente** (em causa no dito Ac. estava o art. 19º/2/a do DL 77/99 – correspondente ao art. 19º/2 da actual Lei nº 15/2013).

Assim, **ao invés do que ocorre no contrato de mediação imobiliária simples** (em que o cliente da mediadora pode celebrar com outro interessado o negócio visado no contrato que com aquela celebrara (com respeito, porém, do princípio da boa fé), assistindo à mediadora o direito a ser remunerada desde que o negócio visado no contrato tenha sido efectuado e se

não impede de aceitar propostas que espontaneamente lhe sejam feitas por terceiros, **nem tão pouco o obriga a contratar apenas** com

encontre perfeito, o que depende, portanto, da disponibilidade do cliente e de um terceiro – art. 19º/1 RJAMI), já **no caso de ter sido introduzida uma cláusula de exclusividade, em determinados termos** (como ocorreu na situação ínsita naquele Acórdão do STJ de 10-05-2005) **pode assistir ao mediador, não apenas o direito de ser o único a promover o contrato, como também o direito à remuneração mesmo que o contrato se não conclua ou em nada tenha contribuído para a sua celebração!**
Mas como excepção!
A regra não é essa!
Ou seja: só em situações excepcionais é que, no regime de exclusividade, pode haver direito à remuneração sem que tenha sido em consequência da actividade da mediadora que o negócio visado se concretizou (percute-se no exemplo citado: **a negociação directa do cliente impediu a mediadora de ser ela própria a concluir o negócio, sendo tal impedimento só àquele imputável**), pois **a regra é que, com ou sem cláusula de exclusividade** (como já se referia no Acórdão do STJ, de 26-02-2002, Pinto De Almeida), «**o mediador só adquire direito à comissão quando a sua actividade tenha contribuído para a celebração do negócio**, determinando a aproximação do comitente com terceiros», de onde se conclui que **tal direito depende, portanto, do cumprimento da obrigação (de meios) a que a mediadora se vinculou e de que, entre ela e a conclusão perfeita do negócio, se verifique nexo de causalidade (Veja-se, v.g., o Ac. RL de 22.11.2012**, Proc. – Anabela Calafate:
«I – Num contrato de mediação imobiliária ***em regime de exclusividade****, o direito à remuneração do mediador existe mesmo que não se concretize o negócio desde que a não concretização se deva a causa imputável ao cliente.*
II – ***Mas o direito à remuneração implica a execução da prestação contratual a que o mediador se obrigou, ou seja, a prática dos actos adequados a conseguir a concretização do negócio visado com a mediação.***
III – ***Em suma, tem de ficar demonstrado que a mediadora praticou os actos necessários à concretização do negócio entre o seu cliente e o terceiro interessado e que, só por culpa do cliente, o negócio não se concretizou por intermédio da mediadora.»*** –
Idem:
«IV – A remuneração da mediadora só é devida se o contrato previsto for realizado, e esta só adquire o direito à comissão quando a sua actividade tenha contribuído para a celebração do negócio, ainda que não seja a causa determinante da celebração, o que tem aplicação mesmo quando o contrato de mediação é celebrado em regime de exclusividade.» – Ac. TRG de 04.06.2013, proc. 1264/12.2TBBCL.G1, Fernando Fernandes Freitas).

interessados que lhe sejam indicados por esta[295] – **salvo se convencionada a exclusividade absoluta**[296] ***(uma proibição "alargada")***[297].

[295] Caso contrário, limitar-se-ia, injustamente, a liberdade do próprio cliente.
Apenas o impede, como dito, de contratar outra mediadora para a promoção do mesmo negócio visado durante aquele período do contrato, o que, a acontecer, implicaria violação da cláusula, com as respectivas consequências.
De facto, o regime de exclusividade, sendo inequívoco que visa impedir a celebração de contrato de mediação com outra mediadora, durante o período de vigência do contrato, **não deve ser entendido em termos tão absolutos que limite a liberdade do próprio comitente** procurar interessados no negócio pretendido, **para mais em se tratando de pessoas singulares, sem os meios e os contactos que têm as empresas mediadoras.**
De todo o modo, e no limite, decididamente é de excluir, como dito – e também o fez o Ac. da Relação de Guimarães de 20/04/2010 (Procº. 7180/08.5TBBRG.G1, Des. A. Costa Fernandes, in www.dgsi.pt), que o comitente não possa aceitar qualquer proposta de compra que "porventura, lhe fosse apresentada por alguém que, sem a intermediação da mediadora, se mostrasse interessado no negócio. Obviamente que pode.
[296] **Caso, portanto, em que o cliente também fica impedido de celebrar contrato com interessado por si angariado** e se o fizer, viola a cláusula de exclusividade, assistindo à mediadora o direito à remuneração acordada.
[297] **Neste sentido, pode ver-se, ainda, os seguintes arestos:**
«*A celebração de um contrato de mediação em regime de exclusividade* ***só impede o cliente de proceder directamente, por si próprio e sem intermediação daquela,*** *à venda do imóvel,* ***se tal for acordado expressamente entre as partes***» – Ac. RP de 01.07.2014, proc. 19005/12.2YIPRT.P1, Maria João Areias.

«*1. Visando o regime de exclusividade acordado em contrato de mediação imobiliária* ***proteger o interesse da empresa mediadora*** *em só ela diligenciar no sentido da realização do negócio intencionado, de modo a garantir a remuneração dos actos materiais que, para tanto, leve a cabo, mostra-se afastada a possibilidade de intermediação por parte de qualquer outra mediadora.*
2. A previsão legal contida no Nº4 do Art. 18º do Dec. Lei 211/2004, de 20/08, ***não afasta a possibilidade do comitente negociar directamente com o interessado que o " descobre " e que lhe apresenta uma proposta negocial, excepto se existir estipulação contratual em contrário.***». – Ac. TRC de 18.02.2014, proc. 704/12.5T2OBR.C1.

«*II – O regime de exclusividade, sendo inequívoco que* ***visa afastar a concorrência****, impedindo a celebração de contrato de mediação com outra mediadora, durante o período de vigência do contrato,* ***não deve ser entendido em termos tão absolutos que limite a liberdade do próprio comitente procurar interessados no negócio pretendido****, para mais em se tratando de pessoas singulares, sem os meios e os contactos que têm as empresas mediadoras.*
III – De todo o modo, e no limite, é de excluir que o comitente não possa aceitar qualquer proposta de compra que venha até si, sendo-lhe apresentada por alguém que, sem a intermediação de mediadora, se

– Isto, como dito, obviamente, salvo acordo *inter partes* em sentido diferente (princípio da autonomia privada – art. 405º CC);

7. **O cliente deve, porém, informar previamente a mediadora** exclusiva da sua intenção de celebrar contrato com pessoa por si diretamente encontrada **e bem assim assegurar-se** que tal pessoa não chegou a si graças à actividade da mediadora[298].
8. **Na hipótese prevista no art. 19, nº 2, da Lei 15/2013:**

a. Para haver direito à remuneração, **não se exige violação da cláusula de exclusividade** (contratação de outra mediadora...), bastando que a mediadora tenha exercido actividade de mediação sem ter conseguido conduzir à celebração do contrato visado *por causa imputável* ao seu cliente[299].

mostre interessado no negócio» – Ac. TRG de 04.06.2013, proc. 1264/12.2TBBCL.G1, Fernando Fernandes Freitas.

Idem:

Ac. da mesma Relação de Guimarães de 20/04/2010, proc. 7180/08.5TBBRG.G1 – na vigência do DL 211/2004).

A diferença entre estes dois arestos: neste último, o tribunal manifestou o entendimento de que **o regime de exclusividade impede não apenas a promoção de outras mediadoras, mas também a promoção directa do cliente, sendo, porém, que um regime de exclusividade absoluta, impeditivo da aceitação de propostas não procuradas por parte do cliente, teria de ser expressamente convencionado;** já no primeiro aresto, como vimos, o tribunal restringe mais o campo da exclusividade, dizendo que a sua estipulação não deve ser entendida em termos tão absolutos que limite a liberdade do próprio cliente procurar interessados no negócio pretendido.

[298] Assim, Higina C. Orvalho, *Contrato de Mediação, cit.*, pp 428-429.

[299] Aqui há direito à remuneração mesmo sem que tenha sido em consequência da actividade da mediadora que o negócio visado se concretizou.

– Ac. Rel Évora de 27.04.2017, Proc 654/14.0T8STB.E1 (Francisco Matos):

*«1 – Nos contrato de mediação celebrados em **regime de exclusividade,** a remuneração da empresa mediadora não deixa de ser devida nos casos em que **o negócio visado pela mediação não se realiza por causa imputável ao cliente;***

2 – Tendo o contrato de mediação por objecto a venda de imóveis que constituem o principal activo duma sociedade e vindo os seus sócios a alienar a totalidade do capital social a interessado angariado pela empresa de mediação, é de concluir que o negócio visado pela mediação – compra e venda de imóveis – não se concretizou por causa imputável ao cliente proprietário, sendo devida a remuneração.».

– O **Acórdão do STJ de 10-05-2005**, Revista nº 987/05, 6ª Secção (Silva Salazar) – reportava-se ao art. 19º do DL 211/2004, correspondente ao art. 19º/2 da Lei 15/2013:

b. Porém, também aqui, o **"princípio" (ou regra) a seguir é sempre este**: para que o direito à indemnização se possa efectivar é sempre imperioso que a **mediadora prove que (efectivamente) angariou cliente (*destinatário*) genuinamente interessado** na celebração do negócio. Ou seja, pressuposto da aplicabilidade da norma é que o contrato visado esteja em vias de se concretizar[300].

«(....)

*V – **Porém, na hipótese prevista no art. 19, nº 2, al. a), (correspondente ao artº19º2 do da Lei 15/2013) não se exige violação da cláusula de exclusividade, bastando que a mediadora tenha exercido actividade de mediação sem ter conseguido conduzir à celebração do contrato visado por causa imputável à sua cliente.***

*VI – **Tendo a ora recorrida*** (cliente da mediadora) ***celebrado os dois referidos contratos-promessa de compra e venda com empresas com as quais negociara directamente**, sem recurso à mediação da ora recorrente* (a mediadora), *impediu esta de promover as ditas fracções, uma vez que por tais contratos--promessa ficou vinculada a celebrar apenas os contratos dessa forma prometidos.*

*VII – Assim, **é de entender que existe uma causa imputável à ora recorrida determinante da impossibilidade de celebração de negócios que porventura pudessem vir a ser angariados pela ora recorrente.***

*VIII – A não ser interpretada da forma acima indicada a **disposição da dita al. a) do art. 19**, – ou seja, como **abrangendo a celebração de tais contratos pela comitente sem intervenção da mediadora como causa imputável àquela** -, encontrar-nos-íamos perante a situação prevista no art. 239 do CC* (que reza assim: «**(Integração)** Na falta de disposição especial, a declaração negocial deve ser integrada de harmonia com a vontade que as partes teriam tido se houvessem previsto o ponto omisso, ou de acordo com os ditames da boa fé, quando outra seja a solução por eles imposta).

*IX – Atendendo à **regra da boa fé** também nesse artigo consagrada, a integração das declarações negociais de harmonia com **a vontade que as partes teriam tido se tivessem previsto tal hipótese, só poderia ser no sentido de ser devida a remuneração à autora**, uma vez que esta, dedicando-se ao exercício da referida actividade profissional de mediação, de que vivia, obviamente **nunca aceitaria contratar se a ré lhe manifestasse intenção de vender directamente aos interessados que lhe surgissem sem lhe pagar qualquer remuneração,** provocando-lhe um risco negocial acrescido imprevisível, coisa que a ré, actuando de boa fé, devia ter em conta.».*

[300] A actividade do mediador **não se basta, portanto, em encontrar um "*interessado*" – adjectivo susceptível de ser identificado com um "curioso" –, antes vai bem para além disso.** Aliás, só se compreende a solução legislativa de fazer o cliente do mediador pagar uma comissão por um negócio que não se concretizou quando se possa concluir que o estádio/fase em que ocorreu a frustração do negócio visado o justifica.

Além disso, esta previsão normativa – enquadrável num quadro de responsabilidade civil do cliente – tem como propósito ressarcir o mediador, colocando-o na situação em que estaria se não fosse a conduta culposa daquele (art. 562º do Cód. Civil). Mas, então, para tal **seria**

Sem este pressuposto nunca se poderá verificar o pressuposto seguinte que faria nascer o seu direito à remuneração: que o negócio não se celebrou "*por causa imputável ao cliente*" da mediadora[301].

Ou seja, mesmo em regime de *exclusividade,* **incumbe sempre à mediadora a prova dos elementos constitutivos do direito à remuneração e da relação de causalidade** entre os actos de promoção e mediação levados a cabo e a perfeição do negócio visado[302].

9. **Caso as partes optem pelo regime de exclusividade, é conveniente que o conceito de exclusividade seja por elas** (em especial, o mediador) **definido com rigor**, no contrato de mediação imobiliária, que está sujeito à forma escrita, **para que se não deixe para a produção de prova a tarefa (arriscada) da sua definição**[303] (ver, porém, art. 16º/2/g) da Lei 15/2013)[304].

necessário concluir que o mediador estaria no momento da ocorrência do facto em condições de auferir a comissão ajustada.

O que significa, *a contrario,* que se não pode reconhecer ao mediador o direito à retribuição quando tão somente tenha obtido um potencial destinatário no negócio, i.e., alguém que se mostre interessado em celebrá-lo, é certo, mas que não tenha anuído **ainda a fazê-lo com a integralidade** dos propósitos delineados pelo cliente do mediador.

Nas palavras do Acórdão do Tribunal da Relação do Porto de 3.7.2014 (Teles de Menezes – consultável na Base de Dados do IGFEJ), "**Para que exista direito a remuneração, é exigível que o negócio esteja não somente perspectivado, mas acertado, isto é, que haja um interessado efectivo para o mesmo, que aceite as condições do vendedor, mas que se venha a frustrar por recusa do cliente".**

[301] Cfr., v.g.:

– Ac. RL de 24.05.2011, proc., 11231/08.5TMSNT.L1-6, Maria Teresa Soares.

– Ac. RL de 04.10.2012, proc. 6916/10.9TBOER.L1-2, Lúcia Sousa.

[302] Cfr., v.g., acórdão da Relação de Lisboa, de 14-06-2012 (Aguiar Pereira) e Ac. TRC 18.02.2014, proc. 704/12.5T2OBR.C1, José Guerra («*Mesmo em regime de exclusividade é a mediadora quem tem de demonstrar o nexo causal entre a actividade que por si foi desenvolvida e a concretização do negócio visado pela mediação.*»).

[303] Neste sentido, o Ac. STJ de 30-10-2008, Revista nº 3224/08 – 7ª Secção, Custódio Montes.

[304] A propósito, observa Maria de Fátima Ribeiro (in In " O contrato de mediação e o direito do mediador à remuneração", Revista de Direito Comercial, pag.215 e seguintes, consultável em https://static1.squarespace.com/static/58596f8a29687fe710cf45cd/t/596cd1a6cd0f68fd3589dd22/1500303787254/2017-08.pdf):

«*Quando do teor do próprio contrato de* ***mediação*** *não resulte expressamente qual o alcance da exclusividade estabelecida em benefício do mediador, saber se se está perante uma cláusula de exclusividade simples ou uma cláusula de exclusividade reforçada vai depender da interpretação do mesmo, considerando-se toda*

10. E havendo divergências sobre a interpretação a dar à cláusula de exclusividade, impõe-se averiguar a vontade real das mesmas, elaborando-se, para tanto, os pertinentes ***quesitos***[305] (agora....***temas da prova*** – art. 596º/1 CPC).

as circunstâncias conhecidas por ambas as partes embora seja de considerar que, na dúvida, a exclusividade é simples – pois deve resultar claramente do contrato que o comitente se abstém de procurar ele próprio o melhor negócio, dispondo-se a remunerar o mediador no caso em que o consiga directamente (e não em resultado da actividade de ***mediação****).*
Na verdade, não seria razoável partir do princípio de que o comitente não pode actuar na pendência de um contrato de ***mediação****. Várias razões militam a favor desta tese: desde logo, se a solução fosse a oposta, o comitente ficaria impedido de conseguir o negócio pretendido, ainda quando vislumbrasse a oportunidade de o celebrar; ou, conseguindo-o e concluindo-o em violação da cláusula de exclusividade, seria devedor do pagamento da comissão ao mediador, mesmo não tendo este cumprido a obrigação de resultado a que se vinculou e sendo certo que o comitente dificilmente pode controlar a actividade do mediador e o grau de diligência empregado por este – pelo que se chegaria a um resultado que seria economicamente injusto; finalmente, o comitente corre sempre o risco de que o mediador, a qualquer momento e sem que aquele o possa evitar, ponha fim ao contrato de* ***mediação****, sem que tenha, entretanto, conseguido um terceiro interessado no negócio, pelo que a sua passividade não exigível.".*
E acrescenta: *"Como já se depreende do que fica exposto, a exigibilidade da remuneração e a eventual existência de uma cláusula de exclusividade estão intimamente ligadas: pela cláusula de exclusividade, as* partes determinam que o mediador terá *direito à remuneração se o contrato pretendido for celebrado durante o período de exclusividade acordado. No caso da exclusividade simples, tal acontecerá sempre que esse contrato tenha sido celebrado em consequência da actividade de outro mediador, mas já não quando resulte da actuação do próprio comitente. Na vigência de uma cláusula de exclusividade reforçada, o direito do mediador existe, qualquer que tenha sido a origem da actividade que levou à conclusão do negócio.*
A função da cláusula de exclusividade é, em qualquer caso, tão só a de afastar a necessidade de demonstração do nexo de causalidade entre a actividade do mediador e a conclusão desse negócio. Por outras palavras, também na presença de uma cláusula de exclusividade, o mediador só adquire o direito à comissão quando estejam presentes todos os requisitos necessários para a sua constituição. Nomeadamente, o mediador deve ter desenvolvido a actividade a que se obrigou; simplesmente, a existência desta cláusula "autoriza a presunção (de facto) de que a actividade da empresa mediadora contribuiu para a aproximação entre o comitente e terceiros, facilitando o negócio".
Em conclusão, deve entender-se que a cláusula de exclusividade afasta apenas a necessidade de demonstração do nexo de causalidade entre a actividade do mediador e o contrato celebrado entre o comitente e um terceiro – o mesmo é dizer que o mediador apenas terá direito à remuneração se provar que desenvolveu a sua actividade. Uma solução diferente levaria a que o mediador pudesse vir a ser injustificadamente (e injustamente) remunerado."

[305] Cfr. Ac. TRC de 09.02.1999, proc. 1655/98, Varela Rodrigues.

V.2.4.1.2.1. Algumas questões no âmbito da cláusula de exclusividade

Várias questões se podem colocar **no âmbito da cláusula de exclusividade**, algumas delas, com toda a pertinência e utilidade levantadas por Higina O. Castelo[306].

V.2.4.1.2.1.1. Se a cláusula de exclusividade não figura, expressamente, no contrato celebrado e se prova que houve acordo de exclusividade?

Parece que este **valerá como contrato de mediação imobiliária simples** (ou seja, ...sem cláusula de exclusividade – mas, é claro, desde que estejam reunidos todos os requisitos de validade daquele contrato).

É o que resulta do art. 221º do CC[307]: **nula é, sim, ...a cláusula, não o contrato.** Logo, este seria válido, até porque corresponde a um modelo legalmente admissível e que até se encontra regulado (o contrato de mediação imobiliária simples).

Com dúvidas, porém: se é a própria Lei (cfr. art. 16º/2/g) e 7) a exigir que a cláusula de exclusividade, quando acordada, bem assim os seus efeitos, **deve constar do contrato sob pena de nulidade deste**, por que razão deveria o contrato nesse caso valer como contrato de mediação imobiliária simples?

[306] *Contrato de Mediação*, cit., pp 426 ss.

«***A prova do acordo sobre o regime de exclusividade, sem que a este se faça qualquer referência no contrato reduzido a escrito, conduz à nulidade do contrato de mediação imobiliária? Ou o contrato é válido como contrato de mediação imobiliária simples,*** *sem exclusividade, portanto?* ***E se no contrato se estipular uma cláusula de exclusividade sem, no entanto, se especificarem os efeitos que dela decorrem para ambas as partes? Teremos um contrato de mediação exclusiva nulo? Poderá o contrato celebrado valer como contrato de mediação simples? E se a omissão da especificação dos efeitos da exclusividade se referir apenas a uma das partes, a resposta é a mesma? Será que o RJAMI disse mais que o pretendido, querendo apenas estatuir a nulidade da cláusula de exclusividade não escrita ou deficientemente estipulada, e não a nulidade de todo o contrato?***».

[307] ARTIGO 221º

(Âmbito da forma legal)

1. As estipulações verbais acessórias anteriores ao documento legalmente exigido para a declaração negocial, ou ***contemporâneas dele****, são nulas, salvo quando a razão determinante da forma lhes não seja aplicável e se prove que correspondem à vontade do autor da declaração.*

2. As estipulações posteriores ao documento só estão sujeitas à forma legal prescrita para a declaração se as razões da exigência especial da lei lhe forem aplicáveis.

V.2.4.1.2.1.2. Se a cláusula de exclusividade não especifica os "*efeitos que da mesma decorrem, quer para a empresa quer para o cliente*"?
É nulo o contrato (art. 16º/2/g) e 5 da lei 15/2013[308]).

Mas pode o contrato nulo, por falta daquela especificação no escrito, **ser convertido em contrato de mediação imobiliária...simples?**

A aludida Autora sustenta que sim, ao abrigo do estatuído no **art. 293º CC.**

Temos dúvidas: afinal, é a Lei que comina (expressamente) com a ...*nulidade* do contrato.

V.2.4.1.2.1.3. As partes são livres de especificar (no contrato de mediação imobiliária) **os *efeitos* da cláusula de exclusividade[309]?**
Podem.

Como visto, o legislador do actual RJAMI (Lei 15/2013), ao contrário do anterior DL 211/2004 (*ut* art. 19º/4), não previu ali expressamente os efeitos de tal cláusula, apenas exige que tais efeitos constem *obrigatoriamente* (de forma especificada) ....do próprio contrato de mediação imobiliária que se venha a celebrar (***cfr.* al. g) do nº 2 do art. 16º**). Ou seja, deixou às partes a liberdade de no contrato especificarem/concretizarem os efeitos que querem que decorrem de tal cláusula[310]. É esse mesmo o significado que deve dar-se ao facto de não estar expressamente consagrada na Lei 15/2013 aquela cláusula ínsita no art. 19º/4 do anterior DL 211/2004.

V.2.4.1.2.1.4. Havendo cláusula de exclusividade, pode o cliente, durante a vigência do contrato, desistir do contrato/negócio visado com o interessado que a mediadora lhe encontrou nesse período, ou recusá-lo? Ou está obrigado a aceitar esse interessado, assim se vinculando à celebração desse contrato (desde, claro, que o interessado encontrado

[308] Idem art. 19º/4 do DL 211/2004 e art. 20º/3 do DL 79/99.

[309] Visa esta cláusula, como dito, proteger o interesse da empresa mediadora em só ela diligenciar no sentido da realização do negócio intencionado, de modo a garantir a correspondente remuneração.

[310] Quer para a empresa, quer para o cliente, **com o conteúdo que melhor sirva os seus interesses.**

esteja genuinamente interessado a celebrá-lo nas condições previstas no contrato)[311]**?**

E se desistir, há lugar à remuneração?

1. **Não se estipulando cláusula de exclusividade**, o cliente pode, obviamente, sempre desistir do negócio a qualquer momento, sem que haja lugar a remuneração da mediadora contratada, a não ser que no contrato se tenha estipulado, de forma expressa, coisa diferente (art. 405º CC).
2. Já, porém, **havendo exclusividade, também pode desistir do negócio, é certo, mas então o direito da mediadora à remuneração mantém-se intacto se a previsão ínsita no art. 19º/2 RJAMI se preencher** – isto é, se *o negócio visado no contrato* ***se não concretize por causa imputável ao cliente.***

Exemplos:

1º. **Há lugar à remuneração** à mediadora (acordada), *v.g.*, no caso da **recusa ou desistência do negócio** pelo cliente **serem meros artifícios para este não lhe pagar a remuneração acordada** (como é o caso daquele dilatar para mais tarde – já depois do período do contrato – a celebração do negócio com o interessado arranjado pela mediadora, a fim de não "parecer" que foi por acção dela que o negócio se veio a concretizar).

2º. **Também há lugar à remuneração** acordada **se o proprietário do imóvel, objecto do negócio, se recusa a celebrar contrato promessa** com interessado angariado pela mediadora, **sem fazer qualquer outra prova, capaz de afastar a sua culpa** – por aplicação do art. 19º/2 da lei nº 15/2013, de 8 de Fevereiro (anteriormente, o art. 18º/2/a) do DL 21/2004, de 20 de Agosto), em conjugação com os artigos 798 ("*responsabilidade do devedor*"[312]) e 799º ("*presunção de culpa e apreciação desta*"), do Cód. Civil[313]-[314].

[311] Em causa, assim, está, agora, não apenas a questão da exclusividade, mas antes de.....**revogabilidade do contrato.**

[312] *"O devedor que falta culposamente ao cumprimento da obrigação torna-se responsável pelo prejuízo que cause ao credor".*

[313] Neste sentido, pode ver-se o Ac. TRG de 31-01-2013, proc., Rita Romeira (aqui, por aplicação do art. 18º/2/a) do DL 21/2004, de 20 de Agosto).

[314] **O que se compreende.** É que ao celebrar o contrato de mediação imobiliária, ainda por cima com cláusula de exclusividade (que visa proteger o interesse da mediadora), parece evi-

V.2.4.1.2.1.5. Durante a vigência do contrato de medição, em que se clausulou um regime de exclusividade, **pode o comitente preterir um interessado no negócio que a mediadora lhe apresente**[315], sem ficar obrigado a pagar a remuneração acordada, **no caso de ao comitente surgir um outro interessado que lhe ofereça melhores condições?**

Parece que não pode[316].

Porém, há que distinguir duas situações:

- **Primeira situação:** apesar de clausulada a exclusividade, o comitente encontrou um interessado para o negócio **ainda antes da mediadora o encontrar**. Aqui, nada obsta – **embora** (mesmo aqui) **se nos afigurem algumas reservas**[317] – a que negoceie directamente com aquele interessado, sem que haja lugar à comissão à mediadora.

dente que está **implícito a aceitação (pelo cliente) da celebração de contrato promessa** relativa ao negócio visado se o interessado angariado pela mediadora assim o desejar!

[315] **Que esteja genuinamente interessado no negócio que lhe é apresentado (v.g., preço).**

[316] Dizemos que "parece", pois que, como supra ficou dito, **a cláusula de exclusividade não impede** a negociação objecto do contrato directamente pelo cliente com algum interessado que se lhe dirija sem ser por intermédio da mediadora ou o obriga a contratar apenas com interessados que lhe sejam indicados por esta. Apenas o impede de contratar outra mediadora para a promoção do mesmo negócio visado durante o período de vigência do exclusivo.

[317] **Efectivamente, bem poderíamos raciocinar deste modo:**

O contrato de mediação imobiliária tem prazo de vigência (se o prazo não constar do contrato, *este considera-se celebrado por um período de seis meses* – art. 16º/3 da lei 15/2013). Daí que se tiver sido clausulada a exclusividade, a mediadora assume a obrigação de nesse período tudo fazer para atingir o objectivo acordado. Mas para tal **é preciso que .....a "deixem trabalhar"**, respeitando o prazo acordado. Acordo esse que não é satisfeito (dessa forma se inviabilizando um possível negócio que poderia conferir direitos remuneratórios à mediadora) caso o cliente nesse período de vigência do contrato proceda à venda do imóvel objecto do contrato a interessado por ele acordado ou que a ele chegue, não encontrado pela mediadora (o que, como dissemos, pode perfeitamente fazer).

Repare-se, porém, que **a mediadora tem uma expectativa legítima em que o cliente a deixe procurar interessado.** Daí que se a não deixam, pode bem perguntar-se se, também aqui (em que se acordou no regime de exclusividade, que visa precisamente defender o interesse da mediadora...), foi por "*causa* ***imputável ao cliente***" **que o negócio se não veio a concretizar** (cfr. art. 19º/2 da Lei 15/2013).

Diríamos, então, que também aqui se violou o **princípio da boa fé** (art. 762º CCivil): na pendência da condição suspensiva que daria direito à remuneração à mediadora (a angariação de um interessado na concretização do negócio visado) o **cliente não terá actuado com a leal-**

– **Segunda situação**: o comitente negoceia directamente com outro interessado **mas já depois de a mediadora ter arranjado um cliente efectivamente interessado** no negócio nos termos firmados no contrato de mediação imobiliária.

Aqui entra em cena o art. 19º/2 da lei 15/2013, de 8 de Fevereiro, em toda a sua plenitude: **o negócio não se concretizou "*por causa imputável ao cliente*"**, na medida em que este, sabendo que a mediadora tinha um interessado real para o negócio, "desviou-se" dessa rota para, negociando com outro e ignorando o trabalho da mediadora, se furtar ao pagamento da comissão[318].

Assim, nesta hipótese o comitente nunca poderá preterir o interessado (genuíno) no negócio que, durante a vigência do contrato de medição, em regime de exclusividade, a mediadora lhe apresentou, sem ficar obrigado a pagar a remuneração acordada, **mesmo em face de um outro que lhe ofereça melhores condições.** É que, nessa hipótese, **a mediadora já havia atingido o resultado visado pelo contrato de mediação,** tendo direito à correspondente remuneração[319].

dade que a mediadora esperava, tornando dessa forma (com a venda do imóvel que acaba por fazer) **impossível a efectivação daquele negócio.** Daí que **seja razoável aceitar que lhe assiste o direito ao ressarcimento dos prejuízos que teve, que, no extremo, poderiam ser reconduzidos ao valor da remuneração acordada** (cfr. artigos 562º e ss do CCivil).
Isso mesmo parece extrair-se do estatuído no **artigo 801º, 1, do Código Civil:** "*tornando-se impossível a prestação por causa imputável ao devedor, é este responsável como se faltasse culposamente ao cumprimento da obrigação*" – incidindo sobre o comitente/devedor uma **presunção de culpa** (ou seja, a ele incumbindo o ónus da prova de que a falta de cumprimento não procedeu de culpa sua – dito de outra forma, ...a prova de que não lhe foi imputável o facto da mediadora não ter levado a bom porto a realização integral do contrato de mediação imobiliária que ambos livremente celebraram).

318 Afinal, a mediadora levou levar a cabo diligências tendentes a alcançar essa finalidade, **as quais têm custos.** Se durante a vigência do contrato de mediação, o comitente decidir negociar directamente a realização do contrato que por via dela visava concretizar e se logra esse objectivo, é evidente que frustra, de todo, o interesse da mediadora, sendo certo que, em termos práticos, e na perspectiva dela, essa situação não difere da que poderia ocorrer com a intermediação de outra.

319 Veja-se que, como foi entendido no Ac. da RG, de 23-04-2009 (Proc. 2207/07.0TBV CT.G1 – Henrique Andrade), até mesmo no regime de mediação livre (ou seja, sem exclusividade), caso o negócio se não conclua por *facto imputável ao cliente* da mediadora, esta poderá ter direito a ser indemnizada, segundo as regras da responsabilidade civil, pelos prejuízos que

V.2.4..1.2.1.6. Das consequências da violação da cláusula de exclusividade pelo cliente

tal facto lhe cause. No regime de exclusividade, como dito, a imputabilidade ao cliente da não conclusão do negócio, com a manutenção do direito à remuneração acordada, tem pleno assento no mencionado art. art. 19º/2 da lei 15/2013, de 8 de Fevereiro (*idem* art. 18º/2/a) do DL 211/2004, de 20 de Agosto).

Assim, portanto, **pouco importa que o interessado encontrado pelo cliente venha a oferecer melhor preço que o interessado (antes) encontrado pela mediadora**: esta tem direito à remuneração, pois.......encontrou pessoa genuinamente interessada no negócio (nos termos –preço... – que estavam previstos no contrato).

Uma nota: a propósito do direito à remuneração pela mediadora no caso da não concretização do negócio visado no contrato de mediação celebrado em regime de exclusividade, ***por causa imputável ao cliente*** *proprietário ou arrendatário trespassante do bem imóvel* (art. 19º/2 Lei 15/2013), nunca é excessivo esclarecer o seguinte:
Sem embargo das "reservas" já deixadas a respeito da situação em que o cliente, antes de findo o prazo do contrato, celebrou o negócio visado com um interessado por ele encontrado (dessa forma tornando impossível à mediadora encontrar, no prazo contratualizado, o interessado a que se obrigou), deve vincar-se bem que **o "princípio" (ou regra) a seguir é sempre este**: para que o direito à indemnização se possa efectivar é imperioso que a **mediadora prove que (efectivamente) angariou cliente genuinamente interessado** na celebração do negócio. **Sem este pressuposto nunca se poderá verificar o pressuposto seguinte** que faria nascer o seu direito à remuneração: que o negócio não se celebrou *"por causa imputável ao cliente"* da mediadora

Atente-se nos seguintes arestos:
«- num contrato de mediação imobiliária para que a mediadora lograsse ter direito à remuneração, em face do contrato com cláusula de "exclusividade" ***era pressuposto determinante a prova de que angariou cliente para a celebração do negócio.***
– Sem este pressuposto nunca se poderá verificar o pressuposto seguinte que faria nascer o seu direito à remuneração: que o negócio não se celebrou por causa imputável ao cliente da mediadora» – Ac. RL de 24.05.2011, proc., 11231/08.5TMSNT.L1-6, Maria Teresa Soares.

«I – Num contrato de mediação imobiliária em regime de exclusividade, o direito à remuneração do mediador existe mesmo que não se concretize o negócio desde que a não concretização se deva a causa imputável ao cliente.
II – Mas o direito à remuneração implica a execução da prestação contratual a que o mediador se obrigou, ou seja, a prática dos actos adequados a conseguir a concretização do negócio visado com a mediação.
III – Em suma, tem de ficar demonstrado que a mediadora praticou os actos necessários à concretização do negócio entre o seu cliente e o terceiro interessado e que, só por culpa do cliente, o negócio não se concretizou por intermédio da mediadora.» – Ac. RL de 22.11.2012, Proc. – Anabela Calafate.

Vimos a situação (excepcional) em que era devida a remuneração à mediadora quando, havendo cláusula de exclusividade, o negócio visado não se concretizou *por* ***causa imputável ao cliente proprietário ou arrendatário trespassante do bem imóvel*** **(recusa do cliente em celebrar o negócio).**

Trata-se agora da situação em que o negócio visado teve lugar, sim, mas em **violação** ("directa") pelo cliente da cláusula de exclusividade, na medida em que tal celebração ocorreu com interessado angariado por outra mediadora (igualmente contratada pelo cliente daquela que tinha a exclusividade) ou até pelo próprio cliente (no caso de acordada a exclusividade reforçada).

É claro que se trata de situações em que, por facto imputável ao cliente da mediadora (exclusiva), esta **ficou impossibilitada** de levar a cabo a prestação a que se obrigou ao celebrar o contrato de mediação imobiliária. E, estando-se (como está) perante um contrato bilateral e tornando-se impossível a prestação (leia-se, o negócio visado) por causa imputável ao credor (leia-se, ao cliente da mediadora), não fica este desonerado da contraprestação, como ressalta do artigo 795º, nº2 do Código Civil. Daí estar obrigado a pagar a remuneração acordada com a mediadora exclusiva[320].

«I – Para que a sociedade mediadora possa receber a remuneração ao abrigo da alínea a), do nº 2, do artigo 18º do Decreto-Lei nº 211/2004, esta tem de estar em condições de poder concluir o negócio, mas o mesmo não se concretiza, ou por recusa do cliente da mediadora em fazê-lo, ou por destruição do imóvel objecto da mediação, por culpa imputável ao cliente da empresa ou por qualquer outra situação a este cliente imputável.

II – Não basta, o cliente ter vendido o imóvel, com ou sem a intervenção de outra mediadora, uma vez que a venda do imóvel, só impede que a sociedade de mediação com a qual foi feito o contrato, em regime de exclusividade, a partir dali deixe de continuar a promover a angariação.

III – Para se aplicar a alínea a), do nº 2, do artigo 18º, do Decreto-Lei nº 211/2004, a empresa mediadora já tem de ter objectivamente uma situação concreta para a conclusão do negócio, o qual não se fecha, ou celebra, por culpa imputável ao cliente da mediadora.

IV- O facto de o cliente ter vendido o imóvel antes do termo do contrato de mediação que tinha celebrado com a mediadora, em regime de exclusividade, sem que tivesse comunicado a esta e com o recurso a intervenção de outra empresa mediadora apenas configura uma violação contratual.

V- Esta violação contratual não dá lugar ao pagamento da remuneração, mas sim de uma indemnização pelos prejuízos causados.» – Ac. RL de 04.10.2012, proc. 6916/10.9TBOER.L1-2, Lúcia Sousa.

[320] Há, porém, quem ponha reservas a esta posição – cfr. o Acórdão da Relação de Lisboa de 19/11/2013, Pº 4545/11.9TBALM.L1-7, disponível, in, www.dgsi.pt.

Ver a (vasta) jurisprudência inserida sobre a *cláusula de exclusividade.*

Solução, diga-se, que também vigora no contrato de agência exclusivo[321].

Vejamos algumas situações.

V.2.4.1.2.1.6.1. O cliente, na vigência do contrato exclusivo, vem a contratar outra mediadora e a celebrar o contrato desejado com um interessado angariado por esta outra – ou encontrado pelo próprio, no caso de exclusividade absoluta (desde que convencionada[322])
Há lugar ao pagamento da remuneração acordada à mediadora com quem contratou em regime de exclusividade?[323]

Cremos que há que **distinguir duas hipóteses:**

1. **Primeira hipótese:** antes da celebração do contrato visado com o interessado angariado pela outra mediadora, **a mediadora** com quem o comitente contratou em exclusividade **já tinha encontrado um interessado para o negócio visado** (e comunicado tal facto ao comi-

[321] Cfr. artigo 16º do DL 178/86 de 3 de julho, com as alterações introduzidas pelo DL 118/93 de 13 de Abril: *"1- O agente tem direito a uma comissão pelos contratos que promoveu e, bem assim, pelos contratos concluídos com clientes por si angariados, desde que concluídos antes do termo da relação de agência. 2- O agente tem igualmente direito à comissão por atos concluídos durante a vigência do contrato se gozar de um direito de exclusivo para uma zona geográfica ou um círculo de clientes e os mesmos tenham sido concluídos com um cliente pertencente a essa zona ou círculo".* Em anotação a este preceito, António Pinto Monteiro (*Contrato de Agência,* Anotação, 4ª ed., Coimbra, 78-79) escreve: *"O artigo 16º, nº2 mantém o direito do agente exclusivo à comissão, mesmo que se trate de contratos em cuja negociação ele não interveio, uma vez concluídos com pessoas pertencentes à zona ou ao círculo de clientes reservado ao agente". E acrescenta que, "pretende o legislador, sobretudo, desencorajar atitudes contrárias ao sentido do direito de exclusivo, não impedindo, contudo a realização de contratos sem a intervenção do agente, desde que isso se justifique, e sem prejuízo do direito do agente à respetiva comissão (...) o direito à comissão do agente exclusivo, consagrado no nº 2, não está dependente do facto de os contratos serem concluídos com clientes por si angariados: basta que se trate de pessoas pertencentes à zona ou ao circulo de clientes que lhe fora reservado (...)".*

[322] Caso em que o cliente também fica impedido de celebrar contrato com interessado por si angariado.

[323] E, como tal, o obrigava **a aceitar o monopólio da mediadora** com quem contratou, na busca de interessado para o negócio, não podendo deixar que outra mediadora interviesse. **Aqui, portanto, está em causa a situação de claro "afrontamento" à exclusividade contratualizada:** o cliente celebra o negócio visado mas.... com outra mediadora com quem veio a contratar.

tente), nas condições constantes do contrato de mediação imobiliária, negócio que o comitente recusou.

2. **Segunda hipótese: o interessado angariado pela outra mediadora ainda não tinha sido encontrado pela mediadora com a exclusividade** quando o comitente decidiu prosseguir com uma outra mediadora e celebrou o negócio visado com o interessado encontrado por esta.

➢ **Na primeira hipótese, haveria sempre lugar à remuneração**: o negócio encontrado pela mediadora exclusiva se não concretizou *por causa imputável ao cliente*/comitente (art. 19º/2 Lei 15/2013) – culpa essa consubstanciada, portanto, na sua permissão de intervenção de outra mediadora e dessa forma impossibilitando que a mediadora exclusiva levasse a bom porto o contrato que celebrou[324].

➢ **Na segunda hipótese**:

a. **Numa interpretação puramente "literal"**: parece concluir-se que não haveria lugar à remuneração à mediadora exclusiva, pois, não havendo ainda interessado no negócio, é **muito difícil dizer-se que o negócio se não concretizou por "*causa imputável*" ao comitente/cliente** (art. 19º/2 Lei 15/2013) – não havendo interessado encontrado pela mediadora exclusiva **não se poderia falar em nexo causal entre a sua actuação e a celebração do negócio visado....**

[324] Aliás, não tendo aceite o negócio encontrado pela mediadora exclusiva e recorrendo a outra mediadora, vindo a celebrar o contrato visado com o interessado por esta encontrado, **nem parece, sequer, ser necessário** (então) **o preenchimento do nexo de causalidade** entre a celebração do negócio e a actividade da empresa mediadora que beneficiava da exclusividade – **nexo de causalidade esse que, ao invés, tinha sempre de existir** na situação em que, havendo cláusula de exclusividade não tenha havido intervenção de outra mediadora na celebração do contrato visado. Aqui, sim (como já supra deixámos dito) impõe-se o preenchimento do nexo causal entre a actividade da mediadora e a efectiva celebração do contrato visado, ou seja, é preciso que o contrato tenha sido efectivado por (ou também por) intervenção..... **determinante** da mediadora, pois foi esta quem encontrou o interessado com quem, afinal, veio a ser celebrado o contrato. Aliás, como já ficou dito, até se tem sustentado que havendo cláusula de exclusividade há uma **presunção de existência daquele nexo causal** (cfr., v.g., Acórdão do STJ de 10.10.2002, proc. 02B2469).

b. **Outra interpretação:** nos termos das disposições combinadas dos arts. 795º/2, 798º, 799º e 564º, do Código Civil, **pode haver lugar ao ressarcimento dos prejuízos sofridos pela mediadora** exclusiva, caso os tenha tido – **para o que se impõe que os alegue e prove**[325]-[326].
c. **Cremos que neste caso haveria lugar ao pagamento da remuneração à mediadora que primeiro contratou.**

Também aqui, por aplicação do **art. 801º** CCivil (***impossibilidade culposa***) **parece poder responsabilizar-se o cliente pelo pagamento da remuneração acordada com a mediadora exclusiva – funcionando a *presunção de culpa* do devedor (cliente) ínsita no art. 799º do CCivil.**

V.2.4.1.2.1.6.2. O comitente, pouco tempo após a cessação do contrato de mediação com exclusividade vem a celebrar o negócio objecto do contrato mas com a mediação de outra mediadora, quando na vigência daquele primeiro contrato de mediação tinham decorrido diligências tendentes (suficientes) à concretização da venda que veio a ocorrer.
Nesta situação, deve entender-se que o comitente (cliente da mediadora) **incumpriu a estipulada cláusula de exclusividade.**

[325] Ver o Ac. TRL de 19.11.2013, proc. 4545/11.9TBALM.L1-7 (Rosa Ribeiro Celho) : «***A obrigação de indemnizar, por parte do cliente que tenha incumprido o contrato de mediação imobiliária com exclusividade, pressupõe a ocorrência de prejuízos, cujo ónus de demonstração, enquanto facto constitutivo do direito invocado, cabe à entidade mediadora.***».

[326] **Isto, ainda, sem embargo de aqui se aplicarem as objecções tecidas supra** a propósito do direito à remuneração pela mediadora exclusiva no caso de o cliente, no **período do contrato e antes da mediadora contratada ter encontrado interessado para o negócio, ter celebrado o negócio visado com interessado por ele procurado ou que a ele se dirigiu.** Tais objecções não deixam, de facto, de aqui também vingar, na medida em que, **tal como naquela situação,** também na que ora apreciamos (de contratualização de nova mediadora que, antes da primeira o ter conseguido, angariou interessado com quem veio a ser feito o negócio) **se poderá dizer que o cliente, ao contratar, na vigência do contrato exclusivo, uma nova mediadora e outorgar o contrato visado com o cliente por ela encontrado, acabou por tornar impossível (por sua *culpa*...?) a (eventual) realização integral do contrato por banda da mediadora exclusiva**, sendo assim (pelo menos) razoável dizer-se que foi por "*causa imputável ao cliente*" que, afinal, o negócio visado no contrato de mediação se não veio a concretizar.....por acção da mediadora.

É evidente que a lei trata de uma forma particular os contratos de mediação imobiliária com cláusula de exclusividade, como ressalta da própria forma de remuneração (*ut* art. 19 do RJAMI).

Sendo estipulada esta cláusula de exclusividade, é claro que **à mediadora assiste a obrigação de ser diligente**, desenvolvendo a atividade no sentido de obter interessado no contrato e/ou de levar as negociações a bom porto.

É que não faria qualquer sentido que alguém que pretende interessado para um contrato celebrasse um contrato de mediação para esse fim, vinculando-se a não celebrar contrato com o mesmo objeto com qualquer outra mediadora, se a mediadora com quem contratou não ficasse com a obrigação de diligenciar por obter interessado (melhor, destinatário) no contrato que o cliente pretende celebrar. Se a mediadora a nada se obrigasse, impedindo-se o cliente de recorrer a outras mediadoras, estaríamos perante um contrato totalmente desequilibrado que ninguém, minimamente esclarecido, aceitaria e celebraria.

Ora, se a mediadora tem essa obrigação de tudo fazer para (tão rápido quanto possível) lograr obter interessado (melhor, destinatário) no contrato que o cliente pretende celebrar, também o seu cliente deve procurar "respeitar" aquela obrigação que impende sobre a mediadora e, como tal, evitar de, pouco após a cessação do contrato celebrado com esta, ir a "correr" contratar outra mediadora, fazendo tábua rasa do labor desta quando, afinal, o mesmo era suficiente para que o negócio visado se pudesse ter concretizado (assim o quisesse o comitente).

É que, afinal, nesta situação a mediadora (a primeira) cumpriu a prestação a que se obrigou, só não se tendo concretizado o negócio visado por causa imputável ao cliente. Donde ser exigível a remuneração a essa mediadora, só se eximindo o cliente ao pagamento da remuneração se lograr provar que nenhuma culpa teve na não realização do negócio previsto.

Atente-se que nos contratos bilaterais, se a prestação se tornar impossível por causa imputável ao credor, não fica este desobrigado da contraprestação (art. 795, nº 2, do CC). **Solução, aliás, aplicável para o caso análogo do contrato de agência exclusivo:** o agente tem direito à comissão por actos concluídos durante a vigência do contrato (mesmo que não os tenha promovido nem tenham sido celebrados por clientes por si angariados), se gozar de um direito de exclusividade para uma zona geográfica ou para um círculo de clientes e se os mesmos actos tiverem sido concluídos com um cliente pertencente a essa zona ou círculo de clientes (cfr. art. 16, nº 2, conjugado com o nº 1, do Regime do Contrato de Agência – DL 178/86, de 3 de julho, alterado pelo DL 118/93, de 13 de abril).

V.2.4.2.2.2. Outra jurisprudência relevante sobre a *cláusula de exclusividade* (seu âmbito e consequências da sua violação)

Deixa-se, em rodapé, outra jurisprudência útil encontrada **sobre a temática ora sob apreciação (*cláusula de exclusividade* – seu âmbito e consequências da sua violação)**[327].

[327] «*- No âmbito de um contrato de mediação celebrado em regime de exclusividade em que as partes não fazem depender o pagamento da remuneração da efectiva outorga de qualquer contrato, é a mesma devida ao mediador que tenha desenvolvido actividade que haja influído de forma decisiva para a conclusão do negócio visado, como sucede se um cliente vem a ocupar as lojas visadas, tendo ocorrido a intervenção daquele nas reuniões que ocorrereram com o cliente interessado, foram por si apresentadas minutas dos contratos e foi mesmo outorgado contrato promessa, ainda que o contrato prometido se não haja realizado, por razões apenas imputáveis ao cliente.*» – Ac. STJ de 12.12.2013, proc. 135/11.4TVPRT.G1.S1- Granja da Fonseca.

– Ac. RL de 12.07.2012, Proc.1187/11.2TBPDL.L1-7, Ana Resende.

«*Tendo sido contratado entre as partes um regime de* ***não exclusividade, com a faculdade da não renovação do contrato, e celebrando-se este com uma entidade terceira, por iniciativa dos comitentes, inexiste o reclamado direito de remuneração*** *pela comissão de mediação, nem o direito de indemnização pelo incumprimento contratual ou pela revogação unilateral tácita do contrato ou, finalmente, a título de responsabilidade pré-contratual, por culpa in contrahendo.*» – Ac. STJ de 27.5.2010, proc. 9934/03.0TVLSB.L1.S1, Hélder Roque.

«*Tratando-se de um contrato de mediação imobiliária em* ***regime de exclusividade, recaía sobre a A. o ónus de provar que a não concretização do contrato era imputável aos R.R.,*** *como facto constitutivo do direito à remuneração excepcionalmente previsto no artigo 19º, nº 2, alínea a), do Dec.Lei nº 77/99, então em vigor.*» – Ac. RL de 30.10.2010, proc. 3671/08.6TBALM.L1-7, Tomé Gomes.

«*IV – Sendo esse contrato de exclusividade, a cliente fica impedida de contratar outra mediadora para a promoção do mesmo negócio durante o período em que vigora o exclusivo, mas não de negociar directamente com algum interessado que se lhe apresente sem ser por intermédio da mediadora nem obrigada a contratar apenas com interessados indicados por esta.*
V – Em qualquer dos regimes (exclusividade ou não exclusividade), a remuneração a que alude o nº 1, do art. 18º, do Decreto-Lei nº 211/2004, de 20 de Agosto, ainda que a empresa mediadora tenha cumprido a sua obrigação, só é devida na condição de ser concluído perfeitamente o negócio visado e este se consumar como resultado adequado da actividade daquela (nexo causal).
VI – No caso de exclusividade, a remuneração é, ainda, devida mesmo que o negócio visado não se concretize por causa imputável ao cliente da mediadora ou, concretizando-se, ele não ocorra em consequência

V.2.5. Cláusulas contratuais gerais e contrato de mediação imobiliária

da actividade desenvolvida por esta no caso de ter sido impedida de promover tal conclusão por conduta imputável à cliente.
VII – Valendo-se esta, além de outras ligações, da circunstância de ser sócia de uma sociedade cujo gerente é a mesma pessoa, para, ainda que em caso de não exclusividade, não concluir directamente o negócio visado e acertado com os interessados conseguidos pela mediadora e obstar ao recebimento por esta da remuneração devida, para interpor aquela como compradora e vendedora de modo a que a venda acabou por ser feita àqueles, com repartição dos proventos, é de aplicar a figura da desconsideração da personalidade jurídica da referida sociedade, abusivamente utilizada como testa de ferro, de modo a prevalecer o negócio realmente realizado entre a cliente e os interessados e a reconhecer o direito da mediadora à remuneração prevista na lei e no contrato» – Ac. TRP de 03.04.2014, proc., José Amaral.

«II – O regime de exclusividade, sendo inequívoco que visa afastar a concorrência, impedindo a celebração de contrato de mediação com outra mediadora, durante o período de vigência do contrato, não deve ser entendido em termos tão absolutos que limite a liberdade do próprio comitente procurar interessados no negócio pretendido, para mais em se tratando de pessoas singulares, sem os meios e os contactos que têm as empresas mediadoras.
III – De todo o modo, e no limite, é de excluir que o comitente não possa aceitar qualquer proposta de compra que venha até si, sendo-lhe apresentada por alguém que, sem a intermediação de mediadora, se mostre interessado no negócio.
IV – A remuneração da mediadora só é devida se o contrato previsto for realizado, e esta só adquire o direito à comissão quando a sua actividade tenha contribuído para a celebração do negócio, ainda que não seja a causa determinante da celebração, o que tem aplicação mesmo quando o contrato de mediação é celebrado em regime de exclusividade.» – Ac. TRG de 04.06.2013, proc. 1264/12.2TBBCL.G1, Fernando Fernandes Freitas.

Mesmo em regime de exclusividade é a mediadora quem tem de demonstrar o nexo causal entre a actividade que por si foi desenvolvida e a concretização do negócio visado pela mediação.» – Ac. TRC 18.02.2014, proc. 704/12.5T2OBR.C1, José Guerra.

«I. *A cláusula de "exclusividade de vendas" inserta num contrato de mediação imobiliária é válida face ao princípio da* ***liberdade contratual*** *(art. 405º do C.C.).*
II. Por isso, ***não estão os contraentes impedidos de acordar o pagamento de uma prestação pelo serviço do mediador, ainda que este serviço não conduza a qualquer resultado.***
III. Se as partes divergem na interpretação a dar àquela cláusula de exclusividade, impõe-se averiguar a vontade real das mesmas, elaborando-se, para tanto, os pertinentes quesitos.» – Ac. TRC de 09.02.1999, proc. 1655/98, Varela Rodrigues.

«Celebrado contrato de mediação imobiliária, em ***regime de exclusividade, recusando-se*** *a proprietária do imóvel, objecto do negócio, a celebrar contrato promessa com interessada angariada pela mediadora, sem fazer qualquer outra prova, capaz de afastar a sua culpa, fica* ***responsável pelo pagamento da remuneração*** *acordada, atento o disposto no art. 18, nº 2, al a), referido e arts. 798 e 799º, do Cód. Civil)»* – Ac. TRG de 31-01-2013, proc., Rita Romeira.

V.2.5.1. Generalidades

Como como é sabido, as cláusulas contratuais gerais são **cláusulas pré-elaboradas e pré-estabelecidas inseridas em contratos em que o consumidor não tem capacidade de negociar, antes se limitando a aceitar ou não o contrato nos termos que lhe são apresentados.** Encontram-se normalmente nos chamados contratos de adesão.

Aqui, "*a liberdade da contraparte fica praticamente limitada a aceitar ou a rejeitar, sem poder realmente interferir, ou interferir de forma significativa, na conformação do conteúdo negocial que lhe é proposto, visto que o emitente das condições gerais não está disposto a alterá-las ou a negociá-las. Se o cliente decidir contratar, terá de se sujeitar às cláusulas previamente determinadas por outrem, no exercício de um law making power de que este, de facto, desfruta, limitando-se aquele, pois, a aderir a um modelo pré-fixado*"[328].

O Regime da Cláusulas contratuais gerais vem previsto no Dec.-Lei 446/85, de 25 de Outubro, actualmente com a redacção do Dec.-Lei nº 220/95, de 31 de Agosto. Regime este, cujos potenciais **destinatários** são as companhias de seguros, bancos, empresas de transporte, de fornecimento de água, energia eléctrica ou gás, empresas que se dedicam à transmissão de bens, de maquinaria, de automóveis, de electrodomésticos, etc.

«Salienta-se que «A unilateral pré-formulação das condições contratuais aparece como a primeira nota caracterizadora, ainda que de tipo meramente

«I – O facto de o réu, ***depois de ter denunciado o contrato de mediação imobiliária*** *celebrado com a autora, ter sido contactado por esta e ter aceite que ela continuasse a diligenciar pela venda do prédio, não significa, por si só, que tal se fizesse em regime de exclusividade, sendo, naturalmente, no que respeita à interpretação desta declaração negocial, que avulta o facto de a* ***placa****, onde figurava o logótipo daquela,* ***ter permanecido ou não no local onde fora, inicialmente, colocada.***
II – Provado que ***essa placa foi retirada desse local, no termo do prazo contratual****, é de concluir que o novo contrato não estava sujeito a regime de exclusividade.*
III – Havendo contrato de mediação imobiliária ***sem exclusividade****, a mediadora apenas tem direito a remuneração com a conclusão e perfeição do negócio visado pelo exercício da mediação, nos termos do artº18º.1 do DL 211/04, de 20-08,* ***sem prejuízo, caso o negócio se não conclua por facto imputável ao cliente da mediadora, do direito desta a ser indemnizada, segundo as regras da responsabilidade civil, pelos prejuízos que tal facto lhe cause.»*** – Ac. TRG de 23.04.2009, proc. 2207/07.0TBVCT. G1, Henrique Andrade.

[328] Cfr. António Pinto Monteiro, "*Contratos de adesão: o regime jurídico das cláusulas contratuais gerais instituído pelo Dec.-Lei nº 446/85, de 25/10, ROA*, 1986, pp. 740-1; cfr., ainda, Menezes Cordeiro, in *Direito das Obrigações*, 1º vol., pp. e ss., e acórdão do STJ, de 5 de Julho de 1994, BMJ, nº 439º, 516 e ss.

formal, funcionando, em rigor, como sinal ou indício de um unilateral poder de estipulação. (...). Para que estejamos perante condições negociais gerais não basta, porém, a mera pré-elaboração em si própria, sendo antes **necessário que se trate de uma pré-formulação para uma pluralidade de contratos ou uma generalidade de pessoas**, assim se evidenciando a estreita ligação funcional entre estes dois vectores. (...). **Se, porém, forem predispostas certas condições negociais, não com o** intuito de uma múltipla utilização, **antes apenas para integrarem um contrato singular, já não estaremos perante cláusulas contratuais gerais»**[329].

V.2.5.2. Podem ser usadas cláusulas contratuais gerais nos contratos de mediação imobiliária[330]?

Sim[331] (cfr. art. 16º/4 Lei 15/2013[332] - alterado pelo art. 3º do DL 102/2017, de 23.08[333]) - aplicando-se, então, também aqui o RJCCG (DL 446/85, de 25.10, com as subsequentes alterações)[334].

[329] Almeno de Sá, *Cláusulas Gerais e Directiva Sobre Cláusulas Abusivas,* Almedina, 2ª ed., pp. 213 e ss.

[330] **Isto é,** como cláusula pré-elaborada e pré-estabelecida inserida num modelo ("chapa") de contrato pré-elaborado pela empresa mediadora e que tenha elaborado para todos os contratos que venha a celebrar (onde, portanto, o cliente/consumidor não tenha qualquer intervenção negocial, antes se limite a aceitar tal cláusula (como outras ali inseridas) nos termos que lhe sejam apresentados).

Claro que tal situação **pode perfeitamente ocorrer** – e certamente que até ocorrerá com alguma frequência, dependendo muito das "exigências" da empresa mediadora em causa.

[331] Claro que tal situação **pode perfeitamente ocorrer** – e certamente que até ocorrerá com alguma frequência, dependendo muito das "exigências" da empresa mediadora em causa.

[332] Redacção diferente do art. 19º/7 do DL 211/2004 e 77/99.

[333] Antes desta alteração a Lei limitava-se a dizer que tais modelos contratuais *só podem ser utilizados pela Empresa* ***após validação*** *dos respectivos projetos pela Direção-Geral do Consumidor* (no Acórdão do TRE de 03/12/2008, *in* CJ 2008, V, 254, **julgou-se nulo o contrato** de mediação porque (só porque...), «*tendo sido celebrado no âmbito de um quadro negocial padronizado, com recurso a cláusulas contratuais gerais,* ***não foi enviada uma cópia do projecto do mesmo ao Instituto do Consumidor*****»).**

O DL 102/2018 veio exigir que os *projetos de* modelos de contratos sejam aprovados previamente pelo Instituto dos Mercados, do Imobiliário e da Construção, I.P. (IMPIC,I.P.). E acrescenta: *sempre que a empresa utilize o modelo de contrato com cláusulas contratuais gerais aprovado por portaria....* – **a Portaria foi a nº 22872018, de 13 de agosto –, *está dispensada da aprovação prévia referida no nº 4, devendo depositar o modelo de contrato, ...junto do IMPIC, I.P.***

Note-se, porém, que, considerando a natureza do contrato de mediação imobiliária, parece que **não serão poucas as vezes em que a inserção da cláusula de exclusividade resulta de prévio acordo entre ambas as partes outorgantes** (após sugestão da entidade mediadora e aceite pelo comitente/seu cliente), dessa forma, portanto, aceitando **livremente** que seja a mediadora a ficar com o monopólio de (no período do contrato) procurar arranjar interessado para o negócio. E **nestes casos, é claro, não se pode falar em cláusula contratual geral, pois foi negociada previamente para ser inserida naquele contrato.**

V.2.5.3. Ónus da prova

O "*o ónus da prova de que uma cláusula contratual resultou de negociação prévia entre as partes* ***recai sobre quem pretenda prevalecer-se do seu conteúdo***"[335].

[334] Assim, portanto, parece que nada obsta a que a própria cláusula de exclusividade **se apresente como uma das cláusulas contratuais gerais dum contrato de mediação imobiliária,** celebrado, portanto, por via dum modelo contratual pré definido.
E **sendo assim, é claro que tal cláusula não pode deixar de estar sujeita ao regime das cláusulas contratuais gerais** (*maxime* aos **arts. 5º e 6º** – aludido DL 446/95, de 25 de Outubro).

[335] Nº 3 do art. 1º da LCCG.
O mesmo é dizer que **se alguma das partes quiser furtar ao regime da LCCG alguma cláusula contratual ou, mesmo, a totalidade de um contrato, por entender que no caso não ocorrem os pressupostos daquele regime, recai sobre si o ónus de demonstrar que tal ou tais cláusulas foram alvo de negociação prévia,** isto é, que a respectiva fixação é fruto do clássico exercício da liberdade contratual tido em vista no art. 405º nº 1 do Código Civil. Se não satisfizer essa exigência, a cláusula ou negócio sujeitar-se-á às restrições impostas pela LCCG.
Tal regra faz sentido em situações em que o negócio em causa aparenta ser de adesão ou conter cláusulas pré-determinadas. **Porém, se o contrato aparentar ter sido antecedido de negociação prévia e ninguém alegar o contrário, parece não se justificar trazer à liça o disposto no nº 3 do art. 1º da LCCG,** visto que então não se suscita a questão cuja resolução ele visa.

Assim, também, o Ac. RL de 12.6.2018, proc. 73800/16.8 (Manuel Marques):
«É à parte que quer beneficiar da aplicação do regime jurídico das cláusulas contratuais gerais que compete, em concreto, alegar e provar que se está perante aquela tipologia de cláusulas, nos termos do art. 342º, nº 1, do CC.».

Questão[336]**: se pode ser inserida** (e assim considerada) **em contratos de mediação imobiliária** uma **cláusula de exclusividade como... cláusula contratual geral** (como uma das existentes no contrato)[337]

Perante o já explanado, naturalmente que pode (ver, presentemente, a **clª 4ª** do modelo de contrato de mediação imobiliária com cláusulas contratuais gerais ínsito na **Portaria nº 228/1018, de 13.08. O nº 2 dessa cláusula refere (de forma deficiente, porém...) o significado dessa cláusula – veja-se que o nº2, al. g), do art. 16º do RJAMI já impõe que se especifiquem os efeitos da referência ao regime da exclusividade, sob pena de nulidade do contrato como diz o nº 8 do mesmo normativo (redacção actual), que, porém, não pode ser invocada pela empresa de mediação**).

Como tal, tratando-se de uma CCG – não negociada previamente, portanto –, valerão aqui as regras do Regime jurídico das cláusulas contratuais gerais (*maxime* aos **arts....5º e 6º** – aludido DL 446/95, de 25 de Outubro).

Houve na jurisprudência, quem assim não tivesse entendido Cfr. Ac. do TRE de 15.09.2010, proc. 2439/07.1TBPTM.E1 (Isoleta Almeida Costa): ***«I – A cláusula de exclusividade, ínsita num contrato de mediação imobiliária, não está abrangida pelo regime das cláusulas contratuais gerais****, pois tem um regime próprio definido no regime jurídico do contrato de mediação imobiliária, que não limita a capacidade negocial das partes envolvidas»*[338].

Parece **não estar afastado o recurso à acção inibitória** (seja independente da inclusão em contratos singulares, seja após a sua inserção nesses contratos) visando a apreciação judicial da validade de tais cláusulas gerais.

[336] Muito relevante, dado o melindre desta temática da exclusividade e questões a ela subjacentes.

[337] **Isto é,** como cláusula pré-elaborada e pré-estabelecida, **não negociada,** inserida num modelo ("chapa") de contrato pré-elaborado pela empresa mediadora e que tenha elaborado para todos os contratos que venha a celebrar (onde, portanto, o cliente/consumidor não tenha qualquer intervenção negocial, antes se limite a aceitar tal cláusula (como outras ali inseridas) nos termos que lhe sejam apresentados).

[338] Uma coisa é não haver essa limitação à negociação, outra – bem diferente – é a inexistência de negociação, designadamente (e em especial) porque a mediadora não deu, sequer, azo para tal ("é pegar ou largar"....).

V.2.5.4. Cláusula de exclusividade e violação dos deveres de informação e esclarecimento.

Paticularmente relevante neste ponto nos parece o **Ac Trib Rel Lisboa de 29.09.2016**, proc. 1138.13.0TJLSB.L1.2 (Jorge Leal):

«....

*VI. Não se mostram satisfeitas as **exigências de comunicação e de informação das cláusulas ao contraente aderente**, no que concerne à obrigação de pagamento da remuneração à mediadora em regime de exclusividade se o aderente desistir de negócio para o qual a mediadora encontrara interessado, se no contrato de mediação imobiliária:*

a) O texto expresso no contrato só reportava o pagamento da remuneração aos momentos de concretização efetiva do negócio mediado;

b) Quanto aos efeitos da contratação da mediadora em regime de exclusividade, no contrato apenas se afirma que "Nos termos da legislação aplicável, quando o contrato é celebrado em regime de exclusividade só a Mediadora contratada tem o direito de promover o negócio objecto do contrato de mediação durante o respectivo período de vigência" (nº 2 da cláusula 4ª), omitindo-se, afinal, o efeito mais relevante e gravoso para o cliente-aderente, que é a sujeição à obrigação de pagamento da remuneração no caso de desistência da celebração de contrato com cliente angariado pela mediadora (solução diferente da imposta pelo legislador para os contratos sem exclusividade);

VII.As referidas exigências de informação e esclarecimento do contraente aderente não se bastam com a mera remissão para normas legais, contida no nº 1 da cláusula 5ª do contrato: "A remuneração só será devida se a Mediadora conseguir interessado que concretize o negócio visado pelo presente contrato, nos termos e com as excepções previstas no art. 18 do DL 211/2004, 20.8".

VIII. Não obsta ao referido supra a circunstância de a cláusula mencionada em III reproduzir uma cláusula de uma minuta de contrato de mediação imobiliária aprovada pelo organismo público encarregado de intervir na atividade de mediação imobiliária.»[339].

[339] **O CASO**

– A A., mediadora, celebrou com a R., em 05.01.2012, um **contrato de mediação imobiliária em regime de exclusividade**, obrigando-se a diligenciar encontrar comprador para uma fração autónoma pertencente à R., pelo **preço de € 180 000,00**, mediante o pagamento à A. de uma comissão de 5%.

– Do contrato constam, entre outras, as seguintes cláusulas:

Cláusula 4ª: "....*O Segundo Contratante contrata a Mediadora em **regime de Exclusividade**"* (nº 1) e *"Nos termos da legislação aplicável, quando o contrato é celebrado em regime de exclusividade só a Media-*

dora contratada tem o direito de promover o negócio objecto do contrato de mediação durante o respectivo período de vigência" (nº 2).
Cláusula 5ª: sob a epígrafe "***Remuneração***" consta, no nº 1, que *"A remuneração só será devida se a Mediadora conseguir interessado que concretize o negócio visado pelo presente contrato, nos termos e com as* ***excepções previstas no art. 18 do DL 211/2004****, 20.8"*. No nº 2 desta cláusula consta que *"O Segundo Contratante obriga-se a pagar à Mediadora a título de remuneração ... a quantia de 5% calculada sobre o preço pelo qual o negócio é efectivamente concretizado acrescida de IVA à taxa legal em vigor"*.
No nº 3 da mesma cláusula 5ª consta que *"O pagamento da remuneração apenas será efectuado nas seguintes condições:.......50% após a celebração do contrato-promessa e o remanescente de 50% na celebração da escritura ou conclusão do negócio."*.
– A A. realizou vários actos de mediação com vista à concretização do negócio, **vindo a encontrar uma compradora para o imóvel, pelo preço de € 132 000,00, valor que foi aceite pela R.** e, em 29.01.2013, pela referida interessada.
– A R., por e-mail de 1.02.2013, informa a A. que **desistiu do negócio**, considerando a sua sujeição a mais valias após a venda.

Não se provou:
– Que *"Em 05 de Janeiro de 2012, aquando da subscrição do contrato acima identificado, a Autora informou a Ré que seria igualmente devida à empresa (FCGM, Sociedade de Mediação Imobiliária, S.A.) a remuneração acordada nos casos em que o negócio visado no contrato de mediação, celebrado em regime de exclusividade, não se concretizasse por causa imputável ao cliente proprietário, ao arrendatário trespassante do bem imóvel (...)"*;
– Que *"Em 05 de Janeiro de 2012, aquando da subscrição do contrato acima identificado, a Autora esclareceu a Ré sobre os termos da remuneração devida"*.

A **1ª instância considerou o contrato** como **de adesão** e, por isso, sujeito ao regime jurídico das cláusulas contratuais gerais. Donde se impusesse à A. o cumprimento dos deveres de comunicação e de informação (artigos 5º e 6º do Dec.-Lei nº 446/85, de 25.10 – RJCCG). **E não se tendo provado que a A. cumpriu esses deveres, quanto à explicitação (informação acerca) dos termos em que era devida a remuneração acordada** (nomeadamente que, uma vez que o contrato havia sido celebrado em regime de exclusividade, a remuneração seria devida se o negócio visado no contrato de mediação não se concretizasse por causa imputável ao cliente), entendeu o tribunal que tal cláusula deveria ser excluída do contrato, **afastando à A. o direito à remuneração peticionada**.

Posição da Apelante:
– Diz que procedeu à comunicação que se revelava necessária;
– O contrato limita-se a reproduzir a lei e a remeter para a mesma no tocante aos aspetos relacionados com a remuneração das empresas de mediação (constituindo, aliás, a cláusula 5ª uma mera reprodução da cláusula 5ª contida numa minuta de contrato de mediação aprovada pelo atual Instituto dos Mercados Públicos do mobiliário e Construção e pela Direção-Geral do Consumidor) – daí que, as referidas **cláusulas 4ª e 5ª caiam na exceção de aplicação**

prevista na alínea a) do art. 3º da LCCG, que dispõe que o referido regime não se aplica às cláusulas típicas aprovadas pelo legislador.

Posição da Relação:
– **"...deve excluir-se do regime da LCCG cláusulas contratuais que sejam aplicáveis ao contrato não por vontade manifestada pelas partes mas por força de norma legal". Por isso, a cláusula de adesão ao regime de exclusividade está sujeita ao controlo da LCCG uma vez que não resulta de norma imperativa ou supletiva**, uma vez que a R a ela deu assentimento ao subscrever o contrato.
– **E não foi cumprido, pela mediadora, o dever de informação** a que estava obrigada (art. 6º/1 da LCCG).
E acrescentou:
«...quanto aos efeitos da contratação da A. em regime de exclusividade, no contrato apenas se afirma que *"Nos termos da legislação aplicável, quando o contrato é celebrado em regime de exclusividade só a Mediadora contratada tem o direito de promover o negócio objecto do contrato de mediação durante o respectivo período de vigência"* (nº 2 da cláusula 4ª). **Omitindo-se, afinal, o efeito mais relevante e gravoso para o cliente-aderente, que era a sujeição à obrigação de pagamento da remuneração no caso de desistência da celebração de contrato com cliente angariado pela mediadora....** Com efeito, **a mera remissão para normas legais, contida no supra transcrito nº 1 da cláusula 5ª do contrato, não satisfaz as exigências legais de informação e esclarecimento do contraente aderente (e consumidor).....».**
Isso posto, apelando ao *padrão de boa fé que deve prevalecer* na formação e execução dos contatos e exercício dos seus direitos, rematou a Relação:
«a desistência do negócio por parte da R. não se apresenta como um capricho mas ocorre no contexto de uma hipótese de venda por um preço (€ 132 000,00) muito inferior ao que fora perspetivado aquando da celebração do contrato de mediação (€ 180 000,00), e ainda claramente inferior ao preço posteriormente estabelecido como meta (€ 145 000,00, nº 12 da matéria de facto), o que justificou que a R., poucos dias após se ter ajustado verbalmente o negócio (29.01.2013 e 05.02.2013, nºs 14 e 22 da matéria de facto), tenha reconsiderado, após ponderar o que sobejava deduzidos os encargos, devendo assinalar-se que nessa ponderação se incluía o pressuposto, não desmentido pela A., de que a desistência do negócio não acarretaria a obrigação de pagamento da remuneração à A..
Por tudo isto, afigura-se-nos que se deve manter a decisão recorrida, de não aplicação da cláusula do contrato que determinava a obrigação de pagamento da remuneração à A. no caso de não concretização do negócio mediado por facto imputável à R..».

Que dizer?
Uma vez que **a R aceitou o preço oferecido pelo interessado angariado pela mediadora** (€ 132 000,00) e não almejamos que outra explicação fosse necessária para perceber o clausulado na clª 5ª sobre a remuneração, parece que a **venda apenas se não concretizou por *facto imputável* ao cliente da mediadora,** na medida em que "roeu a corda" apenas por receio das mais valias que iria pagar após a venda).

V.2.5.5. A al. a) do art. 3º da LCCG[340] é aplicável à cláusula contratual geral que sujeita o contrato a exclusividade?

Não. Perante este normativo, **as cláusulas contratuais que devem excluir-se do regime da LCCG são apenas as que se aplicam ao contrato não por vontade manifestada pelas partes mas por força de uma norma legal,** seja ela norma imperativa em sentido estrito (que deva aplicar-se ao contrato, ainda que contra a vontade das partes), seja imperativa no sentido de norma supletiva que é aplicável porque as partes não estipularam em sentido diverso.

Ora, **a sujeição de um contrato ao regime de exclusividade não é obrigatória, não resulta de norma imperativa** em sentido estrito ou de norma supletiva[341].

V.2.5.6. A Portaria nº 228/2018, de 13 de Agosto

Aprovou o modelo de contrato de mediação imobiliária com cláusulas contratuais gerais, a que se refere o artigo 3º do Decreto-Lei nº 102/2017,

Que o direito à remuneração é devido quando, havendo cláusula de exclusividade, o negócio se não concretize por causa *imputável ao cliente* da mediadora, é a lei que o diz.
Parece algo abusivo que a Ré, depois de aceitar a oferta feita pelo cliente angariado pela A., venha (escudando-se numa falta de explicação precisa do sentido da dita cláusula de exclusividade) dizer que, afinal, já não quer vender porque.....vai ter de pagar mais valias!
Parece algo abusiva essa "argumentação" para fugir à celebração do contrato ou, pelo menos, não pagar à A. a remuneração acordada.
Donde parecer ser devida a remuneração acordada (art. 18º/2/a do DL 211/2004, de 20.08 – correspondente ao art. 19º/2 da Lei 15/2013, de 8.02).

340 A LCCT indica, no art. 3º, sob a epígrafe *"excepções"*, situações a que o diploma não se aplica.
"a) A cláusulas típicas aprovadas pelo legislador;
(...........)".

341 É certo que, como já ficou dito, o regime da exclusividade está sujeito ao controlo da LCCG (cfr., neste sentido, Higina Orvalho Castelo, *"Regime Jurídico da Atividade de Mediação Imobiliária"*, 2015, Almedina, pág. 100. Escreveu esta Autora: *"o teor das normas que o RJAMI [regime jurídico da atividade de mediação imobiliária] destina à regulação do acordo de exclusividade* ***não impede que este acordo seja inserido em cláusula contratual geral e que*** *os contratos de mediação com acordo de exclusividade possam ser simultaneamente contratos de adesão. As duas situações estão em planos distintos, ainda que intersetáveis: o regime de exclusividade previsto no RJAMI é estabelecido por causa do conteúdo da cláusula de exclusividade; a disciplina da LCCG é conferida por causa de um especial modo de formação do contrato (através de cláusulas contratuais gerais).».*

de 23 de Agosto, que altera o artigo 16º da Lei nº 15/2013, de 8 de Fevereiro, o qual consta em anexo e dela faz parte integrante[342]..

A maioria dos contratos de mediação imobiliária que se celebram no dia a dia são contratos de adesão, pré-elaborados por empresas de mediação, estando, por isso, sujeitos, além do mais, à Lei das cláusulas contratuais gerais (DL 446/85 de 25 de outubro, alterado pelos DL 220/95 de 31 de Agosto, 249/99 de 7 de Julho e 323/2001 de 17 de Dezembro).

Segundo o art. 3º (*Procedimento de validação de contratos não dispensados*):

1 – Estão sujeitos a aprovação prévia pelo IMPIC, I. P., os modelos de contrato de mediação imobiliária com cláusulas contratuais gerais.

2 – Para efeitos do disposto no número anterior, as empresas de mediação imobiliária devem proceder à comunicação do modelo de contrato antes do início da sua utilização, bem como à comunicação das ulteriores alterações....».

[342] Eis tal modelo contratual:

Contrato de mediação imobiliária nº___/___
Entre
___, com sede social na ___, com o capital social de ___ Euros, e com o NIPC ___, matriculada na Conservatória do Registo Comercial de ___, sob o nº___, detentora da licença AMI nº___, emitida pelo Instituto dos Mercados Públicos, do Imobiliário e da Construção I. P. (IMPIC, I. P.), adiante designada como Mediadora,
e
___ (nome do cliente pessoa singular ou coletiva), (estado civil) ___, sob o regime de bens ___, com (cônjuge) ___, residente(s) na ___, em ___, portador(es) do(s) CC/BI n.os ___ e ___, e contribuinte(s) fiscal(is) n.os ___ e ___, aqui representada pelo seu sócio gerente/administrador/procurador/gestor de negócios com poderes para o ato, com domicílio profissional na sede da sua representada, adiante designado(s) como Segundo(s) Contratante(s) na qualidade de ___ (Proprietário; Senhorio; Trespassante; Outro), é celebrado o presente Contrato de Mediação Imobiliária que se rege pelas seguintes cláusulas:
Cláusula 1ª
Identificação do Imóvel
O Segundo Contratante é proprietário e legítimo possuidor da fração autónoma/prédio (rústico/urbano)/ estabelecimento comercial, destinado(a) a ___, sendo constituído por ___ divisões assoalhadas, com área total de ___ m2, sito na (Rua, Avenida) ___, em ___, (freguesia) ___, (concelho) ___, descrito na Conservatória do Registo Predial de ___, sob a ficha nº___, com licença de construção/utilização nº___, emitida pela Câmara Municipal de ___, em ___/___/___ e inscrito na matriz predial (urbana/rústica) com o artigo nº___ da freguesia de ___.

O nº 6 refere que «6 – *O modelo de contrato com cláusulas contratuais gerais não pode ser utilizado enquanto não tiver sido validado, nos termos do disposto nos números anteriores.*».

Cláusula 2ª
Identificação do Negócio
1 – ***A Mediadora obriga-se a diligenciar no sentido de conseguir interessado na*** *__ Compra ___ Trespasse___ Arrendamento___, pelo preço de___ Euros (___), desenvolvendo para o efeito ações de promoção e recolha de informações sobre os negócios pretendidos e características dos respetivos imóveis.*
2 – Qualquer alteração ao preço fixado no número anterior deverá ser comunicada de imediato e por escrito à Mediadora.
Cláusula 3ª
Ónus e Encargos
O imóvel encontra-se livre de quaisquer ónus ou encargos.
OU
O Segundo Contratante declara que sobre o imóvel descrito na cláusula 1ª recaem os seguintes ónus e encargos (hipotecas e penhoras)___, pelo valor de___ Euros.
Cláusula 4ª
Regime de Contratação
1 – O Segundo Contratante contrata a Mediadora em regime de___ não exclusividade/__ ***exclusividade.***
2 – ***O regime de exclusividade previsto no presente contrato implica que só a Mediadora contratada tem o direito de promover o negócio objeto do contrato de mediação imobiliária durante o respetivo período de vigência.***
Cláusula 5ª
Remuneração
1 – A remuneração só será devida se a Mediadora conseguir interessado que concretize o negócio visado pelo presente contrato, nos termos e com as exceções previstas no artigo 19º da Lei nº 15/2013, de 8 de fevereiro.
2 – O Segundo Contratante obriga-se a pagar à Mediadora a título de remuneração:
___ A quantia de___% calculada sobre o preço pelo qual o negócio é efetivamente concretizado, acrescida de IVA à taxa legal de___%.
OU
___ A quantia de___ Euros (___), acrescida do IVA à taxa legal de___%.
3 – O pagamento da remuneração apenas será efetuado nas seguintes condições:
___ O total da remuneração aquando da celebração da escritura ou conclusão do negócio visado.
OU
___ % após a celebração do contrato-promessa e o remanescente___% na celebração da escritura ou conclusão do negócio.
OU
___ ***O total da remuneração aquando da celebração do contrato-promessa.***
Cláusula 6ª
Obtenção de Documentos
1 – No âmbito do presente contrato, a Mediadora, na qualidade de mandatária sem representação, obri-

Por sua vez, reza o art. 5º (Artigo 5º – *Norma transitória*):

«As empresas de mediação imobiliária que tenham celebrado contratos aprovados pela Direção-Geral do Consumidor nos termos do disposto no artigo 16º da Lei nº 15/2013, de 8

ga-se a prestar os serviços conducentes à obtenção da documentação necessária à concretização do(s) negócio(s) visado(s) pela mediação.
2 – Pela prestação de serviços previstos no número anterior:
a) O segundo contratante pagará a quantia de___ (___), acrescida de IVA à taxa legal de___%.
OU
b) A remuneração pelos serviços referidos no número anterior considera-se incluída no montante acordado na cláusula 5ª e só será devida nos termos aí descritos.
3 – Sem prejuízo do disposto no nº 2, a Mediadora mantém, sempre, o direito ao reembolso das despesas efetuadas com a obtenção da documentação.
(Esta cláusula é facultativa e só deverá ser preenchida se as partes assim o pretenderem e acordarem.)
Cláusula 7ª
Garantias da Atividade de Mediação
Para garantia da responsabilidade emergente da sua atividade profissional, a Mediadora celebrou um contrato de seguro obrigatório de responsabilidade civil no valor de___ Euros, apólice nº___, através da seguradora___.
Cláusula 8ª
Prazo de Duração do Contrato
O presente contrato tem uma validade de___ (dias/meses) contados a partir da data da sua celebração renovando-se automaticamente por iguais e sucessivos períodos de tempo, caso não seja denunciado por qualquer das partes contratantes através de carta registada com aviso de receção ou outro meio equivalente, com a antecedência mínima de 10 dias em relação ao seu termo.
Cláusula 9ª
Dever de Colaboração e Obrigações do Segundo Contratante
1 – O Segundo Contratante colaborará com a Mediadora na entrega de todos os elementos julgados necessários e úteis no prazo de___ dias, a contar da data de assinatura do presente contrato.
2 – O Segundo Contratante declara e garante que, no âmbito das disposições legais aplicáveis de natureza preventiva e repressiva de combate ao branqueamento de capitais e ao financiamento do terrorismo, e em relação a todos os atos e operações abrangidas pelo presente contrato, se obriga a cooperar na disponibilização de informação relevante à Mediadora, designadamente sobre a identidade das partes contratantes, do objeto do negócio imobiliário e dos meios de pagamento das transações imobiliárias.
3 – O Segundo Contratante obriga-se ainda a cumprir todas as disposições legais e regulamentares decorrentes do Sistema de Certificação Energética, designadamente a obrigação de providenciar, nos termos e prazos devidos, pela emissão do respetivo Certificado Energético em relação ao imóvel objeto do presente contrato (se aplicável).
4 – O Segundo Contratante obriga-se, também, a dar cumprimento às regras referentes à Ficha Técnica da Habitação, nos termos do disposto no Decreto-Lei nº 68/2004, de 25 de março, nos termos e prazos devidos (se aplicável).

de fevereiro, estão isentas do procedimento previsto nos artigos 2º e 3º da presente portaria, na condição de não terem sofrido alterações.».

Como já referimos, porém, obviamente que não está afastada a possibilidade de apreciação judicial da validade dessas cláusulas, seja através de uma ação inibitória, seja após a sua inserção em contratos, estando tais cláusulas sujeitas ao referido regime dos contratos de adesão e cláusulas contratuais gerais.

V.2.5.6.1. Da dispensa do procedimento de aprovação prévia e da salvaguarda da proteção de dados

A **Portaria referida 228/2018, de 13 de Agosto** (que entrou em vigor em 14.08.2018), veio estabelecer que as empresas de mediação imobiliária devem proceder à comunicação dos modelos de contrato de mediação imobiliária **com cláusulas contratuais gerais** (que, ao abrigo da Lei 15/2013, de 8 de Fevereiro (alterada pelo Decreto-lei nº 102/2017, de 23 de agosto), estavam condicionados na sua utilização a aprovação/validação prévia pelo Instituto dos Mercados Públicos, do Imobiliário e da Construção, I. P. – "IMPIC") antes do início da sua utilização (bem como de ulteriores adendas ao mesmo), via correio eletrónico, para o endereço cmi@impic.pt, com os seguintes dados:

- Identificação da empresa (firma, NIPC, sede e nº de licença AMI); e
- Endereço de correio eletrónico da empresa.

Cláusula 10ª
Angariador Imobiliário
Na preparação do presente contrato de mediação imobiliária colaborou o angariador imobiliário (nome) ___, portador do Cartão de Cidadão/Bilhete de Identidade nº___ e/ou Contribuinte Fiscal nº___.
Cláusula 11ª
Foro Competente
Para dirimir quaisquer litígios emergentes da execução do presente contrato, as partes acordam entre si estabelecer como competente o Foro da Comarca de___, com a expressa renúncia a qualquer outro.
(Esta cláusula é facultativa e só deverá ser preenchida se as partes assim o pretenderem e acordarem.)
Cláusula 12ª
Resolução Alternativa de Litígios
1 – Nos termos do disposto no artigo 18º da Lei nº 144/2015, de 8 de setembro, na redação atual, em caso de litígio ou insatisfação com o serviço prestado poderá o Segundo Contratante recorrer ao Centro de reso-

E a Portaria **também veio dispensar** as empresas de mediação imobiliária **daquele procedimento de aprovação prévia, caso** optem por utilizar o modelo de contrato com cláusulas contratuais gerais nela previsto.

Nestes casos, às empresas de mediação imobiliária competirá, apenas, cinco dias úteis antes da sua utilização, enviar o modelo de contrato ao

lução alternativa de litígios de consumo___ com o sítio eletrónico na Internet ___, de que a Mediadora é aderente.

2 – O disposto no número anterior não priva o consumidor do direito que lhe assiste de submeter o litígio a apreciação e decisão de um tribunal judicial.

(Esta cláusula só deverá ser preenchida se a empresa de mediação imobiliária for aderente de alguma entidade de resolução alternativa de litígios de consumo, ao abrigo do disposto na Lei nº 144/2015, de 8 de setembro, na redação atual.)

Cláusula 13ª

Limites aos pagamentos em numerário

Os intervenientes no presente contrato abstêm-se de celebrar ou de algum modo participar em quaisquer negócios de que, no âmbito da sua atividade profissional, resulte a violação dos limites à utilização de numerário, previstos no artigo 63º-E da Lei Geral Tributária, aprovada pelo Decreto-Lei nº 398/98, de 17 de dezembro, aditado pela Lei nº 92/2017, de 22 de agosto, e de acordo com o artigo 10º da Lei nº 83/2017, de 18 de agosto.

Cláusula 14ª

Proteção de Dados Pessoais

1 – Em cumprimento do disposto no Regulamento (EU) 2016/679 do Parlamento Europeu e do Conselho, de 27 de abril (RGPD), e demais legislação aplicável, no que diz respeito ao tratamento de dados pessoais e à livre circulação desses dados, o Segundo Contratante ___ autoriza/___ não autoriza que os seus dados pessoais recolhidos, transmitidos ou processados informaticamente pela Mediadora sejam incorporados na sua base de dados. Estes dados destinam-se a processamentos administrativos, estatísticos e de apresentação/divulgação de produtos e serviços comercializados.

2 – A Mediadora compromete-se a, designadamente, não copiar, reproduzir, adaptar, modificar, alterar, apagar, destruir, divulgar ou por qualquer outra forma colocar à disposição de terceiros os dados pessoais do Segundo Contratante a que tenha tido acesso no âmbito do presente contrato, sem que para tal tenha sido expressamente autorizada, comprometendo-se a utilizá-los exclusivamente para as finalidades referidas.

3 – Mais se declara que, nos termos e para os efeitos previstos nos artigos 12º a 23º do RGPD, a Mediadora informou o Segundo Contratante e este tomou conhecimento dos direitos que lhe assistem relativamente aos seus dados pessoais.

Depois de lido e ratificado, as partes comprometem-se a cumprir este contrato segundo os ditames da boa-fé, e vão assinar.

Feito em duplicado, destinando-se um exemplar a cada uma das partes intervenientes.

___, ___ de ___ de ___.

A Mediadora O Segundo Contratante

Os destaques são nossos.

IMPIC para depósito, via correio eletrónico para o endereço cmi@impic.pt, com os seguintes dados:

- Identificação da empresa (firma, NIPC, sede e nº de licença AMI); e
- Endereço de correio eletrónico da empresa.

Dentre os vários aspectos plasmados no novo modelo contratual emergente da Portaria 228/2018, dois deles merecem particular referência: o momento do pagamento da **remuneração** à Mediadora (cfr. cláusula 5ª do modelo) e o respeitante aos **serviços que a Mediadora**, a par da sua actividade de mediação imobiliária (tal como definida no artigo 2º da Lei nº 15/2013), pode prestar, a saber, **serviços conducentes à obtenção da documentação necessária à concretização do negócio visado, serviços estes que se distinguem de quaisquer outros típicos da Lei nº 49/2004 de 24 de agosto** – lei que define o sentido e o alcance dos actos próprios dos advogados e dos solicitadores e que tipifica o crime de procuradoria ilícita.

De todo o modo, às empresas de mediação imobiliária que tenham celebrado contratos aprovados pela Direção-Geral do Consumidor não são aplicáveis as normas sob análise, desde que os mesmos não tenham sofrido desde então qualquer alteração.

Obviamente que sendo as cláusulas ínsitas naquele novo modelo contratual, como são, cláusulas contratuais gerais, não são objecto de negociação, não podendo, portanto, ser alteradas ou modificadas. Ao invés, o consumidor, ao aceitar este modelo contratual, limita-se tão só a aceitar ou recusar cláusulas pré-elaboradas.

O que mais aqui imporá, porém, acentuar é que a **Portaria nº 228/2018, de 13.08,** ao submeter tal modelo contratual ao regime jurídico das cláusulas contratuais gerais, constitui uma medida de protecção ou reforço da **protecção dos consumidores**, *maxime* no que tange às **obrigações de informação aos mesmos**. Os clientes passam, nomeadamente, a ter salvaguardada a obrigatoriedade das empresas de imobiliário com quem estão a negociar de **informar de forma clara** sobre todas as características, composição, preço e condições de pagamento dos imóveis à venda ou para arrendamento.

Anote-se que estas regras não são de aplicação ou observância facultativa, mas sim **obrigatória** e aplicam-se a todas as operações realizadas no sector imobiliário: acções de promoção, publicitação, divulgação, prospecção e recolha de informações que visem a constituição ou aquisição de direitos reais sobre bens imóveis, a permuta, o trespasse ou o arrendamento sobre os mesmos dum imóvel, ou a cessão de posições em contratos que tenham por objecto bens imóveis[343].

Como novas obrigações das empresas de imobiliário, temos as seguintes:

- Comunicar imediatamente aos interessados qualquer facto que ponha em causa a concretização do negócio visado;
- Certificar-se da capacidade e legitimidade contratual das pessoas intervenientes nos negócios que irão promover;
- Garantir correspondência entre as características do imóvel e as fornecidas pelos interessados contraentes
- Verificar da eventual existência de ónus ou encargos sobre o imóvel

Relativamente ao (habitualmente acordado) regime de exclusividade, o novo modelo contratual veio, de forma expressa e clara, plasmar que nessa situação o direito de promover o negócio (durante o prazo do contrato) cabe apenas à mediadora.

Por outro lado, consignou-se naquela Portaria que "*o procedimento de aprovação prévia previsto no presente diploma, quando exigido, deve observar os princípios gerais enunciados no Regulamento (UE) 2016/679, do Parlamento Europeu e do Conselho, de 27 de abril de 2016, e restante legislação aplicável, no que diz respeito ao tratamento de dados pessoais*".

Outro aspecto de particular relevância é o atinente à **salvaguarda da proteção de dados**, a qual **tem de constar dos próprios contratos** (cfr. clª 14ª daquele novo modelo).

A entender-se que na actividade de mediação imobiliária os mediadores agem em nome e por conta dos seus clientes, seríamos, então, tentados a qualificar os mediadores, para efeitos da legislação aplicável em matéria de proteção de dados pessoais, como meros subcontratantes, sem qualquer vinculação autónoma. Se assim fosse, então surgiria a necessidade de celebração de um contrato escrito que vinculasse os mediadores aos clientes, supostamente, responsáveis pelo tratamento.

[343] Cfr. 2º, nº 1 da lei nº 15/2013, de 8 de Fevereiro.

Porém, como atrás ficou dito[344], uma das características do mediador imobiliário é a **independência**: o **mediador não age ou actua por conta do comitente, nem no interesse deste; não actua por conta de nenhuma das partes, embora contratado por uma delas.....*mas nunca representa* qualquer delas no negócio que vem a ser celebrado.**

Por consequência, **estes são responsáveis pelos tratamentos de dados que fazem dos seus clientes e dos potenciais interessados no negócio,** tendo, por isso, de cumprir, nos termos gerais aplicáveis a qualquer sector de actividade, as obrigações que decorrem da legislação sobre dados pessoais.

Naturalmente que caso os consumidores pretendam denunciar qualquer violação das prescrições legais relativas a esta matéria (determinadas pela Portaria 228/2018), sempre podem socorrer-se para o efeito do livro de reclamações e, outrossim, consultar a associação de consumidores Deco ou contactar diretamente o IMPIC.

Evidentemente que as **empresas de mediação imobiliária que não queiram utilizar o modelo de contrato contido na portaria 228/2018** de 13 de Agosto, podem continuar a usar os seus próprios modelos de contrato de mediação imobiliária, neles inserindo cláusulas contratuais gerais mediante aprovação prévia pelo IMPIC.

Esta Portaria ressalva os contratos com cláusulas contratuais gerais que tenham sido anteriormente aprovados pela DGC, ficando isentos dos procedimentos previstos na mesma e desde que não tenham sofrido alterações após essa aprovação.

V.2.5.7. Da apresentação gráfica do contrato (por forma a permitir uma leitura fácil por um leitor de acuidade média)

Em causa, a **al. c) do art. 8º do DL 446/85, de 25.10**, que reza:

> *"Consideram-se excluídas dos contratos singulares:*
>
> *...As cláusulas que, **pelo contexto** em que surjam, **pela epígrafe que as precede** ou pela sua **apresentação gráfica, passem despercebidas a um contratante normal, colocado na posição do contratante real".***

[344] *Maxime* a propósito da noção de contrato de mediação imobiliária.

Antes de mais, deve anotar-se que deste normativo tão somente resulta que, ao invés do entendimento por vezes sufragado, **a sua eventual inobservância, por via de regra (cfr. art. 9º do DL nº 446/85), não importa a nulidade do contrato, afectando tão-somente a cláusula "viciada.**

Isto posto, como é sabido, os contratos devem dispor de uma apresentação gráfica que permita a sua leitura fácil por um leitor de acuidade média. Para tal ocorrer, **impõe-se que neles sejam utilizados carateres de tamanho tal que possam ser lidos sem necessidade de um esforço excessivo de visão**, isto é, que não constituam obstáculo a uma leitura integral sem necessidade de paragens.

Ou seja, o **tamanho da letra utilizada**, em todas as cláusulas do contrato, não pode ser de molde a obstaculizar a sua integral leitura por um leitor de média acuidade, dele exigindo excessivo e injustificado esforço de visão. Só nesta hipótese poderá estar preenchida a nulidade ínsita naquela al. c) do art. 8º do DL 446/85, de 25.10.

Cfr., ainda, o Ac. Ac. Trib RP de 27/03/2017, proc. 484.13.7TBPVZ.P1 (Miguel Baldaia De Morais), assim sumariado:

«.......

VI – Não afronta o disposto na alínea c) do art. 8º do DL nº 446/85, de 25.10 a cláusula que se apresente graficamente de forma a permitir a sua leitura por um leitor de acuidade média, não exigindo um esforço excessivo de visão....».

VI
Da cessação do contrato

VI.1. Generalidades

Ressalta à evidência, na economia do contrato de mediação imobiliária, a importância da disciplina da cessação do contrato.

O contrato de mediação imobiliária pode cessar pelas mais variadas formas, tais como mútuo acordo, resolução, denúncia, caducidade.

A regra, porém, é o contrato de mediação imobiliária, à semelhança de qualquer outro contrato, cessar com o cumprimento da obrigação. É um afloramento do princípio *pacta sunt servanda* que norteia as relações contratuais e que se encontra positivado no artigo 406º do Código Civil.

Ou seja, o contrato geralmente termina com a sua execução, ou seja, quando o objectivo pretendido foi alcançado, qual seja, a conclusão do negócio visado.

Pode ainda suceder que o contrato cesse por se tornar definitivamente impossível o seu cumprimento.

Uma nota preliminar sobre o prazo do contrato. Reza a lei que sendo o contrato omisso quanto ao prazo de **duração**, considerar-se-á celebrado e será válido por seis meses (cfr. art. 16º/3 da lei nº 15/2013, de 8 de Fevereiro). Decorrido tal prazo (supletivo) de vigência, caduca o contrato, deixando, a partir daí, de produzir quaisquer efeitos e desonerando as partes das obrigações nele previstas.

Pode, prém, o prazo ser **renovado** por idêntico ou outro período de tempo, por acordo das partes (expresso ou tácito[345]).

345 Ver à frente no item "Da renovação/prorrogação tácita do contrato e da forma da renovação tácita".

Pode questionar-se se pode clausular-se no contrato que o mesmo **perdure por tempo indeterminado.** Não vemos obstáculo a que tal seja convencionado, no âmbito do princípio da liberdade contratual - obviamente, **sem prejuízo do direito de denúncia** que assiste a qualquer das partes[346].

Ao contrário da denúncia, a resolução do contrato pressupõe (como melhor veremos) a alegação e prova de "causa resolutiva" bastante para que opere tal desvinculação das partes na relação contratual - por norma, em causa estão situações consubstanciadoras de **incumprimento definitivo**[347] das obrigações que para a outra parte resultavam do contrato, incumprimento esse (**susceptível**, portanto, **de permitir a resolução) que** (e porque o contrato de mediação imobiliária não é de execução instantânea) tem de **ter um carácter grave ou reiterado**, não sendo suficiente para vingar a pretensão resolutiva a alegação e prova da ocorrência duma qualquer violação contratual que, face ao quadro contratual ou às circunstâncias que a rodeiem, se afigure de diminuta relevância.

No que tange à possibilidade de **revogação unilateral do contrato de mediação imobiliária**, como melhor à frente se verá, a jurisprudência tem tratado a questão nem sempre de forma convergente.

Ocorrendo a **cessação do contrato de mediação imobiliária** (por caducidade, denúncia, resolução ou (quando ou se admitida tal possibilidade) revogação unilateral, há lugar à extinção do vínculo negocial.

Porém, é imperioso ter sempre presente o disposto no **nº 2 do art. 19º da Lei nº 15/2013, de 8 de Fevereiro,** ao estatuir que a empresa de mediação imobiliária mantém o direito à remuneração quando o contrato tenha sido celebrado em regime de exclusividade e o negócio (apenas) *se não concretize por causa imputável ao cliente.* Nestas situações e quando a cessação do contrato resulte de denúncia ou revogação unilateral por parte do cliente, manter-se-á o direito à comissão – o mesmo podendo ocorrer em situações em que a cessação seja promovida pelo cliente com sustento em justa causa objectiva. Tudo já atrás melhor explicitado.

[346] Que não carece de qualquer fundamento para o efeito.

[347] Não sendo bastando, portanto, para fundamentar e fazer vingar a resolução, a **simples mora**.

VI.2. Das formas específicas de cessação do contrato

VI.2.1. Mútuo acordo

A cessação do contrato por mútuo acordo não suscita quaisquer problemas, estando-se no âmbito do direito privado onde impera a **liberdade contratual** em sintonia com a autonomia da vontade (cfr. arts. 405º e 406º CCivil).

VI.2.2. Resolução

VI.2.2.1. Generalidades

Dispõe o art. 432º/1 do CC que *«é admitida a resolução do contrato fundada na lei ou em convenção»*[348].

Violado o contrato ou perturbada que seja a execução do mesmo ou da sua base negocial, de tal modo que afecte seriamente o interesse de uma das partes, isso será fundamento para resolver o contrato, extinguindo, assim, a relação obrigacional que lhe está subjacente.

Temos, assim, a resolução como a "destruição da relação contratual (validamente constituída), operada por um dos contraentes, com base num facto posterior à celebração do contrato"[349].

Porém, em regra exige-se que o autor alegue e prove o fundamento da resolução (artigo 801º, nº2 e 802º, nº1 ambos do Código Civil), consistindo, por isso, num poder *vinculado*. Mas há excepções a esta regra, pois pode a resolução ficar confiada ao poder *discricionário* do contraente, designadamente na situação prevista nos artigos 927º e seguintes do Código Civil.

Quando aos seus efeitos, a resolução, em princípio, produz os mesmos efeitos da nulidade ou anulabilidade do negócio (artigo 433º do Código Civil). Mas tais efeitos diferem, nalguns aspectos, da invalidade: a invalidade, como a nulidade, ou opera automaticamente ou envolve o recurso a uma ação judicial; já a resolução pode operar extrajudicialmente mediante a declaração feita por uma das partes à outra, nos termos do disposto no artigo

[348] A resolução legal tem por motivo o incumprimento de prestações contratuais ou a perda do equilíbrio contratual (cf. Artigos 801º e 437º do Código Civil). A resolução contratual assenta na liberdade contratual, podendo as partes erigir fundamentos de resolução com pressupostos e efeitos diversos.

[349] Antunes Varela, Direito das Obrigações, Vol. II, 7ª edição, p. 275.

436º/1 do Código Civil[350]; se a resolução só tem efeito retroactivo entre as partes se tal não contrariar a vontade das mesmas ou a finalidade da resolução (artigos 434º, nº1 e 435º, nº2 ambos do Código Civil), já a invalidade tem efeito retroactivo entre as partes, sem quaisquer restrições; a invalidade opera os seus efeitos em relação a terceiros, sem prejuízo da situação prevista no artigo 291º do Código Civil, enquanto que a resolução não prejudica os direitos adquiridos por terceiro, nos termos do disposto no artigo 435º do Código Civil, ressalvando-se a situação em que o terceiro tenha adquirido o seu direito posteriormente ao registo da ação de resolução.

Em suma, quanto à resolução, temos:

1. É um meio de extinção do vínculo contratual por declaração unilateral.
2. Opera através de ***mera declaração unilateral*** dirigida à outra parte (trata-se, assim, de uma declaração negocial **receptícia)**[351]**.**
3. Donde que tal declaração resolutiva se torne **irrevogável** logo que recebida pela contraparte (cfr. art. 230º, nº 1)[352].
4. **Só pode haver resolução nos casos em que a ineficácia do acto não resulta de um vício que o afecte *ab initio*,** mas sim da verificação de um **facto superveniente que ilude as legítimas expectativas que uma das partes nele depositava**[353]**.**
5. É uma forma de extinção dos contratos que se apresenta como **condicionada, tendencialmente vinculada e retroactiva**[354]**.**

[350] Assim, v.g., a comunicação extrajudicial resolutiva do contrato de arrendamento urbano, *ut* art. 1084º/1 CC.

[351] Dirigida à outra parte – como tal, tratando-se de uma declaração negocial **receptícia,** em princípio, a mesma tem de chegar ao conhecimento do seu destinatário, não precisando, portanto, de ser decretada pelo tribunal ou de qualquer formalidade.

[352] Tornando-se, assim, eficaz logo que chegue à esfera jurídica do destinatário, *ut* art. 224º, nº 1. Daí que o comprador já não poderá alterar a sua pretensão. O tribunal só intervirá, apreciando a legalidade da resolução extrajudicial, quando o vendedor não reconhece a resolução, obrigando o comprador a intentar a competente acção declarativa.

[353] Carvalho Fernandes, *Teoria Geral do Direito Civil,* II Volume, A.A.F.D.L., 1983, p. 516-7.

[354] ***Condicionada,*** na medida em que só é admitida quando fundada na lei ou em convenção das partes; ***tendencialmente vinculada,*** uma vez que, para a sua concretização, há que alegar e demonstrar determinado fundamento; ***retroactiva,*** pois que extingue *ab initio* as relações contratuais (Cfr. Menezes Cordeiro, *Direito das Obrigações,* 2º vol., 1990, p. 164).

6. O inadimplemento, justificativo da resolução contratual, tem de ser **suficientemente grave**[355], quando o mesmo não se encontre previsto em convenção expressa ou tácita das partes, fundada em cláusula resolutiva, em condição resolutiva, termo essencial absoluto ou termo essencial relativo[356].
7. Em princípio (*ut* arts. 433º e 434º, nº 1, do Código Civil), destrói retroactivamente os efeitos do contrato, regressando os contraentes ao *status quo ante*[357].

VI.2.2.2. A jurisprudência: situações de resolução do contrato e suas consequências, no domínio da mediação imobiliária

VI.2.2.2.1. A resolução é utilizada pelo cliente/comitente de forma "fictícia", funcionando, tão somente, como meio para não pagar à mediadora a retribuição devida.

Desta forma, o cliente aproveita-se do trabalho levado a cabo pela mediador para, depois de a afastar, acabar por ele próprio concretizar o negócio visado no contrato de mediação imobiliária.

Exemplos:

- Ac. RL de 02.12.2014, proc. 2330/13.2TBSXL.L1 (L. Espírito Santo)[358].

[355] Aferido objectivamente relativamente ao interesse do credor, tendo presente a extensão da inexecução e a importância da obrigação violada no contexto da relação contratual visada.

[356] **O direito de resolução pode resultar de quatro tipos de inadimplência,** tendo todas elas em comum a natureza do incumprimento definitivo: a impossibilidade parcial e definitiva não imputável ao devedor (cfr. art. 793º, nº 2, do CC); a impossibilidade total e definitiva imputável ao devedor (cfr. art. 801º, nº 2, do CC); a impossibilidade parcial e definitiva imputável ao devedor (cfr. art. 802º do CC); a mora, sempre que esta se venha a converter em incumprimento definitivo (cfr. art. 808º, nº 1, do CC).

[357] Ver: *Das Obrigações em Geral*, vol. 2°, pp. 242 e ss., 3ª ed., Antunes Varela; *Das Doações*, pp. 108 e ss. de Manuel Baptista Lopes; Galvão Telles, *Dos Contratos em Geral*, edição actualizada.

[358] Assim sumariado: «*Não constitui impedimento à titularidade do direito à retribuição estipulada no contrato de mediação imobiliária a circunstância do negócio ter sido concluído em momento posterior à respectiva rescisão operada pelo cliente, desde que se comprove – como aconteceu – que a mesma* ***teve por fito, exclusivamente, evitar esse pagamento****, aproveitando contudo o trabalho desenvolvido pela mediadora para – depois de a afastar – limitar-se a concretizar a venda do imóvel.*»-
(Cremos que aqui sempre se chegaria ao mesmo resultado pela figura do *abuso do direito*).

- **Ac. do TRP de 03.04.2014**, proc. 247773/11.9YIPRT.P1 (José Amaral): a ré recusou proposta de compra do prédio feita por dois interessados conseguidos pela autora/Mediadora, **declarando a resolução do contrato de mediação imobiliária com alegação de justa causa, mas acabando, mais tarde, por vendê-lo àqueles, através de outra sociedade interposta**[359].

[359] **O CASO:**
A sociedade mediadora "B..., Ldª" pediu a condenação da **Ré "C..., Ldª"** a pagar-lhe a remuneração acordada no contrato de mediação que celebraram com vista à venda de um imóvel. Alega que cumpriu as obrigações derivadas do contrato mas que, no entanto, não lhe foi paga a remuneração devida, sucedendo que **a ré recusou proposta de compra feita por dois interessados (*E e F*) conseguidos pela autora, declarando, em simultâneo, a resolução do contrato com justa causa mas acabando, mais tarde, por vendê-lo àqueles, através de outra sociedade interposta** (*D*). Há entre esta e aquela ligações (**a Ré sociedade, cliente da mediadora, é sócia da sociedade interposta que simulou comprar) cujo gerente é a mesma pessoa!**). Daí ter concluído que a ré a utilizou como estratégia, aproveitando-se do trabalho por si desenvolvido, para vender o imóvel aos interessados conseguidos, sem pagar a remuneração.
A acção procedeu, com a condenação da Ré a pagar a peticionada remuneração à A.

Apelou a Ré.
A ré alegou que o contrato de mediação já se encontrava resolvido e/ou denunciado e foi celebrado em regime de **não exclusividade**.
Referiu-se ali que, aparentemente, tratando-se de contrato de não exclusividade e tendo-se **concluído o negócio**, não com os interessados conseguidos pela A/Mediadora, **mas com uma sociedade "terceira" (a "D...")**, não lhe seria devida remuneração alguma, por faltar o nexo de causalidade e a necessária condição para adquirir e poder exigir a remuneração.

Mas a Relação esteve atenta.
Efectivamente, vendo o tribunal que, afinal de contas, quem, por último, acabou por comprar o imóvel propriedade da Ré, embora por via do negócio celebrado com a interposta sociedade terceira, **foram precisamente os mesmos interessados que a mediadora conseguira e aproximara da Ré**, deste modo ocorrendo o resultado (conclusão e perfeição do negócio projectado de início) conexionado com a sua actividade numa espécie de ....**causalidade indirecta**, entendeu que a A/Mediadora tinha direito à remuneração.
É que o negócio, afinal, apenas foi obtido por via duma estratégia consistente na interposição da "D..." (veja-se que **na escritura de compra e venda, onde a Ré declarou vender o prédio à sociedade "D...", consta que "I...", nela outorgou em simultâneo na dupla qualidade de representante da Ré vendedora e da compradora**), assim tirando a Ré proveito do trabalho desenvolvido pela mediadora e que, portanto, donde dever ser responsabilizada

através do **mecanismo da "*desconsideração da personalidade jurídica*"**, face à "promiscuidade entre as sociedades e o legal representante da apelante e das demais envolvidas em resultado do que ela se aproveitou para defraudar o direito da apelada."!

Entendeu o tribunal ser "patente, em face das circunstâncias fácticas apuradas e do que elas permitem razoavelmente compreender com base nas regras de experiência comum, que a **"D..." foi instrumentalizada, por acção do sócio I..., para, como marioneta em suas mãos, aparecer, ora a outorgar o negócio primeiro de compra, ora, escassos dias depois, o de venda, sem que tal correspondesse à sua vontade real e aos interesses próprios do seu escopo societário.** Foi abusada, uma vez que nada justifica **a sua intervenção numa compra e venda do bem imóvel apenas para conservar a sua propriedade durante 5 dias,** actos que geram custos, a não ser que cobertos por proventos.".

Tratou-se, assim, de um simples estratagema congeminado com o fim de evitar a celebração do contrato de compra e venda directamente da Ré cliente da Mediadora para os interessados por esta conseguidos, tudo feito com a colaboração destes e, assim, aquela se eximir da obrigação de pagar à mediadora a remuneração devida e impedindo que esta a exigisse, por, na aparência, sendo o contrato de mediação celebrado no regime de não exclusividade, não se mostrar preenchido o requisito do nº 1 do art. 18º.

"Trata-se de **confusão e manipulação da personalidade jurídica da "D..." e da própria apelante – já que nem esta queria na realidade vender àquela, nem a mesma comprar-lhe** – propiciada pela participação social das mesmas pessoas numa e noutra e, sobretudo, **pela posição de gerente comum de I...** e pela supremacia dele no domínio da formação e manifestação das vontades respectivas.".

(...)

O sócio-gerente comum I... exercitou abusivamente os seus direitos e os das duas sociedades, fazendo participar, intercalada e ficticiamente, a "D..." (que tem como sócia a própria apelante), **simulando uma cadeia de transmissões, violando a boa fé,** ao recusar concluir o negócio nas condições antes pela apelante propostas e aceites e pela apelada conseguidas, na mira de, pelo estratagema ao seu alcance, e com a participação daqueles interessados compradores, a prejudicar e obter benefício que, de outro modo, não esperava conseguir.

Justifica-se, para pôr a nu a realidade assim mascarada e encoberta e alcançar a justa aplicação do direito, evitando defraudar a lei (art. 18º, nº 1), considerar eliminada a participação meramente formal da "D..." enquanto "testa de ferro", desconstruindo a cadeia de negócios através desta engendrada, por forma a que a compra e venda, para o efeito que aqui interessa, emerja, como realmente ela aconteceu, enquanto conclusão perfeita do único negócio directo (fim último desejado) mediado pela apelada entre a apelante e E... e F..., como, afinal, está claramente à vista de qualquer pessoa de normal entendimento e mediana experiência de vida, colocada nas descritas circunstâncias.

As vontades que "I..." ficticiamente exprimiu em nome da "D...", ora no sentido de adquirir ora no de dispor, como que se fundem ou anulam numa só (a de a apelante vender aos terceiros), implicando, portanto, a desconsideração daquela enquanto pessoa jurídica autónoma e da vontade à mesma imputada.

VI.2.2.2.2. Fixação (pelo cliente da mediadora) de prazo razoável para o cumprimento (se a mediadora não está a cumprir atempadamente as obrigações que resultam do contrato que mediação que celebrara) com a cominação de resolução do contrato por perda objectiva do interesse contratual na prestação da mediadora.

Cfr. **Ac. STJ de 07-04-2005**, Revista nº 512/05 – 6ª Secção (Fernandes Magalhães):

> «*I – O princípio da* ***boa fé*** *contratual aponta no sentido de que a confiança que constitui a base imprescindível de todas as relações humanas não deve ser frustrada.*
>
> *II – Se uma das partes não cumpre grosseiramente a obrigação de exercer a mediação imobiliária a outra parte,* ***após conceder um acordado prazo razoável*** *para aquela outra cumprir,* ***pode invocar objectiva perda de interesse contratual na prestação e resolver o contrato*** *misto de compra e venda e mediação imobiliária.*».

VI.2.2.2.3. Resolução do contrato (pelo cliente da mediadora) antes do terminus do prazo acordado, mas sem invocação de justa causa: indemnização dos prejuízos decorrentes dessa rescisão antecipada do contrato.

Cfr. Ac. TRP de 09.07.2014, proc. 387/12.2TVPRT.P1 (Martia João Areias): «*I – No contrato de mediação imobiliária, a rescisão do contrato fora do prazo acordado e na* ***ausência de invocação de uma justa causa****, faz incorrer o* ***cliente na obrigação de indemnizar*** *pela rescisão antecipada do contrato*».

VI.2.3. Revogação (unilateral)

VI.2.3.1. Generalidades

É uma forma *livre* (apenas dependente de manifestação de vontade para tanto dirigida), *discricionária* (para a sua actuação, não é necessário alegar

Em suma, e com sustento em abundante Doutrina e Jurisprudência, que citou, entendeu o tribunal que **(mesmo tratando-se de contrato em regime de não exclusividade), tendo a mediadora apelada cumprido a obrigação a que se comprometeu** e tendo sido, nos termos referidos e reais, concluído perfeitamente o negócio visado por ela mediado entre a apelante e os terceiros, se mostravam preenchidos os pressupostos do nº 1, do art. 18º, do Decreto-Lei nº 211/2004, de 20 de Agosto (*a remuneração só é devida com a conclusão e perfeição do negócio visado...*), e que, **por isso, lhe era devida a remuneração peticionada.**

qualquer fundamento específico) e *não retroactiva* (só produz efeitos para o futuro) de supressão dos contratos.

Tem de ser feita pelo sujeito que efectuou o acto revogado e

Tem como fim obstar a que este produza os seus efeitos[360].

"A revogação unilateral ou denúncia anómala constitui uma excepção aos princípios gerais, já que, através dele, uma das partes, livre e discricionariamente, põe termo à relação contratual, em pelo menos, aparente contradição com o princípio da força vinculativa do contrato – *pacta sunt servanda* – consagrado no nº 1 do artigo 406º do Código Civil"[361].

Por sua vez, José Carlos Brandão Proença, refere que a revogação unilateral se move "fora da relação contratual (o que a distancia, desde logo, da resolução e da denúncia) não invalida que seja determinada por um escopo extintivo (ou negativo) normalmente vinculado (porque excecional) a certos pressupostos legais"[362]. E acrescenta que "a revogação unilateral é motivada por interesses (pessoais ou ligados à contraparte e como tal erigidos em justa causa) diferentementes dos que determinaram o acto (maxime negócios jurídicos) que se revoga. Tendo por objecto principal declarações negociais de eficácia contida (...) ou certos actos considerados como não negociais (...), a revogação atinge o próprio acto revogado e só reflexamente a relação dele derivada, mas não se consome numa forma de cessação própria dos negócios gratuitos, nem visa romper com um desequilíbrio contratual imputado a um dos contraentes ou devido a factores objectivos, resolutivamente relevantes"[363].

A revogação, tal como a resolução, pode acarretar obrigações para os contraentes (como a obrigação de restituição das coisas recebidas) ou mesmo impedir o nascimento de outras ou extinguir obrigações já constituídas.

Difere da resolução, pois esta é uma forma de extinção dos contratos: *condicionada* (só é admitida quando fundada na lei ou em convenção); *tendencialmente vinculada* (para a sua concretização, há que alegar e demons-

[360] Vaz Serra, *In R.L.J.*, 112º, 30. Se ele já produziu os seus efeitos, total ou parcialmente, não se tratará de revogação, mas de negócio de modificação da situação resultante do acto.

[361] Menezes Cordeiro, *Direito das Obrigações*, 3º vol., AAFDL, 1991, p 376.

[362] A resolução do Contrato no Direito Civil – Do enquadramento e do regime – reimpressão, Coimbra Editora, 2006, p. 48.

[363] Obra citada, p. 49.

trar determinado fundamento): *retroactiva* (extingue *ab initio* as relações contratuais)[364].

E, outrossim, **é bem diferentemente da denúncia** – a qual, como ensina J. M. Antunes Varela[365], é uma figura privada dos contratos de prestações duradouras[366], que se renovam por vontade (real ou presuntiva) das partes ou por determinação da lei ou que foram celebrados por tempo indeterminado[367].

VI.2.3.2. Da possibilidade de revogação (cessação unilateral e discricionária) do contrato de mediação imobiliária

A generalidade da doutrina pátria tem vindo a aceitar a revogação do contrato de mediação, por um lado, com o argumento de que o cliente é sempre livre de desistir de celebrar o contrato ou de o celebrar com outra pessoa, sem que isso lhe acarrete responsabilidade (salvo existência de cláusula de exclusividade) e, por outro lado, por aplicação extensiva do regime do mandato às modalidades do contrato de prestação de serviço não reguladas por lei[368].

[364] Cfr. Menezes Cordeiro, *Direito das Obrigações*, 2º vol., 1990, p. 164.

[365] *Das Obrigações em Geral*, vol. 11, 7ª ed., p. 278.

[366] Como é o arrendamento, o contrato de fornecimento, de sociedade, de mandato, etc.

[367] Sobre a **distinção entre revogação, denúncia e caducidade**, ver, v.g., *RLJ*, ano 118º, 278.

[368] Assim, v.g., Manuel Salvador (*Contrato de Mediação*, pp 254 ss) que, citando a propósito Carraro e Carvalho Neto, conclui que "Quanto à liberdade de revogação, não é mais do que uma consequência da contextura do contrato de mediação; pois, se o comitente, não obstante o encargo conferido ao mediador, tem a mais ampla liberdade de concluir ou não o negócio, de não esperar pelo resultado da atividade do mediador, de atribuir o encargo a outro mediador não seria compreensível que não pudesse revogar em qualquer altura, mesmo que fosse pactuado prazo. No tocante à indemnização por perdas e danos, quando foi estipulado prazo, a solução é igual e isto porque assim é entendido quanto ao mandato (...)". Assim também Maria de Fátima Ribeiro (*ob cit.*, pp 102-103), referindo que " (...) na ausência de cláusula em sentido diverso, o contrato de mediação é revogável por qualquer das partes (...)".
Contra, Higina O. Castelo, *Contrato de Mediação, cit.*, pp 422-424.
Escreve esta Autora:
«Creio que nenhum dos argumentos procede. É certo que **o cliente do mediador pode desistir de celebrar o seu contrato** e, caso isso suceda, deve prontamente informar o mediador, que, consequentemente, ficará legitimado a interromper a sua atividade promocional. Se o mediador se conformar, haverá uma revogação do contrato de mediação, em sentido próprio, por acordo das partes. **Porém, o mediador pode não aceitar a declaração do**

cliente, continuar a sua atividade, apresentar um interessado. **Se o cliente vier (durante ou após o prazo de vigência do contrato) a celebrar o contrato desejado graças à atividade de mediação exercida no período contratual, deve a remuneração ao mediador (não produzindo qualquer efeito a sua unilateral declaração de revogação). No contrato de mediação imobiliária simples,** o prazo implica que o cliente não poderá deixar de remunerar a mediadora se vier a celebrar o contrato visado com pessoa que até si chegou graças à atividade desenvolvida pela empresa de mediação durante o prazo de vigência do contrato. Dito de outra forma, **se o cliente quiser aproveitar a atividade da empresa de mediação realizada naquele período, terá de pagar a remuneração acordada.** Livre desistência do contrato visado e livre revogabilidade do contrato de mediação são coisas distintas e a primeira não implica a segunda.
Com esta solução, **afasto o contrato de mediação do regime do mandato. Este, mesmo com prazo, é livremente revogável,** não obstante o dever de indemnizar os eventuais prejuízos – arts. 1172, al. c), do CC e 245 do CCom. Sucede que, estando o contrato de mediação imobiliária especialmente regulado por lei, não se verifica o pressuposto da aplicação *extensiva* do regime do mandato (art. 1156, parte final, *a contrario sensu,* do CC). Logo, **a aplicação das regras do mandato a aspetos de contratos de mediação imobiliária não regulados pelo RJAMI não pode resultar de mera aplicação extensiva, mas apenas de aplicação analógica.** Tanto significa que tal aplicação terá de resultar de um juízo sobre a verificação, no concreto contrato de mediação, das razões que estão na base da livre revogabilidade do mandato (...). E tal identidade de razões não se verificará, nesta matéria. **O mandato é livremente revogável,** independentemente de ter sido estabelecido prazo ou cláusula em contrário, porque o ato jurídico encomendado seria praticado *pelo mandatário* (por conta e no interesse do mandante). Ora, o mandante é que sabe se o ato continua a interessar-lhe e não pode ficar nesse aspeto dependente da vontade do mandatário. **O cliente do mediador não corre esse risco** – o ato desejado é sempre *por si* livremente praticado. Apesar de não poder revogar o contrato de mediação (o que tem as consequências que já referi), com essa não revogação o cliente não fica sujeito à prática do contrato inicialmente visado e já não desejado. Assim, não se verificam na mediação as razões que levam a que o mandato seja sempre revogável.
No contrato de mediação com cláusula de exclusividade, a revogabilidade *ad nutum* conduziria à inutilização da cláusula (...).». – destaques nossos.

Na falta de estipulação das partes sobre a(s) forma(s) de cessação do contrato e sendo certo que o mesmo é omisso a tal respeito, na abordagem desta questão da possível revogabilidade unilateral do contrato procura-se, de facto, por vezes integrar o que se considera uma "lacuna" do RJAMI através do recurso aos diferentes regimes jurídicos similares, comerciais ou civis, consoante o conflito a dirimir, por analogia, *ut* artº10º CC [(pois, diz-se, existe uma "incompletude, uma falta ou falha" do RJAMI, nas palavras de J. Batista Machado, na medida em que nada prevê no tocante às formas de cessação, estando, por isso, afastado o recurso à interpretação extensiva (*Introdução ao Direito e ao Discurso Legitimador,* p 185)].

O mesmo ocorrendo com alguma doutrina e jurisprudência estrangeiras, como é o caso da Belga.

Assim, sustenta F. Navez[369] que a exclusividade que seria concedida ao agente não o priva necessariamente do seu direito de pôr fim antecipadamente ao contrato de mediação com base nos artigos 2003 e 2004 (mandato) ou no artigo 1794 (negócio) do Código Civil (belga, portanto).

Com efeito, embora o artigo 1794 do Código Civil esteja na seção «*des devis et des marchés*», secção que parece visar apenas os contratos para a realização de um objecto material, o Tribunal de Recurso considera que esta

Ora, **analisando os regimes jurídicos mais próximos ou similares do contrato de mediação imobiliária (quais sejam, o mandato e a agência), o que vemos?**
Quanto ao contrato de mandato (aplicável aos contratos de prestação de serviços), atenta a diferente natureza das prestações em causa nele e no contrato de mediação imobiliária, não vemos como se pode integrar a dita "lacuna" recorrendo ao regime daquele (*ut* art. 1179º CC). São realidades bem diferentes. E a estipulação desta forma de cessação no âmbito do contrato de mandato encontra a sua justificação no facto de o **mandatário praticar actos por conta e no interesse do mandante,** produzindo-se os efeitos de tais actos directamente na esfera jurídica do mandante. **O que não sucede no contrato de mediação imobiliária, no qual o mediador actua por sua conta,** embora no interesse do cliente, sendo este livre de celebrar ou não o contrato visado com o cliente angariado.
Vimos com clareza que as prestações em causa no contrato de mandato e no contrato de mediação imobiliária têm natureza bem diferente, de forma que não faria qualquer sentido recorrer ao regime do mandato para eventual integração da "lacuna" aqui em causa.
Quanto ao contrato de agência, já atrás vimos o que o caracteriza e distingue do contrato de mediação imobiliária.
Porém, no que tocante à "prestação" no âmbito dos dois regimes, há alguma similitude: ambos têm por base "*promover a celebração de contratos*", não sendo nem o mediador nem o agente que intervêm na celebração desses contratos, mas, sim, o cliente e o principal, respectivamente. E é com base neste elemento que por vezes se é tentado a recorrer ao regime do contrato de agência para integração, por analogia, no tocante às formas de cessação do contrato de mediação imobiliária, em particular a eventual revogação unilateral do contrato.
Assim, se recorrermos à aplicação analógica do contrato de agência, ficará, então, afastada a admissibilidade da revogação unilateral do contrato de mediação imobiliária, na medida em que aquele a não prevê (cfr. art. 14º do DL 178/86, de 3 de Julho, que rege sobre as formas de cessação do contrato de agência).
Como adiante melhor diremos, não vemos que esta posição deva vingar, atenta a especificidade do contrato de mediação imobiliária – embora, como veremos, com diferentes *nuances* conforme se esteja perante mediação imobiliária simples ou exclusiva.

[369] «*La clause d'exclusivité et d'irrévocabilité: comparaison et nuances*», note sous Civ. Liège, 2 février 1999, *J.L.M.B.*, 1999, p. 1360.

disposição é, «*par la généralité de ses termes, applicable à tout ouvrage quelconque, matériel ou intellectuel, pourvu qu'il s'agisse d'un travail déterminé par son objet ou par un terme exprès*»[370].

Ou seja, consideram que esta disposição (art. 1794) é, em princípio, aplicável ao contrato de mediação. Consequentemente (dizem), a menos que o contrato preveja uma cláusula de irrevogabilidade em benefício do agente, o comitente parece ter o direito de revogar (mesmo tacitamente) o contrato, mesmo que com exclusividade, embora, no entanto, **tenha de indemnizar** o agente pelos custos havidos (*damnum emergens*) e a perda do benefício esperado (*lucrum cessans*)[371].

Que dizer?

Antes de mais, é pertinente embrar que apesar de o contrato de mediação imobiliária ser um contrato típico, na medida em que o seu regime se encontra previsto na Lei 15/2013, o mesmo é omisso no tocante às formas de cessação.

É claro que as partes, no âmbito da liberdade contratual, podem acordar na forma de cessação do contrato, *maxime* estipular a irrevogabilidade do contrato ou, pelo contrário, a possibilidade da sua revogação

E, da mesma forma, **por regra, na falta de acordo das partes nesse sentido ou de disposição legal que preveja** a revogação por acto unilateral[372], ou o chamado direito de desistência[373], a revogação ou a denúncia do contrato **só ocorre por vontade conjunta das partes (mútuo acordo).**

[370] Cass., 4 septembre 1980, *R.C.J.B.*, 1981, p. 523, note X. Dieux, «*Observations sur l'article 1794 du Code civil et sur son champ d'application*».

[371] F. Navez, «*La clause d'exclusivité et d'irrévocabilit : comparaison et nuances*», note sous Civ. Liège, 2 février 1999, *J.L.M.B.*, 1999, p. 1360.

[372] Como acontece, v.g., nos arts. 969º e seg.s (doação), 1170º (mandato) e 1216º (empreitada).

[373] Vejam-se, a propósito o "direito de resolução" nos contratos negociados fora do estabelecimento comercial (arts. 6º e 18º do Decreto-lei nº 143/2001, de 26-4), o "direito à livre resolução" nos contratos financeiros comercializados à distância (arts. 19º e seg.s do Decreto-lei nº 95/2006, de 29-5), o "direito de revogação" nos contratos de crédito ao consumo, o "direito à rescisão" nos contratos de viagem organizada (art. 29º do Decreto-lei nº nº 209/97, de 13-8), o "direito à renúncia" nos contratos de seguro de vida, o "direito de arrependimento" nos contratos de intermediação mobiliária (art. 322º, nº 2 do CVM), ou o "direito à retractação" nos contratos de consumo em geral (art. 9º, nº 7 da LDC). Vide C. Ferreira de Almeida, *Direito do Consumo*, 2005, pp 110 ss.

VI.2.3.3. Há que distinguir: mediação imobiliária simples *versus* mediação exclusiva

Sem desconhecermos as divergências que reinam neste capítulo da revogação unilateral do contrato de mediação imobiliária, cremos que na posição a tomar na contenda deve separar-se a situação de contrato simples daquela em que foi clausulada a exclusividade.

Assim:

1. **No contrato de mediação imobiliária simples: salvo estipulação em contrário, o contrato deve considerar-se revogável** (mas – aqui secundando Higina O. Castelo, *loc cit.* –, **também aqui, o prazo implica que o cliente não poderá deixar de remunerar a mediadora** se vier a celebrar o contrato visado com pessoa que chegou até si graças à atividade desenvolvida pela empresa de mediação durante o prazo de vigência do contrato (ainda que o mesmo seja celebrado já depois de decorrido tal período). Dito de outra forma, **se o cliente quiser aproveitar a atividade da empresa de mediação realizada naquele período, terá de pagar a remuneração acordada**).
2. **No regime de exclusividade:** aqui, parece que a revogação não é possível. É que, no contrato de mediação com cláusula de exclusividade, sendo estipulado prazo de vigência, a revogabilidade *ad nutum* conduziria à inutilização da cláusula.

Como tal, **a remuneração é devida à mediadora em qualquer dos casos seguintes**: 1. se o cliente vier a celebrar o contrato visado devido à actividade desenvolvida pela mediadora no período contratual e ainda que o mesmo seja celebrado já depois de decorrido tal período; 2. Se o cliente vier a celebrar contrato de mediação com outra mediadora e vier a celebrar o contrato visado com terceiro apresentado pela mediadora com quem celebrou o contrato de mediação inicial e durante a vigência deste (artigo 795º, nº2 do Código Civil); 3. Se se recusar a celebrar o negócio visado no contrato de mediação com o interessado angariado pela mediadora exclusiva, *por causa imputável ao cliente proprietário ou arrendatário trespassante do bem imóvel* (se revogou unilateralmente – e, portanto, indevidamente – o contrato exclusivo, já parece ser bastante para se concluir ser *imputável* ao comitente a não celebração do negócio visado).

Assim também:

- Higina O. Castelo, *O Contrato de Mediação*, pág. 432.
- Ac. Rel Lisboa de 10.05.2016, proc. 2119/13.9TJLSB.L1-7 (Maria do Rosário Morgado)[374].
- **Ac. TRP de 08.07.2010, proc. 156880/90,** Filipe Caroço, *in www.ggsi.pt.*
- **Ac. do TRP de 01.10.2015**, proc. 3390/13.1TBVLG.P1 (Filipe Caroço)[375]: **os RR, clientes da Autora, com quem haviam celebrado um contrato de mediação imobiliária em regime de exclusividade, vieram, na vigência do contrato e depois de a A. ter prestado os serviços de mediação e angariado interessado efectivo para o negócio visado, a denunciar o contrato de mediação.**

Entendeu a Relação, neste último aresto, que tal denúncia não podia valer para o passado, sob pena, designadamente, de **violação do princípio da boa fé**, atribuindo a comissão acordada à mediadora (apelando à presunção e culpa do RR, que não lograram ilidir, *ut* art. 799º do Código Civil)[376].

[374] *«A existência de um prazo contratual significa que não pode ser posto termo ao contrato antecipadamente por declaração discricionária, sem invocação de fundamento justificativo, por uma das partes. Tal não quer dizer que o cliente não possa livremente desistir da celebração do contrato visado,* ***o que não pode, sem pagar a remuneração ao mediador, é pôr fim ao contrato de mediação antes do seu aprazado termo, por declaração unilateral e imotivada.»***.

[375] Sumário:
III – Na mediação imobiliária, o proprietário do imóvel (cliente) é responsável pelo pagamento da remuneração contratada a favor do mediador, ao abrigo da norma excecional do art. 18º, nº 2, al. e), do Decreto-lei nº 211/2004, de 20 de agosto, quando, estando acordado o regime de exclusividade, este, com a sua diligência, consegue angariar um cliente que quis comprar o bem nas condições definidas pelo vendedor, preencheu ficha de reserva e entregou um cheque de reserva assinado, não se concretizando, porém, a compra e venda, por recusa injustificada do vendedor na pendência do contrato de mediação.

[376] **O CASO**
B (imobiliária), intentou a acção contra C e D, pedindo a condenação destes a pagar à Autora uma quantia a título de remuneração devida pelos serviços prestados pela Autora no âmbito de **contratos de mediação imobiliária celebrados, em 13 de Abril de 2010,** entre a A e os RR.
Os RR., na contestação, alegaram que, em Março de 2011, revogaram o contrato, pelo que, em Agosto de 2012, data da venda do imóvel, não estavam contratualmente vinculados para com a A.

A final, foram os RR condenados a pagar à A a quantia referente à remuneração, acrescida de juros de mora.
Os RR, inconformados, apelaram da sentença.

Factos provados (relevantes):
- A A. (mediadora) **celebrou, em 13.04.2010** (por períodos de **9 meses, renováveis...), 2 contratos de mediação imobiliária, em regime de exclusividade,** relativa a dois prédios (um terreno e uma casa de habitação) propriedade dos RR.
- A comissão da A foi acordada com os RR em € 5.000,00 mais I.V.A.
- A **Autora obteve interessado na compra** da casa de habitação, **que quis comprar o bem nas condições definidas pelo vendedor**, tendo-se feito uma visita ao imóvel, em 06.11.2010, com esse **potencial comprador, o Sr. F, e sido preenchida e assinada,** em 20.12.2010, uma **ficha de reserva** do imóvel e entregue um cheque de €2.500,00 para "garantia" da **reserva da compra do imóvel.**
- A A. deu a conhecer aos RR proprietários a reserva do móvel e o valor proposto de aquisição (€143.500,00), e bem assim o cheque de "garantia",
..... mas **os Réus não aceitam vender o referido imóvel** pelo valor constante da ficha de reserva.
- **Em 30.03.2011,** os Réus (donos do prédio) enviaram à Autora uma carta registada com aviso de recepção, **declarando *rescindir* contrato de mediação imobiliária.**
- **A Autora comunicou aos compradores que os proprietários do imóvel (Réus) já não pretendiam vender o imóvel.**
- **Em 16.08.2012 os Réus venderam os seus dois imóveis,** por escritura pública.
* *

Teceu o tribunal, bem a propósito, considerações sobre o **princípio da boa fé**. Falou dos **"deveres secundários da prestação" - "... deveres de fidelidade, de cuidado para com o património da outra parte**, de cooperação com a outra parte, deveres de notificação, de lealdade, de correcção, etc.".
E rematou:
«Ora, se os RR., de algum modo, queriam fazer valer a sua vontade de não vender o prédio e de rescindir o contrato de mediação, **sempre se deveriam ter dirigido à mediadora com esse objectivo, tentando, designadamente, obter acordo revogatório antes da obtenção do resultado dos seus serviços.**
Vindo depois destes a denunciar o contrato de mediação, é manifesto que tal denúncia não pode valer para o passado, sob pena de violação do princípio da boa fé.
Não tendo os RR. devedores demonstrado que agiram sem culpa na não celebração do contrato de compra e venda relativo ao contrato nº 1407/10, **são eles responsáveis pelo pagamento da remuneração** contratada com a A., nos termos do *Idem*, **art. 799º do Código Civil** e art. **18º, nº 1, al. a), do Decreto-lei nº 211/2004, de 20 de Agosto»** - **actualmente, no art. 19º/2 da Lei 15/2013,** de 8 de Fevereiro - *«, por esta ter realizado os actos suficientes e adequados*

Aceitando a revogação unilateral mesmo em regime de exclusividade, ver Ac. TRC de 3.11.2015, proc. 115257/14.5YIPRT.C1 (Jorge Arcanjo)[377] e Ac. RL de 02.06.2016, proc. 266/14.9.TJLSB.L1-2 (Ondina Carmo Alves)[378].

VI.2.3.4. A revogação unilateral como um meio para tornear a obrigação de pagamento da remuneração acordada

Acabando o negócio visado por se fazer com o interessado angariado pela mediadora (logo, com nexo causal entre a acção desta e o resultado final)[379].

a conseguir a concretização do negócio visado com a mediação em plena vigência do contrato e recusado pelos apelantes.» – destaques nossos.

Concorda-se com o decidido.

De facto, angariado que foi pela mediadora, na vigência dos contratos de mediação imobiliária celebrados com os RR, alguém genuinamente interessado na celebração do negócio visado num desses contratos, **os RR (proprietários) tinham de provar a razão de recusarem a compra e venda com esse interessado, dada a cláusula de exclusividade** (art. **18º, nº 1, al. a), do Decreto-lei nº 211/2004, de 20 de Agosto** – correspondente ao actual art. 19º/2 da Lei 15/2013, de 8 de Fevereiro).

Aliás, estando-se no domínio da **responsabilidade contratual, a presunção de culpa** contida no art. 799º CC não podia deixar de funcionar também aqui.

Diga-se, por outro lado, que, **mesmo que não tivesse sido acordada cláusula de exclusividade**, tendo o negócio sido celebrado com cliente angariado pela mediadora, com preenchimento do nexo causal entre a sua actividade e a celebração do negócio visado, **sempre assistia à mediadora o direito à retribuição.**

[377] Cita, em seu abono, VAZ SERRA (RLJ, ano 100, pág. 340 e segs.) – "salvo estipulação em contrário, o contrato de mediação deve considerar-se revogável. Não se trata de uma aplicação analógica das regras do mandato e da comissão, mas de uma consequência da própria natureza do contrato, tal como ela é de presumir ser querida pelos contraentes (...)" – e bem assim "Maria de Fátima Ribeiro, "*O Contrato de Mediação e o direito do mediador à remuneração*", Scientia Jurídica, 2013, pág. 102.

O certo, porém, é que estes Autores abordavam o contrato de mediação.....sem referência à (especificidade) da existência de cláusula de exclusividade, a qual, de facto, parece justificar tratamento especial.

[378] «.... *6. É de admitir a revogação unilateral, ou a denúncia antecipada do contrato de mediação imobiliária, ainda que em regime de exclusividade, mas sem que seja estipulada qualquer cláusula de irrevogabilidade, por ser de presumir que o cliente não quer privar-se do direito de desistir do propósito de concluir o negócio promovido....».*

[379] **Aqui, o tribunal ordena seja paga a comissão acordada** no contrato de mediação celebrado com quem angariou aquele interessado no negócio – cfr. Ac. RG de 12.06.2014, proc. 1218/10.2TBBCL.G1, Filipe Caroço.

Esta questão (caso do cliente revogar o contrato de mediação e vir mais tarde a celebrar o contrato visado com um terceiro, que se interessou pelo negócio por força da actividade desenvolvida pelo mediador na vigência do contrato de mediação) é, de facto, da maior importância prática e, obviamente, também tem significativa conexão com a posição que se adopte sobre a possibilidade, ou não, da revogação unilateral do contrato de mediação imobiliária.

Sobre a mesma já supra tomámos posição. O direito à remuneração existe sempre que se verifica o nexo de causalidade entre a atividade exercida, na vigência do contrato de mediação, pelo mediador e a celebração do negócio visado entre o cliente e um terceiro, mesmo que tais efeitos só se produzam após a cessação do contrato de mediação (v.g., por revogação unilateral). E é assim, quer se trate de mediação simples, quer de mediação exclusiva. Não se poderá aceitar – a boa fé e lisura que devem comandar a elaboração e execução dos contratos não se coadunam com a pretensão do comitente em, por via duma pretensa revogação unilateral, se vir a aproveitar do trabalho desenvolvido pela mediadora na vigência do contrato, no fito de evitar pagar-lhe a comissão acordada[380].

VI.2.3.5. A desvinculação unilateral do contrato por banda do cliente não afasta a possibilidade de haver lugar à obrigação de indemnizar caso falte um fundamento objectivo para tal revogação

Cfr. Ac. TRP de 17-03-2014, proc. 137/11.0TBPVZ.P1, Augusto de Carvalho:

[380] Assim, também, Maria de Fátima Ribeiro que, na sequência da exposição do Acórdão do STJ de 19/01/2004, escreveu que "De facto, a afirmação do direito do mediador à comissão, nestas circunstâncias, acresce de fundamentação mais rigorosa, a qual pode assentar, nomeadamente, na pós-eficácia das obrigações contratuais e no disposto no artigo 422º do Código Civil. Mas também o recurso à aplicação analógica das regras do contrato de agência poderia ser, aqui, de grande utilidade, permitindo evitar um enriquecimento injustificado do comitente: nos termos do disposto no nº3 do artigo 16º do DL 178/86 de 3/7 "O agente só tem direito à comissão pelos contratos celebrados após o termo da relação de agência provando ter sido ele a negociá-los ou, tendo-os preparado, ficar a sua conclusão a dever-se principalmente, à atividade por si desenvolvida, contanto que em ambos os casos sejam celebrados num prazo razoável subsequente ao termo da agência"".

«Salvo estipulação em contrário, o contrato de mediação deve considerar-se revogável.

II – A cláusula de revogação do contrato não é um dos elementos que, obrigatoriamente, nos termos do Decreto-Lei nº 211/2004, de 20 de Agosto, deva constar do contrato de mediação imobiliária.

III – A revogação do contrato é regulada nos termos gerais de direito, não necessitando de ser prevista em cláusula escrita.

IV – Num caso em que o cliente acorda com uma empresa comercial de mediação a angariação da venda de um imóvel, a partir do momento em que se desinteressa deste negócio, pode desvincular-se do contrato celebrado com aquela, atenta a própria natureza e os fins visados com o mesmo, sem prejuízo de, na falta de um fundamento objectivo, a revogação poder dar lugar à obrigação de indemnizar».

VI.2.3.6. Revogação unilateral e cláusula de exclusividade: direito à remuneração?

No contrato de mediação **com exclusividade não é possível a cessação unilateral e discricionária do mesmo (isto é, não fundamentada ou imotivada)**, destinada a produzir efeitos imediatos ou em momento anterior ao termo do prazo do contrato[381].

[381] Assim, v.g., Higina Orvalho Castelo, *in* Contrato de memdiação mobiliária , acessível on-line in: http://www.verbojuridico.net/ficheiros/doutrina/comercial/higinacastelo--mediacao imobiliaria.pdf.

Cfr., todavia, no sentido de que «na ausência de cláusula em sentido diverso, o contrato de mediação é revogável [rectius, denunciável ad nutum] por qualquer das partes», ... Salvador (in Contrato de mediação, Lisboa, 1964, pp. 254 e segs.), Adriano Vaz Serra (in Anotação ao Acórdão do STJ de 7 de Março de 1967 publicada in Revista de Legislação e de Jurisprudência, Ano 100º, nº 3355, pp. 343-348 [p. 345 e segs.]) e Maria de Fátima Ribeiro in "O contrato de mediação e o direito do mediador à remuneração", publicado in Revista de Direito Comercial, [acessível on-line in www.revistadedireitocomercial.com] p. 246) – **reportam-se, porém**, como dito, ao contrato de mediação...em geral, sem a especificidade da cláusula de exclussividade ora sob apreciação.

Sobre o significado desta impossibilidade de cessação unilateral e do direito à remuneração, sumariou-se no Ac, da RL de 17.10.2017, proc. 2809/15.1T8CSC.L1-1 (RUI VOUGA):

«No contrato de mediação com cláusula de exclusividade, o facto de não ser possível a cessação unilateral e discricionária "significa que o cliente tem de pagar a remuneração nos seguintes casos: *Tal* ***como no contrato de mediação simples, se o cliente vier a celebrar o contrato visado graças à atividade desenvolvida pela empresa de mediação durante o prazo contratual*** *(nomeadamente*

por o celebrar com interessado que a mediadora lhe apresentou durante o prazo do contrato), ainda que a celebração do contrato visado ocorra fora do período do contrato;
b) Se o cliente, incumprindo o contrato de mediação com cláusula de exclusividade, ***celebrar contrato de mediação com outra mediadora e vier a celebrar o contrato visado com terceiro apresentado por esta outra mediadora durante a vigência do contrato incumprido*** *– retribuirá a mediadora exclusiva nos termos do disposto no art. 795, nº 2, do CC;*
c) Sendo o cliente da empresa de mediação o proprietário ou o arrendatário trespassante do imóvel objeto do contrato visado, ***se, durante o prazo de vigência do contrato de mediação, a empresa mediadora apresentar ao cliente pessoa interessada, disposta e pronta a celebrar o contrato visado, e o cliente não o celebrar por causa que lhe seja imputável*** *– há direito à remuneração nos termos do art. 19, nº 2»* – destaque nosso.
O que o dito aresto justificou desta forma:
Na verdade, "a existência de um prazo contratual – e o contrato de mediação está sempre sujeito a prazo, funcionando um supletivo de seis meses, quando as partes nada digam – significa que não pode ser posto termo ao contrato antecipadamente por declaração discricionária de uma das partes"[19]. "Trata-se de uma decorrência lógica da basilar regra pacta sunt servanda, de resto, positivada no art. 406º do C.C."[20] [21].
O facto de o cliente da mediadora ser livre de desistir de celebrar o contrato visado não significa que ele seja livre de pôr fim ao contrato de mediação antes do seu aprazado termo, por declaração unilateral e imotivada[22].
Se isto é assim no contrato de mediação sem cláusula de exclusividade, por maioria de razão deve sê-lo no contrato de mediação celebrado com cláusula de exclusividade. Efectivamente, a estipulação de exclusividade significa que, durante o período de vigência do contrato, o cliente não pode socorrer-se de outros mediadores nem, eventualmente, celebrar o contrato visado directamente. O contrato de mediação com uma tal cláusula tem de ser respeitado durante todo o seu prazo, sendo inadmissível a sua cessação por decisão unilateral do cliente, sob pena de total ineficácia da cláusula: sempre que quisesse celebrar o contrato com interessado angariado por outro mediador (ou por si, no caso de exclusividade absoluta), bastaria ao cliente revogar o encargo do mediador exclusivo. Ao contrato de mediação exclusivo não pode, portanto, ser posto termo unilateralmente e sem causa justificativa[23].».
No caso a que se reporta o aresto que citamos, o cliente (ali R) celebrou o contrato visado (a venda do prédio urbano destinado a habitação, ...) com a interessada que a mediadora (a A.) lhe apresentou durante a vigência do contrato de mediação – o que **faz presumir (presunção natural) que o fez graças à actividade desenvolvida pela empresa de mediação durante o prazo contratual.**
Aliás, como já supra observámos, há quem entenda que "a existência de um contrato de mediação **em regime de exclusividade autoriza a presunção (de facto)** de que a actividade da empresa mediadora contribuiu para a aproximação entre o comitente e o terceiro, facilitando o negócio" (cfr. Ac. STJ de 10/10/2002, proc. nº 02B2469, Moitinho de Almeida).
Daí que, **na presença duma cláusula de exclusividade, o mediador está dispensado de demonstrar a existência dum nexo de causalidade** entre a sua actividade e a conclusão do negócio visado pelo contrato de mediação (assistindo, como tal, nessa hipótese, à mediadora direito à remuneração que contratualmente haja sido estipulada, nos termos da 1ª parte do art. 19º da cit. Lei nº 15/2013 (e não, aqui, por força do disposto no nº 2 do mesmo preceito).

VI.2.3.7. "Cláusula de exclusividade" e "cláusula de irrevogabilidade"

São **realidades bem distintas.** E porque visam elementos distintos da relação programada por um contrato de mediação, **devem ser expressamente clausuladas no contrato.**

No caso da exclusividade (da cláusula contendo tal elemento), gera-se através dela, para o comitente, uma obrigação de *non facere*: não se socorrer de outro(s) mediador(es) para a celebração do negócio visado. A violação da cláusula ocorrerá quando, em virtude da atuação de outro mediador, ocorra aquela celebração.

Já **no caso da irrevogabilidade** (do estabelecimento de um "**pacto de irrevogabilidade**"), cria-se, entre o cliente e o mediador, uma obrigação *de pati* (de suportar) para o primeiro, que se obriga a tolerar, durante certo tempo, a actuação do medidor.

Esta diferenciação quanto à incidência no contrato de mediação entre uma "cláusula de exclusividade» e uma "cláusula de irrevogabilidade» (que, no que tange a esta última, traduz uma situação semelhante à do art. 1170º, nº 2, do CC, quanto ao contrato de mandato) explica que só quando o cliente assume como irrevogável, durante determinado período, a decisão da venda (conferindo ao mediador esse interesse acrescido na mediação), à **desistência da venda** (que traduz o exercício da liberdade contratual em sentido negativo) se possa associar o desencadear do direito à remuneração. Funcionará, então – mas só funcionará existindo uma "cláusula de irrevogabilidade» -, por identidade de razão com o efeito associado expressamente à "cláusula de exclusividade", o elemento causalidade na frustração do negócio, nos termos em que as partes, exercendo a respectiva liberdade contratual, decidiram construir aquela relação contratual concreta, no quadro típico fornecido pela atividade de mediação imobiliária.

Também o Ac. Rel de Lisboa de 5.6.2018 (Luis Filipe Sousa) – proc 85/17.0T8VFX.L1-7- decidiu *que "na vigência do contrato de mediação imobiliária celebrado em regime de exclusividade,* ***o cliente pode desistir da venda sem prejuízo de ter de pagar a comissão ajustada com a mediadora caso esta angarie um interessado – sério e genuíno – na compra****, ainda dentro do prazo de vigência do contrato de mediação imobiliária."*.
Anotou-se ali que *"A mediadora não logra provar a angariação de um interessado, sério e genuíno, se alegou mas não provou que tal interessado visitou a fração a vender."*.

VI.2.3.8. Pode a mediadora reclamar a reparação dum dano causado por uma rescisão antecipada do contrato pelo comitente? E será admissível convencionar no contrato uma penalização por rescisão antecipada do contrato?

Já supra expressámos a nossa posição sobre a questão da revogação unilateral do contrato: pode ter lugar na mediação simples, salvo estipulação em contrário; não pode ocorrer na mediação exclusiva, nos sobreditos termos e com as sobreditas explicitações (é que no contrato de mediação com cláusula de exclusividade, sendo estipulado prazo de vigência, a revogabilidade *ad nutum* conduziria à inutilização da cláusula). E a sanção para o incumprimento do contrato exclusivo é a que igualmente deixámos referida.

Ora, é essencialmente **nos casos de mediação simples** que as aludidas questões se podem pôr: cessado o contrato de mediação simples, a mediadora pode exigir do comitente indemnização pelo dano que tal cessação antecipada lhe tenha ou possa causar, mesmo que não tenha sido convencionada qualquer penalização ao comitente nessa hipótese? E pode clausular-se no contrato tal indemnização por rescisão antecipada do mesmo?

Cremos que a ambas as questões se impõe uma resposta negativa.

Não havendo exclusividade, não apenas o comitente pode cessar o contrato quando e como muito bem entender (como pode negociar com outra mediadora, negociar directamente com um terceiro interessado ou aceitar contratos "oferecidos" por terceiros que lhe apareçam, etc...), como a mediadora não tem qualquer "vinculação" ao comitente, nada sendo "obrigada" a fazer para conseguir interessados para o negócio, também pode desistir do contrato quando e como muito bem entender sem que assista ao comitente qualquer direito indemnizatório por esse afastamentou ou essa inactividade da mediadora.

Sendo assim, portanto, não vemos que faça qualquer sentido que a mediadora venha exigir o que quer que seja do comitente só porque ele resolveu pôr fim ao contrato...simples.

Da mesma forma que não parece fazer qualquer sentido admitir a inserção no contrato de uma cláusula contendo uma penalização para o caso de rescisão antecipada do contrato pelo comitente. Seria uma forma de limitar a liberdade do comitente de revogar o contrato. E esta liberdade na mediação simples parece não dever, nesta situação, ter limites (para ambas as partes, diga-se)[382].

V.2.3.9. A revogação e a Lei de Defesa do Consumidor

• **Questão:** o **direito de *retractação*** (ou à livre revogação do contrato), **concedido pela lei de Defesa do consumidor abrange o contrato de mediação imobiliária?**

Sim, mas.... desde que o cliente seja *consumidor*[383] (parte mais fraca, menos preparada tecnicamente, em confronto com um contraente profissional, necessariamente conhecedor dos meandros do negócio que exercita)[384].

[382] Esta questão tem, aliás, sido tratada **noutros ordenamentos jurídicos**, designadamente no suíço.
Com efeito, a doutrina e a jurisprudência têm ali entendido que não são admitidas penalidades convencionais por rescisão antecipada do contrato (AMMANN, anotação ao art. 412º do CO, n.6). Assim, segundo o Tribunal Federal, uma tal cláusula inserida num contrato não pode impedir uma parte de revogar o contrato a qualquer momento – com respeito, porém, da cláusula de exclusividade eventualmente acordada e ali inserida (ATF 103 II 129, JdT 1978 I 150).
Sobre a questão do eventual direito de uma parte a reclamar a reparação **dum dano causado por uma rescisão antecipada**, o art. 404 al. 2 CO suíço reza que «2 *Celle des parties qui révoque ou répudie le contrat en temps inopportun doit toutefois indemniser l'autre du dommage qu'elle lui cause*». No entanto, mesmo perante a redação deste normativo, a maioria dos Autores que respondem afirmativamente à questão reconhecem que esta disposição não se pode aplicar senão de forma restritiva (cfr., François Rayroux, Art. 418-418 CO, in *Commentaire romand du Code des obligations* I, sous la dir. de L. Thévenoz et F. Werro, Bâl: Helbing & Lichenhahn, 2003, p. 2109-2132 – n. 21 ad art. 412, que se refere aos desenvolvimentos de Christian Marquis, *Le contrat de courtage immobilier et le salaire du courtier*, lausanne: Payot 1993, pp. 230-239, expondo os avisos de diversos autores).

[383] **Sobre o conceito de *consumidor***, pode ver-se o nosso "*O Conceito de Consumidor – Perspectivas Nacional e Comunitária*", Almedina.

[384] **Cfr. Ac. TRC de 18.12.2013, proc. 1141/10.1TBMGR-A.C1, José Avelino Gonçalves *«(...).Diz-nos a norma do artigo 9º, nº 7 da Lei de Defesa do Consumidor que, "Sem prejuízo de regimes mais favoráveis nos contratos que resultem da iniciativa do fornecedor de bens ou do prestador de serviços fora do estabelecimento comercial, por meio de correspondência ou outros equivalentes, é assegurado ao consumidor o direito de retractação, no prazo de 7 dias úteis a contar da data de recepção do bem ou da conclusão do contrato de prestação de serviços".***

Este direito à livre revogação do contrato, concedido pela lei ao consumidor, materializa a sua única possibilidade de retroceder validamente no negócio, protegendo-o da precipitação em que pode ter incorrido no momento em que decidiu vincular-se.
A letra da norma em causa não pressupõe que o contrato em causa resulte da iniciativa do fornecedor de bens ou prestador de serviços e ainda que o fornecimento ou prestação do serviço seja efectuado fora do estabelecimento comercial, por meio de correspondência ou outros equivalentes.
Pretende abranger todos os contratos – incluindo o contrato de mediação imobiliária – nos quais esteja em causa a protecção do consumidor.
Podemos definir "consumidor", para efeitos de aplicação das leis dirigidas à sua protecção, como sendo, todo aquele – pessoa singular – a quem sejam fornecidos bens, prestados serviços ou transmitidos quaisquer direitos, destinados – exclusivamente – a uso não profissional, por pessoa singular ou colectiva que exerça com carácter profissional uma actividade económica que vise a obtenção de benefícios.
É a finalidade do acto de consumo que determina, essencialmente, a qualificação do consumidor como sujeito do regime de benefício que aqueles diplomas legais regulamentam, partindo da presunção de que se trata da parte mais fraca, menos preparada tecnicamente, em confronto com um contratante profissional, necessariamente conhecedor dos meandros do negócio que exercita».

O CASO

A executada deduziu oposição à execução contra a exequente Sociedade de Mediação Imobiliária.
Alegou, designadamente, que **em 18.06.2009 celebrou contrato de mediação imobiliária em regime de exclusividade** referente ao imóvel que descreve e que no dia **22.06.2009** (apenas 4 dias após, portanto) esteve nas instalações da exequente a **comunicar que perdera o interesse n**
o negócio.
Veio ainda a enviar para a sede da agência da imobiliária da exequente carta registada com aviso de recepção, em 26.06.2009, **comunicando à exequente a retractação/denúncia relativa a tal contrato, "*nos termos do art. 9º, nº 7 da Lei de Defesa do Consumidor (Lei nº 24/96 de 31.06 com as suas alterações)*",** carta essa que alega que a exequente se recusou a receber.
A executada veio a vender a casa com recurso a outra empresa de mediação imobiliária, tendo pago pelos serviços da mesma €3.735,00.
Entende que **nada tem a pagar à mediadora,** visto ter sido tempestiva e validamente revogado o contrato de mediação imobiliária.

Perguntava-se: é aplicável à mediação imobiliária a norma do artigo 9º, nº 7 da Lei de Defesa do Consumidor (Lei nº 24/96 de 31.07) – atinente ao **direito à livre revogação do contrato?**
A 1ª instância sustentou que sim, na acepção da noção e consumidor que essa lei nos dá (art. 2º):

"... todo aquele (pessoa singular) a quem sejam fornecidos bens, prestados serviços ou transmitidos quaisquer direitos, destinados (exclusivamente) a uso não profissional, por pessoa (singular ou colectiva) que exerça com carácter profissional uma actividade económica que vise a obtenção de benefícios." – devendo **partir-se da presunção o consumidor "*«.....é a parte mais fraca, menos preparada tecnicamente, em confronto com um contratante profissional, necessariamente conhecedor dos meandros do negócio* que exercita»** *e que «a relação contratual em causa nestes autos, configura uma relação consumidor/empresa que exerce com carácter profissional uma actividade económica que pretende o lucro»".*
Em sustento desta posição, escreveu-se na sentença:
"..... o contrato de mediação imobiliária é, indubitavelmente, um contrato de prestação de serviços sendo que, in casu, os mesmos seriam prestados com carácter profissional e visando obter benefícios económicos por parte da mediadora perante a executada enquanto cliente particular (não profissional da área)".
Daqui concluiu que *"não se vêm razões para excluir o negócio em causa como uma relação de consumo.* ***Assim, e nessa linha, não se vislumbram razões para excluir a aplicabilidade do art. 9º, nº 7 da Lei nº 24/96, de 31 de Julho*** *(...). E note-se que o facto de existir legislação especial em matéria de mediação imobiliária não prejudica tal conclusão.*
Com efeito, o facto de existir um regime jurídico do exercício da mediação imobiliária corporizado no DL nº 211/2004, de 20.08 não obsta à aplicabilidade da Lei de Defesa do consumidor *(da mesma forma que ninguém duvida que o facto de, v.g., existir legislação especial sobre contratos à distância e no domicílio ou de crédito ao consumo – v.g. D.L. nº 143/2001, de 26.04 com suas alterações e D.L.nº 133/2009, de 02.06 com rectificações e alterações – não afasta a aplicabilidade da Lei de Defesa do Consumidor)...".*
Mais sustentou que **o que a norma em causa pretende "é proteger o consumidor – resulte, ou não, o contrato em causa da iniciativa do fornecedor de bens ou prestador de serviços**, e ainda que o fornecimento ou prestação do serviço seja ou não efectuado fora do estabelecimento comercial, por meio de correspondência ou outros equivalentes....".

Assim, **entenderam as instâncias que, tendo a executada respeitado os requisitos previstos no art. 9º, nº 7 da LDC, a retractação produziu os seus efeitos**, deixando o contrato de se manter de pé.
Daqui que não houvesse lugar à remuneração da mediadora, pois o direito à remuneração nasce apenas da conclusão perfeita do negócio objecto da mediação ("o que não aconteceu").
Da mesma forma se acrescentou que não se verifica a excepção ínsita nos casos referidos no nº 2/a) do artigo 18º do DL 211/2004, por a mesma se reportar ao regime de exclusividade e implicar que a não celebração do negócio visado tenha ocorrido por *causa imputável ao cliente* da mediadora (o que no caso não ocorreu, pois que "pela **revogação válida do contrato ocorreu uma destruição da relação contratual,** anterior à situação descrita em tal norma. Por isso, o **negócio não foi celebrado por causa imputável à recorrida, mas, sim,... porque o contrato.... foi válido e eficazmente extinto").**
Portanto, entenderam as instâncias que nunca havia lugar ao pagamento de qualquer comissão à mediadora (exequente)

Algumas observações:

1. No que tange ao tratamento a dar à suscitada **questão da aplicação, ou não, neste tipo contratual, do direito à livre revogação do contrato concedido pela lei ao consumidor** (artigo 9º, nº 7 da LDC), **temos grandes reservas**. E **não tanto porque, *in casu*, se está perante o regime de exclusividade** acordada **(onde a protecção da mediadora tem aqui particular relevo)**, mas principalmente porque **o aludido artigo 9º, nº 7 da Lei de Defesa do Consumidor (Lei nº 24/96 de 31.07) parece pressupor que o contrato em causa resulte por iniciativa do *fornecer de bens* ou *prestador de serviços* (situação que, é claro, não ocorre no presente caso)**, mais pressupondo que o fornecimento ou prestação do serviço seja efectuado fora do estabelecimento comercial, por meio de correspondência ou outros equivalentes (o que, também, não sucedeu)".

É isso, de facto, que reza aquele artigo 9º:

"Sem prejuízo de regimes mais favoráveis ***nos contratos que resultem da iniciativa do*** *fornecedor de bens ou do prestador de serviços fora do estabelecimento comercial, por meio de correspondência ou outros equivalentes,* ***é assegurado ao consumidor o direito de retractação,*** *no prazo de 7 dias úteis a contar da data de recepção do bem ou da conclusão do contrato de prestação de serviços".*

2. Por outro lado, para alargar ao cliente da mediadora os benefícios conferidos pela Lei de Defesa do Consumidor, **parece que as instâncias partiram do princípio de que o cliente da mediadora é (sempre) "*a parte mais fraca, menos preparada tecnicamente, em confronto* o profissional"** que é a mediadora (esta *"necessariamente conhecedora dos meandros do negócio que exercita"* – diz-se ali).

Ora, não se pode olvidar, porém, que muitas das vezes quem contrata as empresas de mediação imobiliária tem conhecimentos profundos nestas áreas, sendo que por vezes a boa fé e o abuso do direito, em tais situações, não permitem que venha (depois de celebrar o contrato de mediação) argumentar que...."não sabia o que estavam a fazer" para daí poder retirar os benefícios da protecção da legislação consumérica (nomeadamente o aludido direito à retratação).

Assim, mesmo que se entendesse – **o que nos parece muito duvidoso** – que em matéria de mediação imobiliária se aplica a lei de defesa do consumidor, **sempre se imporia um especial cuidado e análise casuística das situações.**

3. Como quer que seja, sempre **temos muitas dúvidas quanto à bondade da afirmação vertida no aresto de que, só porque a revogação do contrato foi validamente efectuada, tal permite, sem mais, concluir que o negócio não foi celebrado ....*por causa imputável ao cliente* (recorrida)** – nos termos da al. a) do nº 2 do art. 18º do DL 211/2004 (actualmente, o art. 19º/2 da lei nº 15/2013).

Não se pode olvidar que o contrato **foi celebrado em regime de exclusividade** (que visa afastar a concorrência, impedindo a celebração de contrato de mediação com outra mediadora). **Daqui que se exigia uma particular atenção à boa fé da mediadora.** Ou seja, mesmo que o cliente tenha (ou tivesse) o direito a extinguir o contrato antes do fim do respectivo prazo, afinal, fazendo-o, está a ferir as **legítimas expectativas firmadas pela mediadora aquando da outorga do contrato em poder encontrar interessado no negócio durante o período**

VI.2.3.10. Outra jurisprudência relevante

- Ac. TRP de 08.07.2010, proc., Filipe Caroço:

*«I – Embora não resulta directamente da lei e mesmo quando não esteja previsto no contrato, **é de admitir a revogação do contrato de mediação imobiliária por acto unilateral**, como consequência da natureza do próprio negócio, **por ser de presumir que o cliente não quer privar-se, além do mais, do direito de desistir do propósito de concluir o negócio promovido.***

*II – Havendo revogação do contrato por acto unilateral do cliente, **poderá ser devida remuneração à mediadora, designadamente quando aquele é celebrado em regime de exclusividade**, nos termos do art. 18º, nº2, al. a) do DL nº 211/04, de 20.08, dependendo das circunstâncias de cada caso».*

*«1. No contrato de mediação imobiliária **o comitente pode unilateralmente desvincular-se do contrato de mediação com cláusula de exclusividade.***

*2. Não tendo sido convencionada a chamada **"cláusula de irrevogabilidade"**, que obriga o comitente a aceitar o interessado que o mediador encontre, o comitente não fica impedido de **desistir do negócio** inicialmente desejado, em face do princípio da liberdade contratual.*

*3. Tendo o comitente desistido da venda e revogado o contrato de mediação, antes de lhe ter sido dado conhecimento de um terceiro interessado, **o mediador poderá ter direito a eventual indemnização pelos danos sofridos pela revogação ou denúncia antecipada do contrato**, mas não o direito à remuneração.»* – Ac. TRC de 03.11.2015, proc. 115257/14.5YIPRT.C1, Jorge Arcanjo.

VI.2.4. Denúncia

IV. 2.4.1. Generalidades

A denúncia é a declaração feita por um dos contraentes, em regra com certa antecedência sobre o termo do período negociável em curso, de que não

(que acreditou ir vingar) do mesmo contrato. Com essa extinção do contrato, o cliente acaba, de facto, por liquidar de vez essas expectativas, **impossibilitando a mediadora de (no período do contrato livremente celebrado – repete-se, com cláusula de exclusividade) encontrar interessado** no negócio e dessa forma obter a remuneração acordada.
Assim, poderá, eventualmente, haver aqui responsabilidade do devedor/cliente/comitente – até se presumindo a culpa do devedor (art. 799º do CCivil) –, com a consequente obrigação indemnizatória à mediadora (cfr, v.g., arts. **798º e 801º/1, do CCivil).**

quer a renovação ou a continuação do contrato renovável ou fixado por tempo indeterminado[385].

Corresponde ao exercício de um direito potestativo a que a contraparte não se pode opor eficazmente[386], [387].

Em sumna, quantoà denúncia, temos:

1. É uma declaração **unilateral**[388] **receptícia**[389], **livre**[390] **e discricionária**[391] **e não retroactiva**[392].

[385] Nas palavras de ANTUNES VARELA, é uma figura privada dos contratos de prestações duradouras (como é o arrendamento, o contrato de fornecimento, de sociedade, de mandato), que se renovam por vontade (real ou presuntiva) das partes ou por determinação da lei ou que foram celebrados por tempo indeterminado (*Das Obrigações em Geral*", vol. II, 7ª ed., p. 278).

[386] Cfr FILIPE VAZ PINTO, *Subjudice*, "*Os limites à liberdade de estipulação em matéria de denúncia*", nº 39, Almedina, p. 53.

[387] Alguns autores, como Pedro Romano Martinez, na caraterização desta figura jurídica, autonomizam três tipos de denúncia (*Da Cessação do Contrato*, 3ª ed., Coimbra, 2015, pp 61 ss): um primeiro tipo denominado "*denúncia em sentido técnico*", incluindo neste as formas de cessação de relações contratuais estabelecidas por tempo indeterminado; um segundo tipo denominado oposição à renovação, onde se inserem as situações a que "*corresponde uma declaração negocial por via da qual se obsta à renovação automática do contrato*" – estes dois tipos de denúncia têm em vista impedir a subsistência de um vínculo contratual que se prolonga por um período de tempo incerto – ; um terceiro tipo, no qual se incluem as situações de desvinculação, por desistência por parte de um dos contraentes, da execução do contrato.

[388] Na medida em que prescinde do acordo da contraparte.

[389] De facto, para além de ser de exercício discricionário, não sendo necessário invocar qualquer motivo, é um **negócio unilateral receptício**. Pelo que, levada ao conhecimento do destinatário, é eficaz independentemente da concordância deste (veja-se o Ac. R.P. de 18-7-78, Col. Jur. 3º, 1212).

[390] **Porém**, apesar de a denúncia ser, pois, em princípio, livre, tendo em conta o princípio da boa fé, para se exercer **deverá ser precedida de aviso prévio.** Ou seja, a denúncia tem de ser comunicada com alguma antecedência relativamente à data em que a cessação produzirá efeitos. Ainda que do regime contratual não resulte directamente a necessidade de respeitar um prazo para a produção do efeito extintivo resultante da denúncia, o pré-aviso impõe-se porque a parte, no exercício do direito de denúncia, **deve proceder de boa fé** (artigo 762º, nº 2, do CC). A antecedência exigida para a denúncia serve para que a parte destinatária dessa declaração se possa precaver quanto ao facto de o vínculo contratual se extinguir em breve. Por seu turno, o prazo de antecedência para efectuar a denúncia pode ser estabelecido pelas partes ou fixado supletivamente.

[391] No sentido de que não carece de qualquer fundamento.

2. Destina-se **a operar para o termo do período negocial em curso; não põe em causa esse período – apenas impede que se renove**[393].
3. A declaração negocial de denúncia, depois de chegar ao poder do destinatário ou de dele ser conhecida, é **irrevogável**, nos termos gerais (artigo 230º do CC)[394].
4. A cessação do contrato em razão da denúncia não implica, em princípio, o pagamento de uma **compensação ao destinatário da declaração**[395].
5. **Só tem cabimento** nas relações contratuais por tempo indeterminado e nas relações contratuais renováveis por força da lei ou por mera declaração tácita das partes[396].
6. A denúncia **distingue-se da revogação unilateral** (arrependimento) porque é característica de alguns contratos cuja execução se protela

[392] Cfr. A. Menezes Cordeiro, *Direito das Obrigações*", 2º vol., 1990, p. 166.

[393] Os efeitos da denúncia produzem-se para o futuro (*ex nunc*), salvaguardando-se os efeitos já produzidos.
A cessação do contrato decorrente da denúncia determina directamente a extinção do vínculo contratual. Por via da denúncia, **o vínculo dissolve-se** sem eficácia retroactiva e os efeitos da extinção assemelham-se aos das demais formas da cessação contratual.
Denunciado o contrato, este manter-se-á em vigor nos termos normais durante o período de aviso prévio. Apesar da denúncia, as partes continuam vinculadas a cumprir as prestações contratuais nos mesmos moldes.

[394] Pelo que o contrato cessará inexoravelmente depois de decorrido o prazo de aviso prévio, ainda que contra a vontade posterior do declarante, salvo acordo em contrário.

[395] Em regra, a denúncia assenta num direito potestativo que assiste a qualquer dos contraentes, cujo exercício, mesmo que cause prejuízos à contraparte, não é fonte de responsabilidade civil.
Todavia, além de previsões legais em contrário, podem as partes acordar num montante compensatório em caso de denúncia.
Diferente da compensação decorrente da denúncia de um contrato, pode surgir a indemnização devida pela falta de aviso prévio ou pela inobservância do respectivo prazo, caso em que se estará perante uma hipótese de responsabilidade contratual, nos termos gerais, pois funda-se num comportamento ilícito e culposo por uma das partes (Cfr, neste sentido, Romano Martinez, *Da Cessação do Contrato,* 2ª ed., Almedina, p. 123. De violação do programa contratual, com a consequente geração da obrigação de indemnizar, fala ainda Paulo Henriques, *A desvinculação unilateral ad nutum nos contratos civis de sociedade e de mandato,* Coimbra, 2001, p. 245).

[396] Cfr. Antunes Varela, *R.LJ.*, 114º-111.

no tempo, por um lado, e pelo facto de não ter efeito retroactivo, por outro[397].

7. Como é **bem diferente da resolução**[398].
8. Face ao princípio da consensualidade (cfr. art. 219º), na falta de previsão legal ou contratual, a denúncia **não está sujeita a forma especial.**

VI. 2.4.2. A denúncia do contrato de mediação imobiliária

VI.2.4.2.1. A denúncia como mero expediente dos contraentes para se eximirem ao pagamento da comissão acordada

Ver:

– Ac. da RL de 11.11.2004, SALASAR CASANOVA:

«III – O contrato de mediação ***pode ser denunciado pelo cliente.***

IV – No entanto o cliente ***não se pode valer da denúncia efectivada depois de angariado o interessado para se eximir ao pagamento da retribuição com o argumento de que,*** *a partir e por causa da denúncia, ficou livre para contactar o interessado na realização da transacção por deixar de subsistir nexo causal entre a actividade do mediador exercida antes da denúncia e a realização do contrato».*

– **Ac. da RL de 28.06.2007**, proc. 4604/2007-8, ILÍDIO SACARRÃO MARTINS:

«I – .....

II – Deve considerar-se que ocorre, com a aludida invocação de nulidade, ***abuso do direito,*** *na modalidade de venire contra factum proprium, quando* ***o réu marido, não obs-***

[397] A revogação é, segundo A. MENEZES CORDEIRO (*"Direito das Obrigações"*, 2º vol., 1990, p. 163), uma forma livre, discricionária e não retroactiva de supressão dos contratos: *livre*, porquanto não depende, para se concretizar, senão de manifestações de vontade para tanto dirigidas; *discricionária* na medida em que, para a sua actuação, não é necessário alegar qualquer fundamento específico; *não retroactiva*, uma vez que só produz efeitos 'para o futuro'.

[398] Como atrás já foi dito, esta é uma forma de extinção dos contratos que se apresenta como condicionada, tendencialmente vinculada e retroactiva: *condicionada*, na medida em que só é admitida quando fundada na lei ou em convenção; *tendencialmente vinculada*, uma vez que, para a sua concretização, há que alegar e demonstrar determinado fundamento: *retroactiva*, pois que extingue *ab initio* as relações contratuais.

Na **resolução** há a verificação de um facto superveniente, não basta a mera vontade das partes

tante não ter assinado o contrato de mediação, veio a comunicar por escrito à mediadora que não pretendia continuar a recorrer aos seus serviços, assinando a carta de denúncia, *tendo assinado anteriormente o documento de reserva subscrito também pela mulher e por terceiro interessado na aquisição angariado pela mediadora.*

III – ***E tendo os RR celebrado escritura de compra e venda com esse interessado, a prévia denúncia não afasta a obrigação de pagamento de comissão, verificando-se que constitui mero expediente por parte dos contraentes de se eximirem a esse pagamento.»*** [399]

[399] **O CASO**

Os factos:

A **A. (mediadora Imobiliária) e a Ré mulher assinaram um contrato de mediação imobiliária,** para promoção da venda de um **imóvel propriedade do Réu marido** (eram casados no regime da separação de bens).

No período de vigência do contrato, a **A. angariou um interessado** no negócio, pelo preço de **€ 101.000,00, tendo a Ré mulher e esse interessado subscrito um documento de "*reserva*" do imóvel no qual se comprometiam a celebrar o contrato promessa de compra e venda da fracção no prazo de 60 dias, tendo na altura sido entregue pelo aludido interessado, como caução** e reserva da fracção, um **cheque no valor de € 2.500,00 à ordem da R. mas que ficou em poder da Autora.**

Nas datas da outorga do contrato de mediação imobiliária e bem assim do documento de *reserva*, o R. estava ausente no estrangeiro, em trabalho.

Quando o **R. regressou do estrangeiro e tomou conhecimento do documento de *"reserva"* assinado pela R. (e que ele veio depois a assinar), comunicou à A que não aceitava o negócio.**

No entanto, o Réu ainda tentou junto da A./mediadora concretizar a compra e venda referida no documento de reserva, mas a **A. não deu qualquer resposta ao R,** naquele período de reserva de 60 dias, relativamente à concretização da compra e venda, **nem tratou de qualquer documentação** relativa à fracção autónoma.

Por isso, **os RR comunicaram por escrito à A.** que "*não pretendemos continuar a recorrer aos vossos serviços com vista à venda do andar [...], mais lhe comunicando que "a esta data há muito ficou sem qualquer efeito a reserva de 60 dias datada de 25 de Maio de 2004".*

Nesse mesmo mês os **RR foram procurados pelo cliente arranjado pela A., que lhes propôs a compra do prédio,** tendo o R. outorgado com ele um contrato promessa de compra e venda, seguido da respectiva escritura pública de compra e venda, pelo preço de **€ 100.000,00.**

Na acção instaurada pela mediadora para lograr obter o pagamento da retribuição, **invocaram os RR, designadamente, a invalidade do contrato de mediação imobiliária por ter sido assinado apenas pela ré mulher** (.....que esta não tinha poderes de representação do réu marido).

Considerou **a sentença que o contrato era inexistente por estar apenas assinado pela ré mulher.**
A acção foi julgada improcedente, absolvendo-se os réus do pedido.

Apelou a mediadora.
*

Começou a **Relação** por **trazer à liça o instituto do** abuso de direito.
Assim, entendeu a Relação que **devia improceder a arguição de nulidade do contrato por falta de forma legal (por não assinado por quem era o seu proprietário) "por tal arguição configurar um abuso do direito,** na medida em que os RR procederam de modo a criar na mediadora a convicção de que não seria invocada a nulidade", "procedendo, assim, de modo iníquo e escandaloso".
Concluiu que, por via do funcionamento do abuso do direito, o "contrato considera-se válido, vinculando as partes". Assim, **tinha a A. direito à remuneração, pois que "*se não fosse a actividade de mediação da autora, os réus nunca teriam conhecido o comprador S.[...] e o negócio nunca se tinha concretizado.*".**
É manifesto o abuso de direito.
Aliás, **o abuso do direito também estava patente na denúncia do contrato operada pelos RR.**
De facto, é **óbvia a razão da Relação quando afirma que** «*sendo em princípio admissível a denúncia do contrato de mediação, não podem valer os seus efeitos no sentido de a parte que interveio no contrato de mediação se querer eximir ao pagamento estipulado quando, pelas circunstâncias do caso,* ***se verifique que a denúncia não constituiu senão um expediente, porventura grosseiro, destinado a dar ao denunciante a aparente liberdade negocial de contratar com a pessoa angariada sem qualquer responsabilização face ao mediador angariante***».
De facto, como bem remata a Relação, se é certo que «*o negócio só não se finalizou com a intervenção da autora, porque os réus denunciaram o contrato*», «*todavia,* ***tal denúncia permite-nos verificar que não teve outro escopo senão aquele que ficou descrito, pelo que subsiste o direito da autora à remuneração. (...)....*** *os réus denunciaram o contrato de mediação imobiliária com a finalidade de se eximir às suas responsabilidades contratuais (o pagamento da retribuição), utilizando* ***tal direito*** *que, sendo excepcional (artigo 406º do Código Civil),* ***não é licitamente exercitável para possibilitar desvios aos princípios da boa fé e à observância do princípio da lealdade e cumprimento das obrigações livremente assumidas.***»**.**

É claro que o aludido direito à remuneração pressupunha a existência de nexo causal entre a actividade da mediadora e a efectivação do negócio visado o contrato de mediação imobiliária.
Com efeito, como bem observou o aresto, é entendimento da nossa jurisprudência que o mediador tem direito à comissão quando, **embora não sendo a sua actividade a única causa determinante da realização do negócio pretendido pelo comitente**, ela contribuiu (de forma decisiva...) para a sua realização.

Assim, **independentemente da validade ou não da denúncia, o que importava mesmo para que a Autora tivesse direito à retribuição, era saber se estava verificada a relação de causalidade entre o negócio visado e a actividade de mediadora.**

Entendeu, e bem, a Relação que esse nexo de causalidade estava verificado no caso *sub judice*. Daí que decidisse pelo direito da mediadora à retribuição prevista no contrato.

A não se entender assim – nos casos em que o comitente tenha vendido o imóvel objecto do contrato de mediação a interessado angariado pela mediadora –, **chegaríamos ao resultado absurdo** de que todos os clientes das mediadoras que depois de estas terem angariado interessado na compra viessem a denunciar o contrato de mediação e depois da denúncia concretizassem o negócio visado com aquele interessado que a mediadora angariou, não teriam de pagar a retribuição à mediadora!

**

Apenas uma nota:

Não nos parece, salvo o elevado respeito pelo douto aresto, que a conduta do Réu marido tenha o grau de censurabilidade que o aresto reflecte.

De facto, veja-se que **o Réu, quando regressou do estrangeiro** e teve conhecimento do documento de reserva assinado pela sua mulher, **tentou junta da Autora/mediadora clarificar as coisas *"numa tentativa de concretizar a compra e venda ali referida"*. Só que a A. não deu qualquer resposta ao R nem tratou de qualquer documentação relativa à fracção autónoma.** E **só após** essa diligência infrutífera do Réu (**e já depois** de decorrido o período de reserva) é que os RR comunicaram por escrito à A. que não pretendiam continuar a recorrer aos serviços dela com vista à venda do andar, ali acrescentando que *"a esta data há muito ficou sem qualquer efeito a reserva de 60 dias datada de 25 de Maio de 2004"*.

Ou seja, parece razoável aceitar que, afinal, a venda só não ocorreu antes da denúncia do contrato porque ...... a A se esquivou, evitando o Réu e remetendo-se ao silêncio!

Portanto, como observam os RR, *"Da factualidade provada resulta também que, depois da assinatura do documento de reserva (pelo período de 60 dias), a autora não prestou aos réus qualquer serviço de mediação imobiliária, não tendo tratado de qualquer documentação e sendo os réus quem tratou da mesma,* ***levando-os a tentar contactar a autora para obter a clarificação, mas sem sucesso****, e assim informando a autora por escrito que não estavam interessados nos seus serviços, tendo o réu vendido o imóvel por € 100.000,00 ao interessado angariado pela autora".*

Daqui que, pese embora a verificação do nexo causal entre a actividade da A. e o negócio que se veio a efectuar – afinal, a venda foi feita ao cliente arranjado pela Autora –, temos reservas sobre a correcção ou suficiência da actuação da Autora, na medida em que a partir de certa altura se "desligou" do negócio, não ligando à (legítima) tentativa que os RR fizeram junto dela para clarificar a situação e tentar concretizar o negócio através dela.

Ou seja, tendo sido, como foi, por acção e intermédio da mediadora que o documento de reserva do imóvel foi elaborado e assinado (na altura apenas pela Ré mulher...), cremos ser razoável aceitar que a mediadora se não deveria ter esquivado ao esclarecimento do Réu acerca do teor e alcance desse documento (afinal, ele era o.......proprietário do imóvel!).

VI.2.4.2. Denúncia: ausência de pré-viso – Deveres das partes – Ressarcibilidade de danos da mediadora

Outras questões relacionadas com a denúncia do contrato são por vezes afloradas. Assim, por exemplo, no que respeita à **renovação do contrato de mediação** e às **consequências do desrespeito do prazo de pré-aviso para a denúncia.**

No que tange ao pré-aviso, não almejamos no RJAMI qualquer norma que a imponha.

E não vemos, de facto, que as partes tenham de sujeitar-se ao pré-aviso de denúncia (v.g., por via de carta registа com AR) para denunciar o contrato. Tal como ocorre noutros ordenamentos jurídicos, v.g. o suíço (também ali as partes não **são obrigadas a respeitar um prazo d'*avertissement*** (pré-aviso) para fazer cessar o contrato)[400].

Por outras palavras: parece que a mediadora terá negligenciado os seus deveres, *maxime* de esclarecimento e acompanhamento.

É certo que o negócio acabou por ser feito com o interessado angariado pela mediadora. Como também parece evidente que a denúncia foi feita para o Réu se furtar ao pagamento da retribuição – pois se assim não fosse, não denunciava o contrato, fazia a escritura e pagava a retribuição a quem angariou o interessado no negócio.

Ficam-nos, porém, dúvidas sobre (pelo menos...) se se justificaria o pagamento à mediadora da comissão integral prevista no contrato de mediação imobiliária celebrado........ com a Ré mulher. Será razoável aceitar-se que para obter o direito à remuneração acordada bastava à A. indicar um interessado no negócio e nada mais fazer, **deixando os RR à "deriva",** sendo certo que há todo um manancial de documentação a tratar e de informação a dar **que por norma quem recorre aos serviços da mediadora não dispõe e ali procura obter?** Mais ainda quando o contrato de mediação nem sequer teve a intervenção do proprietário do imóvel?

Fica (então) no ar a questão: não se justificaria aqui, eventualmente, uma.....redução da comissão, dado que a mediadora, ao deixar de atender aos RR, que em vão a procuraram, de certo modo os "forçou" a negociar directamente com o terceiro interessado? – e **veja-se, também,** que a venda acabou por se fazer ao interessado angariado pela A., não porque o tivesse procurado o Réu, mas porque.......**foi esse interessado quem procurou os RR "*na residência destes, propondo a compra da fracção*"** (facto 18º), **pelo que se desconhece se sem essa iniciativa do próprio interessado, a compra se teria concretizado (o que igualmente mitiga a censura a fazer aos Réus).**

[400] Christian MARQUIS, *Le contrat de courtage immobilier et le salaire du courtier*, lausanne: Payot 1993, p. 230; TERCIER, *Les contrats spéciaus*, 3ª ed., Zürique: Schulthess, 2003, p. 692, n. 4808.

O que não impede que as partes convencionem (e levem ao contrao escrito) um prazo de denúncia – o que, diga-se, é algo frequente neste tipo de contratos.

Na nossa jurisprudência, ver, designadamente:

– O **Ac. TRC de 25.06.2013**, proc. 400/12.3TJCBR.C1 (Jacinto Meca):

«I – A recepção de carta, por parte da empresa mediadora, a denunciar o contrato de mediação tem como consequência a não renovação automática do contrato de mediação celebrado entre comissária e comitente.

II – Os eventuais prejuízos que a comissária tenha sofrido, em consequência da implementação do contrato de mediação imobiliária – promoções/custos de pessoal, etc. – fora do quadro legal a que aludem as alíneas a) e b) do nº 2 do artigo 18º do DL nº 211/2004, de 20.8, podem ser reclamados no âmbito de acção de responsabilidade civil contratual – artigos 483º e 798º do CC.

II – A afectação de recursos humanos e financeiros à promoção e venda de imóvel objecto do contrato de mediação, em ***regime de exclusividade****, bem como a angariação de potencial comprador, não implica o pagamento de qualquer remuneração – nº 1 do artigo 18º – a menos que se esteja perante alguma das excepções a que aludem as alíneas a) e b) do nº 2 daquela norma.»*[401].

401 **O CASO**

– Os proprietários de um imóvel celebraram com uma empresa de mediação imobiliária e em **regime de exclusividade**, um contrato **para que esta encontrasse um interessado na sua compra, pelo valor de 30.000 euros e mediante o pagamento de uma remuneração de 5%, com um valor mínimo de 5.000 euros.**

– O contrato tinha um prazo de **validade de 12 meses, com expressa indicação de que se renovaria se não fosse denunciado com o pré-aviso ali igualmente previsto (10 dias),**

A **imobiliária encontrou um interessado** na compra do imóvel.

– Porém, os proprietários **sem respeitar o prazo de pré-aviso para a denúncia previsto no contrato** (10 dias em relação ao fim do contrato), **por carta, denunciaram o contrato, vindo mais tarde a vender o imóvel à pessoa que tinha sido angariada pela imobiliária, por apenas 8.800 euros.**

– Os proprietários recusaram pagar a remuneração alegando que celebraram o contrato convencidos de que o valor mínimo de 5.000 euros de remuneração só seria paga se a venda viesse a ser efectuada por 30.000 euros, o que não ocorreu visto que (segundo eles) a imobiliária não angariou nenhum interessado na compra por esse valor.

Não se provou que a mediadora tivesse comunicado aos proprietários a proposta que tinha sido apresentada por aquele que viria mais tarde a adquirir o imóvel.

Improcedeu a acção (entendeu a 1ª instância que, mesmo faltando o pré-aviso da denúncia, esta era válida e não havia lugar à retribuição acordada, apenas assistindo à mediadora o direito a ser indemnizada pelos prejuízos decorrentes da violação contratual.
Na apelação, a imobiliária sustentou que o contrato se renovara, já que a denúncia tinha sido feita sem respeito do prazo de pré-aviso.
A Relação, porém, confirmou a sentença.
Entendeu a Relação que, apesar de não ter sido respeitado o prazo de pré-aviso (de 10 dias) para a denúncia do contrato, isso não impedia que o mesmo contrato se não renovasse. E não se tendo renovado e tendo a venda ocorrido já depois do terminus do contrato, não havia lugar ao pagamento da remuneração à **mediadora – a qual apenas poderia exigir, em acção própria, uma indemnização por prejuízos que eventualmente tivesse tido com essa violação do contrato.**
Disse, ainda, a Relação que se não provou que o negócio se não concretizou por *facto imputável* aos clientes (proprietários); como ficou por demonstrar que tenha sido devido ao trabalho da mediadora que o negócio se concretizou – pois a imobiliária não provou que comunicou aos proprietários a proposta que tinha sido apresentada por aquele que mais tarde veio a adquirir o imóvel
*

Com o devido respeito, permitam-se-nos algumas notas:
Tendo (como, no caso, tinha) o contrato um prazo de validade de 12 meses, com expressa indicação de que **se renovaria se não fosse denunciado com o pré-aviso ali igualmente previsto (10 dias), parece que não tendo sido respeitado esse pré-aviso, o contrato...... se deveria considerar renovado.**
Já relativamente à **questão da falta de prova de que a mediadora comunicara aos proprietários a proposta que tinha sido apresentada por aquele que viria mais tarde a adquirir o imóvel,** com a consequente falta de demonstração de que tinha sido devido ao trabalho da mesma que o negócio se concretizara, **concorda-se que a sua consequência seria, de facto, a não admissibilidade da remuneração à mediadora,** pois **o regime de exclusividade apenas impede** o cliente da mediadora de contratar outra mediadora para angariação de interessado para o negócio e não que ele próprio venha a diligenciar por encontrar interessados e vender directamente o bem.
É certo que, *in casu,* foi a mediadora quem arranjou o interessado. **Mas para que essa diligência fosse eficaz em termos de lhe atribuir o direito à retribuição, tinha a mediadora o ónus de (atempadamente) dar a conhecer ao comitente o resultado das suas diligências, informando-o de que havia encontrado interessado para o negócio.**
De facto, parece-nos que **mesmo que a mediadora encontre alguém efectivamente interessado no negócio, se tal for do desconhecimento do comitente, por culpa daquela, ... *sibi imputet:* o cliente não tem de satisfazer a remuneração acordada** no contrato de mediação imobiliária. Sabe-se lá o trabalho e despesas que o cliente pode ter tido para chegar a .....esse interessado!

– Ainda o seguinte aresto:

> «... *se a Relação estabeleceu a relação causal entre a actividade da mediadora que angariou um cliente e a compra que este veio a fazer do imóvel cuja venda se visava com a mediação, não obstante esta ter sido levada a cabo depois de ele ter referido não estar interessado no negócio e de ter sido denunciado o contrato de mediação, o STJ só pode apreciar se, em*

Há **deveres que se impõe sobre a mediadora**, estando entre eles a obrigação de **pôr o comitente ao corrente dos resultados das suas diligências.** Se o não faz, terá de arcar com as respectivas consequências, de entre elas correr o risco de ver o cliente a celebrar contrato com interessado que **ele próprio venha a encontrar..... convencido de que tal resultou apenas e só das suas diligências, pois que a mediadora.... lhe não deu conhecimento da existência de qualquer interessado que tenha angariado, muito menos daquele com quem o comitente veio a negociar directamente!**
Também aqui há que proteger a boa fé....do comitente!
Sendo irrelevante que o contrato se tivesse renovado ou não: não estava o cliente da medidora impedido de vender a quem encontrasse ou com ele viesse ter.
Mas....parece que o cliente também deveria avisar a mediadora de que encontrou um interessado......!

Não cremos que a situação coubesse na al a) do nº2 do art. 18º do DL 211/2004, de 20 de Agosto (*Idem* art. 19º/2 da actual Lei 15/2013), pois, mesmo que se entenda que o contrato se renovou (dada a falta do pré-aviso), **não cremos poder concluir que o negócio angariado pela mediadora não se concretizou *"por causa imputável ao cliente"*** daquela. **Ao invés, foi por facto imputável à própria mediadora que tal não aconteceu, na medida em que foi ela que não deu a saber ao comitente/seu cliente o resultado das suas diligências, informando-o de que havia encontrado interessado para o negócio.**

Já a questão do preço do negócio seria irrelevante.
Ou seja, **caso a mediadora tivesse informado o cliente de que tinha encontrado o interessado** que, a final, veio a outorgar no negócio visado, **então, parece-nos que pouco importaria que o preço final fosse inferior ao previsto no contrato de mediação: o preço está à margem do próprio contrato de mediação imobiliária,** antes é um aspecto que tem a ver com a liberdade contratual dos outorgantes finais (proprietário e comprador). **Se estes acordam nesse (novo) preço, em nada é beliscado o direito à comissão da mediadora.**
E nesta hipótese, a eventual recusa dos proprietários em pagar a remuneração com alegação de que celebraram o contrato convencidos de que o valor mínimo de 5.000 euros de remuneração só seria pago se a venda viesse a ser efectuada por 30.000 euros, **não nos parece ser defensável, pois os 5.000 euros de remuneração seriam o.... *"valor mínimo"* a pagar à mediadora.**

abstracto, tal actividade era adequada à efectivação da venda.» – STJ de 15-11-2007, Revista nº 3569/07 – 2ª Secção, João Bernardo.

VI.2.5. Caducidade

VI.2.5.1. Generalidades

Do conceito

É a extinção de determinado direito por verificação de um facto a que a lei atribui esse efeito. **O direito caduca, extingue-se, quando não é exercido dentro de um prazo, fixado por lei ou por acordo.**

É a extinção automática do contrato, como mera consequência de algum evento a que a lei atribui esse efeito. **O contrato resolve-se *ipso jure*,** sem necessidade de qualquer manifestação de vontade, jurisdicional ou privada, tendente a extingui-lo.

Para Castro Mendes, a caducidade em sentido amplo é a cessação dum direito, ou duma situação jurídica, não retroactivamente, pela verificação dum facto jurídico "stricto sensu"; em sentido restrito é a cessação dum direito ou duma situação jurídica, não retroactivamente, pelo decurso de um prazo[402].

Trata-se do desaparecimento dos efeitos jurídicos em consequência de um facto jurídico *stricto sensu,* sem necessidade, pois, de qualquer manifestação da vontade tendente a esse resultado[403].

É uma figura especial que actua quando determinado direito, devendo ser exercido dentro de certo prazo, o não seja[404].

Uma nota sobre a diferença entre caducidade e prescrição:

No ensinamento de Manuel de Andrade, e no seguimento do critério clássico, a prescrição aplica-se aos direitos subjectivos propriamente ditos, enquanto a caducidade visa os direitos potestativos[405].

A nossa lei seguiu, porém, um critério formal, afirmando que quando um direito deva ser exercido durante certo prazo se aplicam as regras da caducidade, salvo se a lei se referir expressamente à prescrição – cf. art. 298º, nº 2, do Código Civil.

402 *Dir. Civil, Teoria Geral,* 1979, 111-606.

403 Galvão Telles, *Manual dos Contratos em Geral,* 351.

404 A. Menezes Cordeiro, *Direitos Reais,* 1979-791.

405 Ver *Teoria Geral da Relação Jurídica,* vol. II, pp. 445 e ss.

Há, de facto, importantes **diferenças de regime entre a prescrição e a caducidade.** Entre outras, a caducidade, em princípio, não comporta causas de suspensão nem de interrupção (art. 328º do C.C.) ao contrário da prescrição que se suspende e interrompe nos casos previstos na lei (arts 323º e ss. CC); outrossim, a caducidade só é impedida, em princípio, pela prática do acto (art. 331º do C.C.), enquanto que a prescrição se interrompe pela citação ou notificação de qualquer acto que exprima, directa ou indirectamente, a intenção de exercer o direito, tendo-se igualmente por interrompida cinco dias depois de requerida a citação ou a notificação, se estas não tiverem sido feitas por causa não imputável ao requerente (art. 323º do C.C.).

Esta diferença de regimes entre a prescrição e caducidade fica a dever-se à diversidade dos fundamentos que subjazem a um e outro instituto.

A prescrição extintiva é um instituto endereçado fundamentalmente à realização de objectivos de conveniência ou oportunidade. A prescrição arranca também da ponderação de uma inércia negligente do titular do direito em exercitá-lo, o que faz presumir uma renúncia ou, pelo menos, o torna indigno da tutela do direito, em harmonia com o velho aforismo "*dormientibus non succurrit jus*".

Na caducidade só o aspecto da certeza e segurança do direito é tomado em conta.

VI.2.5.2. A caducidade e o contrato de mediação imobiliária

O contrato de mediação imobiliária também pode caducar, **verificado o prazo estabelecido sem que nele se preveja a possibilidade de renovação automática**[406].

Outra situação em que a lei prevê a caducidade do contrato de mediação imobiliária em vigor é no caso de **caducidade, suspensão ou cancelamento da licença ou registo** (art. 12º/2/c) do RJAMI)[407].

Caducado o contrato, a sua validade extingue-se automaticamente.

[406] Estando esta prevista, a cessação do contrato pode ocorrer por outras formas, tais como a revogação, resolução ou denúncia – neste caso, verificado que seja o prazo de pré-aviso que ali se preveja (caso, efectivamente, esteja previsto).

[407] Ver o item "*E estando caducada, suspensa ou cencelada a licença?*" **(XI.3.).**

VI.2.5.2.1. Invocação da caducidade do contrato para fugir ao pagamento da remuneração devida

Cfr. o **Ac. TRP de 06-10-2009**, proc. 7586/06.4TBMAI.P1 (Canelas Brás):

> *«I – Em contrato de mediação imobiliária em vista à realização de negócio de compra e venda, **não poderá ser invocada a sua caducidade**, pelo decurso do seu prazo de vigência – e evitar-se, assim, o pagamento da respectiva comissão de mediação –, **se as diligências para a concretização do negócio pretendido foram efectuadas pela mediadora antes do decurso desse prazo da caducidade**, ainda que a celebração definitiva da compra e venda ocorra posteriormente.*
>
> *II – **Só assim se evita um possível conluio entre o vendedor e o comprador** no sentido de afastarem o mediador **e não lhe pagarem o trabalho realizado**, e que acabou por ser decisivo na concretização do negócio.»*[408].

[408] **O CASO**

Os Apelantes recorreram da sentença que os condenou a pagar à Autora a remuneração dos serviços no contrato de mediação imobiliária entre as partes celebrado.

Alegaram que a A. não tinha direito à remuneração uma vez que quando venderam o imóvel já tinha caducado o contrato de mediação imobiliária celebrado com a A mediadora.

Vejamos o essencial dos factos:

– A Autora, que se dedica à actividade de mediação imobiliária, em **21 de Junho de 2005, celebrou verbalmente** com os RR um contrato de mediação imobiliária, em regime de **não exclusividade, sem fixação de prazo,** obrigando-se a diligenciar no sentido de **conseguir interessado na compra de um terreno** pertença dos mesmos, pelo preço de 260.000,00, caso em que à A. seria paga uma remuneração de 7.800,00 mais IVA

– A **Autora conseguiu como interessado para a compra a sociedade "G.........., Lda."**, o que deu conhecimento ao réu marido em **1 de Julho de 2005**, na residência dos RR, tendo este entregue à A. a identificação matricial do prédio, o documento comprovativo da aprovação de um projecto de arquitectura para o edifício a construir no mesmo e o respectivo projecto de arquitectura e planta de loteamento.

– Teve, ainda, **lugar uma outra reunião,** marcada pela A., entre os representantes da A., da sociedade interessada na compra do imóvel e do Réu, para discussão da celebração do negócio visado, **ali tendo sido entregues à Autora** as fotocópias dos bilhetes de identidade e dos cartões de contribuinte dos Réus e do representante da referida sociedade.

A Autora contactou algumas empresas de arquitectura no sentido de reunir as melhores propostas para a conclusão do referido projecto, tendo contactado quer o Réu marido, quer a tal sociedade "G.........., Lda.", dando-lhes conhecimento das propostas recolhidas.

– Em **7 de Julho de 2006, os RR venderam o terreno à sociedade "G.........., Lda.", pelo preço de 250.000,00.**

– Para não pagarem a retribuição acordada os RR invocaram a nulidade do contrato de mediação por vício formal e a sua caducidade pelo decurso do tempo.

*

Disse a Relação:

«..... Quer dizer: de uma assentada, os Réus vendedores 'despedem' de mãos vazias a Autora, que se dedicava profissionalmente à actividade de mediação de imóveis e foi quem lhes arranjou comprador para o terreno que tinham à venda e mediou as reuniões entre as partes em ordem à concretização do negócio; **uma vez tudo acertado, vendedores e compradora deixaram transcorrer algum tempo e fizeram depois o negócio entre si dispensando a mediadora como se ela nunca tivesse participado em nada;** quando o negócio foi feito precisamente entre os intervenientes e nos termos que tinham sido objecto do trabalho de mediação da Autora. (...).

Finalmente, **uma vez aproveitado o trabalho de mediação da Autora e realizado o negócio nos termos dessa mesma mediação, vêm os Réus invocar, para nada pagarem, a nulidade do contrato de mediação por vício formal e a sua caducidade pelo decurso do tempo** (não sem que antes invoquem a inexistência desse contrato).».

Ora, parece claro que, **mesmo que tivesse ocorrido a caducidade do contrato de mediação** (ao fim de 6 meses, como sustentavam os Réus, com assento no artigo 19º, nº 3 do Decreto-lei nº 211/04, de 20 de Agosto – correspondente ao art. 16º/3 da actual Lei 15/2013), atenta a factualidade provada, **jamais poderia tirar-se à Autora/mediadora o direito à comissão de mediação** a que tinha direito pelo trabalho que havia desenvolvido. **É que** se provou que **a actividade de angariação de comprador para os Réus decorreu praticamente toda antes de se mostrarem transcorridos aqueles seis meses de vigência do contrato** (com as reuniões nesse período havidas entre comprador e vendedor e patrocinadas pela Autora), **motivo por que a mediadora conquistou aí o direito à remuneração.**

Se o contrato definitivo **de venda do terreno só mais tarde se veio a realizar, a isso é alheia a mediadora.** O certo é que a venda ocorreu pelo preço e nos termos que a Autora havia alcançado no seu trabalho de mediação.

Como muito bem observou a Relação, «se assim não fosse, **poderiam o comprador e o vendedor entrar em acordo para prejudicar a mediadora, deixando transcorrer os tais seis meses sem realizar o negócio,** fazendo-o mais tarde e não pagando nada àquela, apesar de beneficiarem do seu trabalho e esforço.».

E acrescentou: «... a actividade de mediação da Autora foi decisiva para a conclusão do negócio, com aquele comprador, visto que foi na sequência e por efeito das diligências levadas a cabo pela Autora que a compra e venda foi celebrada, **verificando-se, por isso, uma relação de causalidade entre a compra e venda e a actividade de mediação.»** – destaques nossos.

Portanto, muito **bem andaram as instâncias em condenar no pagamento da retribuição à mediadora.**

VI.2.5.2.2. Da renovação/prorrogação tácita do contrato e da forma da renovação tácita

Nada obsta a que tenha lugar a renovação tácita do contrato de mediação imobiliária[409].

Com efeito, por vezes ocorre que as partes mantêm a relação de mediação imobiliária muito para lá do termo do prazo inicialmente previsto no contrato (escrito) por si celebrado. Ora, nestas situações, sempre que o **comportamento concludente a retirar de tais actos (em especial da cliente da mediadora) se reconduza a actos tacitamente demonstrativos da renovação e manutenção dos efeitos do contrato, nos termos do artigo 217º nº 1 do CC, dá-se a sua renovação tácita[410].**

É que não pode olvidar-se que **a actividade de mediação da Autora foi determinante para a concretização do negócio visado,** pois foi na sequência e por efeito das diligências levadas a cabo pela Autora/mediadora que a compra e venda veio a ser foi celebrada (portanto, com o interessado por ela angariado). Ou seja, não há dúvida que **está preenchido o nexo causal** entre a actividade de mediação da A. e a compra e venda. Daí o direito à comissão acordada, independentemente da nulidade do contrato de mediação imobiliária por vício de forma ou.....da caducidade do contrato.

Apenas mais uma nota:
Diz a Relação que *"**a caducidade do contrato de mediação não se verificou – pelo menos com a consequência que os RR dela pretendem retirar,** qual seja a de deixarem de pagar à Autora a respectiva comissão de mediação a que tinha direito pelo trabalho que havia desenvolvido".*
Salvo o devido respeito, **cremos que o contrato caducou.** Uma coisa é a sua **caducidade (que existiu, pelo decurso do prazo (subsidiário, de 6 meses)** – não estava prevista renovação), **outra (bem diferente) é a questão do direito à remuneração.** Este direito manteve-se, independentemente da aludida caducidade: como bem disse a Relação, **com a actividade de mediação realizada pela A., na vigência do contrato, a mediadora conquistou aí o direito à remuneração** (independentemente, portanto, da ulterior caducidade do contrato). **Não está provado que os contactos da mediadora com clientes também tivessem continuado após o fim do período dos 6 meses e disso tivessem conhecimento os RR. Se assim fosse, poderíamos estar a falar de eventual renovação tácita do contrato.**

[409] Assim, Ac. RL de 11.02.2016, proc. 130250-13.7YIPRT.L1-8 (António Valente).

[410] Cfr. Ac. STJ de 14.07.2016, processo: 130250/13.7YIPRT.L1.S1 (Lopes do Rego): *«Deve ter-se por **tacitamente renovado o contrato de mediação imobiliária** quando ocorreu uma manutenção, ao nível prático-económico, da relação de mediação, durante cerca de 6 anos, sendo o seu prosseguimento conhecido e consentido por ambos os contraentes, e implicando que a A./mediadora tivesse efectivamente continuado a prestar serviços próprios da sua actividade à R., traduzidos na publicitação, mediação e finalização das vendas dos lotes originariamente previstos no contrato celebrado por escrito,*

E não é necessário que tal renovação/prorrogação tácita tenha a forma escrita. Bastará que os termos do contrato inicial não sejam alterados e no contrato se preveja a possibilidade de ser prorrogado por acordo *inter partes*[411].

cooperando ainda com a A. nessa sua actuação prática, trocando correspondência e facultando-lhe elementos para agilizar a negociação das ditas fracções.
II. Quer se tenha a exigência de forma escrita para a renovação do contrato de mediação imobiliária, no termo do prazo originariamente estipulado, como legal ou meramente convencional, ***não há obstáculo à referida renovação tácita, inferida dos comportamentos concludentes atrás referidos*** *– que, por um lado, sempre implicariam o afastamento da presunção contida no nº 1 do art. 223º do CC; e, por outro, assentando o comportamento concludente da R. em documentos escritos, juntos aos autos, o carácter formal da declaração não impedia que a mesma se pudesse ter por tacitamente emitida.».*

411 Cfr. cit. Ac. RL de 11.02.2016, proc. 130250-13.7YIPRT.L1-8 (António Valente):
«Celebrado por escrito contrato de mediação imobiliária por determinado período, a sua prorrogação posterior ao seu termo, desde que não se mostre terem ocorrido alterações nas condições do contrato inicial, não carece de ser reduzida a escrito, desde que se prove claramente que as partes continuaram a executar o contrato para além de tal termo.
– Apesar de as partes terem convencionado que o contrato poderia ser prorrogado, desde que ocorresse acordo escrito de ambas até um mês antes do respectivo termo, o facto de as partes contraentes terem prosseguido as actividades constantes do contrato mostra que foi sua vontade efectuar tal prorrogação, mesmo sem a reduzir a escrito...».
Idem cit. Ac. STJ de 14.07.2016, processo: 130250/13.7YIPRT.L1.S1 (Lopes do Rego).
Escreveu-se neste aresto:
«Questão:
Obstará a referida exigência de renovação escrita do contrato (resultante, pelo menos, de convenção dos contraentes) a que se possa ter por tacitamente renovado, por via daqueles comportamentos das partes, o contrato, mantendo-se os direitos e obrigações nele prescritos para além do termo final estipulado originariamente pelos contraentes?
Considera-se que a resposta a esta questão tem de ser negativa – e isto quer se considere a referida exigência de renovação escrita como uma exigência de forma legal ou convencional – não podendo, desde logo, deixar de se referir que este entendimento é imposto pelo ***princípio da boa fé contratual****: na verdade, não respeitaria obviamente os* ***ditames da boa fé e o princípio da confiança*** *o comportamento do contraente que continuasse, ao longo de vários anos, a aceitar sem reservas, colaborando normalmente com a contraparte, a subsistência prática da relação originária, aceitando a prestação do núcleo essencial dos serviços convencionados (publicitação, mediação e finalização da venda de determinados lotes), apenas alegando a insuficiência formal do acordo de prorrogação quando lhe fosse exigido o pagamento da contraprestação de tais serviços, que aceitou sem reserva ou objecção...*
Na concreta situação litigiosa – e perante os factos apurados – ***não pode duvidar-se razoavelmente de que houve, com toda a probabilidade, uma vontade tácita de renovação do contrato, enquadrável no art. 217º, nº1, do CC:*** *na verdade, a execução, de forma continuada, ao longo de vários anos,*

Sempre se diga, porém, que mesmo a entender-se que a renovação do contrato teria de ocorrer por forma escrita por força do nº 2 do artigo 217º do CC, sempre **bastaria que a cliente da mediadora tivesse praticado**

do núcleo essencial de certa disciplina contratual, originariamente acordada por escrito (a publicitação, mediação e finalização da venda de determinadas fracções, por impulso da A.), sem qualquer objecção da contraparte – que inclusivamente cooperou com a A. na sua actuação prática, ***trocando correspondência e facultando-lhe elementos para agilizar a negociação das ditas fracções – pode e deve****, segundo um critério prático,* ***ser tomada como comportamento concludente no sentido de ter ocorrido renovação ou repristinação da relação contratual originariamente existente, por via dos comportamentos ou condutas materiais dos interessados.***

Ora, se se entender que a dita cláusula contratual, impositiva da forma escrita para a renovação, implicava apenas o estabelecimento de uma específica exigência de forma convencional, ***deve ter-se por ilidida – face a tal comportamento tácito – a presunção estabelecida no nº1 do art. 223º do CC – o que implica, como consequência adequada, que as partes, por força do seu comportamento material e em concretização do princípio da autonomia da vontade, prescindiram da exigência formal originariamente estipulada para o acordo de renovação (1).***

Nada obstava, pois, a que as partes, no plano factual, pudessem prescindir da exigência formal que originariamente haviam convencionado para a celebração do acordo de renovação: ***a cláusula contratual que impunha a forma escrita valia apenas como presunção juris tantum de que os interessados se não queriam vincular senão pela forma estipulada*** *– admitindo, porém, como é óbvio, tal presunção legal a possibilidade da respectiva ilisão, de modo a ficar demonstrado que, no caso concreto, o* ***comportamento das partes, devidamente interpretado à luz do critério da impressão do destinatário e das exigências da boa fé contratual, deveria significar razoavelmente que as partes, em consequência do seu comportamento factual, prescindiram da exigência formal que haviam inicialmente estabelecido.***

Deste modo, a ***autonomia da vontade****, tal como levou as partes a estipularem certa forma convencional para determinado acto, pode justificar que ulteriormente, em consequência do modo como actuam na vida jurídica, se possa* ***concluir que prescindiram da forma convencionada, admitindo a renovação tácita do contrato em causa.»***.

Como se afirma, por exemplo, nos **Acs. de 22/2/05, proferido pelo STJ no P. 04A4265, e de 10/10/13, proferido pelo STJ no P 4094/07.0TVLSB.L1.S1:**

1 – A forma convencional regulada no art. 223º, nº 1, do Código Civil não assenta em razões de ordem pública, mas sim na autonomia privada.

2 – O alcance da estipulação negocial acerca da forma é **apenas o de estabelecer uma presunção ilidível de que as partes só pretendem vincular-se pela forma convencionada.**

3 – **O abandono da forma convencional pode resultar, tacitamente, do comportamento concludente das partes.**

4 – **Se as partes, por vontade própria, abandonarem tacitamente a exigência de forma estipulada, os negócios jurídicos que concluam sem sujeição à forma exigida não deixam, por tal motivo, de ser válidos e eficazes.**

actos tácitos por via escrita (v.g., troca de correspondência com o seu cliente após o terminus do contrato inicial, atinente à negociação para venda de imóvel objecto da mediação) para que fosse válida e eficaz essa prorrogação/renovação tácita do contrato – então, a forma através da qual a renovação poderia ocorrer ficaria sujeita à disponibilidade das partes, por aplicação do artigo 405º do CC[412].

[412] E então, sempre assistia à mediadora o direito à remuneração acordada. **A não se considerar renovado o contrato, teríamos o cliente da mediadora a, sem justificação, colher o fruto da mediação exercida por aquela sem ter de lhe pagar a retribuição (acordada) de tal serviço, situação que o Direito não deve acolher.**

VII
Outros aspectos relevantes na Mediação Imobiliária

VII.1. Da liberdade contratual

VII.1.1. Generalidades

O princípio da liberdade contratual vem plasmado no art. 405º do C.C.[413]

A liberdade de celebração dos contratos consiste na faculdade de livremente realizar contratos ou recusar a sua celebração. Ou melhor, a liberdade de estipulação ou modelação do conteúdo negocial consiste na faculdade concedida aos contratantes de fixarem livremente o conteúdo dos contratos, celebrando contratos do tipo previsto no Código Civil, com ou sem aditamentos, ou estipulando contratos de conteúdo diverso dos que a lei disciplina.

Segundo tal princípio a ninguém podem ser impostos contratos contra a sua vontade ou aplicadas sanções por força de uma recusa de contratar nem a ninguém pode ser imposta a abstenção de contratar. Se uma pessoa quiser, pode celebrar contratos; se não quiser, a sua recusa é legítima.

Excepcionalmente estabelece o nosso ordenamento jurídico algumas **restrições à liberdade de celebração dos contratos**[414].

[413] "1. *Dentro dos limites da lei, as partes têm a faculdade de fixar livremente o conteúdo dos contratos, celebrar contratos diferentes dos previstos neste código ou incluir nestes as cláusulas que lhes aprouver.*
2. *As partes podem ainda reunir no mesmo contrato regras de dois ou mais negócios, total ou parcialmente regulados na lei.*".

[414] Essas restrições ou limitações podem consistir:
a) na consagração de um dever jurídico de contratar, pelo que a recusa de contratar de uma das partes não impede a formação do contrato ou sujeita o obrigado a sanções diversas (exº: seguro de responsabilidade civil automóvel: as seguradoras não podem recusar-se a contratar; também no que diz respeito a empresas concessionárias de serviços públicos);

Por outro lado, **a liberdade de estipulação ou modelação do conteúdo contratual também conhece algumas restrições**, logo referidas no art. 405º ("*dentro dos limites da lei* ")[415].

Ora, também no domínio da mediação imobiliária, a autonomia da vontade impera: também aqui há liberdade de celebração do contrato, modelando-o as partes nos termos que lhe aprouverem (claro, *dentro dos limites da lei*).

Vejamos **alguns exemplos**

VII.1.2. Prazo do contrato

É livremente determinado pelas partes (cfr. no RJAMI, o art. 16º/3[416] – apenas prevê um **prazo supletivo de 6 meses** no caso de no contrato não constar prazo de duração)[417].

Portanto, o prazo não é um elemento a constar *obrigatoriamente* do contrato, como ocorre com os mencionados no nº 2 do referido preceito.

Não era, porém, assim nos anteriores diplomas, pois que na vigência, designadamente, do DL 285/92[418] e 77/99[419], a estipulação do prazo era

b) na proibição de celebrar contratos com determinadas pessoas (v.g. arts. 877º e 953º);
c) na sujeição do contrato a autorização de outrem (v.g. 1682º nºs 1 e 3, 1682º-A, e 1682º-B), eventualmente de uma autoridade pública.

415 O que bem se compreende e aceita, pois num ordenamento que admita, sem limitações, a liberdade contratual, não há uma justiça ou rectidão contratual, assente em critérios objectivos.
De entre essas restrições, salientamos: a) a submissão do objecto do contrato aos requisitos do art. 280º (designadamente são nulos os contratos contrários à lei, à ordem pública e aos bons costumes); a anulação, em geral, dos negócios usurários (art. 282º); o facto da conduta das partes contratuais se dever pautar pelo princípio da boa fé (art. 762º, nº 2).

416 Que dispõe: *"Quando o contrato for omisso quanto ao respetivo prazo de duração, considera -se celebrado por um período de seis meses."*.

417 Efectivamente, ao contrário do que ocorria com o DL 77/99 (art. 20º/2/g), agora não é obrigatório fixar no contrato um prazo de vigência.

418 Estipulava o artigo 10º, nº2 al. d) que "Do contrato constam obrigatoriamente as seguintes menções: (...) d) Prazo de duração do contrato" e o nº 6 que "A omissão da forma legalmente prescrita, bem como do disposto no nº 4, gera a nulidade do contrato, não podendo esta, contudo, ser invocada pela entidade mediadora".

419 Estipulava o artigo 20º, nº2 al. g) que "Do contrato constam obrigatoriamente os seguintes elementos: (...) g) O prazo de duração do contrato;" e o nº 8 que "O incumprimento do

um elemento obrigatório que tinha de constar *obrigatoriamente* do contrato, sendo que tal falta levava à nulidade do contrato.

A questão do prazo é relevante em vários aspectos, com particular ênfase na controversa questão da revogação unilateral do contrato, já atrás abordada (precisamente no capítulo relativo à revogação unilateral do contrato)[420].

VII.1.3. Redução do preço no negócio final

Por vezes a mediadora angaria um interessado para o negócio, que estava determinado a comprar, sim, mas por valor inferior ao pretendido pelos vendedores. **Os interessados procuram uma redução no preço e acabam por conseguir que a venda se efectue com essa redução.**

Tudo perfeitamente normal, desde que esse (novo) preço **seja aceite** (por comitente(s)/cliente da mediadora e interessado(s) no negócio).

Efectivamente, o novo preço resultou da livre "discussão" entre as partes interessadas, dentro daquela liberdade contratual permitida por lei e no funcionamento normal e sadio das regras da concorrência.

disposto nos nº 1, 2 e 6 do presente artigo gera a nulidade do contrato, não podendo esta, contudo, ser invocada pela entidade mediadora".

[420] Há, com efeito, diferentes posições sobre a eventual possibilidade de revogação unilateral do contrato de mediação imobiliária, *maxime* tendo sido estipulado prazo ao mesmo.
Assim, v.g., Higina Orvalho Castelo (*in* RJAMI, Anotado, p. 102) sustenta que "a existência de um prazo contratual tem como consequência que não possa ser posto termo ao contrato antecipadamente por declaração discricionária de uma das partes". Já outros assim não entendem, como melhor vimos a propósito da revogação unilateral do contrato, defendendo estes que o contrato de mediação imobiliária é livremente revogável, entendendo-se tal faculdade em moldes semelhantes à possibilidade de cessação por declaração unilateral e discricionária prevista no regime jurídico do contrato de mandato.
Como dissemos, nesta questão deve-se distinguir o contrato de mediação imobiliária simples (aqui, salvo estipulação em contrário, o contrato deve considerar-se revogável – porém, mesmo aqui, o prazo implica que o cliente não poderá deixar de remunerar a mediadora se vier a celebrar o contrato visado com pessoa que até si chegou graças à atividade desenvolvida pela empresa de mediação durante o prazo de vigência do contrato) do contrato em regime de exclusividade (nesta situação, cremos que a revogação não é possível, pois que, sendo estipulado prazo de vigência num contrato de mediação imobiliária com cláusula de exclusividade, a revogabilidade *ad nutum* conduziria à inutilização dessa mesma cláusula).

VII.1.3.1. A redução do preço tem de constar do contrato (escrito)? E se não constar, é afectado o direito à remuneração da mediadora (caso esse, novo valor passe a constar de documento...escrito)?

A questão: estando o contrato de mediação imobiliária sujeito a forma escrita, para que não seja afectado o direito à retribuição da mediadora impõe-se que a (possibilidade de) redução do preço já esteja prevista no contrato? E se não estiver ali prevista, há que alterar o contrato de forma que esse novo valor passe a constar de documento...escrito? E não tendo lugar **esta alteração do contrato, é afectado o direito à retribuição da mediadora?**

Resposta: não, pois que:

1. O preço acordado **tem a ver com o negócio visado** (compra e venda, ou outro) **e não com a mediação**[421];
2. em específico, no que tange à hipotética exigência de passar o novo valor (preço) para a forma escrita, sempre se dirá que, **por se tratar de uma estipulação posterior ao documento e por não se ver que nisso haja razão especial da lei, então o novo preço nunca careceria de forma escrita para relevar em face contrato de mediação** – artigo 221º nº 2 do Código Civil.

VII.1. 4. Cláusula "*over price*"

❖ **Questão:** pode estipular-se no contrato uma cláusula **"*over price*"**, como é o caso de **clausularem que a remuneração a atribuir à mediadora corresponderá ao valor (da venda) que exceder o que foi estipulado no contrato?**

Sim – precisamente com sustento no princípio da liberdade contratual[422].

[421] O negócio pretendido conclui-se pelo preço – evidentemente – encontrado por comprador e vendedor, dentro da lógica de liberdade negocial, de mercado, e da concorrência, esta que também existe neste segmento da actividade imobiliária.

[422] Cfr. **Ac. STJ de 18-04-2006**, Revista nº 435/06 – 1ª Secção (Borges Soeiro):
*«IV – Não há nenhuma norma imperativa que impeça as partes de estipularem no contrato de mediação, no que concerne à remuneração da mediadora, uma **cláusula de "over price"**, no caso a diferença entre o preço obtido com a venda dos imóveis que viesse a ser realizada e o valor indicado no contrato de 80.000 contos.*

Este ponto também tem sido focado noutros ordenamentos jurídicos. Assim, v.g., em Itália, a propósito da medida da comissão.

O art. 1755 do Códigop Civil italiano dispõe que *"la misura della provvigione e la proporzione in cui questa deve gravare su ciascuna delle parti, in mancanza di patto, di tariffe professionali o di usi, sono determinate dal giudice secondo equità".*

Esta norma deve ser conjugada com o art. 6 da Lei n. 39/1989, segundo o qual, na ausência de acordo, a medida e a proporção da comissão é determinada pelas câmaras de comércio.

Assim, portanto, neste aspecto se refere ali haver uma hierarquia de fontes, no topo das quais está a **vontade das partes**, que são livres para fixar o montante da remuneração devida ao mediador que melhor entenderem.

Ora, a jurisprudência salienta que este entendimento amplo da liberdade contratual é perfeitamente compatível com a **fixação da comissão devida na diferença entre o preço do negócio previamente estabelecido pelo comitente e o preço mais elevado que o intermediário consegue obter**[423].

VII.1. 5. Outros

«I – Nos casos mais comuns de contrato de mediação imobiliária, o mediador fica tão-somente incumbido de diligenciar no sentido de encontrar interessados para certo negócio, e preparar depois a respectiva conclusão; ele obriga-se assim a uma actividade, não a um resultado, embora este seja para si desejável na medida em que corresponde ao seu próprio interesse de lucro.

II (.....)

*III – **Em atenção ao princípio da liberdade contratual,** estabelecido no artigo 405 do C.Civ., **o negócio projectado entre o comitente e o mediador tanto pode ser o contrato-promessa como o contrato de compra e venda»*** – Ac. STJ de 5.6.1996, proc. JSTJ00030226 – Metello de Nápoles.

V – Como o valor global da venda ascendeu a 100.000 contos, sendo 2.850 o valor dos bens móveis a deduzir, encontramos o valor da remuneração devida através de simples operação aritmética, fixando-o em 17.150 contos ou € 85.543,84.».

[423] Cfr. Cass., 7 agosto 2002, n. 11911, in *Giust. Civ.*, 2003, I, 2824.

Prática esta, porém, que é por vezes estigmatizada pelas associações de consumidores e pelas próprias associações do sector.

> *«A remuneração do mediador só é devida com a conclusão e perfeição do negócio,* ***podendo, todavia, as partes acordarem em formas de pagamento*** *(total ou parcelar), aquando for celebrado contrato-promessa.»* - Ac. TRE de 17.03.2005, proc. 873/04-2, Maria Alexandra Moura.

VII.2. Declaração tácita

VII.2.1. Generalidades

A declaração negocial[424] pode ser **expressa ou tácita** - art. 217º CC[425] -, valendo **o silêncio** como meio declarativo – 218º[426] do CC.

Por outro lado, há que ter sempre presente que a **interpretação da declaração negocial** assenta nos comandos ínsitos nos artigos 236º a 238º do Cód. Civil[427].

[424] Como ensina MANUEL DE ANDRADE, *in Teoria Geral da Relação Jurídica*, vol. II, reimpressão, Coimbra, 1992, p. 122, pode **definir-se a declaração negocial** como *"todo o comportamento de uma pessoa (em regra, palavras escritas ou faladas ou sinais) que, segundo os usos da vida, convenção dos interessados ou até, por vezes, disposição legal aparece como destinado (directa ou indirectamente) a exteriorizar um certo conteúdo de vontade negocial, ou em todo o caso o revela e traduz"*, sendo que, para isso, tal comportamento deve ser visto de fora, deve ser considerado exteriormente (art. 236º, nº 1, do CC).
A declaração negocial é **composta por dois elementos: a vontade e a declaração,** manifestação que são, respectivamente, do elemento subjectivo (ou interno) e do objectivo (ou externo). Ou seja, para haver uma declaração negocial, que leva à constituição dum contrato, tem que haver um comportamento declarativo, ou seja um comportamento que, visto de fora, apareça como significativo de uma vontade negocial.
A declaração negocial não é um simples meio de exteriorização de uma vontade, mas sim um meio de constituir vinculações jurídicas: é uma declaração ou comportamento de validade (LARENZ), uma entidade objectiva, significativamente jurídica (CASTANHEIRA NEVES).

[425] *"1. A declaração negocial pode ser expressa ou tácita: é expressa, quando feita por palavras, escrito ou qualquer outro meio directo de manifestação da vontade, e tácita, quando se deduz de factos que, com toda a probabilidade, a revelam.*
2. O carácter formal da declaração não impede que ela seja emitida tacitamente, desde que a forma tenha sido observada quanto aos factos de que a declaração se deduz."

[426] Sob a epígrafe ***"o silêncio como meio declarativo"*** estabelece-se que *"o silêncio vale como declaração negocial, quando esse valor lhe seja atribuído por lei, uso ou convenção."*

[427] Dispõe o art. 236º do CC:
1. A declaração negocial vale com o sentido que um declaratário normal, colocado na posição do real declaratário, possa deduzir do comportamento do declarante, salvo se este não puder razoavelmente contar com ele.

2. Sempre que o declaratário conheça a vontade real do declarante, é de acordo com ela que vale a declaração emitida.

Já o art. 237º dispõe que *em caso de dúvida sobre o sentido da declaração, prevalece, nos negócios gratuitos, o menos gravoso para o disponente e, nos onerosos, o que conduzir ao maior equilíbrio das prestações.*

Por fim, estabelece o art. 238º do mesmo CC:
1. Nos negócios formais não pode a declaração valer com um sentido que não tenha um mínimo de correspondência no texto do respectivo documento, ainda que imperfeitamente expresso.
2. Esse sentido pode, todavia, valer, se corresponder à vontade real das partes e as razões determinantes da forma do negócio se não opuserem a essa validade.

A posição preferível «*de jure constituendo*», para a generalidade dos negócios, é a **doutrina da impressão do destinatário.** É a posição mais razoável. É a mais justa por ser a que dá tutela plena à legítima confiança da pessoa em face de quem é emitida a declaração. Acresce – e por isso se justifica a sua aplicação mesmo quando o declarante não teve culpa de exteriorizar um sentido diverso da sua vontade real – ser a posição mais conveniente, por ser largamente mais favorável à facilidade, à rapidez e à segurança da vida jurídico-negocial.
O Código Civil define o tipo de sentido negocial decisivo para a interpretação nos termos daquela posição objectivista: a declaração vale com o sentido que um declaratário normal, colocado na posição do real declaratário, possa deduzir do comportamento do declarante» (art. 236º, nº 1). Releva o sentido que seria considerado por uma pessoa normalmente diligente, sagaz e experiente em face dos termos da declaração e de todas as circunstâncias situadas dentro do horizonte concreto do declaratário, isto é, em face daquilo que o concreto destinatário da declaração conhecia e daquilo até onde ele podia conhecer.
Esta doutrina sofre desvio no sentido de maior objectivismo: é o que sucede nos negócios solenes ou formais. Quanto a estes, o sentido objectivo correspondente à impressão do destinatário, isto é, o sentido correspondente à doutrina geral, não pode valer se não tiver um mínimo de correspondência, embora imperfeita, no texto do respectivo documento (art. 238º 1).
O Código não se pronuncia sobre o problema de saber quais as **circunstâncias atendíveis para a interpretação.** De acordo com o critério propugnado, quanto ao problema do tipo do sentido negocial decisivo para a interpretação, também aqui se deverá operar com a hipótese dum declaratário normal: serão atendíveis todos os coeficientes ou elementos que um declaratário medianamente instruído, diligente e sagaz, na posição do declaratário efectivo, teria tomado em conta.
A título exemplificativo, MANUEL DE ANDRADE (*in Teoria Geral da Relação Jurídica*, vol. II, reimpressão, Coimbra, 1992) refere «os termos do negócio; os interesses que nele estão em jogo (e a consideração de qual seja o seu mais razoável tratamento); a finalidade prosseguida pelo declarante; as negociações prévias; as precedentes relações negociais entre as partes; os hábitos do declarante (de linguagem ou outros); os usos da prática, em matéria terminológica, ou de outra natureza que possa interessar, devendo prevalecer sobre os usos gerais ou especiais (próprios de certos meios ou profissões), etc. Ao lado destas circunstâncias, referi-

Quanto à **declaração tácita**[428], a mesma **tem de resultar de factos inequívocos,** isto é, que com toda a probabilidade revelam a vontade negocial (Cfr. Ac. STJ, de 13.02.1959; *BMJ* 84º, p. 507).

E também **no contrato de mediação imobiliária** a problemática da *declaração tácita* tem sido trazida à liça[429].

Exemplificando:

«1. O contrato de mediação imobiliária é um contrato formal por força da lei, que impõe a sua sujeição à forma escrita, com menção obrigatória das especificações legalmente previstas (entre as quais avulta o estabelecimento contratual das condições de remuneração, nomeadamente o montante (...).

das a título de exemplo, podem assinalar-se outras, designadamente «os modos de conduta por que, posteriormente, se prestou observância ao negócio concluído».
Em caso de dúvida sobre o sentido da declaração, prevalece, nos negócios gratuitos, o menos gravoso para o disponente e, nos onerosos, o que conduzir ao maior equilíbrio das prestações – art. 237º CC.

[428] Existirá **declaração tácita** sempre que, conforme aos usos da vida, haja, quanto aos factos de que se trata, toda a probabilidade de terem sido praticados com dada significação negocial (aquele grau de probabilidade que basta na prática para as pessoas sensatas tomarem as suas decisões), ainda que não esteja precludida a possibilidade de outra significação (Autor e *ob. cits.*, p. 132).
"Não se trata de apurar uma conclusão absolutamente irrefutável, antes se procura uma conclusão altamente provável" (Rui de Alarcão, *A Confirmação dos Negócios Anuláveis*, p. 218).
Não se exige sequer, para se aquilatar da concludência de um comportamento no sentido de permitir concluir *a latere* um certo sentido negocial, a consciência subjectiva por parte do seu autor desse significado implícito, bastando que objectivamente, de fora, numa consideração de coerência, ele possa ser deduzido do comportamento do declarante (Carlos Alberto da Mota Pinto, *Teoria geral do Direito Civil*, 3ª ed., Coimbra, 1989, p. 425).
Por isso, "*quando a declaração negocial se não exprime por palavras ou por escrito, terão os outros meios directos de manifestação de vontade de ser inequívocos, de modo a que não haja necessidade de recorrer a deduções ou interpretações da atitude das partes*" (Ac. RP, de 06-12-1994; www.dgsi.pt/jtrp; Processo 9450299.). Como dito, **tal declaração tácita tem de resultar de factos inequívocos,** isto é, que com toda a probabilidade revelam a vontade negocial, sendo esse o sentido que, nos termos do nº 1 do artigo 236º do CC, deles retiraria um declaratário normal, ou seja, medianamente instruído e inteligente, colocado na situação concreta do declaratário.

[429] Ver, ainda, supra *in* **"Da renovação/prorrogação tácita do contrato e da forma da renovação tácita"**

2. Assentando a pretensão do autor na celebração – embora com desrespeito da forma legalmente imposta (que considera imputável ao outro contraente) – de um contrato de mediação imobiliária e uma vez que tal contrato se mostra legalmente sujeito a forma escrita, ***a admissibilidade de declaração tácita*** *por parte de algum dos contraentes* ***depende, não apenas da concludência dos comportamentos ou condutas materiais, mas também da circunstância de os factos em que se corporizam tais comportamentos terem algum suporte em documento escrito.»*** – **Ac. STJ de 7.5.2014**, 7185/09.9TBCSC.L1.S1 (LOPES DO REGO).

Em causa, a **prova de convenção das partes acerca da remuneração do pretenso mediador** – ...insucesso probatório da autora[430].

[430] **O CASO**

A Autora pedia a condenação da Ré a pagar-lhe a remuneração que diz ter sido acordada, alegando ter existido um contrato de mediação *oral*, traduzido num efectivo acordo verbal.

Na 1ª instância a acção improcedeu.

A **Relação**, considerando que houve contrato de mediação imobiliária, **julgou procedente o recurso** e a acção, apelando à figura **da aceitação tácita da proposta contratual da Autora/empresa mediadora, revelada pelos *"comportamentos materiais"* da representante da A. que teve por *"concludentes"*.**

Condenou no pagamento da remuneração à mediadora (obviamente que entendeu preenchido o nexo causal...)

Os factos que estiveram na base dessa *"concludência"* foram estes:

Deslocação da sócia da A. à propriedade da R., abordando uma das administradoras desta sociedade, apresentando-se como exercendo actividade de mediação e indagando do interesse da Ré em vender uma propriedade desta, referenciando um possível cliente interessado no negócio;

Agendamento de uma visita à propriedade com aquele interessado, que efectivamente se realizou.

Na Revista, pergunta o STJ:

«Poderão considerar-se estes comportamentos *concludentes*» (a determinação do comportamento concludente (que integra matéria de facto), "que deve ser visto como elemento objectivo da declaração tácita", **faz-se, tal como na declaração expressa, por via interpretativa – «quanto à vontade das partes de celebrarem um contrato de mediação imobiliária, de modo a – *com toda a probabilidade* – revelarem a referida vontade de contratar – ou seja: preenche tal factualidade o *critério normativo* de que depende, nos termos do nº1 do art. 217º do CC, a existência de uma *declaração negocial tácita*?»**.

Respondeu que não.

Entendeu o STJ:
«**Na determinação da concludência do comportamento** em ordem a apurar o respectivo sentido, nomeadamente enquanto declaração negocial que dele deva deduzir-se *com toda a probabilidade*, é entendimento geralmente aceite que "a inequivocidade dos factos concludentes não exige que **a dedução**, no sentido do auto-regulamento tacitamente expresso, seja forçosa ou necessária, **bastando que, conforme os usos do ambiente social, ela possa ter lugar com toda a probabilidade",devendo ser "aferida por um critério *prático*", «baseada numa "conduta suficientemente significativa" e que não deixe "nenhum fundamento razoável para duvidar" do significado que dos factos se depreende»** (AA. *ob. e loc. cits.;* RUI DE ALARCÃO, (*"A Confirmação dos Negócios Anuláveis"*, I, 192); Ac. STJ de 16/01/07 – Proc. nº 4386/06-1 e de 04/11/04, Proc. 05A1247-*ITIJ*).
Ora, no caso dos autos, **os comportamentos tidos pela Relação como *concludentes* da vontade dos litigantes de *celebrarem um contrato de mediação imobiliária* são manifestamente insuficientes para suportar tal conclusão, já que deles não resulta** (...) que a A. haja sido *efectivamente incumbida por representante da R. de diligenciar no sentido de encontrar interessado na aquisição do imóvel que lhe pertencia, mediante o pagamento da retribuição convencionada.»*.
Acrescentou o aresto:
«**Acresce que o contrato de mediação imobiliária é um contrato formal por força da lei,** face do estipulado no art. 19º do DL 211/04 (aplicável à situação dos autos) que impõe a sua *sujeição à forma escrita*, com *menção obrigatória das especificações* referenciadas no nº2 desse artigo **(entre as quais avulta o estabelecimento contratual das condições de *remuneração do mediador*,** nomeadamente o montante, percentagem e forma de pagamento, com indicação da taxa de IVA aplicável)» – actualmente, ...ver o art. 16º/2/c) da lei 15/2013 – «, prescrevendo o nº8 desse preceito legal que *o incumprimento do disposto nos nºs 1 e 2 desse artigo gera a nulidade do contrato, não podendo esta, contudo, ser invocada pela empresa de mediação.*
Ora, **tal circunstância assume um relevo decisivo em sede de admissibilidade da perfeição das declarações negociais através da via da *declaração tácita*,** nos termos do nº2 do art. 217º do CC, segundo o qual ***o carácter formal da declaração não impede que ela seja emitida tacitamente, desde que a forma tenha sido observada quanto aos factos de que a declaração se deduz.***
(...), **o que está, aqui e agora, em causa** não é saber se certa relação contratual *perfeita* e *existente* entre as partes, embora *carecida da forma escrita* legalmente imposta, pode subsistir, perante o regime da suscitação de invalidades plasmado nos arts. 286º/287º do CC que se tenha por aplicável à nulidade atípica prevista em lei especial: **o que importa dirimir, num momento prévio ao da aplicabilidade do regime de suscitação de invalidades do negócio, é se – estando, como está, inquestionavelmente estabelecida para o referido contrato a *forma legal escrita* – poderá chegar-se à conclusão de que houve uma *declaração tácita* quando os comportamentos alegadamente concludentes se não consubstanciaram em qualquer *documento escrito*.**» – destaques nossos.
Concluiu-se que não, visto que os factos invocados pela Relação para concluir pela declaração tácita...não deixaram qualquer *traço ou vestígio documental*.

VII.3. Do ónus da prova

VII.3.1. Generalidades

No domínio do direito probatório material, cada uma das partes suporta, em resultado do princípio do dispositivo, um ónus de afirmação (alegação), que significa que será julgado o pleito contra si ou a seu favor se os factos não alegados ou alegados forem indispensáveis à respectiva pretensão.

Assim, o ónus da prova constitui o encargo imposto à parte a quem compete fornecer ao tribunal a prova do facto visado, incorrendo, caso não satisfaça esse encargo, nas desvantajosas consequências de se ter como assente o facto contrário, sem prejuízo do poder inquisitório do juiz (*vide* nº 3, do artigo 265º, do Código de Processo Civil).

A regra geral que a lei consagra sobre a matéria de repartição do ónus da prova desdobra-se em duas proposições distintas, mas complementares, enunciadas no artigo **342º, do Código Civil:**

> «*1 – Àquele que invocar um direito cabe fazer a prova dos factos constitutivos do direito alegado.*
>
> *2 – A prova dos factos impeditivos, modificativos ou extintivos do direito invocado compete àquele contra quem a invocação é feita.*».

Deste normativo resulta que a cada um dos sujeitos processuais competirá convencer o juiz da realidade dos factos por si alegados, que lhe sejam favoráveis. O autor tentará persuadir o julgador da existência dos factos que servem de base legal à pretensão formulada contra o réu. Este, por sua vez, terá de provar os *factos anormais*[431] que excluem ou impedem a eficácia dos elementos constitutivos, isto é, demonstrar a inexistência desses factos ou a verificação de outros susceptíveis de obstarem ao julgamento do mérito da causa, já que impeditivos, modificativos ou extintivos da pretensão deduzida (*reus excipiendo fit actor*).

[431] *Vide* Pires de Lima/Antunes Varela, *Código Civil Anotado,* vol. I, 2ª ed. revista e actualizada, Coimbra Editora Limitada, p. 283.

VII.3.2. O ónus da prova no âmbito da mediação imobiliária

Ora, a questão do ónus da prova **no domínio da mediação imobiliária** surge com alguma frequência, como se verá de seguida.

VII.3.2.1. Da prova do nexo causal

É com especial acuidade na questão do **nexo causal entre a actuação do mediador e a efectivação do negócio visado** que, **no domínio da mediação imobiliária,** se foca a temática do ónus da prova.

A pergunta impõe-se: **sobre quem incide o ónus probatório de que o negócio se concluiu por via da intervenção da mediadora** (prova da relação causal)? **Obviamente sobre ...a mediadora** (como não podia deixar de ser, *ut* art. 342º CC)[432].

Assim, v.g.:

> *«O cumprimento, pelo mediador, da obrigação assumida para com o comitente, por forma a satisfazer o interesse deste, implica um* ***nexo causal*** *entre a actividade daquele e a conclusão do negócio, sendo que, essa* ***relação de causa e efeito é um facto integrado no processo constitutivo do direito do mediador à retribuição, pelo que, lhe cabia o ónus da respectiva prova,*** *atento o disposto no art. 342º, nº 1, do C.Civil»* – Ac. RL de 17.11.2009, proc. 393/05.3TCFUN.L1-7 (Roque Nogueira).

Idem:

- Ac. TRP de 21.03.2013, proc. 582/12.4TJPRT.P1 (Fernando Samões)[433].
- Ac. TRP de 13.04.2010, proc. 5408/06.5TBVFR.P1 (M. Pinto dos Santos)[434].

[432] Efectivamente, parece que dúvidas não há de que a relação de causa e efeito (o nexo causal) entre a actividade do mediador e a conclusão do negócio **é um facto integrado no processo constitutivo do direito do mediador à retribuição,** pelo que a este não pode deixar de caber o ónus da respectiva prova, como ressalta do estatuído no art. 342º, nº 1, do C.Civil.

[433] *«No contrato de mediação imobiliária, o mediador só tem direito à remuneração convencionada com o cliente se o negócio visado constituir objecto legal da sua actividade de mediação, vier a ser concretizado e desde que o mesmo seja celebrado em consequência da sua actuação,* ***competindo-lhe o ónus de alegação e prova dos pressupostos deste seu direito.»***.

[434] ***«Compete ao mediador-autor a alegação e prova*** *dos pressupostos do seu direito, particularmente da verificação do nexo causal entre a sua actuação (no âmbito da mediação) e a outorga do contrato visado.»*.

– Ac. TRC 18.02.2014, proc. 704/12.5T2OBR.C1 (José Guerra)[435].
– Ac. RP de 01.07.2014, proc. 19005/12.2YIPRT.P1 (Maria João Areias)[436].
– Ac. TRC de 17.01.2012, proc. 486/10.5T2OBR.C1 (Barateiro Martins)[437].

Se o direito a uma comissão, em princípio, exige a existência de uma relação causal, o comitente pode, no entanto, renunciar convencionalmente a essa exigência para favorecer o mediador, pagando-lhe a comissão mesmo que tal nexo não exista. É com o comitente!

VII.3.2.1.1. Nota de direito comparado

Por nos parecer útil, deixam-se breves notas sobre a temática do **ónus da prova a cargo do mediador** no âmbito do **ordenamento jurídico italiano.**

No direito italiano, a regra geral sobre o ónus da prova vem prevista no **art. 2697. c.c.** – e segundo a mesma, caberá ao mediador fazer a prova de que teve um papel decisivo na conclusão do negócio[438].

A relação de mediação não requer, ali, a forma escrita *ad substantiam* ou *ad probationem*, podendo também ser **provada por via testemunhal**; e isto mesmo que o objecto da mediação se reporte a um contrato de venda de imóveis, como tal submetido a uma prova escrita *ad substantiam*[439].

[435] «***Mesmo em regime de exclusividade é a mediadora quem tem de demonstrar o nexo causal entre a actividade que por si foi desenvolvida e a concretização do negócio visado*** *pela mediação.*».

[436] «***Mesmo em regime de exclusividade é a mediadora quem tem de demonstrar*** *o nexo causal entre a actividade que por si foi desenvolvida e a concretização do negócio visado pela mediação.*».
«*Para que a mediadora tenha direito à remuneração,* ***incumbe-lhe a alegação e prova de factos que revelem que tenha de algum modo participado no processo que levou à concretização do negócio,*** *no sentido de daí se poder concluir que,* ***embora não sendo a sua actividade a única causa determinante*** *da cadeia de actos que deram lugar ao negócio pretendido, contribuiu para ela.*».

[437] «*Nos termos do art. 18º do DL 211/2004, de 20-08, só é devida remuneração quando a actividade de mediação imobiliária tiver êxito.*
Porém, a retribuição é igualmente devida sempre que a actividade do mediador se apresente como causa adequada do fecho do contrato definitivo; quando o fecho do contrato for alcançado como efeito de intervenção do mediador, se a actuação do mediador tiver contribuído para o êxito final; e no caso do contrato definitivo só não ser concluído por causa imputável ao comitente.
É ao mediador que cabe fazer a prova de que a conclusão do negócio definitivo resultou da sua intervenção.».

[438] Cfr. Cass., 15 marzo 2007, n. 6004.; Cass., 5 dicembre 1989, n. 5370.

[439] Assim, Cass., 5 ottobre 1983, n. 5795. Cass., 4 febbraio 2000, n. 1231- especificando na motivação que a prova pode feita por qualquer meio, **inclusive por presunções.**

E enquanto terceiro, **também o mediador pode provar por testemunhas que o contrato foi concluído devido à sua actividade**[440] – mas (diz-se ali), no caso de um acto definitivo de venda de imóveis, bastará realizar uma investigação junto dos registos públicos e solicitar ao notário a exibição da escritura, quer judicialmente, quer extrajudicialmente[441].

Como ali se observa, a **prova de que o trabalho do mediador foi decisivo nem sempre é fácil**, especialmente se a relação contratual não for formalizada. Sobre este ponto, a *Cassazione* tem observado que, para existir o nexo de causalidade, não basta a demonstração da sucessão cronológica entre a atividade de mediação e a conclusão do negócio[442].

VII.3.2.2. Da inversão do ónus da prova

> *«II – A existência de um contrato de mediação em* ***regime de exclusividade*** *autoriza a* ***presunção (de facto) de que a actividade da empresa mediadora contribuiu para a aproximação entre o comitente e terceiros, facilitando o negócio e revertendo o ónus de prova para os mediados.***
>
> *III – No regime de* ***não exclusividade****, essa prova tem de ser efectivamente efectuada pela mediadora»* – Ac. RL de 08.04.2010 (Rui da Ponte Gomes).
>
> *Idem* Ac. RP de 16.06.2016, proc. 131855/14.4YIPRT.E1 (Elisabete Valente)[443].

[440] Cass., 26 settembre 2005, n. 18779; Cass., 16 giugno 1992, n. 7400.

[441] Artigos 210 e 743 c.p.c., art. 2699 do c.c., art. 67-69 da *Legge* n. 89/1913.

[442] Cass., 11 giugno 1999, n. 5760.

[443] *«I – Um ou mais factos conhecidos podem ser utilizados para chegar a outro, servindo-se o julgador, para esse fim, de regras da experiência da vida, segundo o padrão do "homem médio", ou seja, valendo-se de certo facto e de regras de experiência da vida chega a um outro facto.*
II – A existência de um contrato de mediação em regime de exclusividade autoriza a ***presunção*** *(de facto) de que a actividade da empresa mediadora contribuiu para a aproximação entre o comitente e terceiros, facilitando o negócio e revertendo o ónus de prova para os mediados, ou seja, todos os contactos estabelecidos pelos interessados, mesmo quando estes contactam directamente o dono do negócio, presume-se que se deve a publicitação e divulgação levada a cabo no exercício da actividade da empresa de mediação, o que* ***conduz à inversão do ónus da prova*** *nos termos do nº 1 do artigo 344º do Código Civil, isto é, impende sobre o dono do negócio o ónus de alegar e provar que a celebração do contrato com o interessado nada teve a ver com a actividade do mediador.*
III – Se assim não fosse facilmente seria colocada em causa o contrato de mediação com exclusividade, sem que a imobiliária conseguisse provar que a sua actividade de divulgação teria levado à celebração do

Contrato-promessa – Sinal – Direito à remuneração:
Ac. STJ de 29-11-2005, Revista nº 3502/05 (SALRETA PEREIRA):

«I – Tendo sido celebrado entre Autor e Réu um contrato de mediação imobiliária, disciplinado pelo DL 77/99, de 13-03, estipulando-se, em conformidade com o disposto no art. 19 desse diploma legal, que ***se agência obtiver para o vendedor um sinal*** *de* ***20%, a comissão devida à agência ser-lhe-á entregue, na totalidade****, na data do pagamento do referido sinal, e* ***se o sinal for inferior a 20%, a comissão será paga 50%*** *na data do pagamento do sinal e os restantes 50% na data da escritura, o* ***Réu, ao não dar conhecimento ao Autor do contrato-promessa celebrado*** *com o comprador por si angariado e ao não lhe entregar cópia do mesmo,* ***tornou impossível ao Autor fazer prova dos respectivos termos,*** *facto que, nos termos do art. 344, nº 2, do CC,* ***conduz à inversão do ónus da prova.***

II – Alegando o Autor a celebração do contrato-promessa com o comprador por si angariado e a futura venda, não lhe sendo possível, por desconhecimento dos seus termos, esclarecer o valor do sinal e o prazo da realização da competente escritura, bem andaram as instâncias ao julgarem provado o pagamento de sinal, ***ainda que, para efeitos da decisão, tenham presumido ter sido o mesmo inferior a 20% do preço, e ao condenarem o Réu no pagamento de 50% da comissão total convencionada.»***[444].

VII.3.2.2.1. Nota de direito comparado

No **ordenamento jurídico suíço** vai-se mais longe. Aqui, entende-se que, sendo certo que em matéria **probatória, cabe ao mediador provar a relação causal,** também a sua tarefa está facilitada pela existência de uma **presunção de facto**: se a evidência de uma actividade objectivamente condu-

negócio, o que violaria o princípio da auto-responsabilidade das partes quando tomam decisões contratuais livres.».

[444] **Pedimos vénia para uma observação:**
Com o maior respeito pela decisão do Supremo, parece-nos que, **tendo a mediadora ficado impossibilitada de provar o montante efectivo do sinal prestado por culpa do cliente** (que lhe não deu conhecimento do contrato-promessa celebrado com o comprador por si angariado, não lhe entregando, como devia, cópia do mesmo), **e tendo-se decidido pela inversão do ónus da prova, à falta de prova em contrário por banda do cliente, deveria dar-se como provada a versão** (estipulada no contrato de mediação imobiliária) **mais favorável ao mediador**, qual seja, de que foi pago um sinal de (pelo menos...) 20% com a outorga do contrato promessa, e **daí que comissão devida à agência mediadora deveria ter sido paga na totalidade (*na data do pagamento do referido sinal*).**

cente à conclusão do contrato principal é relatada, a jurisprudência presume que esta actividade realmente levou a essa conclusão, desde que o contrário não ressalte das circunstâncias[445].

Porém, observa-se ali que a presunção de facto **alivia o ónus da prova, mas não o subverte**[446].

O principal continua a ter de provar a ausência de um nexo de causalidade entre os esforços do mediador e a conclusão do contrato principal[447].

VII.3.2.3. Venda simulada para fugir ao pagamento da retribuição

VII.3.2.3.1. Generalidades

Por **simulação** entende-se o acordo entre o declarante e o declaratário, no sentido de celebrarem um negócio que não corresponde à sua vontade real e no intuito de enganarem terceiros.

Trata-se de um vício negocial que assenta na intencionalidade da divergência entre a vontade e a declaração, traduzida na consciência, por parte do declarante, de que emite uma declaração que não corresponde à sua vontade real: o mesmo não só sabe que a declaração emitida é diversa da sua vontade real, mas quer ainda emiti-la nestes termos.

Esta noção é correspondente à dada por MANUEL DE ANDRADE[448] e aceite pela generalidade da Doutrina[449].

Estamos perante uma **divergência entre a vontade e a declaração** que é livre[450], querida e propositadamente realizada tanto da parte do declarante como do declaratário.

A divergência em causa tem graus: é absoluta quando os contraentes fingem realizar um certo negócio jurídico, quando, na verdade, não querem realizar negócio jurídico algum; é relativa quando, sob a capa do negócio simulado, existe um outro que as partes quiseram realizar[451].

[445] Arrêt du TF 4C.259/2005 du 14 décembre 2005, SJ 2006 I 216, c. 2; arrêt Du TF 4C.136/2004.

[446] ATF 120 II 248, c. 2c; ATF 117 II 56, c. 2b.

[447] Decisão da Cour de justice genevoise du 30 novembre 1990, SJ 1991 p.2017.

[448] Cfr. *Teoria Geral da Relação Jurídica*, vol. II, Almedina, 1983, p. 169.

[449] Ver por todos MOTA PINTO, *Teoria Geral do Direito Civil*, pp. 357 e ss.

[450] Característica que permite distinguir este vício da coacção física.

[451] Cfr. artigo 242º, nº 1, do Código Civil.

Num e noutro caso, há necessidade de **verificação simultânea de três requisitos** [452] [453]:

1. Intencionalidade da divergência entre a vontade e a declaração: o declarante tem consciência que a declaração emitida não corresponde à sua vontade real e quer emiti-la nesses termos.
   Trata-se duma divergência livre, que se distingue da que existe em caso de coacção física, já que nesta existe aquela mesma consciência, mas a vontade encontra-se tolhida por uma força exterior que não deixa alternativa ao declarante.
2. Acordo simulatório[454]: existência de conluio entre os contraentes[455] contemporâneo ou anterior à declaração de vontade.
   Este elemento permite distinguir a simulação da reserva mental, pois nesta não existe qualquer acordo, embora possa suceder que o declaratário se aperceba da divergência entre a declaração e a vontade.
3. Intuito de enganar terceiros [456], [457]: não se exige que a simulação seja fraudulenta[458], ou seja, que se destine a prejudicar terceiros, mas

[452] Quando diga respeito a uma simulação relativa a prova destes três requisitos será acrescida dum quarto elemento que se reporta à existência do negócio jurídico dissimulado – cfr. Ac. RC de 10.11.92 in CJ Ano XVII, T. 5, p. 47.

[453] Cfr. Ac. STJ de 14.02.2008 in http://www.dgsi.pt/ processo nº 08B180; Ac. STJ de 29.05.2007 in http://www.dgsi.pt/ processo nº 07A1334; A. STJ de 24.10.2006 in http://www.dgsi.pt/ processo nº 06A2357; Ac. STJ de 24.04.2004 in http://www.dgsi.pt/ processo nº 04A2062; Ac. STJ de 29.06.2004 in http://www.dgsi.pt/ processo nº 04A2062; Ac. STJ de 9.10.2003 in http://www.dgsi.pt/ processo nº 03B2536; Ac. STJ de 18.12.2003 in http://www.dgsi.pt/ processo nº 03B3794; Ac. STJ de 31.10.1990 in http://www.dgsi.pt/jstj00006135.

[454] Também chamado "*pactum simulationis*".

[455] Apesar de não ser de excluir a simulação dos negócios jurídicos unilaterais receptícios. *Vide*, nesse sentido, Manuel de Andrade, in *op. cit.*, p. 170.

[456] Também chamado *animus decipiendi*.

[457] Este requisito tem sido identificado com a intenção de criar uma aparência de realidade em que a ilusão se destina a fazer crer algo que não existe ou que tem um conteúdo diverso daquele com que se apresenta – cfr. Ac. STJ de 30.05.95 in CJ Ano III, T. 2, p. 118.

[458] Com existência de animus nocendi.

somente que se crie uma ilusão [459] que tanto pode destinar-se a defender interesses próprios como a beneficiar terceiros [460].

Este elemento opera, mais uma vez, a distinção relativamente à reserva mental [461] e também às declarações não sérias [462].

Dito de outra forma, estamos perante uma **operação complexa que postula três acordos**: um acordo simulatório, um acordo dissimulado e um acordo simulado. O acordo simulatório visa a montagem da operação e dá corpo à intenção de enganar terceira. O acordo dissimulado exprime a vontade real de ambas as partes e visa: ou o negócio verdadeiramente pretendido por elas ou um puro e simples retirar de efeitos ao negócio simulado. Por último, o acordo simulado traduz a aparência do contrato, destinado a enganar a comunidade jurídica[463].

Tais requisitos, coevos da formação do contrato – acordo simulatório; propósito de enganar terceiros; divergência intencional entre a declaração de a vontade do declarante[464] – devem ser **invocados e provados** por quem pretenda prevalecer-se da simulação ou de aspectos do seu regime[465]. O que está em sintonia com as regras de repartição do **ónus da prova**, pois trata-se de **requisitos constitutivos do direito invocado.**

VII.3.2.3.2. A jurisprudência

- **Ac. STJ de 23-04-2009**, Revista nº 204/07.5TVPRT.S1 (Custódio Montes):

[459] De acordo com o Acórdão do STJ de 23 de Setembro de 1999 (in http://www.dgsi.pt/jstj00038470) o engano de terceiros consiste em fazer parecer real o que o é, em relação aos simuladores.

[460] Na distinção entre simulação fraudulenta e inocente os Autores integram na primeira os casos em que os simuladores têm em vista contornar disposições legais (cfr. Mota Pinto, in *op. cit.*, p. 472 e Manuel de Andrade, in *op. cit.*, 172).

[461] Que tem em vista enganar o declaratário.

[462] Em que falta a intenção de enganar.

[463] Neste sentido ver Menezes Cordeiro, «*Tratado de Direito Civil Português*», vol. I, T. 1, p. 551.

[464] Neste sentido, ver, ainda, o Ac. STJ de 10/7/97 in www.cidadevirtual.pt/stj/jurisp.

[465] Ac. Do STJ de 6/4/1996, in CJSTJ, 1996, t II, pp. 102-105.

«I – A remuneração do mediador só é devida com a conclusão e perfeição do negócio visado pelo exercício da mediação – art. 19º do DL nº 77/99, de 16-03 – e com a venda ao cliente angariado pelo mediador.

II – Para tanto, ***deverá o mediador demonstrar*** *que o comprador* ***foi angariado por si ou»***[466] ***«que a venda em causa, apesar de ter sido feita a um terceiro, foi-o simuladamente****, para encobrir o verdadeiro comprador – o cliente angariado pelo mediador.».*

Em causa, portanto, uma simulação de venda a terceiro para encobrir o verdadeiro comprador – o angariado pela mediadora.

– Ac da Rel de Lisboa de 5.6.2018 (Luis Filipe Sousa), proc 85/17.0T8VFX.L1-7:

«Se quem se propõe formalmente outorgar numa compra e venda ***desconhece caraterísticas significativas da coisa a adquirir (o seu estado de conservação, designadamente), tal constitui um indício da simulação da vontade negocial*** *(indício nestientia).»*[467].

[466] **Parece evidente que a partícula "*ou*" está incorrecta – o que se pretenderia dizer era..."*e*":** a mediadora terá de provar que a venda a terceiro foi mera...simulação (destinada a encobrir o verdadeiro comprador que ela angariara...).

[467] Diz o aresto:
«Ora, é **totalmente avesso às regras da experiência comum** que alguém se predisponha a comprar uma fração autónoma com 15 anos (cf. registo a fls. 15), de tipologia T3, na Póvoa de Santa Iria, pelo valor de € 148.000 sem que a tenha visitado previamente a fim de se inteirar do seu estado de conservação, tanto mais tratando-se de alguém que se autodenomina de "investidor", razão pela qual não é coerente nem aceitável a adoção de uma postura tão incauta.
Este contexto fáctico **aciona vários indícios que não abonam a seriedade do interesse deste "investidor".** Com efeito, se quem se propor formalmente a outorgar numa compra e venda desconhece caraterísticas significativas da coisa a adquirir, **tal constitui um indício da simulação da vontade negocial** (indício nestientia; cf. Luís Filipe Sousa, Prova por Presunção no Direito Civil, 3ª ed., p. 240). O tempo de atuação da autora também **indicia que não se trata de um interessado verdadeiro.** Com efeito, em 2.11.2016, os Réus transmitiram à mediadora a sua intenção de desistir do contrato de mediação imobiliária e, logo no dia seguinte, a autora/mediadora formalizou a expedição de carta registada com aviso de receção, comunicando a data, hora e local da realização da escritura de compra e venda... Esta reação demasiado expedita à comunicação da desistência e feita com exagero de formalidade ativa o indício *preconstitutio*, o qual nos ensina que a documentação de um ato que, em razão

VII. 3.2.4. Da prova de prejuízos da mediadora

«A obrigação de indemnizar, por parte do cliente que tenha incumprido o contrato de mediação imobiliária ***com exclusividade,*** *pressupõe a* ***ocorrência de prejuízos, cujo ónus de demonstração, enquanto facto constitutivo do direito invocado, cabe à entidade mediadora.»*** – Ac. RL de 19.11.2013, proc. 4545/11.9TBALM.L1-7 (ROSA RIBEIRO COELHO).

VII.3.2.5. Da prova da não concretização do negócio *por causa imputabilidade ao cliente*

«Tratando-se de um contrato de mediação imobiliária ***em regime de exclusividade, recaía sobre a A.»*** **– mediadora –** ***«o ónus de provar que a não concretização do contrato era imputável aos R.R.,*** *como facto constitutivo do direito à remuneração excepcionalmente previsto no artigo 19º, nº 2, alínea a), do Dec.Lei nº 77/99, então em vigor.»* **– Ac. RL de 30.10.2010,** proc. 3671/08.6TBALM.L1-7 (TOMÉ GOMES)[468].

do tempo, forma ou motivo, não costuma ser documentado ou documentado daquela forma, suscita suspeita sobre tal documentação que se estende à veracidade do próprio ato (cf. Luís Filipe Sousa, Prova por Presunção no Direito Civil, 3ª ed., p. 245). Dito de outra forma, seria mais natural que a mediadora informasse por escrito simples os Réus da existência de um interessado e que o levasse, efetivamente, a ver a fração a vender, o que não se provou.».

[468] **Pedimos vénia para uma observação:**
Esta norma é idêntica ao que vem plasmado no art. 19º/2 do RJAMI.
Ora, **temos sérias dúvidas sobre a bondade da posição vertida no aresto sobre o ónus da prova.**
Pensamos, de facto, que a **melhor interpretação daquele art. 19º/2 da lei nº 15/2013, de 8 de Fevereiro,** é a que vem sustentada por HIGINA ORVALHO CASTELO *in "O Contrato de Mediação"*, pp 432:
«No caso de contrato de **mediação imobiliária com inserção de cláusula de exclusividade, para que a mediadora tenha direito à remuneração tem de provar, não apenas que cumpriu a sua obrigação de diligenciar no sentido da obtenção de um interessado, mas também provar o sucesso desse mesmo cumprimento que satisfaz o interesse do credor** (qual seja, a verificação de uma efectiva obtenção de um interessado, genuinamente interessado e pronto a celebrar o contrato nos moldes em que foi concebido no âmbito do contrato de mediação). **Provando a mediadora que efectuou com sucesso a sua prestação, poderá o cliente eximir-se à remuneração mediante a prova de que o contrato não se concretizou por causa que não lhe é imputável** (porque, **por exemplo,** recebeu, entretanto e inesperadamente, uma **ordem de expropriação,** ou porque o terceiro **não obteve**

VII.3.2.6. Da prova da interrupção do nexo causal

> *«O nexo causal necessário à atribuição à mediadora do* ***direito à comissão não exige que a sua actividade, com vista à consecução do negócio, seja contínua e ininterrupta,*** *no sentido de que tenha participado em todas as tentativas até à sua fase conclusiva, antes* ***sendo apenas necessário que ela indique a pessoa disposta a fazer o negócio e consiga a sua adesão à celebração deste; e competindo ao comitente a prova de factos interruptivos de tal nexo»*** – Ac. TRC de 09.09.2014, proc. 1421/12.1TBTNV.C1 (Carlos Moreira).

Concordamos.

Assim também, como já atrás observámos, cremos que pode subsistir o nexo causal apesar de ter havido uma interrupção temporária nas negociações entre o comitente e o potencial comprador.

Como parece irrelevante (na questão do nexo causal) o **tempo decorrido entre as diligências do mediador e a conclusão do contrato principal.**

E parece evidente que pode ocorrer uma **ruptura final nas negociações** tal que **elimine todo o nexo causal** entre a atividade do mediador e a conclusão subsequente de um contrato com o potencial comprador, de modo a que o mediador perca irremediavelmente o seu direito à comissão[469].

o crédito necessário à realização do negócio ou **desistiu** por qualquer outra razão).» – os destaques são nossos.

[469] Um caso destes é relatado na jurisprudência suíça – no Arrêt du TF 4C.259/2005 du 14 décembre 2005, SJ 2006 I 216: tatava-se dum caso em que o potencial comprador, que estava muito **insatisfeito com a atividade do mediador por causa de uma informação incorrecta ou incompleta,** retirou sua oferta de compra, dirigindo-se após ao mediador concorrente, que também estava mandatado pelo vendedor/comitente, vindo a concluir a venda através deste último mediador. Entendeu, então, o Tribunal federal que a conclusão do contrato principal tinha sido obra exclusiva do segundo mediador.

VIII
Do abuso de direito – do princípio da boa fé

VIII.1. Generalidades

- **Do abuso de direito**

Abuso de direito é o exercício de um direito de forma ilegítima por se exceder manifestamente os limites impostos pela boa fé[470], pelos bons costumes ou pelo fim social ou económico desse direito (art. 334º CC)[471].

Assim, há abuso de direito, segundo a concepção objectiva consagrada no artigo 334º do C.C., sempre que o titular do direito o exerce com manifesto

[470] O princípio da boa fé, que é de aplicação geral a todos os domínios do jurídico, vale para todo o comportamento juridicamente relevante das pessoas" (Coutinho de Abreu, "Do Abuso de Direito", p. 61) e pressupõe, necessariamente, uma "específica relação inter-pessoal (embora não necessariamente negocial, ou sequer, pré ou circum-negocial), fonte de uma específica relação de confiança – ou, pelo menos, expectação de conduta – cuja frustração ou violação seja particularmente clamorosa" (Orlando de Carvalho, *"Teoria Geral do Direito Civil"*, Centelha, Coimbra, 1991, p. 56).
A boa fé, na sua vertente de princípio geral de direito, constitui um "critério que deve presidir e orientar todo o comportamento" (Fernando Cunha Sá, *"Abuso do Direito"*, p. 172) e que consiste num agir caracterizado pela correcção, lealdade e honestidade. Efectivamente, segundo Coutinho de Abreu (*"Do Abuso de Direito"*, p. 55) o princípio da boa fé significa "que as pessoas devem ter um comportamento honesto, correcto, leal nomeadamente, no exercício dos direitos e deveres, não defraudando a legítima confiança ou expectativa dos outros".

[471] Abrange o exercício de qualquer direito de forma anormal, quanto à sua intensidade ou à sua execução, de modo a poder comprometer o gozo dos direitos de terceiro e a criar uma desproporção entre a utilidade do exercício do direito e as consequências decorrentes desse exercício.
Vem definido no art. 334º do CCivil.

excesso dos limites impostos pela boa fé e pelos bons costumes, ou pelo fim económico ou social do direito. Não é necessário provar que o agente quis exercitar esse modo ilegítimo o seu direito, bastando que, objectivamente, se excedam tais limites.

Dito de outra forma: o exercício abusivo do direito traduz-se no "comportamento que tenha a aparência de licitude jurídica – por não contrariar a estrutura formal – definidora (legal ou conceitualmente) de um direito, à qual mesmo externamente corresponde – e, no entanto, viole ou não cumpra, no seu sentido concreto – materialmente realizado, a intenção normativa que materialmente fundamenta e constitui o direito invocado, ou de que o comportamento realizado se diz exercício" [472].

O instituto do abuso de direito tutela, deste modo, situações em que a aplicação de um preceito legal, normalmente ajustada, numa concreta situação da relação jurídica, se revela injusta e fere o sentido de justiça dominante.

O art. 334º do CC funciona, assim, **como uma válvula de segurança do sistema jurídico,** como forma de travar certas actuações que apesar da aparência de licitude e de exercício de direito, traduzem uma não realização de interesses pessoais de que esse direito é instrumento e a negação de interesses sensíveis de outrem[473].

Foi, como dito, consagrada uma concepção objectiva do abuso de direito na medida em que não é necessária a consciência de atingir os limites impostos pela referida norma, bastando que sejam efectivamente atingidos [474].

Tal instituto, bem como os princípios da boa fé e da lealdade negocial, são meios de que os tribunais devem lançar mão para obtemperar a situações em que alguém, a coberto da invocação duma norma tuteladora dos seus direitos, ou do exercício da acção, o faz de uma maneira que, objectivamente, e atenta a especificidade do caso, conduz a um resultado que viola o sentimento de Justiça, prevalecente na comunidade, que, por isso, repudia

[472] Castanheira Neves, *Lições de Introdução ao Estudo do Direito*, p. 391.

[473] Cfr. Coutinho de Abreu, citado na sentença de 18 de Junho de 1985 do Juiz do 7º Juízo Cível do Porto, in CJ, Ano X, T. 5, p. 247.

[474] Cfr. Pires de Lima e Antunes Varela, in Código Civil Anotado, vol. I, Coimbra Editora, 4ª ed., 1987, p. 298.

tal procedimento, que apenas formalmente respeita o Direito, mas que, em concreto, o atraiçoa[475].

Na tentativa de traduzir o conceito indeterminado em causa, o Ac. da Relação do Porto de 21 de Janeiro de 1993[476] defende que existe abuso de direito quando, suposta a existência deste, é ele exercido com clamorosa ofensa da justiça, em termos que manifesta e intoleravelmente brigam com o sentimento jurídico dominante na colectividade [477].

Meditando acerca dos fundamentos da consagração de tal válvula de segurança, Baptista Machado[478] considerava que o Direito não pode deixar de tutelar certas expectativas que espontaneamente emergem dos contratos ou das relações interpessoais e, por isso, fixa os limites da responsabilidade na interacção social, reconhecendo e criando normas que consolidem de forma particular as expectativas criadas.

Neste caso, o Direito dá cobertura a auto-vinculações resultantes da comunicação entre as pessoas ou tutela a aparência jurídica na medida do necessário para a segurança do tráfego jurídico.

Por outras palavras, um dos princípios fundamentais do sistema jurídico é o princípio da confiança que procura proteger aquele que, de boa fé, justificadamente, desenvolve certa actividade ou omite determinado acto, por acreditar que se manterá a conduta da contraparte que esteve na base da sua própria actuação[479].

[475] Como se afirmou no acórdão do S.T.J. de 10 de Outubro de 1991, "*Nos termos do artigo 334º do Código Civil há abuso de direito e é portanto ilegítimo o seu exercício quando o titular exceda manifestamente os limites impostos pela boa fé, pelos bons costumes ou pelo fim social ou económico desse direito.*
Agir de boa fé tanto no contexto deste artigo como no do artigo 762º, nº 2, é "agir com diligência, zelo e lealdade correspondente aos legítimos interesses da contraparte, é ter uma conduta honesta e conscienciosa, uma linha de correcção e probidade a fim de não prejudicar os legítimos interesses da contraparte e não proceder de modo a alcançar resultados opostos aos que uma consciência razoável poderia tolerar".
Os bons costumes entendem-se por seu turno como um "conjunto de regras de convivência que num dado ambiente e em certo momento as pessoas honestas e correctas aceitam comummente contrários a laivos ou conotações, imoralidade ou indecoro social".
Finalmente, o fim social ou económico do direito, no âmbito dos direitos de crédito – o conteúdo da obrigação desdobra-se no direito à prestação e no dever de prestar- consiste precisamente na satisfação do interesse do credor mediante a realização da prestação por banda do devedor (artigo 397º do Código Civil)...".

[476] Publicado in CJ, Ano XVIII, T. 1, p. 206.

[477] Cfr. também, Ac. RL de 11.05.95, in CJ, Ano XX, T. 3, p. 100.

[478] In RLJ, Ano 117, p. 267.

[479] Cfr. Ac. RP de 18.1993, in CJ, Ano XVIII, T. 5, p. 219.

Discorrendo acerca da vertente da boa fé, aquele Autor entendia que do ponto de vista estrito do Direito a tutela da confiança só tem razão de ser **quando a conduta contrária à *fides* causar ou for susceptível de causar danos a outrem**, factor indispensável ao surgimento de responsabilidade.

Em suma: verifica-se abuso do direito quando se exerce de modo anormal um direito próprio, respeitando a sua estrutura formal, mas violando a sua afectação substancial, funcional e teleológica, isto é, contrariando o interesse que o poder nele consubstanciado se encontra adstrito.

Quanto à sanção aplicável ao abuso de direito, como refere FERNANDO CUNHA SÁ[480], a mesma é variável, embora consista sempre numa recusa de tutela, devendo, contudo, ser determinada caso a caso. Para este autor, abre-se ao julgador uma panóplia de sanções que permitem impedir que "o titular do direito abusivamente exercido obtenha ou conserve as vantagens que obteve com a prática do acto abusivo", **paralisando o direito exercido.**

Uma coisa é certa: como põe em relevo COUTINHO DE ABREU [481], "as consequências do comportamento abusivo têm de ser as mesmas de qualquer actuação sem direito, de todo o acto ou omissão ilícito".

- **Do princípio da boa fé**

Um dos valores que a lei impõe é o dever de as partes, no cumprimento da obrigação, assim como no exercício do direito correspondente, procederem de **boa fé** (art. 762º, nº 2, do Código Civil), ou seja, agir com a lealdade, correcção, diligência e lisura exigíveis às pessoas normais face ao circunstancialismo envolvente, o que abrange o comportamento integral, segundo o critério da reciprocidade, ou seja, o devido e esperado às partes nas relações jurídicas envolvidas.

Com efeito, "*quem negoceia com outrem para conclusão de um contrato deve, tanto nos preliminares como na formação dele, proceder segundo as regras da boa fé*" – **art. 227º do Código Civil.**

A boa fé é, afinal, "**uma exigência do direito imposta pela necessidade de impedir que a obrigação sirva para a consecução de resultados intoleráveis para as pessoas de consciência razoável**" e também o espelho do comportamento de quem age "com diligência, zelo e lealdade corres-

[480] *"Abuso do Direito"*, p. 646.

[481] *"Do Abuso de Direito"*, p. 76.

pondente aos legítimos interesses da contraparte, por via de uma conduta honesta e consciencioso, com correcção e probidade, sem prejudicar os interesses legítimos da contraparte nem proceder de modo a alcançar resultados não toleráveis por uma consciência razoável"[482].

Para maiores desenvolvimentos, ver o nosso *Contratos Privados, Das Noções à Prática Judicial*[483].

VIII.2. O abuso de direito na mediação imobiliária

Também **no domínio da actividade de mediação imobiliária**, não poucas vezes o instituto do abuso do direito é chamado à colação – **e haja ou não sido clausulada uma relação contratual de exclusividade**[484].

VIII.2.1. Vício formal do contrato

Tem a ver, portanto, com a própria formação dos contratos.

É nas **situações de nulidade do contrato** (por ausência da forma escrita) que o instituto do abuso do direito mais frequentemente tem sido convocado no contrato de mediação imobiliária.

Como vimos, estando o contrato de mediação imobiliária sujeito à **forma escrita**, a inobservância de forma tem como consequência a nulidade (art. 16º da Lei 15/2013, de 8 de fevereiro) – sendo que no contrato deverão ainda constar obrigatoriamente, também sob pena de nulidade, os elementos que se elencam nas alíneas a) a g) do nº 2 do art. 16º da Lei nº 15/2013, de 8 de Fevereiro.

Mas a faculdade que tem o cliente de arguir essas nulidades não tem, porém, carácter absoluto, estando limitada pelas regras da boa fé e do abuso de direito. É que, a arguição de tais nulidades deverá ser inviabilizada quando o cliente o faça em contradição com a finalidade pela qual lhe é con-

[482] Ac. do STJ. de 22/01/2004, publicado na Internet in *dgsi.pt*.

[483] Coimbra Editora (precisamente nos itens *"BOA FÉ"* e *"PRINCÍPIO DA BOA FÉ"*).

[484] Também aqui a **boa fé** (cfr. art. 762/ CCivil) e a lealdade negocial são princípios que devem estar sempre presentes; também aqui se exige das partes outorgantes uma postura honesta, correcta, leal e fiel, designadamente no cumprimento dos deveres acessórios e laterais de conduta ao caso atinentes; assim e designadamente, as partes – mediador e comitente – **devem prestar mutuamente todas as informações pertinentes e relevantes, devem manter-se leais, praticando todas as condutas que viabilizem o escopo do negócio.**

cedida essa faculdade de as arguir e, nomeadamente, quando o faça somente no fito de fugir ao pagamento da remuneração a que se comprometeu ao outorgar o contrato.

Efectivamente, tendo, como tem, a declaração de nulidade do contrato de mediação imobiliária como consequência a destruição retroactiva dos seus efeitos, como se nunca tivesse existido contrato algum, situações há, de facto, em que a aplicação de tais consequências da declaração de nulidade ia gerar injustiça, prejudicando-se injustamente a mediadora que, tendo concluído o trabalho a que se popôs, nenhuma contrapartida iria receber por força dessa (maliciosa) invocação de nulidade por banda do cliente.

Nessa senda, a jurisprudência tem arranjado um "travão" à pretensão do cliente de lograr (afinal) locupletar-se à custa do labor daquela, tendo, designadamente, decidido que estando concluído o negócio visado pelo cliente e demonstrado que este apenas invocou a nulidade do contrato para se furtar ao pagamento da comissão, essa comissão continua a ser devida. O que bem se compreende: é que, **sendo impossível ao cliente devolver os serviços de mediação** que a mediadora lhe prestara, a única forma de obter esse efeito era fazê-lo devolver o seu valor, o qual corresponderia precisamente ao montante da comissão acordada.

Solução que igualmente tem sido adoptada quando o negócio visado pelo cliente ainda não esteja concluído, mas está prestes a concretizar-se e o cliente, para se furtar ao pagamento da remuneração, se vem "socorrer" da nulidade do contrato.

Apenas se exige, portanto, a demonstração de que a invocação da nulidade consubstanciou um *abuso de direito* – obviamente que pressupõe a prova (*onus probandi* a cargo da mediadora) de que o negócio visado resultou da actividade da mediadora, demonstração essa que, obviamente, se encontra facilitada quando esta tenha actuado com exclusividade, pois aqui há presunção desse nexo causal.

São tudo situações em que, atento o circunstancialismo factual em causa, não poucas vezes **o tribunal recusa a nulidade por considerar abusiva a sua invocação, contrária à boa fé**, acabando por aceitar a validade do contrato[485].

[485] Efectivamente, paradigmático da modalidade mais frequente de abuso de direito, o designado ***venire contra factum proprium*** (que ocorre naquelas situações em que uma pessoa pretende destruir uma relação jurídica ou um negócio, invocando, por exemplo, determinada

causa de nulidade ou de anulação, resolução ou denúncia, depois de fazer crer à contraparte que não lançaria mão de tal direito ou depois de ter dado causa ao facto invocado como fundamento da extinção dessa relação jurídica ou contrato) é o caso em que uma das partes num contrato nulo fez a sua prestação, a qual foi recebida e aproveitada pela contraparte e esta, mais tarde, ciente de que não é possível restituir a prestação recebida nem o seu valor, ou não existe fundamento para invocar o enriquecimento, **invoca a nulidade do negócio jurídico apenas para colher um benefício, tirar um desforço ou libertar-se de um vínculo que entretanto se lhe tornou indesejável.**

A solução, nesse caso, pode consistir na obrigação de indemnizar por culpa *in contrahendo*; mas em alguns casos tal resulta insatisfatório havendo necessidade de tolher o exercício do direito de invocar a nulidade por parte do contraente que dele abuse, conquanto não seja prejudicada a finalidade proteccionista visada pela norma para a validade do negócio.

Embora seja necessário ter presente que a opção pela paralisação do exercício do direito quando esteja em causa a **nulidade por vício de forma** pode suscitar algumas reservas, o certo é que há situações que justificam esse efeito por razões de interesse e ordem pública.

Vaz Serra defendia que se a nulidade por falta de forma foi consagrada por motivos de interesse e ordem pública também a ilegitimidade do exercício do direito de a invocar se funda nesses mesmos interesses, não lhe parecendo que a primeira deva ter prioridade sobre a segunda.

Para Baptista Machado os **casos excepcionais em que se justifica submeter a invocação da nulidade à proibição do *venire contra factum proprium*** teriam de se caracterizar pelos seguintes pressupostos (Cfr. RLJ, Ano 118, p. 11, e ainda Ac. STJ de 28.11.96, in CJ Ano III, T. 3, p. 118, Ac. RC de 14.12.93, in CJ, Ano XVIII, T. 5, p. 48):

1º uma situação objectiva de confiança: uma das partes confia que adquiriu pelo negócio jurídico uma posição jurídica;

2º investimento na confiança: com base nessa crença, essa parte orientou a sua vida por forma a tomar disposições que se tornaram irreversíveis, levando a que a declaração de nulidade provoque danos avultados de variada natureza que se tornariam irremovíveis através de outros meios jurídicos;

3º boa fé da contraparte que confiou: a situação criada pode ser imputada à contraparte, por esta ter contribuído culposamente para a inobservância da forma exigida ou ter permitido a execução do contrato ou, ainda, o prolongamento da situação por um longo período de tempo sem que tenham surgido quaisquer dificuldades (Cfr. Ac. RC de 29.11.94, in CJ, Ano XIX, T. 5, p. 50; Ac. STJ de 12.07.94, in CJ, Ano II, T. 2, p. 176).

A segunda modalidade de abuso de direito é a denominada de neutralização ou ***supressio***, que pressupõe uma inactividade duradoura do titular do direito idónea a criar na contraparte a convicção de que o direito não será exercido.

A terceira modalidade é apelidada pela doutrina e jurisprudência como ***tu quoque***.

A ideia básica desta modalidade reside no seguinte: aquele que viola uma norma jurídica não pode tirar partido da violação exigindo a outrem o acatamento de consequências daí resultantes.

Assim:

VIII.2.1.1. Invocação da nulidade formal do contrato pelo contraente que a provocou

Ac. RL de 16.10.2007, proc. 7541/2007-1 (Rui Moura):

«Improcede a arguição de nulidade de contrato, ou de cláusula, por falta de forma legal quando esta arguição configura um abuso do direito, como sucederá nos casos em que a ***nulidade formal é arguida pelo contraente que a provocou.»****.*

VIII.2.1.2. Invocação da nulidade formal do contrato já depois de o contrato de mediação imobiliária estar executado.

Sobre este *item*, atente-se nos seguintes acórdãos:

- Ac. STJ de 9-03-2006, Revista nº 303/06 – 2ª Secção (Duarte Soares):

«IV – A ***execução pelas partes de um contrato de mediação imobiliária não reduzido a escrito*** *torna ilegítima, porque* ***abusiva, a arguição da nulidade daquele por inobservância da forma*** *legalmente exigível.*

V – Acresce que a exigência de forma escrita nos contratos de mediação imobiliária visa apenas a defesa dos declarantes contra a sua precipitação e que ***a assinalada execução do contrato pelas partes implicou o seu cumprimento, pelo que deve ter-se por sanado tal vício formal.***

VI – A excepção do abuso do direito pode e deve ser conhecida ex officio.».

- Ac. STJ de 11.2.2010, proc. 2044/07.2TBFAR.E1.S1 – Pereira da Silva:

«Constitui paradigma de abuso do direito, por exceder manifestamente os limites impostos pela boa fé (art. 334º do C.C.), a invocação, pelo "cliente", de vício formal do contrato de mediação imobiliária, estando este já executado, repousante na omissão de "elementos" a que alude o art. 19º nº 2 a) do D.L. nº 211/2004, omissão essa em nada tendo importado desprotecção ou prejuízo do comitente face à empresa mediadora, antes com tal invocação se visando livrar-se da sua obrigação do pagamento da comissão.».

Para a operacionalidade da excepção *tu quoque,* temos de exigir, além das diversas concretizações dos valores em presença na boa fé, um nexo muito estreito entre a situação violada pelo abusador e aquela de que este se pretende valer.

– Ac. RL de 22.05.2012, proc. 118406/10.9YIPRT.L1-1, Manuel Marques:

«1. A invocação pelos réus da nulidade do contrato de mediação, já ***após a conclusão do negócio visado pelo exercício da mediação,*** *numa altura em que já se tinham aproveitado das vantagens do trabalho desenvolvido pela mediadora, para não terem que pagar a remuneração contratualmente estabelecida, em contraste com a sua anterior atitude – ao beneficiarem dos serviços prestados pela autora em execução daquele contrato e ao aceitarem realizar a venda aos compradores angariados pela mediadora, pelo preço oferecido por estes – traduz, objectivamente, um comportamento abusivo, na modalidade de* ***venire contra factum proprium.***

2. Tal torna ilegítimo o exercício pelos réus do direito à invocação da nulidade atípica em apreço.»

– Ac. RL de 18.09.2007, proc. 8722/2006-1, Eurico Reis:

«I – Há abuso do direito sempre que a oposição da nulidade exceda manifestamente os limites impostos pela boa fé – art. 334º do Código Civil;

II – A oposição da nulidade excede manifestamente os limites impostos pela boa fé quando viola a confiança legítima criada por quem invoca a nulidade na parte que cumpriu o contrato, de que seria paga a remuneração acordada;

III – A nulidade cede sempre que outra solução resulte da lei – parte final do art. 294º do Código Civil;

IV – ***Sendo ilegítima a invocação da nulidade, o contrato deve considera-se válido, vinculando as partes;***

V – A invocação da nulidade resultante do vício de forma constitui abuso do direito, por violar a confiança, criada pela ré na autora, de que, ***cumprido por esta o contrato – como aconteceu*** *– lhe seria paga por aquela a remuneração acordada.».*

– Acórdão do TRL de 09/03/2004, proc. 7282/2003-1: aqui, **graças à promoção da mediadora, a cliente logrou vender o imóvel à pessoa lhe foi apresentada pela primeira; ulteriormente, a cliente negou o pagamento com fundamento na nulidade do contrato, cuja assinatura sempre tinha protelado.** O tribunal entendeu que naquele caso «*a invocação da nulidade resultante do vício de forma constitui abuso de direito por violar a confiança, criada pela ré na autora, de que,* ***cumprido por esta o contrato – como aconteceu*** *– lhe seria paga por aquela a remuneração acordada*».

– Acórdão do TRP de 20/03/2007, proc. 0720378: o contrato de mediação tinha sido verbal; **após beneficiar dos serviços de mediação e de celebrar o contrato desejado, o cliente não quis pagar a remuneração invocando a nulidade do contrato;** o TRP decidiu que tal invocação constituía um **abuso de direito, traduzido num *venire contra factum proprium*, e manteve a remuneração; mais acrescentou que, ainda que assim não se entendesse, e se julgasse nulo o contrato, sempre haveria que proceder à reposição da situação anterior nos termos do art. 289 do CC, sendo razoável fixar o valor dos serviços prestados na percentagem sobre o valor da venda acordada como remuneração.**

VIII.2.1.3. Invocação da nulidade formal do contrato para não pagar a comissão ainda não vencida

Cfr. Ac. TRP de 08-10-2012 (Anabela Luna de Carvalho):

> *«I – O contrato de mediação imobiliária tem que ser reduzido a escrito, sob pena de nulidade.*
>
> *II – È legitima a invocação de tal vício pelo executado, terceiro que se responsabilizou pelo pagamento da comissão devida.*
>
> *III – Não age com abuso de direito ao **arguir a nulidade desse contrato o executado que a invoca quando ainda se não mostra vencida a totalidade da dívida por a comissão só ter de ser paga no momento da conclusão do negócio objecto de mediação.»**.*

VIII.2.2. O cliente da mediadora, para não pagar a remuneração acordada, escuda-se no facto de esse acordo ter sido celebrado por alguém que não dispunha então dos necessários poderes formais para o efeito (embora o acordo celebrado preencha os elementos de um contrato de mediação imobiliária)[486].

VIII.2.3. O contrato de mediação imobiliária apenas é assinado por um dos cônjuges, mas o contrato visado vem a ser celebrado com o interessado na aquisição angariado pela mediadora

Ver os seguintes arestos:

Ac. TRP de 17.01.2005 (Sousa Lameira):

> *«I – O contrato de mediação imobiliária deve ser celebrado por escrito, sob pena de nulidade.*

[486] **Ac. STJ de 21-03-2006,** Revista nº 3393/05 – 1ª Secção (Paulo Sá).

*II – **Se marido e mulher contratam** com uma empresa de mediação para encontrar comprador para o seu prédio e **a ré não assina o contrato mas lida com a mediadora e com ele colabora em termos que geram nesta a razoável expectativa de que não considera o contrato inválido, age a ré com abuso do direito se se recusa a pagar o preço devido, invocando a nulidade do contrato por falta de forma.***

O CASO

Factos provados:

– A Autora, sociedade de mediação imobiliária, **requereu em 28-02-2000 a licença** para o exercício da actividade de mediadora, licença essa que, embora devesse ter sido concedida até ao dia 09-04-2000, **apenas foi obtida em 29-05-2000.**

– A A. **acordou verbalmente com pessoa que exercia um cargo de Direcção na sociedade Ré a venda do imóvel sede da Ré, pessoa essa que só mais tarde veio a ser nomeada gerente.**

– Esse acordo tinha todos os elementos de um contrato de mediação imobiliária .

– Em finais de Fevereiro de 2000 a A. iniciou diligências do contrato de mediação imobiliária, tendo a **visita ao imóvel pelo adquirente do imóvel tido lugar em Abril de 2000 (portanto, antes da Autora ter obtido licença** para o exercício da actividade de mediadora).

– A venda veio a concretizar-se, por **escritura pública de venda 14-12-2000.**

Decidiu o STJ:

*«II – Estando provado que a Autora, sociedade de mediação imobiliária, negociou com pessoa que exercia um cargo de Direcção na sociedade Ré um acordo que preenche os elementos de um contrato de mediação imobiliária, com vista a promover a venda do imóvel sede da Ré, venda que de facto se veio a concretizar, **constituiria uma violação do princípio da boa fé permitir que a sociedade Ré ficasse desobrigada para com a Autora, escudando-se no facto de o acordo em questão ter sido celebrado por alguém que não dispunha então dos necessários poderes formais para tal, já que só mais tarde veio a ser nomeada gerente.***

*III – Embora as diligências do contrato de mediação se tivessem iniciado em finais de Fevereiro e a visita ao imóvel da Ré pelo adquirente se tenha efectuado em Abril de 2000, antes da Autora ter obtido licença para o exercício da actividade de mediadora (que só veio a obter em 29-05-2000), isso não implica que **a Autora tenha actuado de má fé,** pois tal licença tinha sido requerida em 28-02-2000 e devia ter sido concedida até ao dia 09-04-2000, muito antes de ter sido celebrada a escritura pública de venda do imóvel da Ré (em 14-12-2000).*

*IV – Não obstante a nulidade do referido contrato de mediação, por inobservância da forma escrita legalmente exigida (art. 20º, nº 1, do DL nº 77/99, de 16-03, e arts. 220º e 286º do CC), estando provado que **a Autora prestou serviços de mediação, confiando legitimamente que a Ré estava a ser regularmente representada, tais serviços ter-lhe-ão de ser pagos, nos termos do art. 289º, nº 3, do CC.***

*V – Se o devedor fica com o benefício dos serviços prestados parece natural que a restituição se faça de acordo com o pagamento acordado para tais serviços, **à semelhança do que acontece no caso de mútuo oneroso, nulo, por falta de forma. O pedido de restituição de um valor idêntico ao acordado para a prestação do serviço não constitui abuso do direito.»**.*

III – Se tal contrato prevê, por escrito, a sua renovação, por acordo das partes, não é inválido o acordo verbal que prorroga o prazo a favor da mediadora.»

– Ac. RL de 28.06.2007, proc. 4604/2007-8 (Ilídio Sacarrão Martins).

«I – A nulidade do contrato de mediação imobiliária, que advém do facto de o contrato de mediação ter sido ***assinado pela ré mulher, mas não pelo réu marido que é o proprietário do imóvel****, é afastada ocorrendo abuso do direito devendo, em consequência, considerar-se válido o contrato (Decreto-Lei nº 77/99, de 16 de Março e artigo 334º do Código Civil de 1966).*

II – Deve considerar-se que ocorre, com a aludida invocação de nulidade, abuso do direito, na modalidade de venire contra factum proprium, quando ***o réu marido, não obstante não ter assinado o contrato de mediação, veio a comunicar por escrito à mediadora que não pretendia continuar a recorrer aos seus serviços, assinando a carta de denúncia, tendo assinado anteriormente o documento de reserva subscrito também pela mulher e por terceiro interessado na aquisição angariado pela mediadora.***

III – ***E tendo os RR celebrado escritura de compra e venda com esse interessado, a prévia denúncia não afasta a obrigação de pagamento de comissão, verificando-se que constitui mero expediente por parte dos contraentes de se eximirem a esse pagamento.****».*

VIII.2.4. Falta de identificação detalhada do objecto do contrato (imóvel(eis) a transaccionar).

Ac. Trib RP de 27/03/2017, proc. 484.13.7TBPVZ.P1 (Miguel Baldaia de Morais):

«I – ....

V – ***A invocação pelo réu de nulidade do contrato de mediação imobiliária*** *por inobservância da indicação constante da alínea b) do nº 2 do art. 19º do DL nº 211/2004, de 20.08,* ***já após a conclusão do negócio visado*** *pelo exercício da mediação, em contraste com a sua anterior atitude – ao beneficiar dos serviços prestados pela autora em execução daquele contrato* ***e ao aceitar realizar contrato promessa de permuta pelo preço ajustado com entidade por ela angariada*** *– traduz, objetivamente, um* ***comportamento abusivo, na modalidade de venire contra factum proprium. (...)»***[487].

[487] **O CASO**
– No contrato de mediação firmado, no local destinado à **identificação do objeto do negócio visado** (cfr. nº 1 da cláusula 2ª) **não foi feita essa indicação através de aposição de cruz em**

alguma das quadrículas aí constantes com esse desiderato – nessas quadrículas é feita referência a: *i) compra ou permuta; ii) trespasse; iii) arrendamento; iv) outro negócio.*
– Fez-se, porém, em tal documento, expressa referência ao valor do negócio visado pelo contrato de mediação (concretamente €625.000,00).
O **apelante invoca a nulidade do contrato por** ***falta de identificação do objecto visado pelo exercício da mediação.***
Que dizer?

O contrato de mediação imobiliária é de natureza formal (cfr. nºs 1 e 8 do art. 19º do ao caso aplicável 211/2004, de 20 de Agosto – correspondente ao art. 16º, nºs 1 e 7 da lei 15/2013, de 8 de Fevereiro, na redacção do DL 102/2017, de 28 de Agosto que veio alterar este art. 16º), pois que tem obrigatoriamente **de revestir a forma escrita. E desse contrato tem de constar, sob pena de nulidade** (nulidade atípica, uma vez que apenas o comitente a pode invocar, não sendo de conhecimento oficioso – cfr., por todos, acórdãos do STJ de 10.04.2008 (processo nº 52/08) e de 03.07.2008 (processo nº 1727/08) e acórdão desta Relação de 07.09.2010 (processo nº 8/07.5TBABF.P1), disponíveis em www.dgsi.pt)**, as menções indicadas no seu nº 2, entre as quais se conta, no que ao caso releva, "*a identificação do negócio visado pelo exercício da mediação*" (al. b)).**

Entendeu a Relação:
– Que, apesar daquela omissão na identificação do objeto do negócio visado, a **expressa referência ali feita ao valor do negócio visado** pelo contrato de mediação e atendendo concretamente ao **montante envolvido, permitia inferir, em termos de normalidade** (*id quod plerumque accidit*)**, que esse negócio somente poderia reportar-se a uma compra e venda ou a uma permuta.**
– Que a invocação daquele vício por banda do réu sempre **consubstanciava um abuso de direito.Fundamentou assim o abuso do direito:**
«....tendo em conta os elementos que podem ser colhidos nos autos, ***afigura-se-nos que, em concreto, a arguição da nulidade formal feita pelo réu está a ser exercido em contradição com a sua conduta anterior,*** *posto que aceitou que a autora levasse a cabo a convencionada atividade de promoção, na sequência da qual acabou até por celebrar contrato promessa de permuta com entidade que lhe foi apresentada por aquela.*
Acresce, por outro lado, que ***tendo sido efetivamente executada a obrigação contratual por banda da autora nos termos convencionados, não se antolha em que medida a referida omissão no texto negocial tenha importado desproteção ou prejuízo do réu face à empresa mediadora autora,*** *sendo certo outrossim que até ao momento da apresentação da sua contestação no âmbito do presente processo (ou seja,* ***durante quase três anos) não manifestou, de qualquer forma, o propósito de pôr em crise a validade formal do ajuizado contrato.***
O descrito comportamento é claramente indiciador de que o réu aceitou o negócio em questão, *podendo, pois, razoavelmente concluir-se* ***ter gerado na demandante a fundada expectativa da não invocação do vício e de que procederia ao pagamento da remuneração acordada*** *[A este respeito, não será, aliás, despiciendo salientar que,* ***ainda que operasse a nulidade, sempre o réu, por mor do***

VIII.2.5. Abuso do instituto da personalidade colectiva

Situações há, no âmbito do contrato de mediação imobiliária, em que ocorre uma verdadeira descaracterização da personalidade jurídica da sociedade colectiva.

Já supra, no capítulo da **cessação do contrato – mais propriamente no *item* da *resolução* do contrato de mediação imobiliária –**, trouxemos à colação **o Ac. TRP de 03.04.2014**, proc. 247773/11.9YIPRT.P1 (José Amaral). Tratava-se de uma situação em que a **resolução foi utilizada pelo cliente/ comitente de forma "fictícia"**, funcionando, tão somente, **como meio para não pagar à mediadora a retribuição devida:** a ré recusara a proposta de compra do prédio feita por dois interessados conseguidos pela autora/ Mediadora, **declarando a resolução do contrato de mediação imobiliária com alegação de justa causa, mas acabando, mais tarde, por vendê-lo àqueles, através de outra sociedade interposta.**

A Relação entendeu, e muito bem, que se estava perante uma situação de ***desconsideração da personalidade jurídica* da sociedade.**

regime vertido no nº 1 do art. 289º do Cód. Civil, teria de proceder ao pagamento da "remuneração convencionada". *Com efeito, como se sublinha no acórdão do STJ de 11.02.2010 (processo nº 2044/07.2TBFAR.E1.S1, disponível em www.dgsi.pt), «não podendo o "cliente" restituir em espécie os serviços prestados pela entidade mediadora, o melhor critério para achar o valor daqueles é o comitente pagar a acordada comissão»).*

Como assim, a invocação pelo réu da nulidade do contrato de mediação imobiliária, já após a conclusão do negócio visado pelo exercício da mediação, em contraste com a sua anterior atitude – ao beneficiar dos serviços prestados pela autora em execução daquele contrato e ao aceitar realizar, pelo preço ajustado, contrato promessa de permuta com entidade angariada pela autora mediadora – traduz, objetivamente, um comportamento abusivo, na modalidade de venire contra factum proprium.

Daí que, pelo funcionamento do instituto do ***abuso do direito****, sempre estaria vedado ao réu invocar a referida nulidade formal...»* – destaques nossos.

– Ac. STJ de 18-04-2006, Revista nº 435/06 (Borges Soeiro):

«I – Resultando dos autos que as partes celebraram um contrato de mediação, cujo objecto não está identificado com detalhe, por não estarem mencionados os artigos matriciais de todos os imóveis que compõem o negócio, o que se deveu ao facto de a recorrente, vendedora, não ter municiado a recorrente, mediadora, com a informação necessária no sentido da cabal identificação dos imóveis a transaccionar, ***vindo a vendedora arguir a nulidade do negócio – com fundamento na indeterminação do objecto*** *– quando foi a geradora da situação existente, é de qualificar essa atitude como venire contra factum proprium e atentatória dos princípios da boa fé.».*

Efectivamente, vendo a Relação que, afinal de contas, quem, por último, acabou por comprar o imóvel propriedade da Ré /(cliente da mediadora), embora por via do negócio celebrado com a interposta sociedade terceira, **foram precisamente os mesmos interessados que a mediadora conseguira e aproximara da Ré**, deste modo ocorrendo o resultado (conclusão e perfeição do negócio projectado de início) conexionado com a sua actividade numa espécie de ....**causalidade indirecta**, entendeu que a A/Mediadora tinha direito à remuneração.

É que o negócio, afinal, apenas foi obtido por via duma estratégia consistente na interposição da sociedade "D..." (veja-se que **na escritura de compra e venda, onde a Ré declarou vender o prédio à sociedade "D...", consta que "I...", nela outorgou em simultâneo na dupla qualidade de representante da Ré vendedora e da compradora**), assim tirando a Ré proveito do trabalho desenvolvido pela mediadora, donde dever ser responsabilizada através do **mecanismo da "*desconsideração da personalidade jurídica*"**, face à "promiscuidade entre as sociedades e o legal representante da apelante e das demais envolvidas em resultado do que ela se aproveitou para defraudar o direito da apelada.".

Concluiu, assim, o tribunal que **(mesmo tratando-se de contrato em regime de não exclusividade), tendo a mediadora apelada cumprido a obrigação a que se havia comprometido,** e tendo sido, nos termos referidos e reais, concluído perfeitamente o negócio visado por ela mediado entre a apelante e os terceiros, se mostravam preenchidos os pressupostos do nº 1, do art. 18º, do Decreto-Lei nº 211/2004, de 20 de Agosto (*a remuneração só é devida com a conclusão e perfeição do negócio visado...*), pelo que **lhe era devida a remuneração peticionada**[488].

[488] Também no **Ac. Rel do Porto de 15.05.2018**, proc. 89602/16.9YIPRT.P2 (Fernando Samões), a questão da **desconsideração da personalidade jurídica da sociedade** (ou do **abuso do instituto da personalidade colectiva**) foi trazida à liça, para, com base nela, alterar a sentença recorrida.

Sumário do aresto:

«.....

VII – O contrato de mediação imobiliária é uma modalidade do contrato de prestação de serviços, pelo que o mediador, para cumprir a sua prestação, deve proporcionar à outra parte, seu cliente, o resultado que constitui o objecto da sua actividade.

VIII – Fora dos casos previstos no nº 2 do art. 18º do DL nº 211/2004, de 20/8, o mediador tem direito à remuneração convencionada com o cliente quando o negócio visado constituir objecto legal da sua acti-

vidade de mediação, vier a ser concretizado e o mesmo for celebrado em consequência da sua actuação, competindo-lhe o ónus de alegação e prova dos pressupostos deste seu direito.
IX – Integra o conceito de interessado a pessoa angariada pelo mediador que intervém na escritura do negócio visado com a mediação em representação da sociedade compradora de que a sua esposa é a única sócia.
X – Neste caso, há sempre lugar à descaracterização da personalidade jurídica da sociedade compradora, ao abrigo do disposto no art. 334º do Código Civil.».
Escreveu-se no aresto:
«Consta dos factos provados que a autora contactou com G... promovendo a venda do imóvel objecto do contrato de mediação imobiliária, do que deu conhecimento ao réu, o qual acabou por vendê-lo à sociedade D..., Lda., que tem como única sócia I..., casada com o mesmo G..., que é o gerente daquela sociedade e foi quem a representou no acto da escritura de compra e venda [cfr. factos das alíneas H), L) e M) e fls. 48 e vº e 95 a 100].
Temos assim como provado que a autora angariou G..., que é a mesma pessoa que interveio na escritura de compra e venda, integrando o conceito de "interessado" tal como está definido na alínea a) do nº 4 do art. 2º do citado DL nº 211/2004.
«Apesar de ter intervindo, na escritura, em representação da sociedade compradora, de que a sua esposa é a única sócia e o referido G... o gerente, aliás muito convenientemente, dizemo-lo com todo o respeito, não podemos deixar de considerar que se trata do mesmo interessado para este efeito.
Ainda que se trate de entes com personalidade jurídica própria, sendo diferentes a da pessoa singular e a da pessoa societária, a verdade é que foi a mesma pessoa física que foi angariada pela autora e que esteve presente na celebração do negócio. E das duas uma: ou agiu, no momento das negociações após a angariação em nome da sociedade, real compradora segundo a escritura de compra e venda, ou traiu a confiança e fez gorar as expectativas que criou na autora com a sua conduta ao aceitar negociar em nome próprio e ao celebrar a escritura em nome da sociedade, em manifesto abuso de direito, desrespeitando as regras éticas de decência e respeito pelos direitos daquela, ultrapassando os limites impostos pela boa fé.
Neste caso, sempre seria de descaracterizar a personalidade jurídica da real compradora, ao abrigo do disposto no art. 334º do Código Civil.
É, precisamente, uma das situações em que é possível fazer intervir aquele instituto, sustentado pela doutrina e pela jurisprudência como meio de cercear formas abusivas de actuação que ponham em risco a harmonia e a credibilidade do sistema cfr., entre outros, os acórdãos do Tribunal da RC de 3/7/2013, processo nº 943/10.8TTLRA.C1 e da RL de RL 29/3/2012, processo nº 1751/10.7TVLSB.L1-2, ambos em www.dgsi.pt)».
Após variadas citações doutrinais sobre este instituto da desconsideração da personalidade colectiva, rematou o aresto:
«No presente caso, cremos ser notória a promiscuidade entre as esferas jurídicas da sociedade compradora, da sua única sócia e do seu gerente, casado com aquela segundo o regime da comunhão de adquiridos.

VIII.2.6. A rescisão do contrato visou evitar o pagamento da retribuição ali estipulada

Ver Ac. RL de 02.12.2014, proc. 2330/13.2TBSXL.L1, L (ESPÍRITO SANTO):

> *«Não constitui impedimento à titularidade do direito à retribuição estipulada no contrato de mediação imobiliária a circunstância do* ***negócio ter sido concluído em momento posterior à respectiva rescisão operada pelo cliente, desde que se comprove – como aconteceu – que a mesma teve por fito, exclusivamente, evitar esse pagamento,*** *aproveitando contudo o trabalho desenvolvido pela mediadora para – depois de a afastar – limitar-se a concretizar a venda do imóvel.».*

VIII.2.7. Recusa do vendedor em celebrar o contrato-promessa de compra e venda por pretender escriturar valor inferior da venda, não aceite pelo comprador[489]

Neste regime fazem parte da comunhão os bens adquiridos pelos cônjuges na constância do matrimónio [art. 1724º, al. b), do Código Civil]. E os bens da sociedade confundem-se com os da sua única sócia.
Também nos parece evidente, em face dos factos provados, que a sociedade foi utilizada para, pelo menos, contornar a obrigação contratual assumida pelo réu, de pagamento da retribuição devida pela angariação do interessado na compra e venda do seu imóvel, com vista a prejudicar a autora.
A sociedade compradora desviou-se, assim, da rota traçada pelo ordenamento jurídico, optando por um comportamento abusivo e fraudulento, certamente a troco de uma redução do preço, o qual, segundo consta da respectiva escritura, foi baixado para 100.000,00 €, quando o mínimo imposto pelo vendedor, no contrato de mediação, era de 139.500,00 €!
A mesma sociedade foi utilizada para mascarar uma situação, servindo de véu para encobrir uma realidade.».
À Autora/Mediadora foi reconhecido o direito à remuneração.

[489] Ac. RL de 27.01.2011 (JORGE VILAÇA):
«I – A ***recusa por parte do vendedor da celebração de um contrato-promessa*** *de compra e venda de um imóvel para construção, cujas negociações foram mediadas por sociedade de mediação imobiliária,* ***com fundamento em pretender escriturar valor inferior da venda, não aceite pelo comprador,*** *é fonte de* ***responsabilidade civil pré-contratual,*** *nos termos do art. 227º, nº 1, do Código Civil.*
II – Essa recusa na celebração do contrato-promessa, contrária ao princípio da boa fé que preside à negociação de um contrato, revela um elevado grau de ilicitude e de culpa.».

VIII.2.8. Recusa a vender sem qualquer justificação

Cfr. **Ac RP de 20.06.2016, processo: 2050/14.0T8PRT.P1** (MANUEL DOMINGOS FERNANDES):

«... V – Todavia, tendo o contrato de mediação sido celebrado em ***regime de exclusividade*** *em que as partes não fazem depender o pagamento da remuneração da efectiva outorga de qualquer contrato, é a mesma devida desde que o negócio visado esteja acertado, isto é, que haja um interessado efectivo para o mesmo que aceite as condições do vendedor ainda que aquele não se concretize por causa imputável ao cliente proprietário (artigo 19º, nº 2 da 15/2013, de 8/02).*

VI – Tendo os Réus recorridos aceitado o negócio, aceitado o preço de venda proposto pela interessada angariada pela imobiliária Autora, discutido o valor da comissão que foi aceite por esta e tendo dado início às diligências necessárias com a solicitação de documentos da interessada que foram fornecidos ***e tendo-se, ao fim de dois meses, recusado a vender sem qualquer justificação, forçoso é concluir o negócio visado só não se veio a concretizar por causa imputável àqueles.***

VII – Verifica-se que há, assim, sem qualquer dúvida, uma ***manifesta contrariedade directa entre o primeiro e o segundo comportamento*** *existindo, no caso concreto, uma necessidade ético-jurídica de impedir a conduta contraditória, designadamente, por não se poder evitar ou remover de outra forma o prejuízo dos confiantes, e por a situação conflituar com as exigências de conduta de uma contraparte leal, correcta e honesta, com os ditames da boa fé em sentido objectivo....».*

VIII.2.9. Abuso de direito e concorrência desleal

Ver Ac. RL de 21.01.2010 (MANUEL GONÇALVES):

«– A concorrência é um fenómeno que existe nas actividades económicas, sendo mesmo incentivado, com vista a um melhor desempenho e até tutela do interesse do consumidor em geral.

II – A concorrência tem no entanto os limites constantes do art. 317 CPI, sob pela de se cair numa selva.

II – Contraria o Código Deontológico da actividade de mediação imobiliária, (Aprovado pela Associação dos Profissionais e Empresas de Mediação Imobiliária de Portugal, em Assembleia Geral realizada em 27.11.1999) o facto de a Ré se ter apercebido desde o início, que ***o interessado estava equivocado,*** *pensando que estava a negociar com a entidade que primeiramente lhe mostrou o imóvel e lhe forneceu as informações, sem ter desfeito tal equívoco e aproveitando-se disso para realizar o contrato.*

*IV – **Esta conduta da Ré contraria ainda as regras da boa-fé,** os usos e costumes honestos que devem presidir à actividade em causa, integrando ainda o conceito **de concorrência desleal.**»*

VIII.2.10. Invocação abusiva de falta de acompanhamento no processo negocial por parte do mediador

Ver o Ac. RL de 11.11.2004, proc. 5439/2004-8 (Salazar Casanova):

*«..... o cliente **não se pode valer da denúncia** efectivada depois de angariado o interessado para se eximir ao pagamento da retribuição com o argumento de que, a partir e por causa da denúncia, ficou livre para contactar o interessado na realização da transacção por deixar de subsistir nexo causal entre a actividade do mediador exercida antes da denúncia e a realização do contrato.*

*V – Igualmente traduz **abuso do direito** (artigo 334º do Código Civil) a pretensão do cliente de **não pagar retribuição pela mediação com o argumento de que não houve qualquer acompanhamento no processo negocial por parte do mediador quando foi o cliente que, sem conhecimento do mediador, solicitou a colaboração de outra pessoa com a qual reiniciou os contactos com o interessado que foi angariado pelo mediador**».*

VIII.2.11. Abuso de direito por banda da mediadora

Ver o Ac. TRP de 08.07.2010 (Filipe Caroço):

*– «Há **abuso de direito da parte da mediadora** que, **depois de informar o seu cliente por comunicação escrita de que a remuneração lhe seria devida "só e apenas em caso de venda"**, contraditoriamente, em novo documento escrito enviado **alguns meses depois, vem exigir o pagamento da remuneração** sabendo que o seu cliente desistira da alienação do imóvel mesmo antes da primeira missiva.».*

VIII.2.12. Invocação de cláusula contratual livremente aceite

Ver Ac. TRC de 22.04.2008, proc. 415/2002.C1 (Hélder Roque):

*«Ocorre a situação do **abuso de direito** quando exista o propósito exclusivo de criar à outra parte uma situação lesiva, através do funcionamento da lei, **mas não já de uma cláusula contratual, livremente, aceite**».*

VIII.2.13. A mediadora angaria a venda por metade do preço acordado com o cliente mas exige a comissão correspondente àquele preço

Ac. RG de 08.02.2018, proc. 2870/14.6TBBRG.G1 (Alexandra Rolim Mendes):

> Há abuso do direito "*...quando o exercício de um direito, nas concretas circunstâncias em que ocorre dá origem a resultados estranhos ao que é admissível pela ordem jurídica, quer por contrariar a confiança ou aquilo que a contraparte podia razoavelmente esperar, quer por redundar numa desproporção manifesta e objetivamente reconhecível entre os benefícios decorrentes para o titular do exercício do direito e as desvantagens que disso resultam para a outra parte.*
>
> *7 – Atua em* ***abuso de direito*** *na modalidade acima referida a imobiliária que* ***tendo acordado com o cliente que angariaria comprador para o imóvel pelo preço de 85.000,00€, cobrando uma comissão no valor de 5000,00€, angaria a venda por 37.500,00€ mas continua a exigir aquele valor a título de comissão.***
>
> *8 – Neste caso* ***justifica-se a redução proporcional da remuneração com recurso a critérios de equidade.»***.
>
> Escreve a Relação: "*Para encontrar a medida equilibrada da retribuição temos de nos recorrer a* ***juízos de equidade*** *aplicando por analogia ao disposto no art. 1158º, nº 2 do C. Civil, aplicável aos contratos de prestação de serviços, de que a mediação é uma modalidade, por força do art. 1156º do mesmo Código.*
>
> ***A A. tem, pois, direito à retribuição mas proporcionada ao valor da venda que angariou...***".

VIII.2.14. Nota de direito comparado

Também noutros ordenamentos jurídicos o abuso de direito tem sido aflorado no âmbito da mediação imobiliária.

Assim, v.g., na Suíça.

Em circunstâncias excepcionais, o art. 156 A CO *(Code des Obligations)* sanciona o **abuso de direito do comitente** que teria impedido "em desacordo com as regras de boa-fé" o cumprimento da condição suspensiva de que depende a remuneração do mediador[490].

[490] Argumentou o Tribunal federal:
«Plus généralement, le mandant n'a aucune obligation d'accepter le contrat indiqué ou négocié par le courtier. Le droit au salaire du courtier est subordonné à une condition potestative suspensive qui est l'acceptation du contrat par le mandant. Celui-ci a la faculté de renoncer,

O absuso de direito é invocado, designadamente, na situação em que o mandante renuncia à celebração do negócio conseguido pelo mediador.

Com efeito, o tribunal federal tem insistido na liberdade do mandante de **renunciar**, mesmo de maneira arbitrária, à celebração do negócio conseguido pelo mediador sem que este último tenha direito a qualquer remuneração. Observa que esta liberdade é uma prerrogativa reconhecida ao mandante pelo art. 413º al. 1 CO, e que apenas é limitada pelo **abuso de direito**.

Mas em muitas outras circunstâncias o Tribunal federal admitiu o abuso de direito[491].

même arbitrairement, à l'affaire sans avoir à rémunérer le courtier. Le mandant ne peut donc pas se voir reprocher l'exercice d'un droit que lui accorde la loi (art. 413 al. 1 CO), soit celui de refuser de conclure le contrat qui lui est proposé par le courtier; mais il doit exercer son droit dans les limites de la bonne foi (art. 2 CC).
Ainsi, celui qui renonce à l'affaire proposée par le courtier dans le seul but de profiter de l'activité déjà déployée par celui-ci, sans bourse délier, peut se voir reprocher une attitude contraire à la bonne foi.
Le seul fait que le courtier soit privé de son droit au salaire si, en définitive, aucun contrat n'a été conclu avec l'une des personnes qu'il a contactée [sic], ne suffit pas à qualifier de mauvaise foi le comportement du mandant. Il faut que l'on soit à l'évidence en présence d'une attitude déloyale. On doit, en effet, se garder d'assimiler à un abus de droit tout comportement entraînant l'échec de la conclusion du contrat principal avec un client contacté par le courtier puisque, sauf stipulation contraire, le mandant n'a pas l'obligation de favoriser cette conclusion; la bonne foi n'exige pas qu'il sacrifie ses propres intérêts à cette fin. Ne sera donc sanctionné que le comportement revêtant un caractère déloyal.».

[491] Cfr., v.g., Arrêt du TF 4C.278/2004 du 29 d´cembre 2004, c.3.2.

IX
Do contrato Promessa

IX. 1. Generalidades

O contrato-promessa é a convenção pela qual alguém se obriga a celebrar um determinado contrato. Gera-se, por isso, uma obrigação de facto positivo, um «*facere*».

Assim, v.g., na promessa bilateral de compra e venda, os outorgantes obrigam-se a outorgar, respectivamente, como comprador e como vendedor, num futuro contrato de compra e venda (o contrato-prometido o contrato definitivo)[492].

Não sendo celebrado o contrato definitivo, as **consequências** são as previstas no **art. 442º do CC**: se a não celebração do contrato definitivo foi causada por culpa do promitente-comprador este perde o sinal; se a culpa da não celebração de tal contrato for do promitente-vendedor, a contraparte pode dele exigir o dobro do sinal que haja prestado – sem prejuízo das demais alternativas previstas no art. 442º, n.ºs 2 e 3, caso o incumprimento da promessa seja imputável ao promitente-vendedor, tendo ocorrido entrega da coisa[493].

[492] Como decorre do **princípio da eficácia relativa dos contratos** (art. 406º, nº 2, CC), também **os efeitos do contrato-promessa em princípio apenas se produzem entre as partes contratantes**. As obrigações emergentes do contrato vinculam quem o celebrou.
Assim, se o promitente comprador vender o bem a terceiro, responde perante o promitente vendedor, o qual apenas pode exigir do promitente comprador responsabilidade pelos prejuízos sofridos, e já não ao aludido terceiro.
Mas podem as partes atribuir **eficácia real** ao contrato promessa (art. 413º CC), pela qual se estendem os efeitos do contrato-promessa para fora do âmbito das partes contratantes, tornando, então, já oponível contra terceiros o direito ao contrato definitivo.

[493] **No entanto,** "os direitos do credor por virtude do inadimplemento da obrigação não se esgotam (...) no direito à indemnização dos danos por ele sofridos. Tornando-se a prestação

Impõe-se, porém, **distinguir o incumprimento definitivo da simples mora.**

Com efeito, **a não celebração do contrato prometido até ao termo do prazo fixado, por facto imputável a uma das partes, importa apenas a constituição do promitente faltoso em mora**[494]. Sendo que no seio da doutrina e da jurisprudência têm sido defendidas **diferentes** posições **quanto ao tipo de incumprimento considerado necessário para impulsionar o funcionamento do mecanismo do sinal previsto no nº 2 do art. 442.**

Existem **duas vias para operar à conversão da mora em não cumprimento definitivo**: *i)* o desaparecimento do interesse do credor; *ii)* a *intimação admonitória* e o decurso infrutífero do prazo suplementar peremptório[495].

Percute-se, portanto: **a simples mora não é suficiente para o funcionamento do mecanismo do sinal. Este pressupõe a conversão da mora em incumprimento definitivo, que apenas ocorre por uma das vias previstas no art. 808/1 do CC.**

X.2. O contrato promessa e o contrato de mediação imobiliária

Ora, é frequente **no âmbito da mediação mobiliária** outorgar-se (ou convencionar-se a outorga...de) contrato promessa com interessados angariados pela mediadora (antes, portanto, da concretização do negócio visado no contrato de mediação). E os problemas ou questões que então surgem são vários, como se passa a ilustrar.

impossível por causa imputável ao devedor, ou tendo-se a obrigação por definitivamente não cumprida, se a obrigação se inserir num contrato bilateral, **pode o credor preferir a *resolução*** do contrato à indemnização correspondente à prestação em falta" (Cfr. ANTUNES VARELA, *in Das Obrigações em Geral*, vol. II, 5ª ed., Almedina, pp. 105-106).

494 **Assim, v.g., a mora do promitente comprador não permite, de *per se*, que o promitente-vendedor se considere desvinculado do contrato e faça seu o sinal prestado.**

A razão é de fácil explicação: como sabemos, no conteúdo do incumprimento, tomado no seu sentido amplo, pode **distinguir-se entre o retardamento ou atraso na prestação (a dita mora), o incumprimento definitivo e o cumprimento defeituoso ou mau cumprimento** (Antunes Varela, *Das Obrigações em Geral*, II, 7ª ed., Coimbra: Almedina, 1997, p. 60).

495 Baptista Machado, *"Pressupostos da Resolução por Incumprimento", Obra Dispersa; I, Braga 1991, p. 163.*

Algumas questões suscitadas na jurisprudência:

IX.2.1. O proprietário do imóvel recusa-se a celebrar a promessa acordada no contrato de mediação
Ac. TRG de 31-01-2013 (Rita Romeira):

*«Celebrado contrato de mediação imobiliária, em **regime de exclusividade, recusando-se a proprietária do imóvel, objecto do negócio, a celebrar contrato promessa** com interessada angariada pela mediadora, **sem fazer qualquer outra prova, capaz de afastar a sua culpa, fica responsável pelo pagamento da remuneração acordada,** atento o disposto no art. 18, nº 2, al a), referido e arts. 798 e 799º, do Cód. Civil)»*

Ac. RL de 27.01.2011 (Jorge Vilaça):

*«I – A **recusa por parte do vendedor da celebração de um contrato-promessa** de compra e venda de um imóvel para construção, cujas negociações foram mediadas por sociedade de mediação imobiliária, **com fundamento em pretender escriturar valor inferior da venda, não aceite pelo comprador,** é fonte de **responsabilidade civil pré-contratual,** nos termos do art. 227º, nº 1, do Código Civil.*

II – Essa recusa na celebração do contrato-promessa, contrária ao princípio da boa fé que preside à negociação de um contrato, revela um elevado grau de ilicitude e de culpa.».

IX.2.2. Recusa do angariado/interessado na outorga do contrato promessa e dever de indemnizar
Ac. RL de 12.07.2012, Proc.1187/11.2TBPDL.L1-7 (ANA RESENDE):

*«Tendo a **angariada comunicado a sua disponibilidade para vir a celebrar o contrato promessa de compra e venda, mas estabelecendo condições,** tal permite considerar que o desenvolvimento das negociações **não era ainda de molde a autorizar uma total confiança na conclusão do contrato, em termos tais passíveis de gerarem o dever de indemnizar».***

IX.2.3. Da responsabilidade da mediadora por actuação negligente
– Ac. STJ de 08-05-2013 – Revista nº 6686/07.8TBCSC.L1.S1 – 2ª Secção (Bettencourt de Faria):

*«I – O promitente vendedor que incumpriu o **contrato promessa,** deve devolver o sinal recebido em dobro, nos termos do art. 442º do CC.*

*II – **O mediador imobiliário que, com negligência, contribuiu para a celebração daquele contrato, responde, a título de responsabilidade civil, solidariamente, com o promitente vendedor, até o valor do sinal em singelo.***».

– Ac. STJ de 28.10.2014, Proc. SJ200410280033412 (Duarte Soares):

*«O não cumprimento do contrato-promessa de compra e venda, em virtude de **o promitente-vendedor não ser o dono do imóvel objecto daquele, não acarreta responsabilidade civil da mediadora imobiliária que preparou tal negócio** (com base no cumprimento defeituoso do contrato de mediação) para com o promitente-comprador.»*.

Nota: a mediadora pode, eventualmente, ser responsabilizada por incumprimento dos seus deveres (*ut* atº 17º, nº 1, al. a), da Lei 15/2013).

IX.2.4. Da promessa de venda de coisa alheia – responsabilidade da mediadora
Ver Ac RP DE 04.05.2017 – Proc. 3773/13.7TBVNG.P1 (Inês Moura):

«.......

*V – **Não se provando que Mediadora soubesse ou tivesse como saber**, à data da celebração do contrato promessa de compra e venda, antes do registo a favor de terceiro da aquisição do imóvel prometido vender, **que o promitente vendedor não era o proprietário do imóvel, estribando-se nas informações fornecidas por quem a contratou, não pode concluir-se que a mesma violou de forma culposa algum dos deveres** previstos nas várias alíneas do nº 1 do art. 16º do DL nº 211/2014 de 20 de Agosto, relativo ao exercício da actividade de mediação imobiliária.*

VI – ....».

IX.2.5. Incumprimento do dever de informação da mediadora (ao comprador ou promitente comprador) **acerca da situação do imóvel** prometido vender[496], **ou outro**[498].

[496] Ac. RL de 25.10.2012, proc. 6686/07.8TBCSC.L1-8 (António Valente):
*«1. **Uma empresa de mediação imobiliária** que, no seguimento de contrato de mediação imobiliária celebrado com o dono de um imóvel, promove junto de um terceiro interessado a venda do mesmo, ajustando com ele as condições do negócio e levando-o a celebrar um contrato promessa com entrega de uma*

IX.2.6. Insolvência do promitente-vendedor

Cfr. Ac. RC de 28.11.2017, proc. 1675.13.6TBCLD.C1 (Vítor Amaral):

*«**A violação culposa de dever de informação a cargo de mediador imobiliário, no âmbito da atividade de mediação, perante terceiro interessado, é fonte de obrigação indemnizatória pelo dano causado a esse terceiro.***

2. – Cabe ao autor na respetiva ação indemnizatória o ónus da alegação e prova dos pressupostos da obrigação de indemnizar por violação de dever de informar a que aludem os arts. 485º, nº 2, e 483º, ambos do CCiv..

*3. – **A declaração de insolvência do promitente-vendedor em contrato-promessa de compra e venda de bem futuro com sinal prestado não determina, sem mais, o incumprimento e a extinção do contrato-promessa.***

*4. – Nesse caso, não tendo a promessa eficácia real, o **cumprimento fica suspenso, na subsistência do contrato instrumental, até que o administrador da insolvência declare optar pela execução ou recusar o cumprimento.***

*5. – Até essa tomada de posição do administrador da insolvência, a **não disponibilidade pelo promitente-comprador do sinal prestado não constitui um dano indemnizável, cuja reparação não pode ser exigida da sociedade imobiliária interveniente na negociação com base em violação, por esta, de deveres de informação.***».

Quanto ao direito indemnizatório por banda do promitente-adquirente, rematou a Relação:

*«**Em suma,** se o direito indemnizatório pressupõe a verificação de um dano, a dever se objeto de indemnização, **in casu o dano invocado é reportado ao contrato-promessa e ao sinal prestado.***

*quantia a título de sinal ao proprietário/vendedor, **tem o dever de informar o comprador da situação do mesmo imóvel nomeadamente em termos de ónus e encargos que sobre o mesmo recaem.***
*2. Verificando-se que afinal o imóvel **estava onerado por hipoteca**, além de ter sido alvo de **penhora e arresto**, tornando inviável a celebração da escritura de compra e venda, **a Mediadora responde pelos prejuízos que a sua omissão tenha causado ao promitente/comprador.**».*

[497] Ac. RL de 15.09.2009 (Abrantes Geraldes):
*«A **responsabilidade da mediadora imobiliária** pela violação do dever de informação, em regime de solidariedade com o promitente-vendedor, **não pode ser descartada mediante a mera imputação a este da sonegação de informações que aquela podia e devia obter.***
Determinando o incumprimento do contrato-promessa a obrigação de restituição do sinal em dobro, *não podem os promitentes-compradores reclamar do promitente-vendedor indemnização por danos morais decorrentes do incumprimento.».*

O pressuposto danoso da A. teria de ser o da sua privação do montante do sinal prestado (por não restituído) e o incumprimento da promessa, no sentido de demonstrar um prejuízo correspondente ao valor desse sinal perdido, sem qualquer contrapartida a seu favor.

Teria, pois, de ser alegada e provada factualidade demonstrativa, para além da realização da prestação do sinal, do incumprimento culposo ou da impossibilidade culposa de cumprimento pela contraparte.

Sem isso, o que permanece é um contrato-promessa em vigor (ainda que com o cumprimento suspenso, por força da ocorrida declaração de insolvência), já que não resolvido/extinto, que se saiba, por qualquer das partes.

Ora, se o contrato-promessa permanece de pé, não se consubstanciam razões para a exigência de devolução, pela parte promitente-adquirente, do valor do sinal prestado, o que logo afasta o dano contratual.

E, afastado este, falha o pressuposto da pretendida indemnização pela imobiliária e respetiva seguradora, que depende do desfecho da relação contratual referente à promessa.

Quer dizer, falta a demonstração de um dano em que se ancorasse a obrigação de indemnizar à luz do disposto nos arts. 485º e 483º, nº 1, ambos do CCiv..

Mas mesmo que assim não se entendesse, a ação deveria improceder, (...).».

IX.2.7. Falta de colaboração da mediadora com o cliente posteriormente à celebração do contrato promessa

Ver Ac. RL de 24.06.2010 (Aguiar Pereira):

«a) ***Havendo acordo escrito nesse sentido,*** *a remuneração pela mediação imobiliária é devida após a celebração do contrato promessa entre o cliente e o terceiro interessado no negócio;*

b) ***A eventual falta de colaboração posterior da empresa mediadora ao cliente,*** *nomeadamente* ***no âmbito da formalização do negócio visado, pode constituir incumprimento culposo de obrigação contratualmente assumida*** *e tornar a empresa* ***mediadora responsável pelo prejuízo que cause ao cliente;*** *c) Não se demonstrando que a decisão de não celebrar o negócio acordado pelo cliente com terceiro se ficou a dever a conduta culposa da empresa mediadora ocorrida após a celebração do contrato promessa não tem o cliente direito a ser indemnizado nem a* ***que lhe seja restituído o montante da remuneração entretanto paga.».***

IX.2.8. Incumprimento pela mediadora de obrigações que assumiu para com o terceiro promitente comprador

Ac. TRC de 19.05.2015, proc. 887/13.7TBLSA.C1 (Barateiro Martins):

> *«**Incorre em responsabilidade civil** "pelos danos causados a terceiros" (prevista no art. 22º/3 do DL 211/2004)»* – não tem correspondência na Lei nº 15/2013- *«, a mediadora que, na execução de contrato de mediação imobiliária (com os promitentes vendedores), **garantiu aos promitentes compradores a autonomização e conversão em urbano, em 90 dias,** duma quota ideal sobre um prédio rústico, **levando-os, em função disso, a vincular-se a uma promessa de compra** dum bem futuro e a antecipar o pagamento de 45% do preço; e que, naquele concreto prazo, assim como nos 90 que se lhe seguiram (tendo já recebida a sua comissão), **não fez qualquer diligência para que fosse obtido o que havia garantido,** levando, desse modo, a que os promitentes compradores se desvinculassem do contrato-promessa.».*

IX.2.9. Aquisição do direito à comissão/retribuição correspondente ao exercício da mediação – no que tange ao contrato-promessa, da possibilidade de antecipação da remuneração ou de parte dela para o momento da sua celebração

Sobre a **aquisição do direito à comissão/retribuição correspondente ao exercício da mediação,** vejam-se os seguintes arestos:

– Ac. RL de 22.11.2011, proc. 1634/05.2TCSNT.L1-7 (Orlando Nascimento):

> *«Por força do disposto no arts. 236º e 238º do Código Civil, a estipulação de pagamento a ter lugar aquando do primeiro sinal recebido, deve reconduzir-se à previsão legal de pagamento após a celebração do contrato-promessa, estabelecida pelo art. 19º, nº 2, al. b), do Dec. Lei nº 77/99, de 16 de março.».*

– Ac. STJ de 19-05-2009, Revista nº 5339/06.9TVLSB – 6ª Secção (Silva Salazar):

> *«**I – Na al. b) do nº 2 do art. 18º do DL nº 211/2004, de 20-08,** que regula a actividade de mediação imobiliária, **consagra-se apenas a faculdade das partes de preverem o pagamento da remuneração após a celebração do contrato promessa, e não o direito da mediadora à remuneração,** que se mostra consagrado apenas na excepção indicada na al. a) do mesmo artigo para a hipótese de não concretização do negócio visado*

por causa imputável ao cliente da mediadora, e não ao terceiro como é a hipótese dos autos. Isto é, ***aquela al. b) apenas se refere ao momento do pagamento da comissão, e não ao momento da constituição do direito à mesma.***

II – Assim, ***embora tenha sido celebrado o contrato promessa****, como a angariação de interessado pressupõe, para este ser considerado como tal para efeitos do disposto no art. 2º do referido DL, a celebração do contrato visado pela mediação, que aqui não é o contrato promessa mas o prometido, tem de se concluir que* ***a actividade de mediação não se restringe à celebração daquele contrato romessa, endo a empresa mediadora de prosseguir a sua actividade por forma a manter o interesse do terceiro angariado até à celebração do contrato visado,*** *que era como se disse o contrato prometido, pelo que, não tendo este sido celebrado,* ***não se pode dizer que a empresa mediadora tenha conseguido obter interessado para os efeitos do art. 2º referido, não se podendo igualmente, por isso, sustentar que esta tenha adquirido definitivamente direito a comissão correspondente ao exercício da mediação.»***.

– Ac. RL de 14.04.2011, proc. 761/07.6TCFUN.L1-2 (Olinda Alves):

«Face à celebração de um contrato-promessa relativo ao negócio visado pelo contrato de mediação, e nele se estabelecendo a forma de pagamento da remuneração do mediador, perante a situação de não contratação, por facto imputável à cliente do mediador, mantém este o direito à remuneração acordada, verificada que está a situação excepcional prevista na alínea b) do nº 2 do artigo 18º do Decreto-Lei nº 211/2004, de 20 de Agosto.».

IX.2.9.1. No que tange ao contrato-promessa: da possibilidade de antecipação da remuneração ou de parte dela para o momento da sua celebração

A **jurisprudência** tem-se pronunciado nesse sentido (o que está, aliás, em sintonia com a prática corrente de se inserir nos contratos de mediação uma cláusula a conceder à mediadora a possibilidade de exigir tal antecipação remuneratória)[498].

[498] Assim, v.g.:
– Ac. TRP de 29.05.2008, proc. JTRP00041469 (Ana Paula Lobo):
«Quando haja sido celebrado contrato-promessa relativo ao negócio visado pelo exercício da mediação imobiliária, **as partes podem acordar que o pagamento da remuneração ocorra após a celebração desse contrato.»**.
– Ac. do TRP de 15/02/2012, proc. 1988/09.1TBPFR.P1 (António Eleutério):

IX.2.9.1.1. É válida a cláusula: "*O pagamento da remuneração apenas será efectuado, na totalidade, aquando da celebração do contrato-promessa*"? Art. 18º/2/b) do DL nº 211/2004, de 20.08, *versus* art. 19º/1 da Lei nº 15/2013, de 08.02[499]

«I – A remuneração da mediação só é devida com a conclusão e perfeição do negócio visado. II – Mas, também é devida nos casos em que tenha sido celebrado contrato-promessa relativo ao negócio visado nos quais **as partes prevejam o pagamento da remuneração após a sua celebração.**».

Idem:

– Acórdão do TRE de 17/03/2005, proc. 873/04-2.

– Ac. TRC de 23.03.2004, proc. 102/04 (Jorge Arcanjo):

«No contrato de mediação imobiliária, **se nada for convencionado em contrário, o pagamento da comissão só é devido com a conclusão e perfeição do negócio visado com a mediação (contrato de compra e venda) e não com a simples outorga do contrato promessa de compra e venda»**.

[499] **No domínio da Lei nº 15/2013, de 08.02, tal cláusula será nula** (viola o art. 19º/1 dessa Lei e art. 280º do CC – vício esse que é de apreciação oficiosa, retirando-lhe os respectivos efeitos (arts. 286º e 291º/1 CC).

Efectivamente, **a redação dos dois normativos e respectivas consequências práticas são bem diferentes:**

Com efeito, se no art. 18º/2, al. b) do Decreto-Lei nº 211/2004 de 20.08 se dizia "*as partes podem prever o pagamento **da remuneração** após a sua celebração*" (do contrato-promessa) – donde, aqui a remuneração ser apenas uma e única, a ajustada para a mediação (art. 18º/1), cujo pagamento pode ser antecipado para a altura da celebração da promessa mediante acordo nesse sentido e independentemente das contingências que a concretização do negócio prometido venha a sofrer, que irrelevam para estes efeitos (salvo, naturalmente, situações de incumprimento pela mediadora) –, **já no art. 19º/1 da Lei nº 15/2013** de 08.02 se prescreve que: "*A remuneração da empresa é devida com a conclusão e perfeição do negócio visado pelo exercício da mediação ou, se tiver sido celebrado contrato-promessa e no contrato de mediação imobiliária estiver prevista **uma remuneração** à empresa nessa fase, é a mesma devida logo que tal celebração ocorra*" – donde que aqui «*a remuneração devida aquando da celebração do contrato-promessa não se identifica com a remuneração devida com a conclusão e perfeição do negócio, antes é uma outra, **que considere o estado de evolução do negócio** mediado e que seja especificamente estipulada e fixada pelas partes em função dele.*

Para além da contrapartida devida pela mediação, então, às partes é admitido acordar uma outra, calculada nos termos que entendam ajustar entre si e que fica devida numa fase da actividade mediadora que não oferece ainda certeza (económica) sobre a viabilidade da concretização com sucesso do negócio mediado.

*Permite-se, pois, às **partes partilharem o risco de insucesso da actividade mediadora** nos termos que entendam mais adaptados à economia da sua convenção pela fixação de condições remuneratórias referentes a dois momentos temporais, mas não se admite (como antes se admitia) que pura e simplesmente*

IX.2.10. Das consequências para a mediadora da declaração de nulidade do contrato promessa[500]

se estabeleça uma antecipação de pagamento da prestação devida pela concretização do negócio que não atenda ao carácter prematuro no momento da celebração da promessa, na lógica da mediação imobiliária. (...).

.... com a entrada em vigor deste novo diploma, foram parcialmente alteradas as condições remuneratórias das empresas de mediação imobiliária, ***definindo uma moldura legal de carácter injuntivo (impassível de derrogação por vontade das partes, ex vi artigo 280º do CC*** *e, por oposição, artigo 405º do mesmo diploma) que introduz maior temperamento e equilíbrio à relação de mediação, isto face ao regime pregresso, que revogou, constante do Decreto-Lei nº 211/2004 de 20.08.*

Assim, nos termos do artigo 19º/1 da Lei nº 15/2013 de 08.02, ***continua a constituir princípio base central que a remuneração acertada pela mediação apenas é devida com a concretização e perfeição do negócio mediado*** *e continua a admitir-se a possibilidade de a mediadora vir a ser remunerada aquando da celebração de contrato promessa referente a esse mesmo negócio,* ***mas introduz-se uma importante especialidade, moderadora do regime anterior****: a remuneração devida com a celebração da promessa tem de ter sido especificamente acordada e, para além disso, deve ter sido prevista especificamente para essa situação, não se identificando com a remuneração devida pela concretização do negócio ou com o efeito de antecipação do pagamento antes admitido.*

O ***espaço de liberdade*** *para estipular conteúdos contratuais* ***que se oferece aos contratantes é, hoje, sensivelmente mais restrito****, já que não é possível convencionar que a remuneração pela concretização do negócio seja devida logo na outorga da promessa (com sucedia no domínio do Decreto-Lei nº 211/2004 de 20.08) mas, apenas, que pode ser estabelecida uma remuneração específica para quando exista sucesso na obtenção de uma promessa de compra e venda vinculativa respeitante ao negócio mediado»* – Cfr. Ac. RL de 07.02.2017, proc. 2287716.8YIPRT.L1-7 (Alziro Cardoso).

[500] Ac. RL de 24.06.2014, proc. 2626/07.2TBVCT.L1-7 (Maria Conceição Saavedra):

«I – Não tendo o contrato promessa de compra e venda produzido efeitos na esfera jurídica da Ré, mediadora imobiliária, que naquele negócio não foi parte *(como promitente vendedora ou como promitente compradora)* ***e que se limitou a receber em nome e por conta da promitente vendedora o valor do sinal entregue pelos AA. (promitentes compradores), da declaração de nulidade desse contrato promessa não pode resultar para a mesma Ré qualquer consequência, como seja a obrigação de restituir o montante recebido;***

II – Não se provando que a dita Ré tenha feito sua aquela quantia ou que com o negócio dos autos tenha obtido uma qualquer vantagem patrimonial à custa dos AA., ***indemonstrado fica, desde logo, o seu enriquecimento à luz do art. 473 do C.C.,*** *pelo que* ***não lhe assiste também o dever de pagar a referida quantia aos AA. com fundamento no instituto do enriquecimento sem causa.».***

X
Do enriquecimento sem causa

X.1. Generalidades

Sobre este instituto ver arts. 473º a 482º do Cód. Civil[501].

O enriquecimento sem causa é, assim, uma fonte de obrigações que cria uma obrigação de restituir, em que figura como credor o sujeito à custa de quem o enriquecimento se verificou e como devedor o beneficiário desse direito[502].

Idem nas palavras de MANUEL DE LA CAMARA-LUIS DIEZ-PICAZO[503].

É uniformemente entendido que só há enriquecimento sem causa quando o património de certa pessoa ficou em melhor situação, se valorizou ou deixou de desvalorizar, à custa de outra pessoa, sem que para tal exista causa justificativa[504].

O enriquecimento traduz-se, portanto, na obtenção de um valor, de uma vantagem de carácter patrimonial susceptível de avaliação pecuniária. E resulta da comparação entre a situação em que se encontra actualmente o património do enriquecido e aquela que se verificaria se não se tivesse dado o enriquecimento. O enriquecido "fica em melhor situação do que aquela que de outro modo apresentaria", correspondendo a essa vantagem "um prejuízo suportado pelo sujeito que requer a restituição" [505].

[501] Estabelece este **artigo 473º do Código Civil, no seu nº 1**, que *"aquele que, sem causa justificativa, enriquecer à custa de outrem é obrigado a restituir aquilo com que injustamente se locupletou"*. Por sua vez, o nº 2, preceitua que *"a obrigação de restituir, por enriquecimento sem causa, tem de modo especial por objecto o que foi indevidamente recebido, ou o que for recebido por virtude de uma causa que deixou de existir ou em vista de um efeito que não se verificou"*.

[502] Cfr. RUI DE ALARCÃO, *in Direito das Obrigações*, Coimbra, 1983, p. 178.

[503] *Dos Estudios Sobre el Enriquecimiento Sin Causa*, Civitas, 1988, pp. 49 a 60.

[504] Cfr. GALVÃO TELLES, *in Direito das Obrigações*, 6ª ed., p. 179; Vaz Serra, in *BMJ* nº 81, p. 56.

[505] RUI DE ALARCÃO, *in ob. cit.*, p. 185.

Em suma, pode dizer-se que o facto que enriquece uma pessoa tem de produzir o empobrecimento da outra.

É, assim, pacifico na nossa Doutrina e Jurisprudência que a aplicação do instituto do enriquecimento sem causa exige a **verificação cumulativa de alguns requisitos**[506]:

a) Existência de um enriquecimento à custa de outrem;
b) Existência de um empobrecimento;
c) Nexo de causalidade entre o enriquecimento e o empobrecimento;
d) Ausência de causa justificativa;
e) Inexistência de acção apropriada que possibilite ao empobrecido meio de ser indemnizado ou restituído[507].

X.2. O enriquecimento sem causa e o contrato de mediação imobiliária

Não poucas vezes o instituto do **enriquecimento sem causa é chamado à colação na prática judicial no âmbito da imediação imobiliária.**

Exemplificando:

X.2.1. Aspiração da mediadora à remuneração da sua actividade, com sustento no enriquecimento sem causa, quando essa mesma actividade/ contrato de mediação imobiliária não era remunerável

Ver Ac. RC, de 17.01.2012, proc. 486/10.5T2OBR.C1:

[506] Para maiores desenvolvimentos pode ver-se o nosso "*Contratos Privados, Das Noções à Prática Judicial*", Coimbra Editora (3 vols), no item "*Enriquecimento sem causa*".

[507] Pires de Lima/Antunes Varela, *Código Civil Anotado*, I, Coimbra Editora, 4ª ed., pp. 454 e ss.; Júlio Manuel Vieira Gomes, *O Conceito de Enriquecimento, O Enriquecimento Forçado e os Vários Paradigmas do Enriquecimento Sem Causa*, Universidade Católica, Porto, 1998; Luís Manuel Telles de Menezes Leitão, *O Enriquecimento Sem Causa no Direito Civil*, Cadernos de Ciência e Técnica Fiscal nº 176, Centro de Estudos Fiscais, 1996, pp. 858 a 896 – que concentra os requisitos em três, a saber, o enriquecimento, a sua ocorrência à custa de outrem, e que tenha ocorrido sem causa justificativa; Galvão Telles, *ob. cit.*, 6ª ed., pp. 179 e ss.; Pessoa Jorge, *Direito das Obrigações*, I, AAFDL, p. 237; Moitinho de Almeida, *Enriquecimento sem Causa*, Almedina, 1996, p. 45; Manuel de la Camara-Luis Diez Picazo, *ob. cit.*, pp. 100 a 116; Manuel Albaladejo, *Derecho Civil – Derecho de Obligaciones*, II, 2º, 10ª edicion, Bosch, 1997, pp. 473 a 477; Puig Brutau, *Compendio de Derecho Civil*, II, Bosch, 1997, pp. 615 a 624.

«.... gorada uma deslocação patrimonial por a actividade/contrato de mediação imobiliária não ser no caso remunerável, não se pode aspirar à sua "remuneração" a título de enriquecimento sem causa.

Para que haja obrigação de restituir, nos termos do art. 473º, nº 1, do CC, é necessário que o enriquecimento, contra o qual se reage, careça de causa justificativa – ou porque nunca a tenha tido ou porque, tendo-a inicialmente, entretanto a perdeu; porém, a falta de causa justificativa tem que ser alegada por quem pede a restituição do indevido; e depois provada, de harmonia com o princípio geral do art. 342º do CC.

Ora, **admitindo como hipótese de raciocínio que houve empobrecimento da A/apelante, a circunstância de se haver considerado que aquela actividade/contrato de mediação imobiliária não é remunerável significa, do mesmo passo e desde logo, que aquele hipotético empobrecimento não pode ser considerado "sem causa justificativa" (a causa estaria justamente em aquela actividade/contrato de mediação imobiliária não ser remunerável).».**

X.2.2. Consequências da declaração de nulidade do contrato promessa

Ver o Ac. RL de 24.06.2014, proc. 2626/07.2TBVCT.L1-7 (Maria Conceição Saavedra):

*«I – **Não tendo o contrato promessa de compra e venda produzido efeitos na esfera jurídica da Ré, mediadora imobiliária, que naquele negócio não foi parte** (como promitente vendedora ou como promitente compradora) e que se limitou a receber em nome e por conta da promitente vendedora o valor do sinal entregue pelos AA. (promitentes compradores), **da declaração de nulidade desse contrato promessa não pode resultar para a mesma Ré qualquer consequência, como seja a obrigação de restituir o montante recebido;***

*II – **Não se provando que a dita Ré tenha feito sua aquela quantia** ou que com o negócio dos autos tenha obtido uma qualquer vantagem patrimonial à custa dos AA., **indemonstrado fica, desde logo, o seu enriquecimento** à luz do art. 473 do C.C., pelo que não lhe assiste também o dever de pagar a referida quantia aos AA. com fundamento no instituto do enriquecimento sem causa.».*

X.2.3. Falta de licença da mediadora para o exercício da actividade

Ver o capítulo "*Da licença*".

Ainda, o Acórdão do STJ de 20/06/2013, Revista nº 1752/09.8TBABF.L1.S1 (Abrantes Geraldes):

> *«É vedado o recurso ao* ***instituto do enriquecimento sem causa a fim de obter o pagamento de uma remuneração*** *pela actividade de angariação e mediação imobiliária,* ***quando a pessoa que agiu como angariadora imobiliária não dispunha de licenciamento obrigatório*** *para o exercício desta actividade»*[508].

[508] Tratava-se de uma situação em que **quem angariou o cliente sempre se apresentou como colaboradora da Autora/mediadora, colaboradora esta que não estava licenciada para o exercício da actividade de mediação imobiliária,** nem tinha contrato de angariação escrito com a mediadora.
O aresto negou a remuneração à empresa de mediação.
Nota:
Parece, porém, que aqui o aresto terá decidido contra o entendimento generalizado dos tribunais superiores que têm sustentado que **o contrato de mediação imobiliária não deixa de ser válido pelo facto de o mediador que os celebre não dispor de licença válida para o exercício da respectiva actividade.** Apenas acarreta a **multa** do interventor mediador que assim se apresenta.
O aresto foi proferido no âmbito do DL 211/2004. Porém, deve anotar-se que na Lei 15/2013 foram eliminadas as exigências de inscrição e de condições de acesso da actividade de angariação.

XI
Da licença

A Lei 15/2013 trouxe substanciais alterações neste campo[509]**.**

Como referido supra, no domínio do RJAMI, a qualificação de uma das partes (cfr. arts. 2º e 3º) **como *empresa*** é um elemento conformador do tipo legal de *contrato de mediação imobiliária*. Donde, **a um contrato celebrado**

[509] Assim:

As **Licenças** para o exercício da actividade de mediação imobiliária **passam a ter validade ilimitada no tempo**, sem prejuízo da caducidade por incumprimento dos requisitos exigidos para a sua emissão;

As licenças que tenham sido emitidas ao abrigo da legislação anterior, e que sejam válidas à data de entrada em vigor da nova Lei, passam igualmente a ter duração ilimitada, sem necessidade de qualquer formalismo adicional.

Nos termos dos artigos 3º e 4º, da Lei nº 15/2013, continua a ser necessário efectuar um pedido de licenciamento, apresentado num formulário disponibilizado pelo InCI I.P. e entregue electronicamente num balcão único criado para o efeito, através do Portal da Empresa, ou por via postal, deixa de ser necessária a revalidação da licença. Significa isto que uma vez atribuída, a licença permanecerá válida até que ocorra uma das seguintes situações (i) o InCI I.P. determinar, oficiosamente, que a empresa deixou de observar os requisitos de licenciamento, nos termos do seu Artigo 9º, ou (ii) a própria empresa a comunicar a sua pretensão de cessar a actividade.

Um dos elementos necessários para a obtenção da licença junto do InCI I.P., era, no regime revogado pela Lei 15/2013, a **capacidade profissional.**

A capacidade profissional consistia, nos termos da anterior legislação, na posse, por pessoa singular, ou, tratando-se de pessoa colectiva, por um dos administradores, gerentes ou directores, de habilitação ao nível do ensino secundário completo ou equivalente, bem como de formação inicial e contínua, adequada. Esta formação ou verificação de formação passava pela realização de um exame, organizado pelo InCI I.P., no qual se verificava a formação na área imobiliária.

Ora, se o objectivo aqui era a formação de prestadores de serviços com conhecimentos técnicos não só sobre o produto a promover, mas também sobre, por exemplo as formalidades

por quem não seja.....*empresa* faltará um elemento essencial à qualificação do contrato. Teremos, então, um **contrato atípico de mediação imobiliária, mas válido por (livremente) celebrado no âmbito da liberdade contratual** (*ut* art. 405º CCiv), a que **se aplicará, por analogia, o regime previsto para a mediação imobiliária "*em tudo quanto tenha a ver com a semelhança em termos de conteúdo*"**[510].

Mas **exige, ainda, a lei que a empresa tenha licença** para poder exercer a sua actividade (art. 4º – o art. 5º rege sobre os *requisitos de licenciamento*).

XI.1. Consequências (relativamente ao contrato) da intervenção de um mediador não autorizado (sem licença)

XI.1.1. Na jurisprudência

Posição dominante: a falta de licenciamento para o exercício da actividade **não impede que o contrato seja qualificado como de mediação imobiliária,** preenchidos que estejam os elementos típicos de tal figura contratual[511], **não**

tendentes à sua efectiva aquisição, este grau de exigência não deixava, por outro lado, de afastar, por completo, operadores que podiam dar um grande impulso à promoção do imobiliário e que, por exemplo, não soubessem escrever português, estando, desta forma, incapacitados de fazer um exame.

De facto quando anteriormente eram exigidos apertados requisitos para obtenção da licença necessária para o exercício da actividade de mediação mobiliária, **passa agora a ser exigido apenas que se tenha (i) idoneidade comercial** e **(ii) seguro de responsabilidade civil ou** garantia financeira ou instrumento equivalente que o substitua no montante mínimo de € 150 000,00.

[510] Assim, Pais de Vasconcelos, *Contratos Atípicos*, pp 155 (na circunstância, a propósito de contrato de locação financeira em que nenhuma das partes é uma sociedade de locação financeira) e Higina Orvalho Castelo, *O Contrato de Mediação*, pp 383-385.

[511] Ac.TRC de 18.03.2014, proc. 292391/11.7YPRT.C1 (Barateiro Martins):

«Deve ser qualificado como contrato de mediação imobiliária o contrato em que uma parte solicita à contraparte que lhe localize espaços comerciais que possa arrendar para a expansão da sua actividade comercial; não descaracterizando tal qualificação contratual uma acessória actividade de estudo e pesquisa, tendo em vista encontrar os espaços/lojas pretendidas.

Não impede tal qualificação contratual – e a sua validade – a circunstância da contraparte não ser um mediador imobiliário devidamente autorizado e licenciado*; e o facto do contrato não ter sido reduzido a escrito.».*

afectando a validade do contrato – como de mediação imobiliária – **(não o tornando nulo), apenas gera responsabilidade contra-ordenacional**[512];

Há quem entenda que **não pode (sequer) recorrer-se ao instituto do enriquecimento sem causa para se lograr obter o pagamento de uma remuneração** pela actividade de angariação e mediação imobiliária, quando a pessoa que agiu como angariadora imobiliária não dispunha de licenciamento obrigatório para o exercício desta actividade[513].

XI.1.2. Na doutrina

Há quem defenda a **nulidade dos contratos de mediação imobiliária celebrados por empresas mediadoras não licenciadas**[514]-[515].

[512] – Ac. RL de 09.01.2007, proc. 4849/2006-1 (AZADINHOMLOUREIRO):
– «*A intervenção de um mediador não autorizado na realização de um contrato* ***não torna este nulo, mas apenas acarreta a multa do interventor que, como tal, se apresenta***».

– Ac. TRP de 20.09.2001, proc. 0131169 (LEONEL SERÔDIO):
«*I – A intervenção de um mediador não autorizado na realização de um contrato não torna este nulo, mas apenas acarreta a multa ao interveniente que, como tal, se apresenta*» (o contrato objecto de litígio tinha sido celebrado ainda ao abrigo do DL 285/92).

– Ac. TRP de 02-06-2011, proc. 141/09.9TBMAI.P1 (FILIPE CAROÇO):
«*II – A falta de licença do mediador ou de inscrição do angariador não gera nulidade do contrato de mediação e de angariação,* ***mas eventual responsabilidade contra-ordenacional.***» (contrato celebrado na vigência do DL 211/2004).

– Ac. STJ de 21-01-2003, Revista nº 3281/02 – 1.ª Secção (REIS FIGUEIRA):
«*II – A intervenção de um mediador imobiliário não autorizado na realização de um contrato* ***não torna este nulo, apenas acarretando sujeição a uma coima do interventor que como tal se apresente.***» (o contrato objecto de litígio tinha sido celebrado ainda antes da vigência do DL 285/92).
Cfr., ainda:

Ac. TRL de 16/11/1989, proc. 2656, CJ 1989, V, 116; Ac. STJ de 18/03/1997, proc. 700/96, CJASTJ 1997, I, 158; Ac. TRL de 17/02/2004, proc. 8846/2003-7 (o contrato objecto de litígio tinha sido celebrado ainda ao abrigo do DL 285/92); Ac. TRC de 16/10/2007, proc. 408/05.5TBCTB.C1, CJ 2007, IV, 33 (contrato celebrado na vigência do DL 77/99).

[513] Cfr. Ac. STJ de 20-06-2013, Revista nº 1752/09.8TBABF.L1.S1 – 2ª Secção (ABRANTES GERALDES).

[514] Cfr. Higina Castelo, *Contrato de Mediação*, cit., pp 392-393.

[515] Sobre este aspecto, e por nos parecer, de todo, pertinente – mais não seja, como "sólida" pista de "reflexão" –, atente-se no que ali escreveu esta Autora, trazendo à colação, ainda, o

XI.1.3. Posição adoptada

Exigindo a lei licença válida (art. 4º do RJAMI), estar-se-á **perante a falta de um dos *requisitos* do *objecto negocial* (se assim se entendesse, o contrato seria nulo – *ut* art. 280º do CC)**?

Não o cremos: a licença não é um dos *requisitos* do *objecto negocial*. **Donde que a falta de licença para a actividade de mediação imobiliária não é um aspecto essencial do *objecto negocial***[516].

Mas, sendo o **art. 4º do RJAMI** (*regime de acesso*) uma **norma de natureza imperativa e cominando** o **art. 294º do CC** com a nulidade os negócios *"celebrados contra disposição legal de carácter imperativo"*, significa que a falta de licença torna o contrato nulo?

Não: não torna o contrato nulo, pois que o **RJAMI** apenas (e de forma expressa) **sanciona como contra-ordenação (*ut* art. 32º) a violação do seu art. 4º**[517].

estatuído no **art. 12º/2/c), do RJAMI** (que estabelece que a caducidade, a suspensão ou o cancelamento das licenças ou registos determinam a caducidade dos contratos de mediação imobiliária em vigor celebrados pela empresa relativos ao exercício da actividade em território nacional. Isto é, a inexistência de licenciamento superveniente ao contrato impõe a cessação do contrato de mediação (por caducidade) – norma que provém do art. 13, nº 4, do DL 211/2004, disposição que não sofreu alteração com o DL 69/2011):

«... Ora, se o legislador impõe o termo automático de contratos de mediação imobiliária a partir do momento em que a empresa mediadora fica sem a respectiva licença por caducidade, suspensão ou cancelamento, ***não me parece que possam celebrar-se contratos de mediação imobiliária válidos por empresas mediadoras não licenciadas. Se os contratos válidos e eficazes, celebrados por empresa licenciada, perdem a sua eficácia a partir do momento em que a empresa perde a licença, por maioria de razão não podem surtir efeitos contratos de mediação celebrados por empresa não licenciada.*** *A* ***ineficácia total inicial,*** *num contrato celebrado, como começámos por ver, contra disposição legal de caráter imperativo, apenas se compagina com a nulidade».*

[516] Tal falta de licença só produzirá a nulidade do contrato se estiver nos domínios em que a lei de forma expressa comina essa sanção (v.g., conteúdo do contrato, forma..).

[517] De acordo com o disposto no **nº 1 do art. 4º da Lei nº 15/2013, de 08.02**, *".....o exercício da actividade de mediação imobiliária por prestador individual ou coletivo estabelecido em território nacional depende de licença a conceder peio InCI"* (Instituto da Construção e do Imobiliário, I.P).

Em conformidade com o preceituado no **art. 32º, nº 1, alínea a)**, a violação desse comando legal faz incorrer o infractor numa coima, sendo competente para o procedimento contraordenacional CI **(art. 33º/1/b))**.

Ora, conforme resulta da concatenação das duas normas, a falta de licença para o exercício da actividade de mediação imobiliária é pertinente, em exclusivo, à relação entre a empresa que

XI.2. Consequências para a mediadora não licenciada se o negócio visado se vier a concretizar

Quer se opte pela sanção da contra-ordenação, **quer se opte** pela tese da nulidade do contrato, **se o cliente vier a celebrar o contrato visado graças à actividade do mediador realizada no âmbito do contrato, o mediador tem direito à remuneração** (que no caso de *nulidade* do contrato, tem sustento no art. 289, nº 1, do CC).

XI.3. E estando caducada, suspensa ou cancelada a licença?

XI.3.1. Quanto ao contrato

Cfr. art. 12º, nº2 /c – caduca o contrato de mediação imobiliária em vigor celebrado com *empresa* à qual a licença veio a falhar.

XI.3.2. Quanto à remuneração da mediadora:

1. Se a **actividade de mediação e o contrato visado tiveram lugar após a caducidade** do contrato, o mediador será ressarcido nos termos do ***enriquecimento* sem causa (arts 473 e seguintes do CC)**[518];

se dedica à actividade e a Administração Pública, **não tendo qualquer repercussão jurídica sobre o objecto do contrato de mediação celebrado com o cliente**.
Para tanto, como dito, **não comina a lei com a nulidade a falta da licença**, antes lhe fazendo corresponder a prática de um ilícito de mera ordenação social.
Aliás, conforme resulta do art. 294º do Código Civil, nem todas as violações de lei imperativa são cominadas com a nulidade do negócio, **impondo-se determinar**, na falta de estatuição legal e em cada caso concreto, **se a norma violada se dirige contra o conteúdo do negócio jurídico ou se visa outra finalidade (neste sentido**, citando os ensinamentos de Heinrich Hörster e Manuel de Andrade sobre o art. 294º, cfr. Acórdão do Tribunal da Relação do Porto de 20 de Setembro de 2001, Relatado Leonel Serôdio).A jurisprudência em que se formou essa corrente tem o seu marco no Acórdão do Supremo Tribunal de Justiça de 18 de Março de 1997 (in CJ-STJ, I, pág. 58) e evoluiu através de outros arestos, como é o caso do Acórdão do Tribunal da Relação de Lisboa de 9 de Janeiro de 2007, relatado por Azadinho Loureiro, in www.dgsi.pt.
Assim se conclui, pois, na senda desse entendimento, que a falta de licença para o exercício da actividade mediadora, quer à data da celebração do contrato de mediação imobiliária, quer aquando do seu cumprimento, não é causa de nulidade do mesmo negócio jurídico.

[518] Nesta hipótese, não podemos falar propriamente em **contrato de mediação nulo, pois que simplesmente.....não existe, por ter....caducado. Daqui que se compreenda o recurso**

2. Se a actividade de mediação for prestada antes da caducidade do contrato, sendo apenas o contrato visado celebrado após a caducidade, o mediador tem direito à remuneração contratada[519].

ao enriquecimento sem causa no caso de o mediador ter desenvolvido actividade de que o seu (anterior) "cliente" se aproveitou!

[519] Assim também entende HIGINA CASTELO, *Ob. e loc. Cits.*

XII
Da ressarcibilidade, à mediadora, das *prestações acessórias*, e, outrossim, do ressarcimento das *despesas* (correntes) efectuadas por aquela

XII.1. Do ressarcimento das *prestações acessórias*

1. **Só se realizam em nome e por conta do cliente se tal for previsto no contrato de mediação e com discriminação de tais serviços acessórios** (cfr. art. 16º, nº 2, f) e 7, do RJAMI);
2. ....daqui a **critica ao trecho legal de definição de *"actividade de mediação imobiliária"* (art. 2º/1 RJAMI), quando refere que a procura (de *"destinatários"*) se efectua *"em nome dos seus clientes"*[520].**

[520] Com efeito, como justamente observa Higina Orvalho Castelo (*in Contrato de Mediação,* cit., pp 401-402), «... No léxico jurídico, a locução *em nome de* implica a existência de *representação,* logo, da prática de atos suscetíveis de produzir efeitos jurídicos na esfera do representado. (...). Como sabemos, **o contrato de mediação, por definição, não autoriza o mediador a intervir no contrato desejado em representação do cliente.** A verificar-se semelhante autorização estaremos no âmbito de um mandato com poderes de representação ou de um contrato atípico com notas de mediação e mandato representativo. Repare-se que **a procura de destinatários** para a realização de negócios, cerne da definição de atividade de mediação, **deixa de fora o momento da celebração do negócio desejado, consubstanciando-se em atos materiais, como os exemplificados no art. 2º, nº 2.**
(...).
As ações mencionadas estão descritas com elevado grau de generalização e são suscetíveis de se materializar num sem número de atos que incluem recolha de dados sobre o mercado, incluindo sobre interessados no objeto *hoc sensu* do contrato visado, **visitas a locais, inspeções dos mesmos, reuniões, telefonemas e trocas de escritos para recolha e/ou fornecimento de informações, afixação de placas, contratação de anúncios, obtenção de documentos e informações junto de entidades públicas.** São todos atos que se processam em momento

XII.2. Do ressarcimento das *despesas* (correntes da actividade)

XII.2.1. O RJAMI e a nossa jurisprudência

Falamos aqui das que o mediador suporta no exercício da sua actividade de mediação, em promoção do contrato visado (v.g., recursos humanos).

O **RJAMI é omisso** a tal respeito.

anterior à celebração do contrato que o cliente deseja e são, quase todos, atos ditos materiais por não produzirem efeitos jurídicos, nomeadamente, não terem repercussão direta na esfera jurídica alheia, nem haver a obrigação de gerarem uma repercussão indireta.
Pode, entre eles, haver atos jurídicos, mas sempre acessórios da prestação principal ou parte integrante do processo complexo que constitui aquela prestação. A havê-los, **serão eles executados em nome dos clientes, com a inerente repercussão direta na esfera jurídica destes? Por exemplo**, se a empresa mediadora efetuar um contrato de inserção de **anúncio num jornal** para publicitar o imóvel que o cliente pretende vender, **fá-lo em nome deste? É este o responsável pelo pagamento do serviço? E se pedir uma certidão** para averiguar quem são os donos de um imóvel que satisfaz o desejo de aquisição do seu cliente, **pede-a em nome deste? É sobre este que recai o dever de pagar o emolumento?**
A resposta impõe-se negativa. E não apenas porque **jamais um contrato de mediação foi entendido como conferindo ao mediador carta-branca para efetuar as despesas** que entender com vista à procura de interessado para o contrato que o cliente pretende celebrar. Não apenas porque sempre esteve subjacente a este modelo contratual que, **salvo estipulação em contrário, as *despesas* correm por conta do mediador e a única quantia que o cliente terá de pagar é a remuneração, se vier a celebrar o contrato visado.** Mas também porque o próprio RJAMI determina que **tem de constar obrigatoriamente do contrato de mediação** a identificação discriminada de **eventuais serviços acessórios** a prestar pela empresa mediadora, sob pena de nulidade do mesmo contrato (**art. 16, nºs 2, f), e 5**) (...). **Os serviços acessórios, nomeadamente todos os que importem despesas para o cliente, só poderão ser efetuados em nome deste se assim tiver sido previsto no contrato de mediação, e com discriminação desses serviços. De contrário, não estando previstos, as despesas deles decorrentes correrão por conta e risco do mediador.** Estando previstos sem que poderes representativos tenham sido conferidos, serão assumidos em nome do mediador (...). Note-se que o RJAMI, à semelhança dos regimes que o antecederam, é omisso sobre o pagamento de despesas ao mediador, apesar de ter tido especial cuidado em regular a remuneração, à qual dedica um artigo com cinco números, além de num outro determinar ainda que as condições e forma de pagamento terão de constar obrigatoriamente do contrato escrito, sob pena de nulidade deste.» – destaques nossos.

A jurisprudência tem entendido que tais **despesas correm por conta da mediadora – sem embargo de as partes, no âmbito da liberdade contratual, estipularem coisa diferente**[521].

Porém, o ressarcimento de quaisquer despesas havidas pressupõe sempre a conclusão e perfeição do negócio visado como consequências (adequada) **da actividade de mediadora** – daqui que, em princípio, as despesas só são ressarcíveis se for exigível a comissão[522].

[521] Assim, v.g.:
- Acórdão do STJ de 28/04/2009, proc. 29/09.3YFLSB: «*Sendo a actividade do mediador, no essencial, e durante o iter contratual, ao menos até à obtenção de interessado com quem o incumbente celebre o negócio visado, uma obrigação de meios e uma vez que o contrato para o mediador comporta uma certa margem de aleatoriedade (a retribuição só será paga se o negócio se concretizar em virtude da acção do mediador), **correm por sua conta as despesas feitas na busca de interessado no negócio**, pelo que essas despesas, **a menos que diversamente tenha sido convencionado**, não são autónomas, não podendo ser exigidas ao incumbente se o negócio não foi celebrado, por mor da actuação do mediador*».

- Ac. do TRL de 12/07/2012, proc. 1187/11.2TBPDL.L1-7: «*... traduzindo-se assim numa fatalidade com que as empresas de mediação, que são comerciantes, que exercem uma actividade comercial numa economia de mercado, têm de viver, e é nesse pressuposto que a desempenham, sendo que **as percentagens cobradas sobre o valor das vendas que ajudam a concretizar têm já em conta o risco normal, a álea que é inerente a essa actividade,** acautelando as situações em que o contrato de mediação não proporciona a correspectiva remuneração e apenas redunda na realização de **despesas estéreis e inúteis***».

[522] Ac.TRC de 18.03.2014, proc. 292391/11.7YPRT.C1 (Barateiro Martins):
«*... a retribuição/comissão a pagar depende da conclusão e perfeição do negócio a celebrar entre o comitente e o terceiro, **como consequência adequada/causal da actividade desenvolvida pelo mediador; e que, não sendo esta devida, também não é devida outra qualquer, designadamente, a que o mediador construa a partir do tempo gasto e das despesas tidas.***»
Ac. TRC de 10.07.2007, proc. 3631/05.9TBAVR.C1 (Ferreira de Barros):
«*I – No contrato de mediação imobiliária a prestação da mediadora só se considera satisfeita, em princípio, com a concretização do negócio visado por aquele contrato, porque a esse fim tende a actividade de mediação.*
II – A prestação da mediadora consiste em conseguir um interessado ou um terceiro que concretize o negócio visado pelo contrato de mediação.
*III – As **acções de promoção** constituem simples actos preparatórios ou instrumentais da prestação da mediadora.*
*IV- **Apesar de a mediadora ter desenvolvido algumas dessas acções, mas que não conduziram à conclusão e perfeição do contrato visado, a contraparte nada deve restituir como valor equivalente por força da nulidade do contrato de mediação.***».

Nota-se, porém, que se o cliente não cumprir o que contratualizou com a mediadora, pode esta ser ressarcida das despesas feitas com a realização da sua prestação[523].

Ressalva-se sempre eventual acção de responsabilidade civil contratual, para ressarcimento de eventuais prejuízos que a comissária tenha sofrido, em consequência da implementação do contrato de mediação imobiliária (obrigando, obviamente, ao preenchimento dos pressupostos dessa responsabilidade)[524].

XII.2.2. Nota de direito comparado

Esta temática do ressarcimento das despesas da mediadora, naturalmente, também é abordada noutros ordenamentos jurídicos.

Exemplifica-se com o espanhol.

Efectivamente, a jurisprudência espanhola, no que tange às **despesas que o mediador porventura tenha tido na sua actividade mediadora,** tem reiteradamente decidido que não as pode exigir do cliente, pois que tais *"gastos"* já se encontram incluídos nos *"honorarios pactados previamente"*.

Assim, v.g., a jurisprudência tem entendido que a agência mediadora não pode reclamar as eventuais despesas havidas com a **publicidade** na *web*, bem assim com a realização de **visitas**, já que (dizem ali) os seus direitos à remuneração nascem – salvo acordo em contrário – com a celebração do contrato entre o comprador e o vendedor, levada a cabo graças à sua actividade. É que **as visitas e trâmites** levados a cabo pelo mediador **fazem parte do risco que livremente assumiu ao celebrar o contrato de mediação imobiliária.** O que, aliás, é igualmente entendido pela doutrina espanhola, que tem

[523] Ac. TRE de 08.07.2010, proc. 214/08.1TBPTM.E1 (Bernardo Domingos):
*«**Havendo incumprimento por parte do cliente** da mediadora **esta terá direito a ser ressarcida dos danos que sofreu com a realização da sua prestação designadamente das despesas que realizou.**»*.

[524] Cfr. Ac. TRC de 25.06.2013, proc. 400/12.3TJCBR.C1 (Jacinto Meca):
*«II – Os **eventuais prejuízos** que a comissária tenha sofrido, em consequência da implementação do contrato de mediação imobiliária – **promoções/custos de pessoal, etc.** – fora do quadro legal a que aludem as alíneas a) e b) do nº 2 do artigo 18º do DL nº 211/2004, de 20.8, podem ser **reclamados no âmbito de acção de responsabilidade civil contratual – artigos 483º e 798º do CC.***
*II – **A afectação de recursos humanos e financeiros à promoção e venda de imóvel objecto do contrato de mediação,** em regime de exclusividade, bem como a angariação de potencial comprador, não implica o pagamento de qualquer remuneração – nº 1 do artigo 18º – a menos que se esteja perante alguma das excepções a que aludem as alíneas a) e b) do nº 2 daquela norma.»*.

sustentado que o comitente não tem obrigação de reembolsar as despesas decorrentes da gestão do mediador; o **mediador imobiliário assume o risco da operação** (salvo o caso de ter sido acordado o pagamento de tais despesas), assim como os necessários e razoáveis para realizar a actividade solicitada[525].

[525] Cfr. PARRA LUCÁN, Mª. Ángeles., y CALATAYUD SIERRA, Adolfo, *Acceso a la vivienda y contratación*, Ed. Tirant lo Blanch, Valencia, 2015, p. 280.

XIII
Da responsabilidade civil da mediadora

XIII.1. Responsabilidade civil contratual e extracontratual: generalidades

O problema da responsabilidade é, na expressão do jurista brasileiro António Chaves[526], *«imenso, profundo e misterioso como o mar»*, pois não há em rigor qualquer forma de conduta humana, tanto positiva, como negativa, tanto pública como privada, que não contenha em si um gérmen de responsabilidade.

De acordo com a própria etimologia, responsável é aquele que *deve responder perante alguém e por alguma coisa*, encerrando assim, em si, este conceito, de acordo com o consenso geral, um elemento negativo: responde-se por qualquer mal causado, pois não costuma imputar-se responsabilidade pela prática de qualquer acto meritório.

Por outro lado, esta noção, cujo âmbito tende a alargar-se progressivamente tanto no plano individual como no plano social, ultrapassa há muito as barreiras do acto humano pessoal, doloso ou meramente culposo, para abranger os próprios actos, igualmente dolosos ou negligentes de outrem (a chamada responsabilidade por facto de outrem) ainda individualizado, para acabar por se estender à própria actividade ou vivência da sociedade como tal (caso da responsabilidade objectiva).

A responsabilidade é, do ponto de vista jurídico, de um modo geral, a imputação a um agente de um determinado resultado danoso, como consequência de uma conduta positiva ou negativa, que o constitui na obrigação de uma reparação.

[526] *In Responsabilidade Civil.* 1ª Ed., São Paulo (Brasil), 1972, pág. 17.

Daqui se conclui que a responsabilidade sob o ponto de vista jurídico **engloba três elementos essenciais:**

- a conduta positiva ou negativa de alguém;
- a ofensa de um interesse moral ou material de alguém, juridicamente protegido, ou, por outras palavras, um resultado danoso;
- um nexo de causalidade entre aquela conduta e aquele resultado.

Responsabilidade civil é, de um modo geral, aquela em que se constitui aquele que, por qualquer forma, viola ilicitamente o direito de outrem ou qualquer disposição legal destinada a proteger os seus interesses e que se traduz na obrigação de indemnizá-lo pelos danos resultantes de tal violação[527].

Como daquele próprio conceito se infere, há a considerar que, em princípio, a responsabilidade civil resulta da conduta, positiva ou negativa, ilícita de alguém (ou culposa ou dolosa), o que quer dizer que, quando tal ilicitude juridicamente não existe, a despeito da verificação de qualquer resultado danoso, de natureza moral ou material, não há lugar a tal responsabilidade.

Mas, ao lado desta espécie de responsabilidade civil resultante de delito ou facto ilícito praticado com dolo ou culpa do agente, considerada nos arts. 483º e segs. do CC e a que se chama responsabilidade civil extracontratual ou delitual, há que ter em conta a chamada responsabilidade civil contratual, ou seja, a que resulta para alguém do não cumprimento do contrato ou outros institutos afins, que se traduz na obrigação de indemnizar o lesado pelos prejuízos emergentes da falta do cumprimento pontual daquele mesmo contrato ou institutos a que se obrigou e em que é praticamente irrelevante a conduta psicológica – dolosa ou culposa – do agente faltoso.

A responsabilidade civil contratual é, assim, aquela que resulta da violação de uma obrigação em sentido técnico, pré-existente entre o lesante e o lesado, seja qual for a sua fonte – contrato, negócio jurídico unilateral ou lei[528].

Isto é, quando o ilícito se refere a uma relação obrigacional ou de crédito, que existia entre o lesante e o ofendido, a responsabilidade emergente diz-se contratual, obrigacional ou negocial.

[527] Art. 483º, nº 1, do Cód. Civil.

[528] MOTA PINTO, *Dir. Civil,* 1980, p. 104.

Comummente, porém, diz-se que tal responsabilidade existe quando a obrigação não cumprida proveio de um contrato[529].

Porém, a expressão *responsabilidade contratual*, sendo assim correntemente denominada na doutrina, não é rigorosa, uma vez que abrange, não apenas a violação de obrigações contratuais, mas, como já foi referido, a de qualquer obrigação, seja qual for a respectiva fonte.

Não é necessário que haja incumprimento definitivo da obrigação para que haja obrigação de indemnizar – a simples mora constitui o devedor nessa obrigação.

A responsabilidade contratual pressupõe uma relação jurídica anterior da qual resultam obrigações não cumpridas pela pessoa que nela figura como sujeito passivo. A não realização da prestação a que o devedor estava previamente vinculado caracteriza a ilicitude nesta espécie de responsabilidade.

Não é qualquer omissão da obrigação de prestar, todavia, que constitui o devedor em responsabilidade contratual. É preciso, em geral, que a omissão da obrigação de prestar pontualmente lhe seja assacável. O que conduz à necessidade de proceder à delimitação entre não cumprimento imputável (artigos 798º a 808º, Cód. Civil) e não cumprimento não imputável ao devedor (artigos 790º a 797º, Cód. Civil). E, dentro do não cumprimento imputável ao devedor, acarreta outrossim a distinção entre as diversas modalidades que o mesmo pode assumir na medida em que isso se repercute sobre as respectivas consequências.

Como a responsabilidade contratual pressupõe a existência de uma relação jurídica anterior, é concebível, na verdade, que o não cumprimento da obrigação daí decorrente para o respectivo sujeito passivo possa ficar a dever-se tanto a uma conduta que lhe é atribuível, como a um facto natural, a um comportamento imputável a um terceiro ou, inclusivamente, a uma actuação da autoria do próprio credor. Obviamente, só há *responsabilidade* contratual quando o devedor seja o autor do não cumprimento (ainda que a determinação de tal autoria possa resultar apenas da não ilisão da presunção contida no artigo 799º, nº 1, do Cód. Civil).

Anote-se que responsabilidade contratual se aplica tanto à violação de obrigações de origem contratual, como à violação de obrigações provenien-

[529] Pessoa Jorge, *Pressupostos*, 38.

tes de qualquer outra fonte (*v. g.*, negócio unilateral, decisão judicial, lei). Como tal, melhor seria designá-la de responsabilidade obrigacional.

Os pressupostos da obrigação de indemnização no quadro da responsabilidade contratual são a inexecução ilícita e culposa da obrigação, a existência de um prejuízo reparável e o nexo de causalidade adequada entre o último e a primeira (arts. 562º, 563º, 564º/1, 566º, 798º, 799º e 808º/1 CCiv.).

Diferentemente do que ocorre na responsabilidade delitual (cfr. art. 487º CC), na responsabilidade contratual há lugar a uma **presunção de culpa do devedor** – o que significa que é a este que cabe demonstrar que o não cumprimento (ou o cumprimento defeituoso) da obrigação não procedeu de culpa sua (cfr. art. 799º CC).

Já a **responsabilidade civil extracontratual** vem "enunciada" no aludido art. 483º do CC[530].

Os seus pressupostos – amplamente tratados na Doutrina – são: o **facto voluntário, a ilicitude** (é a reprovação da conduta do agente no **plano geral e abstracto da lei,** antes da culpa que se reporta a um comportamento **concreto**), a **culpa ou nexo de imputação do facto ao lesante, o dano** (patrimonial e/ou moral) e **o nexo de causalidade** entre o facto e o dano (562º e 563º)[531].

[530] Nos termos do **nº 1 do art. 483º** do CC, *aquele que, com dolo ou mera culpa, violar ilicitamente o direito de outrem ou qualquer disposição legal destinada a proteger interesses alheios fica obrigado a indemnizar o lesado pelos danos resultantes da violação.*

Como dito no nº 2 desta norma, *só existe obrigação de indemnizar independentemente de culpa nos casos especificados na lei.*

[531] Explicitemos um pouco o significado desses pressupostos.

- **O Facto**

O elemento básico da responsabilidade do agente é a existência de um facto dominável pela vontade, um comportamento, ou uma forma de conduta humana. O facto consiste, em regra, em um acto ou acção que importa a violação de um dever geral de abstenção, de um dever de não ingerência na esfera de acção do titular de um direito absoluto. Mas pode traduzir-se também em uma omissão, um facto negativo ou abstenção.

Quando se fala em facto voluntário não se pretende restringir os factos humanos relevantes aos queridos e representados, ao invés, muitos são os casos em que não existe representação mental (negligência inconsciente). O que está normalmente em causa são puras acções de facto praticadas sem qualquer intuito declarativo. Fora do domínio da responsabilidade ficam os danos causados por causas de força maior ou pela actuação irresistível de circunstâncias fortuitas.

• **A Ilicitude**

A ilicitude traduz a reprovação da conduta do agente no plano geral e abstracto em que a lei se coloca, em uma primeira aproximação da realidade. O carácter antijurídico do facto pode revestir uma de duas formas: a violação de um direito de outrem e a violação da lei que protege interesses alheios.

A violação de um direito de outrem abrange os direitos absolutos.

A violação da lei que protege interesses alheios comporta a infracção de leis que, embora protejam interesses particulares, não conferem aos respectivos titulares um direito subjectivo a essa tutela; e de leis que visando embora a protecção de interesses colectivos não deixam de atender aos interesses particulares subjacentes. A previsão da lei abrange ainda a violação das normas que visam prevenir a não produção de um dano em concreto, mas o simples perigo de dano em abstracto. Em outras vezes, a norma violada protege interesses particulares, mas sem conceder ao respectivo titular um direito subjectivo, só porque um outro interesse particular mais forte se lhe sobrepõe. São requisitos desta variante de ilicitude: que à lesão dos interesses do particular corresponda a violação de uma norma legal; que a tutela dos interesses particulares figure, de facto, entre os fins da norma violada; que o dano se tenha registado no círculo de interesses privados que a lei visa tutelar.

Relativamente ao **facto ilícito**, acrescente-se o seguinte:

Como vimos, o facto ilícito pode consistir em acção ou omissão, pela qual alguém viole o direito de outrem ou disposição legal destinada a proteger interesses alheios (*ut* cit. artº 483º, nº1 CC).

Mas para que as omissões possam dar lugar à obrigação de reparar os danos que poderiam ter-se evitado é necessário que o omitente tivesse, por força da lei ou de um negócio jurídico, **o dever de praticar o acto omitido** (art. 486º).

O certo é que a forma normal do facto ilícito é uma acção, consistindo a ilicitude numa relação de contrariedade entre a acção e a lei.

Esta contrariedade pode assumir duas formas:

1) Violação de um direito de outrem (por exemplo, o direito de propriedade ou o direito ao bom nome);

2) Violação de uma norma legal destinada a proteger interesses alheios, a que não correspondam verdadeiros direitos subjectivos, mas apenas os chamados interesses legítimos (por exemplo, violação de leis do ambiente).

As espécies de direitos, cuja violação dá origem à primeira modalidade de ilicitude, são os chamados **direitos absolutos**, direitos que se impõem ao respeito de toda as pessoas, como os direitos da personalidade (por exemplo, o direito ao bom nome; v. Cod civ., arts 70º a 81º) e os direitos reais (por exemplo, o direito de propriedade; cfr. Cod. civ., arts. 1302º e segs.).

A violação dos direitos de crédito não é, em princípio, fonte desta responsabilidade civil regulada nos arts 483º e seguintes. A razão é esta: os direitos de crédito atribuem ao seu titular o poder de exigir uma prestação a uma outra pessoa, o devedor; por isso, em princípio, só pelo devedor podem ser violados (são direitos relativos por oposição àqueles outros chamados absolutos). A violação do direito de crédito consiste no incumprimento da prestação por parte do devedor.

A esta responsabilidade civil que nasce da violação de um direito de crédito costuma chamar-se responsabilidade civil contratual ou obrigacional-- regulada no Código civil, na secção relativa ao não cumprimento das obrigações, mais precisamente na falta de cumprimento e mora imputáveis ao devedor (art. 798º e segs)--; àquela outra, resultante da violação de direitos absolutos ou de interesses legítimos, dá a doutrina a designação de responsabilidade civil extracontratual ou extra-obrigacional.

• **A Imputação do Facto ao Lesante (culpa)**

Agir com culpa – o tal elemento subjectivo a que acima já fizemos referência – significa actuar em termos de a conduta do agente merecer a reprovação ou censura do direito. E a conduta do lesante é reprovável quando, pela sua capacidade e em face das circunstâncias concretas da situação se concluir que ele podia e devia ter agido de outro modo. Aqui, dois momentos importa descortinar: o de saber se o lesante é imputável, se é susceptível de um juízo de censura ou reprovação traduzido na imputação do facto ilícito e, em um segundo tempo, saber se a pessoa imputável a quem o facto é atribuído agiu, no caso concreto, em termos que justifiquem a censura.

Diz-se **imputável** a pessoa com capacidade natural para prever os efeitos e medir o valor dos seus actos e para se determinar de harmonia com o juízo que faça acerca destes. Para que haja imputabilidade há-de haver capacidade intelectual e emocional e capacidade volitiva – n.º 1 do artigo 488º do Código Civil -.

Mais se exige que o lesante tenha agido com culpa, que haja um **nexo psicológico entre o facto e a sua vontade**. A culpa exprime um juízo de reprovabilidade pessoal da conduta do agente: o lesante, em face das circunstâncias concretas do caso, devia e podia ter agido de outro modo. É um juízo que assenta no nexo existente entre o facto e a vontade do autor, pode revestir duas formas distintas: o dolo e a negligência (ou mera culpa).

• **O Dano**

O facto ilícito deve ter sido a causa de um dano na esfera jurídica de outra pessoa.

Ou seja, para que haja obrigação de indemnizar essencial é que o facto ilícito tenha causado um prejuízo a alguém. O dano é a perda *in natura* que o lesado sofreu em consequência de certo facto nos interesses que o direito violado ou a norma infringida visam tutelar – dano real –. Ao lado deste há o dano patrimonial que é o reflexo do dano real sobre a situação patrimonial do lesado; o **dano patrimonial** interessa ao problema do cálculo da indemnização por equivalente, mas o dano real interessa ao problema da causalidade e à questão da opção entre a indemnização mediante restauração natural e a indemnização por equivalente. Uma coisa é a morte da vítima, as fracturas, as lesões que ela sofreu (dano real), outra, as despesas com os médicos, com o internamento, com o funeral, os lucros que o sinistrado deixou de obter em virtude da doença ou da incapacidade, os prejuízos que a falta da vítima causou aos seus familiares (dano patrimonial). O dano patrimonial mede-se pela diferença entre a situação real actual do lesado e a situação (hipotética) em que ele se encontraria não tivesse sido o facto lesivo. No dano patrimonial cabe o dano emergente – o prejuízo causado nos bens ou

nos direitos já existentes na titularidade do lesado à data da lesão – e o lucro cessante (os benefícios que o lesado deixou de obter por causa do facto ilícito, mas a que ainda não tinha direito à data da lesão).
Dano patrimonial vem tendo também o significado de material, no sentido de abranger os prejuízos que, sendo susceptíveis de avaliação pecuniária, podem ser reparados ou indemnizados, senão directamente – restauração natural ou reconstituição específica – pelo menos indirectamente – por meio de equivalente ou indemnização pecuniária.

Paralelamente aos danos pecuniariamente avaliáveis há outros prejuízos, como as dores físicas, os desgostos morais, os vexames, a perda de prestígio entre outros, que passíveis de avaliação pecuniária, porque atingem bens que não integram o património do lesado, apenas podem ser compensados com a obrigação pecuniária imposta ao agente, sendo esta mais uma satisfação que uma indemnização. São estes os danos morais, isto é: os **danos não patrimoniais**. Sendo certo que o mesmo facto pode produzir danos patrimoniais e não patrimoniais.
Note-se, porém, que não merecem ser indemnizados como danos não patrimoniais, «... os **prejuízos insignificantes ou de diminuto significado,** cuja compensação pecuniária não se justifica, que todos devem suportar num contexto de adequação social, cuja ressarcibilidade estimularia uma exagerada mania de processar e que, em parte, são pressupostos pela cada vez mais intensa e interactiva vida social hodierna. Assim não são indemnizáveis os diminutos incómodos, desgostos e contrariedades, embora emergentes de actos ilícitos, imputáveis a outrem e culposos» (R. CAPELO DE SOUSA, *O Direito Geral de Personalidade*, pp. 555/556, Coimbra, 1995).
Ou seja, o Código Civil aderiu à tese da ressarcibilidade dos danos não patrimoniais, mas limitandoa, como vimos, àqueles cuja gravidade seja susceptível de merecer a tutela do direito, gravidade essa, aferida por um padrão objectivo que tome em conta as circunstâncias concretas (Cfr. artigo 496.º).
Para o cálculo do respectivo montante deverá recorrerse a critérios de **equidade**, ponderando, entre outros factores, o grau de culpa do autor da lesão, as condições económicas deste e do lesado, as flutuações da moeda (artigo 494.º; ver PIRES DE LIMA e ANTUNES VARELA, in *Código Civil Anotado*, vol. I, 4.ª ed., 1987, p. 501).

Tem-se questionado sobre **se os danos não patrimoniais são ressarcíveis na responsabilidade contratual.**
Não obstante as doutas posições em contrário(*Vide*, por todos, ANTUNES VARELA, Código Civil anotado, I vol., p. 501/502 e AC STJ de 30.9.97, CJ STJ, ano V, T. 3, p. 37), tem, de facto, vindo a ser sustentado pela Jurisprudência e Doutrina, de forma quase pacífica, que **também no domínio da responsabilidade civil contratual pode haver lugar a indemnização pelo dano não patrimonial.** Da mesma forma que também as pessoas colectivas podem sofrer tais danos (*Vide*, neste sentido, AC STJ de 17.1.93, CJ STJ, ano I, T. 1, p. 61 — e a vasta jurisprudência e doutrina citadas —, AC STJ de 9.12.93, CJ STJ, ano I, T. 3, p. 174 — e a vastíssima doutrina ali invocada —, AC STJ de 25.11.97, CJ STJ, ano V, T. 3, p. 140, Ac. STJ de 17.11.98,

CJ STJ, ano VI, T. 3, p. 124, e AC RP de 18.1.99, CJ, T. 1, p. 186; Ac. STJ 17.11.98, CJ STJ III, p. 124; Ac. STJ 21.02.95, BMJ 445, p. 487; Almeida Costa, *Direito das Obrigações*, 6.ª ed., p. 505; Pinto Monteiro, *Cláusula Penal e Indemnização*, p. 31, e Galvão Telles, *Direito das Obrigações*, 7.ª ed., p. 385; em sentido oposto, cfr. Pires de Lima e Antunes Varela, "*Código Civil Anotado*", vol. I, 4.ª ed., p. 501).

• **Nexo de causalidade entre o facto e o dano** – 562º e 563º.

Nos termos do art. 562º do CC, *quem estiver obrigado a reparar um dano deve reconstituir a situação que existiria, se não se tivesse verificado o evento que obriga à reparação*, mas, consoante dito no art. 563º, *a obrigação de indemnização só existe em relação aos danos que o lesado provavelmente não teria sofrido se não fosse a lesão*, mas *compreende não só o prejuízo causado, como os benefícios que o lesado deixou de obter em consequência da lesão* – art. 564º.

A indemnização é fixada em dinheiro, sempre que a reconstituição natural não seja possível, não repare integralmente os danos ou seja excessivamente onerosa para o devedor – art. 566º, nº 1, CC.

Quando um facto culposo do lesado tiver concorrido para a produção ou agravamento dos danos, cabe ao tribunal determinar, com base na gravidade das culpas de ambas as partes e nas consequências que delas resultaram, se a indemnização deve ser totalmente concedida, reduzida ou mesmo excluída – art. 570º, nº 1, CC.

Nem todos os danos sobrevindos ao facto ilícito são incluídos na responsabilidade do agente, mas apenas os resultantes do facto – artigo 483º Código Civil –, os causados por ele.

Os critérios que hão-de servir para seleccionar os danos que o direito considera causados pelo facto são os que preenchem a causalidade adequada, isto é: para que se tenha por verificado o nexo de causalidade entre um facto e um dano não basta que a realização concreta daquele se não possa conceber sem esta, fundamental é que, em abstracto, o primeiro seja idóneo a produzir o segundo. Quando é que um facto é idóneo à produção de um dano? Mais que o dano *qua tale* importa um juízo *ex ante*: o processo lógico é o de uma prognose póstuma, um juízo de idoneidade referido ao tempo em que o facto se verifica; o julgador coloca-se, mentalmente, antes do acontecer, abstraindo da produção do dano. Que elementos nos servem na elaboração desse juízo? Necessariamente, as regras da experiência comum aplicadas àquele caso concreto; as circunstâncias concretas em geral conhecidas; e as circunstâncias que o agente conhece. Ao juízo de adequação acrescem as circunstâncias que eram conhecidas, ou objectivamente reconhecíveis, ao momento e no lugar do facto e que pudessem ser previstas por um homem criterioso situado no papel do agente, considerando-se os seus "especiais" conhecimentos. Se, de acordo com estes critérios o dano era previsível, então é susceptível de lhe ser imputado.

De uma forma mais simples, diremos que para responder à questão de saber se um determinado dano está ligado a um determinado facto em termos de causalidade adequada, **raciocina-se a partir das circunstâncias objectivas em que o facto ocorreu**, e pergunta-se se, de acordo com o desenvolvimento normal das coisas, haveria uma razoável probabilidade de que, uma vez praticado o facto, se lhe sucedesse aquele dano, como consequência normal. Por exemplo, em relação a uma pessoa, vítima de um acidente de circulação, que obrigou ao seu

XIII.2. A responsabilidade civil da mediadora e a jurisprudência

São diversas as situações onde, **na jurisprudência da mediação imobiliária,** tem sido convocada esta temática da responsabilidade civil da mediadora.

Efectivamente, a **violação pela mediadora das obrigações e proibições previstas no art. 17º, nºs 1 e 2, respectivamente, do RJAMI, pode** (para além da aplicação das coimas previstas no mesmo diploma – art. 32º/1/b)) **fazê-la incorrer em responsabilidade civil** (seja contratual, seja extracontratual ou por factos ilícitos), **desde que daí resultem danos** para destinatários do negócio[532]ou clientes.

Atentemos nalgumas situações.

internamento num hospital, onde vem a falecer, por causa de uma pneumonia que contraiu, poderá dizer-se que aquele atropelamento foi a causa da morte, nos termos exigidos no art. 563º? Em termos naturais, se não tivesse ocorrido o atropelamento, a sucessão de factos teria sido outra; parece, no entanto, que entre o atropelamento e a morte por via da aludida pneumonia não existe uma relação de **causalidade adequada.**

«**A nossa lei civil (artigo 563º do Código Civil) consagra a teoria da causalidade adequada**, teoria esta que admite duas variantes: a positiva e a negativa.
Na variante positiva, que é mais restritiva e mais conexionada com a valoração ética do facto (pelo que é utilizada para a fixação do nexo causal no âmbito do direito criminal) a previsibilidade do agente tem que se referir ao facto e à amplitude dos danos que dele emergem; ou seja, o agente só é culpado do que previu, quanto ao facto que praticou e quanto aos danos que perspectivou.
Na variante negativa – a que está consagrada no artigo 563º do Código Civil – que é mais ampla e que tem um sentido ético da culpa menos restrito (por isso que é mais utilizada no direito civil, na teoria da responsabilidade), a previsibilidade do agente reporta-se ao facto e não aos danos, o que significa que o agente será sempre responsável por danos que jamais previu, desde que provenham de um facto – condição deles – que ele praticou e que visualisou. Assim, um facto é causal de um dano quando é uma de entre várias condições sem as quais o dano não se teria produzido.
(...) a causalidade entre facto e dano tem de ser provada pelo autor porque é um facto constitutivo (artigo 342º, nº 1, do Código Civil) que, se essa prova se não fizer, quem sofre o respectivo ónus é a parte a quem incumbia essa prova (artigo 346º, in fine, do Código Civil)» – BMJ 482-207.
O assim decidido é jurisprudência constante do STJ.

[532] Isto é, todos os terceiros interessados no mesmo, angariados pela mediadora ou que com ela hajam contactado no sentido da concretização do contrato mediado.

XIII.2.1. Responsabilização do mediador por violação culposa dos seus deveres gerais (cfr. arts 16º do DL 211/04, de 20.08 e art. 17º do RJAMI), *maxime* de cuidado e informação[533], de lealdade[534] e de colabora-

[533] Ac. RL de 23.4.2015, proc. 3311/10.3TBBRR.L2-6, (Vítor Amaral):
«A ***violação culposa de dever de informação*** *a cargo de mediador imobiliário, no âmbito da actividade de mediação, perante terceiro interessado, é fonte de obrigação indemnizatória pelo dano causado a esse terceiro.»*.

Ac. TRP de 21-05-2013 (Rodrigues Pires):
«I – A actividade do mediador consiste, fundamentalmente, em aproximar dois ou mais sujeitos, futuros contraentes num eventual negócio cuja celebração se procura, razão pela qual surge como uma actividade preparatória da contratação.
II – O mediador está ***obrigado a desenvolver a sua actividade com imparcialidade de modo a evitar danos para qualquer das partes, devendo, por isso, avisá-las quando conheça alguma circunstância, relativa ao negócio, capaz de influenciar a decisão de contratar – ou não.***
III – O mediador responde pelos danos causados a qualquer uma das partes, em virtude da ***violação dos deveres de cuidado e de informação*** *previstos no art. 16º, nº 1 do Dec. Lei nº 211/2004, de 20.8.»*.

Ac. TRP de 01-07-2013, proc. 2764/11.7TBVNG.P1 (Fonte Ramos):
«I – O mediador imobiliário é civilmente responsável pelo ressarcimento dos danos patrimoniais causados a terceiro (adquirente de imóvel compreendido no contrato de mediação) em consequência da ***violação do dever de informação*** *e/ou do incumprimento doutras obrigações resultantes do exercício da actividade de mediação.*
II – ***A medida da indemnização deverá traduzir o dano/prejuízo causado pela dita actuação da mediadora imobiliária, causalmente ligado ao incumprimento dos deveres que sobre si recaíam enquanto mediadora imobiliária.»***.

Como ensina Menezes Cordeiro (*In Da Boa Fé no Direito Civil*, vol. I), os **deveres acessórios de esclarecimento** obrigam as partes a, na vigência do contrato que as une, **informarem-se mutuamente de todos os aspectos atinentes ao vínculo,** de ocorrências que com ele tenham certa relação e, ainda, de todos os efeitos que, da execução contratual, possam advir.
Sobre o **dever de informação**, cumprirá salientar que, **estando – como se está – num domínio em que a proteção do consumidor deve ser particularmente exigente** (sendo, como normalmente é, uma relação de consumo aquela que existe entre a mediadora e o seu cliente – ou mesmo entre ela e...o interessado no negócio, por si conseguido), um dos deveres mais prementes nesta relação contratual é precisamente o de informar, correcta e cabalmente, sobre os vários aspectos salientados no art. 17º do RJAMI).
Com efeito, um campo em que o dever de informação tem especial acuidade é precisamente o dos **direitos do consumidor**.
Com a revisão constitucional de 1989, passaram mesmo a arvorar-se os "direitos do consumidor" à categoria de direitos e deveres fundamentais de natureza económica regulados no Capítulo I do Título III da Lei Fundamental. No respectivo art. 60º consagra-se, de modo

enfático, que "os *consumidores têm direito à qualidade dos bens e serviços consumidos, à formação e à informação, à protecção da saúde, da segurança e dos seus interesses económicos, bem como à reparação dos danos"(sic).*

Ora, esse **direito à informação** importa que seja produzida *"uma informação completa e leal capaz de possibilitar uma decisão consciente e responsável (sobre as características essenciais dos bens e serviços fornecidos, sobre a natureza, qualidade, composição, quantidade, durabilidade, origem, proveniência, modo de fabrico e ingredientes utilizados no fabrico, sobre o preço dos produtos etc.)"* – cfr. Gomes Canotilho e Vital Moreira, in *Constituição da República Portuguesa Anotada*, 3ª ed. revista, p. 323.

Tudo com vista a habilitar o consumidor a uma decisão de *"escolha consciente e prudente"*, numa área em que para além *"do combate à informação negativa, mentirosa, enganadora ou desleal, é crucial a obrigação geral de informação positiva que impende sobre os profissionais no seu interface (relações de consumo) com os consumidores, obrigação esta cuja matriz é o princípio da boa fé, hoje expressamente consagrado no art. 9º da L 29/81, de 22/8"* – esta lei foi, entretanto, revogada pela Lei nº 24/96, de 31.07 – *"e genericamente nos arts. 227º 239º e 762º do CC"* (Cfr. Calvão da Silva, in *Responsabilidade Civil do Produtor*, Coimbra, Almedina, 1990, p. 78).

Hoje, perante o reconhecimento dos direitos do consumidor em geral e do regime constante da **Lei nº 24/96, de 31/7** – que revogou Lei nº 29/81, de 22.08 –, parece indiscutível que **é o fornecedor de bens ou serviços (ou, no caso da mediação imobiliária, a mediadora, no exercício da sua actividade de procura de** destinatários para a realização dos negócios a que alude o art. 2º da Lei nº 15/2013, de 8 de Fevereiro) **quem tem de informar de forma completa o *consumidor***, não sendo pois exigível – normalmente *"em situação de desigualdade de poder e de conhecimentos económicos e técnicos em que se encontra perante profissionais que de outro modo poderiam aproveitar-se da sua ignorância, da sua inferioridade e da sua fraqueza"* (Calvão da Silva, *ob* e loc cits) – que seja este a tomar as iniciativas necessárias ao seu cabal esclarecimento.

Ainda no âmbito do **dever de informação,** às vezes a responsabilização da mediadora radica na ausência de cumprimento do dever de informação do (ou ao) comprador **sobre as características do imóvel e os ónus e encargos** que sobre o mesmo recaem, dever este que se prende com o previsto no art. 17º, nº1 al. b) da Lei 15/2013.

Em anotação a este normativo, Higina Orvalho Castelo (*ob cit.*, p. 113) escreve: "a empresa de mediação terá, pelo menos, de visitar o imóvel e conferir a descrição do mesmo no Registo Predial", a crescentando que, "sobretudo se o imóvel não estiver descrito no Registo Predial, será importante o acesso à informação matricial das Finanças, que contém a descrição do imóvel e a identificação das pessoas que pagam os impostos por ele devidos". E a propósito dos documentos que a empresa de mediação deve pedir ao cliente com quem se prepara para celebrar o contrato de mediação, menciona a Autora os seguintes: cartão de Cidadão (na sua falta Bilhete de identidade e cartão de identificação fiscal, ou, sendo estrangeiro, cartão de cidadão europeu ou passaporte), certidão predial do imóvel, com a descrição e inscrições em vigor (Registo Predial) e certidão matricial do imóvel (Finanças). Já na posse de tais documentos a empresa mediadora deverá proceder à sua análise de modo a saber o que vai propor aos destinatários, observando assim o integral cumprimento do dever previsto no artigo 17º,

ção[535] ou **outros** (v.g., **deveres e protecção em sede de responsabilidade por culpa "in contrahendo"**[536]**, ou até os simples deveres acessórios ou secundários da prestação**[537]**).**

nº 2 al. c) do citado diploma (assim, v.g., o Acórdão da Relação de Lisboa de 25/10/2012, Pº 6686/07.8TBCSC.L1-8, disponível, in, www.dgsi.pt – "*1. Uma empresa de mediação imobiliária que, no seguimento de contrato de mediação imobiliário celebrado com o dono de um imóvel, promove junte de um terceiro interessado a venda do mesmo, ajustando com ele as condições do negócio e levando-o a celebrar um contrato promessa com entrega de uma quantia a titulo de sinal ao proprietário/vendedor, tem o dever de informar o comprador da situação do mesmo imóvel, nomeadamente em termos de ónus e encargos que sobre o mesmo recaem. 2. Verificando-se que afinal o imóvel estava onerado por hipoteca, além de ter sido alvo de penhora e arresto, tornando inviável a celebração da escritura de compra e venda, a mediadora responde pelos prejuízos que a sua omissão tenha causado ao promitente/comprador*" – e o Acórdão do Tribunal da Relação de Lisboa de 23/04/2009, Pº 1157/2002.L1-1, disponível, in, www.dgsi.pt: "*1- As mediadores estão obrigadas a, além do mais, certificar-se, antes da celebração do contrato de mediação, por todos os meios ao seu alcance, se as caraterísticas do imóvel objeto do contrato de mediação correspondem às fornecidas pelos interessados contratantes e se sobre o mesmo recaem quaisquer ónus ou encargos (artigo 18º do DL 77/99 de 16 de março) (...)*".).

[534] O **dever acessório de lealdade** obriga as partes a absterem-se, no período de vida do contrato, de práticas que possam falsear a finalidade do negócio ou desequilibrar o jogo das prestações por elas estabelecido.

[535] Cfr. Ac. RL de 29.06.2010 (Roque Nogueira):

«I – Resulta da lei que a ***função do mediador*** *é basicamente uma função de angariação de interessados e que os* ***deveres que lhe impõe*** *são* ***deveres de informação, de lealdade e de colaboração*** *(cfr. os arts.2º e 16º, nº1, do DL nº211/2004).*

II – É entendimento da jurisprudência que, para o mediador ter direito à comissão, é suficiente ter-se limitado a dar o nome de uma pessoa disposta a realizar o negócio, pondo o comprador em contacto com o vendedor, e que isso tenha influído na realização do negócio.».

[536] Sobre a responsabilidade da mediadora – com **culpa in contrahendo** – em caso de **trespasse de estabelecimento comercial por si mediado em que faltava a licença de exploração do estabelecimento**, ver o **Ac RL de 06.12.2017,** Proc. 2164/10.6TCLRS.L1-2 (Maria Teresa Albuquerque):

TRESPASSE – FALTA LICENÇA DE EXPLORAÇÃO – CULPA IN CONTRAHENDO – RESPONSABILIDADE DA MEDIADORA – RESP SOLIDÁRIA; LITIGÂNCIA DE MÁ FÉ

«Sumário:

I– O regime de responsabilidade plural passiva que melhor quadra à ***responsabilidade civil pré-contratual advinda da celebração de um contrato de mediação nulo, por objecto legalmente impossível, é o da responsabilidade solidária,*** *sendo esse regime o que resultou consagrado no DL 211/2004 de 20/8 para a mediadora.*

V– ***No contexto da responsabilidade por culpa "in contrahendo" pela realização de um trespasse nulo em função da impossibilidade legal do seu objecto,*** *o pedido da "devolução" das quantias pagas* *no âmbito do mesmo, não se assume como efeito da nulidade por decorrência do disposto no art 289º CC, mas como indemnização, em função da ilicitude específica em apreço – estão em causa nessa "devolução" os danos correspondentes ao interesse contratual negativo, ou de confiança, devendo a empresa de mediação colocar os AA. na situação em que eles se encontrariam se não tivessem chegado a ocorrer negociações que culminaram num negócio nulo.*

(...).

VII– A circunstância de ter resultado provado que a 1ª R, empresa de mediação, apenas sabia, à data do trespasse, o que lhe tinha sido referido pela cliente – que tinha sido pedida a ***licença de exploração do estabelecimento*** *e que se aguardava a sua emissão – não impede a sua condenação pela violação da obrigação que lhe advinha da al b) do art 16º do DL 211/2004 de 20/8, visto que* ***lhe cabia ter-se certificado «por todos os meios ao seu alcance» se essa licença existia, o que não fez****, sendo que, se o tivesse feito, teria concluído que essa licença estava pedida, mas não seria concedida sem a realização de obras no imóvel.*

VIII– ***A empresa de mediação violou também os deveres a que se reportam as als d) e e) do art 16º*** *desse diploma legal,* ***ao ter admitido mediar a celebração do contrato de trespasse em separado do de sublocação do espaço em que estava instalado o estabelecimento comercial****, por bem saber que tais contratos estavam objectiva e finalisticamente interligados, tanto para o cliente, como para o interessado, com o que pôs em causa a exactidão e clareza do negócio global que se pretendia, e concorreu para que o mesmo, na sua intrínseca globalidade, pudesse não vir a ter lugar, como acabou por suceder.*

IX– O que os factos demonstram, sem necessidade da adição de outros, é que não houve recusa dos AA. em celebrar o contrato de sublocação, antes tendo havido a rejeição justificada do contrato de trespasse e, em consequência, a do contrato de sublocação.

X– A ***mediadora litigou de má fé*** *porque à data da contestação* ***já conhecia o estado da pendência da referida licença – que não permitia aos AA. a exploração legal e imediata do estabelecimento*** *– e, não obstante, defendeu-se proferindo declarações contrárias ao que sabia não ser verdade.».*

O CASO

Os factos:

– A ré **Mega, empresa de mediação imobiliária, celebrou com a ré Carla um contrato de mediação imobiliária com vista ao trespasse de um estabelecimento** de café/snack bar propriedade desta.

– A ré Mega colocou um **anúncio na internet** com o seguinte teor: "*Café Snack Bar para trespasse situado numa zona residencial,* ***completamente equipado, bom movimento, excelente negócio.*** *Para mais informações ligue 21...... ou 96..........*".

– Os AA viram o anúncio, ficaram interessados no negócio assim publicitado e entraram em contacto com a 1ª Ré Mega

– No seguimento dos contactos tidos com a ré Mega, **os AA e a ré Carla celebraram, em 12.01.2010, o acordo denominado "*contrato de trespasse*",** onde a ré Carla declarou ser proprietária de um estabelecimento comercial onde se exerce a atividade de pastelaria/snack bar.

– O estabelecimento funciona numa fração relativamente à qual foi celebrado um **contrato de locação financeira imobiliária entre a ré Carla e o banco BPI, SA.**

– Preço do trespasse: 50.000€, a pagar pelos autores do seguinte modo: 10.000€ no momento da celebração do acordo e o restante em parcelas mensais de valor não inferior a 250€.
– Os autores obrigaram-se ainda ao pagamento da quantia mensal de 850€ a título de renda mensal que a ré Carla estava obrigada a pagar ao banco BPI.
– No acordo, que a Ré Mega redigiu, **ficou ainda declarado que o estabelecimento** está devidamente licenciado através do competente alvará de licença de utilização, documento entregue aos autores, mais se declarando que o mesmo possuía as habilitações e **título bastante para a exploração de estabelecimento de pastelaria/snack bar.**
– No momento da celebração do acordo os **autores pagaram à ré Carla a quantia de 11.700€,** corresponde a 10.000€ do preço acordado e 1700€ à renda relativa a 2 meses.
– Os autores passaram a explorar o estabelecimento em 12.01.2010.
– **O estabelecimento não possuía autorização camarária para o exercício de qualquer tipo de atividade de restauração, o que era do conhecimento da ré Mega**, razão pela qual os **autores encerraram os estabelecimento no dia 21 de janeiro**, entregando-o à ré Carla.
– No que tange à falta da licença de exploração do estabelecimento comercial, **a A Ré Mega limitou-se a confiar na Ré Carla**, que lhe disse que apenas esperava a sua emissão.

Posição do Tribunal *a quo:*
Ponderando os deveres que decorriam para a 1ª R. do DL 211/2004 de 20/08 (que na altura regulava a actividade de mediação imobiliária), **entendeu que a mediadora *«violou, e de forma grosseira, os deveres a que estava vinculada, nomeadamente os que constam das als. d) e e) do art. 16º/1 do DL nº 211/2004»*** (*«propor com exactidão e clareza os negócios de que forem encarregadas, procedendo de modo a não induzir em erro os interessados»* -al d) – e *«comunicar imediatamente aos interessados qualquer facto que ponha em causa a concretização do negócio visado»* -al e).
Condenou a Ré mediadora a pagar aos AA quantia de 11.700€ (que haviam entregue à Ré aquando da outorga do contrato).

Posição da Relação:
Quanto **ao facto da Ré mediadora ter confiado na Ré Carla (que apenas esperava a emissão da licença)**, observou que, **uma empresa de mediação não pode confiar no que lhe é dito pelo cliente relativamente ao aspecto em apreço**, como resulta claramente do então disposto na al b) do nº 1 desse art 16º **(hoje, art. 17º/1/b) da Lei 15/2013)** aí se referindo que **lhe compete «certificar-se**, no momento da celebração do (mesmo) contrato, por todos os meios ao seu alcance, da correspondência entre as características do imóvel objecto do contrato de mediação e as fornecidas pelos interessados contratantes, bem como se sobre o mesmo recaem quaisquer ónus ou encargos» – correspondente ao art. 17º/1/b) da Lei nº 15/2013, de 8 de Fevereiro –, sendo que **a licença de exploração relativamente a um estabelecimento comercial que se pretende trespassar, configura-se como uma *«característica do imóvel»* objecto do contrato de trespasse.**
Daí ter entendido que a **Ré mediadora violou o dever de cuidado/protecção** que emerge daquela norma.

2. Que a mediadora igualmente **violou os deveres a que se reportam as als d) e e) do mesmo art 16º do DL 211/2004 (correspondentes às als. c) e d) do nº 1 do art. 17º da Lei 15/2013) ao admitir mediar a celebração do contrato de trespasse em separado do contrato de sublocação do espaço em que estava instalado o estabelecimento comercial, bem sabendo que tais contratos estavam objectiva e finalisticamente interligados.**
3. **Que a leitura feita pela Mediadora do art 23º do DL 234/2007 de 19 de Junho (novo regime de instalação e funcionamento dos estabelecimentos de restauração e bebidas)** – que os estabelecimentos relativamente aos quais os respectivos processos de licenciamento estivessem pendentes à data de entrada em vigor desse diploma legal podiam laborar sem tal licença – **era incorrecta**, pois nenhuma das situações previstas nos arts 10º e 11º desse diploma corresponde à dos autos, em que pura e simplesmente havia obras a fazer sem as quais a licença não seria emitida.

Mais observou a Relação:

Às empresas de mediação exige-se capacidade profissional para acesso e permanência na actividade, tendo obrigatoriamente **seguro** de responsabilidade civil, gerando, por isso, maior confiança por parte de quem a elas recorre, seja na posição de cliente, seja na de interessado, *"não sendo mais do que a expressão dessas exigências a enumeração dos deveres para com os interessados que se continham no referido art 16º do citado DL".*

Trouxe ainda à colação o art 22º/3 desse diploma legal, ao responsabilizar as empresas de mediação mobiliária por danos causados, ali referidos.

Rematando, considerou a Relação que a **R. mediadora era responsável pelos danos patrimoniais sofridos pelos AA.**, que correspondem às quantias entregues à Ré Carla por causa do contrato, e **respectivos juros** – assim confirmando a sentença.

[537] Deixam-se algumas notas sobre estes deveres secundários ou acessórios da prestação.

Um contrato só se reputa cumprido quando o está em todas as suas cláusulas, isto é, quando está pontualmente cumprido.

Assim, por exemplo o art. 406º, nº 1, do Código Civil afirma que *"o contrato deve ser pontualmente cumprido, e só pode modificar-se ou extinguir-se por mútuo consentimento dos contraentes ou nos casos previstos na lei".*

Por outro lado, o art. 762º, nº 1, tem subjacente a noção de cumprimento como *"a realização da prestação debitória"*, nos termos em que a mesma tiver sido estipulada, e o nº 1 do artigo seguinte dispõe que *"a prestação deve ser realizada integralmente e não por partes, excepto se outro for o regime convencionado por lei ou pelos usos".*

De uma forma geral pode dizer-se que há **mau cumprimento da obrigação** sempre que a qualidade da prestação por qualquer outra circunstância relevante do ponto de vista do interesse do credor não tenha sido respeitada, isto é, sempre que o devedor execute materialmente sem que com isso cumpra a obrigação a que está adstrito, porque o interesse do credor fica afectado em termos essenciais: a prestação é materialmente realizada, mas não o é nas condições acordadas, devidas.

XIII.2.2. Responsabilidade da mediadora no âmbito do incumprimento do contrato promessa celebrado

XIII.2.2.1. O mediador contribuiu negligentemente para que o contrato promessa fosse celebrado

Umas vezes, entende-se que, **tendo o mediador contribuído negligentemente para que o contrato promessa fosse celebrado**, pode responder perante o promitente comprador em solidariedade com o promitente vendedor (***"até o valor do sinal em singelo"***)[538]

A questão de saber se o defeito da prestação prejudica ou não o fim da obrigação tem que ser apreciada e resolvida objectivamente, por analogia com o disposto para outras situações da mesma natureza (cfr. arts. 793º, nº 2, 802º, nº 2 e 808º, nº 2 do Código Civil), mas tendo em linha de conta os termos e as circunstâncias próprias de cada situação concreta.

O art. 762º, nº 2, do Código Civil, impõe ao credor e ao devedor que, no âmbito das respectivas situações jurídicas, procedam de **boa fé.**

De facto, o **vínculo obrigacional** não se reduz a um mero dever de prestar, a cargo do devedor, justaposto e contraposto à pretensão creditícia, englobando antes, na sua estrutura interna, vários elementos jurídicos autónomos, que fazem de tal vínculo uma **realidade composta ou complexa.**

Assim, **ao lado ou a par dos deveres principais, primários ou típicos há os deveres secundários e deveres acessórios de conduta**. Estes últimos, embora não interessando directamente à prestação principal, nem dando origem a qualquer acção autónoma de cumprimento (cfr. arts. 817º e ss.), **são, todavia, essenciais ao correcto processamento da relação obrigacional em que a prestação se integra.**

Quanto à sua **disciplina jurídica**, a generalidade dos deveres acessórios de conduta não dá lugar à acção judicial de cumprimento (art. 817º), própria dos deveres de prestação. Mas a sua violação pode obrigar à indemnização dos danos causados à outra parte ou dar mesmo origem à resolução do contrato ou a sanção análoga.

Falamos, portanto, da **complexidade intra-obrigacional**, sendo precisamente nesta complexidade que se situam os deveres acessórios de conduta, **baseados na boa fé**, que é um verdadeiro conceito jurídico (ou ético-jurídico), a que não corresponde um conteúdo rígido e uniforme, antes apresentando contornos variáveis ou flexíveis, determinados em função das circunstâncias de cada tipo de situações, e que **aponta para o dever social de agir com a lealdade, a correcção, a diligência e a lisura exigíveis das pessoas, conforme as circunstâncias de cada acto jurídico** (Cfr. Pires de Lima e Antunes Varela, *Código. Civil Anotado*, vol. II, 4ª ed., pp. 4-5).

Visam estes deveres assegurar que, na realização da prestação, as condutas a desenvolver não envolvam danos para o credor nem impliquem sacrifícios desmesurados para o devedor.

[538] Ac. STJ de 08-05-2013 – Revista nº 6686/07.8TBCSC.L1.S1 – 2ª Secção (Bettencourt de

XIII.2.2. 2. Violação culposa dos deveres de informação

Outras vezes, a responsabilização do mediador assenta na **violação culposa dos seus deveres de informação**[539] – responsabilidade que **não pode ser descartada mediante a mera imputação ao promitente-vendedor da**

FARIA): : *«I – O promitente vendedor que incumpriu o contrato promessa, deve devolver o sinal recebido em dobro, nos termos do art. 442º do CC.*
II – ***O mediador imobiliário que, com negligência, contribuiu para a celebração daquele contrato, responde, a título de responsabilidade civil, solidariamente, com o promitente vendedor, até o valor do sinal em singelo.»****.*

539 Ac. STJ de 27-01-2011, Revista nº 3141/04.1TVLSB.L1.S1 – 2ª Secção (BETTENCOURT DE FARIA):
«I – A responsabilidade da mediadora imobiliária pela ***violação do dever de informação****, em regime de solidariedade com o promitente-vendedor (art. 23º do DL nº 77/99, de 16-03), não pode ser descartada mediante a mera imputação a este da sonegação de informações que aquela podia e devia obter.*
(...).
III – Decorrendo dos factos provados que os autores, ***tendo celebrado o contrato-promessa*** *a fim de obterem uma casa para a sua habitação e que, depois de terem diligenciado pela outorga da escritura, apesar de verem ultrapassados todos os prazos para celebrar o contrato-prometido, acabaram por comprar uma outra casa para o mesmo fim, é manifesto que fizeram o que qualquer pessoa faria e que já não tinham interesse na compra e venda em causa.*
IV – A violação do dever de informação referido em I e a subsequente não celebração do contrato-prometido ***podem determinar a responsabilização do mediador na reparação dos danos não patrimoniais*** *decorrentes da sua conduta, designadamente, a intranquilidade, stress e desgaste psicológico sofridos com a inesperada privação daquilo que os autores viam como a sua casa de habitação.»*.

– Ac. TRP de 29.05.2003 (PINTO DE ALMEIDA):
«Um mediador pode ser responsabilizado pelos danos causados pela violação do dever de informação, a qualquer dos potenciais contraentes, designadamente ao terceiro que não interveio directamente no contrato de mediação.».

O CASO:

A 1ª R. mediou a venda aos AA. de várias fracções de um prédio, promovendo os negócios entre a construtora e os AA., nomeadamente, através da elaboração dos respectivos contratos promessa, tendo-lhes sugerido a compra das respectivas fracções. Contudo, **os RR. sabiam da situação concreta do empreendimento, designadamente, que a construtora era apenas promitente compradora do terreno onde o empreendimento iria ser construído e que não dispunha de verbas que lhe permitissem adquirir o respectivo imóvel. Mais sabiam que não havia qualquer construção em curso** e que o empreendimento nem sequer estava licenciado, bem como que a construtora atravessava graves dificuldades financeiras e que o nível de risco da empresa aconselhava os RR. à não promoção de qualquer negócio com a mesma. **Os AA. desconheciam em absoluto tais factos e foram**

sonegação de informações que a mediadora podia e devia obter (cfr. **Ac. RL de 15.09.2009** – ABRANTES GERALDES[540].

levados a efectuar os negócios em causa porque depositavam a máxima confiança e idoneidade nos RR.
Para efeitos de **sinalização dos referidos contratos promessa, os AA. entregaram à 1ª R. o valor de 50.193.000$00,** retendo esta a quantia de 9.789.270$00, a título de comissões que foram transferidas para as esferas patrimoniais dos outros RR.
(...)
No caso **discutiu-se da natureza da responsabilidade da Ré.** Embora se não propendesse para a sua qualificação como extracontratual, não repugnou aos Senhores Desembargadores aceitar a tese acolhida na sentença, de qualificar a responsabilidade da R. como extracontratual, pois não se provou existir uma relação contratual entre os AA. e a R., a responsabilidade desta não poderia ser, em princípio, contratual
Entendeu-se, porém, que a natureza jurídica da mediação é contratual, tendo em consideração os elementos que o caracterizam.
A actividade do mediador consiste, fundamentalmente, em pôr em contacto dois ou mais sujeitos, futuros contraentes num eventual negócio cuja celebração se procura. Nesta medida, **é uma actividade preparatória da contratação**, apresentando-se o contrato de mediação como acessório e instrumental em relação ao negócio que se pretende celebrar.
É em execução do contrato que o mediador desenvolve toda a actividade atinente, devendo fazê-lo com imparcialidade; e é dessa sua posição contratual que derivam os **deveres de cuidado e de informação** a que está vinculado para com os potenciais contraentes que contacte (isto é, para com estes interessados determinados).
A fonte desses deveres é, assim, a relação contratual que a mediadora estabeleceu anteriormente.
Rematou-se, assim, que a responsabilidade da mediadora R..... para com os AA. era contratual.
Chamou-se a atenção de que a **imparcialidade impõe ao mediador o dever de se comportar, perante os potenciais contraentes, em termos não discriminatórios** e de modo a evitar danos para qualquer deles; **nomeadamente deverá avisar ambas as partes quando conheça alguma circunstância, relativa ao negócio, capaz de influenciar a decisão de contratar (ou não).**
Não tendo cumprido com os seus deveres, a mediadora tornou-se responsável pelos prejuízos que causou aos terceiros (os AA contraentes).

[540] *«A responsabilidade da mediadora imobiliária pela* ***violação do dever de informação****, em regime de solidariedade com o promitente-vendedor,* ***não pode ser descartada mediante a mera imputação a este da sonegação de informações que aquela podia e devia obter.***
Determinando o incumprimento do contrato-promessa a obrigação de restituição do sinal em dobro, não podem os promitentes-compradores reclamar do promitente-vendedor indemnização por danos morais decorrentes do incumprimento.».

O CASO

Entre os **AA (promitentes-compradores) e as 1ª e 2ª RR. foi celebrado um contrato-promessa de compra e venda de uma fração autónoma, em que a 3ª R. foi a mediadora imobiliária.**

Em tal contrato as **1ª e 2ª RR. intitularam-se "*únicos donos e legítimos proprietários*" da fracção – o que não era verdade – e prometeram vender aos AA. o imóvel "*devoluto e livre de quaisquer ónus ou encargos obrigacionais*".**

A Ré mediadora não se certificou ou não comunicou aos AA., antes de estes subscreverem o contrato-promessa, que as promitentes-vendedoras não detinham sobre a fracção os necessários poderes de alienação (o que estava dependente da resolução de uma **questão de partilhas**).

A mediadora, que foi quem minutou o contrato promessa, **havia-se vinculado a obter toda a documentação necessária para a celebração do mesmo contrato-promessa.**

Só depois da outorga do contrato-promessa e pagamento do sinal é que a R. mediadora informou os AA. de que a propriedade da fracção autónoma não estava inscrita a favor das 1ª e 2ª RR.

Os AA **celebraram o contrato na convicção de que era verdadeira a declaração das 1ª e 2ª RR. de que eram proprietárias da fracção, motivo que os levou a prestar o sinal de montante assinalável** (€ 45.000,00) e, depois, a despenderam quantias elevadas com a realização de obras de remodelação, autorizadas pelas promitentes-vendedoras.

O **arrastamento da situação**, sem se tornar previsível em momento algum uma data para a celebração da escritura de compra e venda, levaram os AA a perder o interesse em relação ao contrato de compra e venda,

......Tendo procedido à aquisição de uma outra fracção que visou satisfazer precisamente o objectivo que os levou a outorgar o contrato-promessa de compra e venda.

**

Disse o aresto:

A Ré **mediadora não teve qualquer responsabilidade no incumprimento do contrato prometido na data aprazada e posterior prorrogação. Porém, a sua responsabilidade perante os AA. não pode ser descartada mediante a mera imputação às demais RR. da sonegação de informações cruciais, já que, atenta a actividade que exerce, estava legalmente obrigada a certificar-se da existência dos poderes de que as promitentes-vendedoras se arrogavam titulares, no interesse e para protecção de terceiros, *maxime* dos AA.**

Só depois da outorga do contrato-promessa e pagamento do sinal é que a R. mediadora informou os AA. de que a propriedade da **fracção autónoma não estava inscrita a favor das 1ª e 2ª RR.**

Assim sendo, entendeu-se que a **R. mediadora incumpriu deveres legais de informação e de esclarecimento,** assim ficando preenchido o *pressuposto da ilicitude* necessário à **sua responsabilização** pelos danos causados aos AA.

Como o revelam os factos provados, a **omissão de informação correcta por parte da R. mediadora foi relevante para a situação em que os AA. foram envolvidos, uma vez que**

estes celebraram o contrato na convicção de que era verdadeira a declaração das 1ª e 2ª RR. de que eram proprietárias da fracção, motivo que os levou a prestar o sinal de montante assinalável (€ 45.000,00) e, depois, a despenderam **quantias elevadas com a realização de obras de remodelação**, autorizadas pelas promitentes-vendedoras.

«(...)

O **arrastamento da situação**, sem se tornar previsível em momento algum uma data para a celebração da escritura de compra e venda, a par da admissão da incapacidade das promitentes-vendedoras para resolver a situação, revelam, de forma objectiva, a **objectiva *perda de interesse* dos AA. em relação ao contrato de compra e venda.**

Perda de interesse que ainda se tornou mais evidente quando os AA. procederam à aquisição de uma outra fracção que visou satisfazer precisamente o objectivo que os levou a outorgar o contrato-promessa de compra e venda.

(...)

Assim **ficaram preenchidos os *pressupostos legais da resolução***, não sendo exigível aos AA. outra dilação ou outro comportamento, tendo, assim, nos termos do art. 442º, nº 2, do CC, **os AA. adquirido o direito a obter das promitentes-vendedoras o *dobro do sinal* prestado.»**

*

Acrescentou o aresto:

«Importa agora saber **se e em que medida a R. mediadora é responsável perante os AA.**

O art. 23º do Dec. Lei nº 77/99 prescreve a *responsabilidade solidária* pelos *danos causados a terceiros*. Nesta base legal se fundou a sua condenação no pagamento de todas as quantias em que as promitentes-vendedoras foram condenadas.

Importa operar as necessárias correcções que traduzam a rigorosa aplicação do regime jurídico do contrato de mediação imobiliária, de modo a que **a R. mediadora apenas responda "*pelos danos causados*" aos AA.» (promitentes compradores) «o que não equivale necessariamente à medida da indemnização que pode ser reclamada das promitentes-vendedoras.** Não sendo a R. mediadora parte no contrato-promessa de compra e venda, devem distinguir-se os efeitos decorrentes do incumprimento desse contrato dos que sejam imputados à actividade da mediadora imobiliária.

O dano dos AA., promitentes-compradores, causalmente ligado ao incumprimento dos deveres de prevenção que recaíam sobre a R. mediadora abarca inequivocamente o *valor do sinal* que os AA. não teriam desembolsado se tivessem sido oportunamente informados da situação jurídica da fracção e da falta de legitimidade das promitentes--vendedoras para a venda.

Todavia, «a responsabilidade» (da mediadora) «não pode equivaler totalmente à responsabilidade assacada às 2ª e 3ª RR., nada autorizando que seja solidariamente condenada no *dobro do sinal* que no âmbito do contrato-promessa funciona como cláusula penal derivada do incumprimento definitivo».

Mais **acrescenta o aresto, quanto à responsabilidade da mediadora que, para além de abarcar o *valor do sinal*, a mesma responde, ainda, «... pelos prejuízos causalmente ligados ao incumprimento de deveres que sobre si recaíam enquanto mediadora imobiliá-**

XIII.2.3. Ausência de informação do comprador sobre a situação do imóvel

Outras vezes, a responsabilização da mediadora assenta na **ausência de informação do comprador sobre a situação do imóvel** (nomeadamente no que tange às características do mesmo e aos ónus e encargos que sobre o mesmo recaem, cfr. art. 17º/1/b) do RJAMI – **deve a mediadora, no mínimo, visitar o imóvel e conferir se o mesmo coincide com a descrição do imóvel no Registo Predial, ou, não estando descrito, com a que consta da matriz predial)**[541].

ria», donde ser «possível assacar-lhe a responsabilidade adicional pelas *despesas* dos AA. com as obras realizadas, no pressuposto de que, como havia sido declarado no contrato-promessa, as promitentes-vendedoras eram donas da fracção».
«Os danos que os AA. tiveram, tendo em conta as regras da responsabilidade civil que vinculam a R. mediadora, correspondem às **despesas com as obras que não desembolsariam se acaso tivessem sido informados dos bloqueios que existiam quanto à outorga da escritura** pública de compra e venda.».
E mais: entendeu-se, também, que **a Ré mediadora responde pelos danos morais sofridos pelos AA (promitentes compradores)** por causa do seu comportamento omissivo (v.g., **falta de informação** aos AA sobre a não titularidade do prédio por banda dos RR promitentes vendedores) – **ao contrário do que ocorre com os RR promitentes vendedores, os quais não podem responder por tais danos morais, pois a devolução do sinal em dobro esgota as consequências decorrentes do incumprimento do contrato promessa imputável ao promitente vendedor.**

[541] Ac. RL de 25.10.2012, proc. 6686/07.8TBCSC.L1-8 (António Valente):
«*1. Uma empresa de mediação imobiliária que, no seguimento de contrato de mediação imobiliária celebrado com o dono de um imóvel, promove junto de um terceiro interessado a venda do mesmo, ajustando com ele as condições do negócio e levando-o a celebrar um contrato promessa com entrega de uma quantia a título de sinal ao proprietário/vendedor, **tem o dever de informar o comprador da situação do mesmo imóvel nomeadamente em termos de ónus e encargos que sobre o mesmo recaem.***
*2. **Verificando-se que afinal o imóvel estava onerado por hipoteca**, além de ter sido alvo de penhora e **arresto, tornando inviável a celebração da escritura de compra e venda, a Mediadora responde pelos prejuízos que a sua omissão tenha causado ao promitente/comprador.**»* .

Ac. RL de 23.04.2009, proc. 1157/2002.L1-1 (Eurico Reis):
«*1 – As mediadoras **estão obrigadas a, além do mais, certificar-se, antes da celebração do contrato de mediação, por todos os meios ao seu alcance, se as características** do imóvel objecto do contrato de mediação correspondem às fornecidas pelos interessados contratantes **e se sobre o mesmo recaem quaisquer ónus ou encargos** (art. 18º do DL 77/99, de 16 de Março).*
2 – Não há lugar a qualquer outra indemnização pelo incumprimento no caso de pagamento de sinal em dobro, excepto se tiver havido cláusula em contrário (art. 442º, nº 4 do CC).».

XIII.2.4. Incumprimento do contrato-promessa por o vendedor não ser o dono do imóvel prometido vender

Em princípio não acarreta responsabilidade civil da mediadora imobiliária

Ver:

– Ac. STJ de 28-10-2004, Revista nº 3341/04 – 2ª Secção (DUARTE SOARES):

«O não cumprimento do contrato-promessa de compra e venda, em virtude de o ***promitente-vendedor não ser o dono do imóvel objecto daquele, não acarreta responsabilidade civil da mediadora imobiliária*** *que preparou tal negócio (com base no cumprimento defeituoso do contrato de mediação) para com o promitente-comprador.».*

Pode, porém, a mediadora responder por danos causados ao promitente comprador, caso tenha violado os seus deveres (cfr. art. 17/1/a) RJAMI).

– Ac RP de 04.05.2017 (INÊS MOURA): – Proc. 3773/13.7TBVNG.P1 (INÊS MOURA):

I – A extinção da procuração não é oponível a terceiros que sem culpa a ignoravam, nos termos do art. 266º nº 2 do C.Civil, atenta a protecção legal conferida a terceiros de boa fé.

II – A ***promessa de venda de coisa alheia*** *não é nula, atentas as especificidades do contrato promessa relativamente ao contrato de compra e venda, uma vez que no âmbito do contrato promessa o promitente vendedor não está a alienar um bem, mas apenas a prometer aliená-lo no futuro, não se aplicando por isso o regime do art. 892º do C.Civil.*

....

V – ***Não se provando que Mediadora soubesse ou tivesse como saber, à data da celebração do contrato promessa de compra e venda, antes do registo a favor de terceiro da aquisição do imóvel prometido vender, que o promitente vendedor não era o proprietário do imóvel, estribando-se nas informações fornecidas por quem a contratou, não pode concluir-se que a mesma violou de forma culposa algum dos deveres*** *previstos nas várias alíneas do nº 1 do art. 16º do DL nº 211/2014 de 20 de Agosto, relativo ao exercício da actividade de mediação imobiliária.*

VI – ....»[542].

[542] Escreveu-se ali:

«Contudo, não tendo a 4ª R. acesso ao processo de execução, por nele não ser parte, as informações quanto ao mesmo só lhe podiam ser fornecidas pelo seu cliente.

XIII.2.5. Prática de actos ilícitos pelos seus agentes, colaboradores ou auxiliares

Noutros casos a responsabilidade da mediadora assenta na **prática de actos ilícitos pelos seus agentes, colaboradores ou auxiliares**[543].

Quanto a esta situação importa referir que embora o registo de aquisição do imóvel pelo Banco seja de Dezembro de 2011, já depois de celebrado o contrato promessa, não ficou provada a data em que a 4ª R. teve conhecimento de que o imóvel havia sido adquirido pelo Banco, ***não lhe sendo exigível que proceda constantemente à consulta do registo predial para averiguar se a situação do imóvel sofreu alteração.***

Mas ainda que se considerasse exigível esse conhecimento actualizado pela empresa mediadora, à data dos aditamentos ao contrato promessa, verifica-se que tal comportamento omissivo, num momento já posterior à outorga do contrato promessa de compra e venda em que teve lugar a entrega do sinal de €20.000,00 pelos AA. não é causal relativamente ao prejuízo sofrido pelos AA. que representa a perda do sinal por eles reclamado em dobro.

Os danos sofridos pelos terceiros, ***no caso corporizados pelos AA. no valor que entregaram a título de sinal e que não conseguiram ainda reaver, susceptíveis de serem indemnizados, têm de resultar do comportamento ilícito do mediador, designadamente da violação dos seus deveres, pois só assim está verificado o nexo de causalidade, um dos pressupostos da obrigação de indemnizar. (...)»*** – **destaques nossos.**

543 Sobre a responsabilidade do devedor perante o credor pelos actos dos seus representantes legais ou das pessoas que utilize (colaboradores ou auxiliares) para o cumprimento das obrigações emergentes dos contratos que haja celebrado, escreveu, doutamente, José Alberto González, em *Responsabilidade Civil*, 3ª ed. (2013), *Quid Juris*, pp 206-208:

«**I)** Na responsabilidade contratual "o devedor é responsável perante o credor pelos actos dos seus representantes legais ou das pessoas que utilize para o cumprimento da obrigação, como se tais atos fossem praticados pelo próprio devedor" (artigo 800º, Cód. Civil) – Cf. Enzo Roppo, *O Contrato*, págs. 288-289» – cita-se o Ac. Acórdão do Supremo Tribunal de Justiça de 27/06/2006, Proc. nº 06A1640.

«Evidentemente, tratando-se de obrigação que possa ser legitimamente cumprida por terceiro (artigo 767º, Cód. Civil).

Uma vez mais se justifica este regime com o fundamento usual: se o devedor se aproveita voluntariamente da cooperação de terceiro na execução da obrigação, deve correr por sua conta e risco o perigo de infidelidade do colaborador (o que é razão suficiente para que o devedor não seja responsável pelos actos dos seus representantes legais propriamente ditos (v.g. poder paternal ou tutela) uma vez que estes são *forçoso)*. Não se considera auxiliar ou colaborador, todavia, aquele que actue com independência (European Group on Tort Law, Princípios de Direito Europeu da Responsabilidade Civil, artigo 6:102(2)).

Trata-se, no fundo, de uma aplicação da regra *qui mandat solvi, ipse videtur solvere* (Paulo, D.46.3.56).

II) Tal como na responsabilidade do comitente, pressupõe-se que, não fora a sua função de colaborador, o representante ou o auxiliar seriam responsáveis perante o credor pelos danos derivados da sua própria conduta.

Quer dizer que, em princípio, o devedor só responde se tal conduta for ilícita e culposa (Pires de Lima -Antunes Varela, *Código Civil Anotado, vol. II*, págs. 57-58, nota 3...). A menos que, outra vez como o comitente (apesar de aqui a relação de subordinação não constituir um pressuposto), tenha havido culpa *in eligendo, in instruendo ou in vigilando* (...).

III) A responsabilidade instituída por intermédio do artigo 800º do Cód. Civil tem carácter objectivo; o que significa que o devedor, independentemente de culpa, deve indemnizar o credor pelos danos por este sofridos em virtude do comportamento dos auxiliares a que recorra para realizar o cumprimento, ou por causa da conduta dos seus representantes (legais no sentido de legítimos e não, decerto, como sinónimo de representantes de incapaz).

A primeira hipótese pressupõe que o devedor execute os actos materiais em que se cifra o adimplemento recorrendo ao apoio de terceiros que com ele cooperam. Pelos danos que estes culposamente causem ao credor, é responsável o devedor como se tivesse sido ele próprio a cumprir.

O que significa que:

– o credor apenas do devedor pode exigir a prestação de indemnização, ainda que o auxiliar tenha actuado dolosamente (embora nada o impeça de accionar este último a outro título – v .g. responsabilidade aquiliana);

– não existe, por consequência, direito de regresso do devedor contra o auxiliar, como sucede na hipótese do artigo 500º do Cód. Civil (o que não implica que, nas relações internas, a conduta do auxiliar seja carente de efeitos).

Para a segunda hipótese, pressupõe-se que o representante, dentro dos seus poderes, tenha celebrado negócios jurídicos – *maxime* contratos – em nome do representado, nos quais o representado figure como devedor. Sobre este recairá, então, a correspondente obrigação (artigo 258º, Cód. Civil) e também a ele caberá executar o cumprimento, ainda que, para o efeito, se socorra do representante. Por isso, lhe incumbe a obrigação de indemnizar o credor se o substituto não efectuar pontualmente a prestação.

Tratando-se de representação legal propriamente dita, embora a obrigação assumida pelo representante em nome do incapaz o vincule igualmente (artigo 258º, Cód. Civil), este não pode responsabilizar-se, ante o credor, pelas condutas ilícitas daquele. O que significa que, caso o substituto não execute pontualmente a obrigação assumida em nome do juridicamente inapto, é sobre o primeiro que incide a obrigação de indemnizar.

IV) Esta responsabilidade do devedor "pode ser convencionalmente excluída ou limitada, mediante acordo prévio dos interessados, desde que a exclusão ou limitação não compreenda actos que representem a violação de deveres impostos por normas de ordem pública" (artigo 800º, nº 2, Cód. Civil).

Se previamente salvaguardou a possibilidade de nomear um substituto e o nomeou efectivamente, o devedor também não será, em princípio, responsável a partir da data em que a designação tenha operado – Pires de Lima – Antunes Varela, *Código Civil Anotado*, vol. II, págs. 57-58, nota 3».

XIII.2.6. Falta de colaboração posterior ao cliente

Noutros, ainda, a responsabilização da empresa mediadora assenta na sua **falta de colaboração posterior ao cliente**

Ver o Ac. RL de 24.06.2010 (Aguiar Pereira):

«*a) Havendo acordo escrito nesse sentido, a remuneração pela mediação imobiliária é devida após a celebração do contrato promessa entre o cliente e o terceiro interessado no negócio;*

b) A eventual falta de colaboração posterior da empresa mediadora ao cliente, nomeadamente no âmbito da formalização do negócio visado, pode constituir incumprimento culposo de obrigação contratualmente assumida e tornar a empresa mediadora ***responsável pelo prejuízo que cause ao cliente;***

c) Não se demonstrando que a decisão de não celebrar o negócio acordado pelo cliente com terceiro se ficou a dever a conduta culposa da empresa mediadora ocorrida após a celebração do contrato promessa não tem o cliente direito a ser indemnizado ***nem a que lhe seja restituído o montante da remuneração entretanto paga.***».

XIII.2.7. Não cumprimento de promessas e/ou garantias dadas

Ver o Ac. TRC de 19.05.2015, proc. 887/13.7TBLSA.C1 (Barateiro Martins):

«***Incorre em responsabilidade civil "pelos danos causados a terceiros"*** *(prevista no art. 22º/3 do DL 211/2004), a mediadora que, na execução de contrato de mediação imobiliária* ***(com os promitentes vendedores), garantiu aos promitentes compradores a autonomização e conversão em urbano, em 90 dias, duma quota ideal sobre um prédio rústico, levando-os, em função disso, a vincular-se a uma promessa de compra dum bem futuro e a antecipar o pagamento de 45% do preço;*** *e que, naquele concreto prazo, assim como nos 90 que se lhe seguiram (tendo já recebida a sua comissão),* ***não fez qualquer diligência para que fosse obtido o que havia garan-***

Eis alguma **jurisprudência, no domínio da mediação imobiliária**:

Ac. STJ de 10.4.2014, proc. 8476/03.8TBCSC.L1.S1 (Fonseca Ramos):

«*1. A* ***responsabilidade objectiva dos auxiliares do devedor – art. 800º, nº1, do Código Civil*** *– havendo incumprimento da obrigação, superada a construção jurídica que radicava tal responsabilidade na teoria da culpa "in eligendo", ou na "culpa in vigilando", inscreve-se, hoje, com mais propriedade nos princípios* ***tutela da aparência e da confiança,*** *segundo os quais, quem incute, pela sua actividade e comportamento nas relações jurídicas, expectativas de confiabilidade e segurança, deve arcar com as consequências da frustração desses valores.*

***tido, levando, desse modo, a que os promitentes compradores se desvinculassem do contrato-promessa.»*.**

2. *No contrato de mediação,* ***a relação de confiança entre o mediador e os seus auxiliares dependentes ou independentes é particularmente estimulada pelos contactos existentes entre alguém que tem por objectivo aproximar os interessados num certo negócio.***
3. *Não pode a mediadora imobiliária pretender exonerar-se de* ***responsabilidade, por prática de actos ilícitos, praticados pelos seus agentes, colaboradores ou auxiliares, desde que tais actos se emoldurem no quadro do exercício profissional da sua actividade e exprimam actuação ilícita.***
4. *Esse risco corre, objectivamente, por conta do comitente, desde que a actuação do comitido/auxiliar se inscreva no quadro funcional daquele e exista actuação sua ilícita, culposa,* ***bem como dano resultante da actuação ilícita e danosa.***
5. ***Tendo um funcionário de empresa mediadora*** *imobiliária* ***recebido****, com autorização desta, uma* ***quantia a título de sinal*** *no contexto de contrato promessa de compra e venda de três fracções prediais, quantia* ***que descaminhou****, desconhecendo-se até o seu paradeiro,* ***é a sociedade mediadora imobiliária responsável objectivamente pelo prejuízo que, no caso, é a perda do sinal pelos promitentes compradores.***
6. *Sendo as sociedades mediadoras imobiliárias obrigadas por lei a prestar caução e a celebrar contrato de seguro obrigatório como garantia de ressarcimento dos danos patrimoniais causados aos interessados decorrentes de acções ou omissões, quer das empresas, quer dos seus representantes, ou do incumprimento de "outras obrigações resultantes do exercício da sua actividade", os lesados podem lançar mão do seguro obrigatório, sem terem que, previamente, accionar a caução.»* – destaques nossos.

– Ac. TRC de 18.03.2014, proc. 1375/11.1TJCBR.C1 (Barateiro Martins):
«Existe o vínculo de ***comitente e comissário*** *entre a mediadora imobiliária e um seu colaborador que desenvolve a actividade de mediação imobiliária numa loja da mediadora; ainda que se trate, tal colaborador, de mero angariador.*
São no exercício de funções – por se inserirem no esquema/âmbito do exercício da função/comissão – ***os actos de tal colaborador consistentes em pedir/receber (do terceiro) montantes para pagar os impostos devidos pelo negócio mediado e em se apropriar, depois, de tais montantes; ainda que tais actos se apresentem como opostos às instruções internas da mediadora.***
As esferas de aplicação dos art. 800º e 500º do C. Civil não se confundem, não regulam a mesma situação (uma no campo da responsabilidade obrigacional e outra no campo da responsabilidade delitual), porém, também não excluem a possibilidade da sua aplicação cumulativa.
Constitui uma ***estipulação em benefício de terceiro****, configurando um verdadeiro contrato a favor de terceiro, a estipulação, integrada em contrato de mediação imobiliária, em que a* ***mediadora se compromete perante o comitente a tratar de toda a documentação do terceiro necessária à instrução da escritura****, designadamente, a pagar e a obter os comprovativos dos impostos e as certidões matriciais e registrais indispensáveis; razão pela qual a referida apropriação dos montantes entregues para pagar os impostos devidos pelo negócio mediado também* ***preenche o incumprimento duma obrigação/prestação em sentido técnico-jurídico*** *(imposta pelo art. 444º/1 do C. Civil)* ***e os pressupostos da responsabilidade objectiva*** *(do* ***art. 800º/1 do C. Civil) da mediadora pelo acto do seu auxiliar/colaborador***..».

XIII.2.8. Sendo realizado o contrato previsto, a mediadora não é responsável pelo seu não cumprimento integral, assistindo-lhe o direito à remuneração acordada

Ver:

– Ac. RL de 16.10.2007, proc. 7541/2007-1 (Rui Moura):

> *«Em princípio será necessário que o contrato previsto seja realizado.* ***Mas se depois não for integralmente cumprido já não será a mediadora responsável por tal incumprimento, tendo direito a receber a comissão acordada.*** *O mediador adquire o direito a receber a remuneração quando o seu trabalho influi sobre a conclusão do negócio.».*

– Ac. RL de 27.01.2004, proc. 8291/2003-7 (Pimentel Marcos):

> *«Não é suficiente que a mediadora faça diligências no sentido de aproximar os interessados na realização do negócio, sendo, em princípio, necessário que o contrato previsto seja realizado. Mas se depois não for integralmente cumprido já não será a mediadora responsável por tal incumprimento, tendo direito a receber a comissão acordada.*
>
> *Para tal* ***não é necessário que o comprador seja a pessoa que contactou com a mediadora, bastando que o negócio tenha sido feito por seu intermédio,*** *ou seja, que tenha sido concluído em virtude da acção por ela desenvolvida.».*

XIII.2.9. Seguro de responsabilidade civil (art. 7º do RJAMI[544] e *ANEXO I* à mesma Lei (*Condições mínimas do seguro de responsabilidade civil*)

A necessidade do seguro de responsabilidade civil – tal como a necessidade de licença – são perfeitamente justificados.

O seguro visa proteger os terceiros que se relacionem, quer com os potenciais destinatários, quer com os potenciais clientes. Esta apólice de seguro destina-se a cobrir a responsabilidade civil que possa decorrer da actividade de Mediação Imobiliária. O incumprimento de qualquer obriga-

[544] O **artigo 7º do RJAMI** obriga a que as empresas de mediação imobiliária estabelecidas em território nacional **sejam *titulares de seguro de responsabilidade civil,*** destinando-se tal seguro "*ao* ***ressarcimento dos danos patrimoniais causados a terceiros, decorrentes de ações ou omissões das empresas, dos seus representantes e dos seus colaboradores.***" (nº4). E o nº 5 esclarece que "*Para efeitos do presente artigo,* ***consideram-se terceiros todos os que,*** *em resultado de um ato de mediação imobiliária,* ***venham a sofrer danos patrimoniais, ainda que não tenham sido parte no contrato de mediação imobiliária.***" – destaques nossos.

ção que decorra de um contrato celebrado poderá fazer incorrer a empresa de Mediação Imobiliária na obrigação de indemnizar o cliente pelos prejuízos causados. Princípio este que ressalta do artº798º do CC.

O seguro de responsabilidade civil tem como finalidade ressarcir os danos provocados a terceiros que tenham decorrido das acções ou omissões das empresas de Mediação Imobiliária, ou dos seus representantes, ou danos imputáveis aos seus colaboradores no decurso das suas actividades em nome da empresa.

A propósito, escreveu-se no Ac. da RP de 04.05.2017 – proc. 3773/13.7TBVNG.P1 – (INÊS MOURA):

> «*A legislação relativa à actividade imobiliária tem vindo a sofrer sucessivas alterações, no sentido de uma maior regulação, também imposta pelas regras comunitárias, tendo como principais objectivos assegurar a transparência da actuação dos mediadores imobiliários e garantir a qualidade dos serviços prestados, tal como se refere no preâmbulo do diploma em causa, impondo designadamente, a necessidade de licenciamento para o exercício da actividade- art. 4º, bem como a existência de seguro de responsabilidade civil- art. 23º. Diz-nos a este propósito o Acórdão do Supremo Tribunal de Justiça de 4/12/2003, in. www.dgsi.pt que* ***são: "Exigências que se prendem com princípios de fé pública e da tutela da confiança exigidos para o exercício da actividade****, na medida em que* ***as pessoas que a ela desejam recorrer tenham condições para confiar nas informações e propostas que lhes são apresentadas****, o que passa por saberem que a entidade mediadora incorrerá em responsabilidade civil se, com culpa, as induzir em erro sobre os potenciais negócios que se disponham a celebrar."* – destaques nossos.

XIV
Da responsabilidade pré-contratual

XIV.1. Generalidades

A responsabilidade pré-contratual encontra a sua sede legal no **artigo 227º CC**[545] – preceito que visa a **tutela da confiança** depositada na celebração de certo negócio jurídico (*o instituto da **culpa in contrahendo** encontra-se ancorado no* **princípio da boa fé**).

Tanto nos preliminares como na formação dos contratos, as partes devem, pois, pautar o seu comportamento de acordo com os ditâmes da boa fé e da lealdade negocial.

O preceito enunciado visa a **tutela da confiança** depositada na celebração de certo negócio jurídico, isto é, a tutela da confiança das partes de modo a que não sejam arrastadas para situações de invalidade negocial culposa ou para a frustração de legítimas expectativas, alicerçadas na interpretação correcta dos usos do comércio, quando, injusta ou arbitrariamente, a contraparte rompe as negociações causando desse modo danos (reportados, por norma, ao interesse contratual negativo ou de confiança, pese embora seja admissível atender-se ao interesse contratual positivo ou de cumprimento, tudo dependendo do estádio das negociações, mormente, quando se violou o dever de conclusão do negócio)[546].

De facto, *"em termos gerais, o instituto da culpa in contrahendo, ancorado no princípio da boa fé, recorda que a autonomia privada é conferida às pessoas dentro de certos limites e sob as valorações próprias do direito; em consequência, são ilegítimos os*

[545] Cujo nº 1 reza assim:
«Quem negoceia com outrem para conclusão de um contrato deve, tanto nos preliminares como na formação dele, proceder segundo as regras da boa fé, sob pena de responder pelos danos que culposamente causar à outra parte.».

[546] Cfr. Pires de Lima e Antunes Varela, *in Código Civil Anotado*, I, 4ª ed., p. 216.

comportamentos que, desviando-se de uma procura honesta e correcta de um eventual consenso contratual, venham a causar danos a outrem. Da mesma forma são vedados os comportamentos pré contratuais que inculquem, na contraparte, uma ideia distorcida sobre a realidade contratual" [547].

A responsabilidade civil pré-contratual não surge apenas na ruptura injustificada das negociações (em tese, as partes são livres de concluir ou não os negócios jurídicos), mas é preciso verificar ainda se o facto específico da criação da expectativa e confiança merece tutela, em face da circunstância da ruptura das negociações contrariar os ditâmes da boa fé.

No mesmo plano devem ser prespectivadas as situações em que uma das partes deposita legítimas expectactivas na celebração de um negócio jurídico, mas cuja celebração se torna impossível na medida em que não estão reunidas as condições legais necessárias para que o mesmo venha a ser efectivamente celebrado (isto é, concluído).

O dever geral de **boa fé na formação dos contratos** desdobra-se em vários deveres de actuação, como o dever de informação, os deveres de guarda e restituição, o dever de segredo, o dever de clareza, o dever de lealdade e os deveres de protecção e conservação[548].

A responsabilidade civil pré-contratual não é afastada pela celebração do negócio, se na fase pré-negocial não foi observado um comportamento da contraparte conforme o princípio da boa fé negocial, emergindo daí danos na esfera jurídica do lesado contraente.

Como dá conta Ana Prata[549], a Doutrina encontra-se dividida quanto à questão de saber se a problemática de responsabilidade extra-contratual se restringe aos casos de rompimento de negociações e de conclusão de um contrato inválido, **ou se se estende também às situações em que o contrato celebrado é válido e eficaz**.

Poder-se-á, sumariamente, dizer que para que exista responsabilidade pré-contratual são **necessários três requisitos (ou pressupostos)**: negociação para a conclusão de um contrato; violação das regras da boa fé nos

[547] Menezes Cordeiro, *in Dolo na Conclusão do Negócio, Culpa in Contrahendo* – apud *O Direito*, 125, 1993, I-II, p. 161.

[548] Cfr. Ana Prata, *Notas Sobre a Responsabilidade Pré Contratual, in Revista da Banca*, 16, Outubro-Dezembro, 1990, p. 75 e ss.

[549] *Notas sobre a Responsabilidade Pré-Contratual*, Almedina, pp. 18-19.

preliminares e na formação dele; e relação de causalidade entre este comportamento e os danos culposamente causados à outra parte [550].

Cremos, porém, poder – porque cremos mais acertado – dizer-se que os pressupostos da responsabilidade civil pré-contratual **correspondem, ponto por ponto, aos pressupostos gerais da responsabilidade civil subjectiva**: ilicitude, imputabilidade, culpa, dano e nexo causal entre o facto ilícito e o dano.

Quanto aos **danos indemnizáveis na responsabilidade pré-contratual,** remetemos a resposta para o Ac. STJ, de 04.06.2006, in www.dgsi.pt.

Como se remata neste aresto – corroborando o **Ac. da Rel. de Coimbra, de 04.02.2003** (apelação 3488/02), bem assim a respectiva anotação, in Cadernos de Direito Privado, nº 7, a pp. 41 e ss –, "na falta de uma disposição legal especial que regule a indemnização devida por responsabilidade pré-contratual, é de aplicar a regra geral dos arts. 562º e ss. **Nestes termos, são de indemnizar todos os danos causados pelo ilícito pré-contratual. A aplicação deste critério causal significa que não é relevante a distinção entre interesse contratual positivo e interesse contratual negativo. A situação em causa é que vai ditar o quantum indemnizatório que, a maior parte das vezes, corresponderá ao interesse contratual negativo, mas que também pode corresponder ao interesse contratual positivo".**

E acrescenta que há situações em que a indemnização será pelo interesse contratual positivo quando as negociações tiverem atingido um desenvolvimento tal que justifique a confiança na celebração do negócio, ou seja, quando exista já um dever de conclusão do negócio. Será o caso de se ter atingido um acordo sobre todas as questões essenciais e apenas falte a concretização/celebração do acordo através da forma legal[551].

[550] Cfr. Ac. RP, de 3.04.2003, in dgsi.pt.

[551] A propósito de saber se o **quantum indemnizatório na responsabilidade pré-contratual deverá corresponder ao interesse contratual negativo ou ao interesse contratual positivo, escreveu-se no Ac.** Ac. da Rel do Porto de 27.06.2018, proc. 3093/16.5T8AVR.P1 (Carlos Querido) – em causa uma situação de incumprimento de contrato de mediação imobiliária, com responsabilidade pré-contratual:

«.... O entendimento doutrinário, tradicional e maioritário tem configurado o dano ligado à responsabilidade pré-contratual (culpa in contrahendo), caracterizado pela rutura das negociações, como suscetível de justificar uma indemnização que apenas visa colocar o lesado na situação em que estaria se não tivesse acreditado, sem culpa, na boa fé ou atuação correta da outra parte, ressarcindo o dano negativo ou de confiança (Vide Mário Júlio de Almeida Costa, Direito das Obrigações, 12ª edição, Almedina, pág. 310).

O princípio da mera indemnização do interesse contratual negativo, decorrente da responsabilidade pré-contratual foi sendo posto em causa pela doutrina em situações limite nas quais se suscita a questão da violação do «dever jurídico de conclusão» do negócio, referindo Pires de Lima e Antunes Varela, em anotação ao citado artigo 227 (Código Civil Anotado, Coimbra Editora, Volume I, 4ª edição, pág. 216, nota 3): «A responsabilidade em que incorre o faltoso obrigá-lo-á, em regra, a indemnizar o interesse negativo (ou de confiança) da outra parte, por modo a colocar esta na situação em que ela se encontraria, se o negócio se não tivesse efectuado. Mas pode, excepcionalmente, se a conduta culposa da parte consistir na violação do dever de conclusão do negócio, a sua responsabilidade tender para a cobertura do interesse positivo (ou de cumprimento); vide Vaz Serra, anotação ao acórdão do STJ, de 7 de Outubro de 1976, na Rev. de Leg. e de Jur., Ano 110º, pág. 275 e segs., e cfr. o artigo 275º, nº 2, do qual se pode extrair argumento favorável a essa tese».

Como nos dá conta o Professor Baptista Machado (in "A Cláusula do Razoável", RLJ, Ano 120, 1987/1988, pág. 141), a evolução da jurisprudência alemã, relativamente ao instituto da responsabilidade pré-contratual (culpa in contrahendo), particularmente no que concerne ao dever jurídico de conclusão do contrato, levou a algum esvaziamento do contrato promessa, na medida em que «feita a prova (mais fácil) de uma promessa de acordo quanto a certo contrato que estaria prestes a ficar concluído, tendo uma das partes recusado, inopinada e injustificadamente a ulterior colaboração necessária para essa conclusão, os tribunais condenam essa parte a indemnizar o interesse de cumprimento com fundamento em culpa in contrahendo».

A tese enunciada encontrou acolhimento no acórdão do Supremo Tribunal de Justiça, de 26.01.2006 (processo nº 05B4063, acessível no site da DGSI), sumariado nestes termos (Referem-se no citado aresto os seguintes apontamentos doutrinários e jurisprudenciais: Baptista Machado, "A cláusula do razoável", RLJ, 120º/138-141, e ARP de 23/2/77, CJ, II, 214, 2ª col., citando Galvão Telles, "Dos contratos em geral", 161, e Mota Pinto, "A responsabilidade pré-negocial pela não conclusão dos contratos", 68):

«[...] *III – A indemnização por culpa in contrahendo limita-se, em princípio, à do interesse contratual negativo, ou interesse de confiança, da outra parte, destinando-se a colocá-la na situação em que se encontraria se o negócio não tivesse sido efectuado.*

IV – Quando, porém, com o encontro de proposta e aceitação, já conseguido acordo, tendo a própria fase decisória da negociação chegado já a bom termo e faltando apenas formalizar o contrato, só não formalmente concluído e só nessa medida imperfeito, é de considerar já existente autêntico dever de conclusão, e dever, por isso, ser indemnizado o interesse contratual positivo ou interesse do cumprimento».

O mesmo entendimento veio a prevalecer no acórdão do Supremo Tribunal de Justiça, de 28.04.2009 (processo nº 09A0457, acessível no site da DGSI), no qual se conclui que nos casos de rutura ilícita de negociações, a indemnização será, em regra, pelo interesse contratual negativo, havendo, no entanto, situações em que a indemnização será pelo interesse contratual positivo, quando as negociações tiverem atingido um desenvolvimento tal que justifi-

XIV. 2. A responsabilidade pré-contratual na mediação imobiliária

Também a **questão da responsabilidade pré-contratual tem sido alvo de abordagem jurisprudencial no domínio dos contratos de mediação imobiliária, em diversas situações.**

XIV.2.1. Os interessados na compra e venda desistem de celebrar o negócio visado no contrato de mediação ou, simplesmente, este contrato não veio a ser realizado com o interessado angariado pela mediadora.

Ver os seguintes arestos:

– Ac. TREC de 27.05.2015, proc. 1465/12.3TBCBR.C1 (Moreira do Carmo):

que a confiança na celebração do negócio, como é o caso de se ter atingido um acordo sobre todas as questões e apenas faltar a concretização/celebração do acordo através da forma legal.
O citado acórdão do STJ, de 26.01.2006, foi objeto de anotação favorável de Nuno Manuel Pinto Oliveira, em "Cadernos de Direito Privado nº 20 Outubro/Dezembro 2007", tendo o mesmo autor, na sua obra "Princípios do Direito dos Contratos", Coimbra Editora 2011, páginas 220 a 222, mantido o mesmo entendimento, citando aqui, também, o acórdão do STJ que já referimos, de 28 de abril de 2009.
O Supremo Tribunal de Justiça manteve o entendimento enunciado, nos seguintes arestos posteriores (ambos acessíveis no site da DGSI): acórdão de 16.12.2010, proferido no processo nº 44/07.1TBGDL.E1.S1 (Consta do ponto VI do respetivo sumário: «*Podem também ser objecto de indemnização por culpa in contrahendo os danos integrantes do interesse contratual positivo, quando, pelo encontro da proposta e da aceitação, já tenha sido obtido acordo, faltando apenas a formalização do contrato, pois, nesse caso, é de entender que existe um verdadeiro dever de conclusão, cuja violação implica a indemnização do interesse do cumprimento, isto é, considerando-se como indemnizável o ganho que derivaria da celebração (formalização) do contrato e que não se obteve*») e acórdão de 11.07.2013, proferido no processo nº 5523/05.2TVLSB.L1.S1 (Consta do ponto III do respetivo sumário: «*A jurisprudência, maioritariamente, considera, como regra, que o dano indemnizável é apenas o do interesse contratual negativo, ou dano de confiança, mas o entendimento de que em casos concretos, nomeadamente se a culpa in contrahendo estiver na violação do dever de conclusão de um contrato, a indemnização deve contemplar também o interesse contratual positivo tem merecido o aplauso de alguma doutrina e jurisprudência do STJ.*»).
Como se refere no acórdão do STJ, de 16.12.2010, «*o dever de lealdade implica a proibição de interrupção de negociações em curso, sobretudo, se a conduta do infrator tiver antes contribuído para que o seu interlocutor contratual tenha uma real e fundada expectativa na consumação do contrato, ou seja, o agente que rompe as negociações trai o investimento de confiança que com a sua conduta incutiu na outra parte.*».

«*Os casos padrão da culpa in contrahendo* ***correspondem ao seguinte:*** *a)* ***ruptura, infundamentada, das negociações preparatórias;*** *b) não conclusão, injustificada, de um contrato cujas negociações se iniciaram; c) celebração de um contrato ferido de invalidade ou ineficácia; d) conclusão de um contrato válido e eficaz, em que surgiram das respectivas negociações danos a indemnizar, designadamente contratos "indesejados", isto é, contrato não correspondente às legítimas expectativas, devido, por ex., ao fornecimento pela outra parte de informações erradas ou à omissão do devido esclarecimento; e) a responsabilidade por actos de terceiros.*

Não integra a figura da culpa in contrahendo, respeitante à A. e aos 2ºs RR, *a situação em que aquela actuou como mediadora imobiliária, e estes últimos como interessados na compra e venda de um imóvel alegadamente propriedade da 1ª R., cliente da A./mediadora, se os interessados* ***2ºs RR vêm a desistir de celebrar contrato de compra e venda do mesmo imóvel com a 1ª R., por entre A./mediadora e os 2ºs RR não se ter realizado, não se pretender realizar, nem se ter negociado entre ambas a efectivação de qualquer contrato.***».

– Ac. STJ de 03-04-2008, Revista nº 4498/07 – 2ª Secção (SANTOS BERNARDINO):

«*VI – Sendo nulo o contrato de mediação imobiliária, não há lugar a qualquer pagamento à mediadora se for de concluir que, ainda que não tivesse ocorrido a causa de nulidade, não havia lugar a remuneração, em consequência de a actividade desenvolvida pela mediadora no âmbito do contrato, não ter tido, para o comitente, no caso concreto, qualquer significado ou valor económico.*

VII – ***Não pode, designadamente, recorrer-se à figura da culpa in contrahendo, ou, mais rigorosamente, ao regime da responsabilidade pré-contratual, para nela fazer assentar o direito da mediadora a ser paga pelo trabalho desenvolvido para angariar interessado com quem o negócio visado no contrato de mediação não veio a ser realizado.***».

Neste último caso, estava-se perante uma situação factual em que **a rutura negocial ocorreu já na fase finalíssima da execução do contrato, situando-se a confiança das partes, nesta fase, já no campo da conclusão do negócio** visado com a mediação, uma vez que já estavam acertados todos os aspetos essenciais à compra e venda do imóvel, que restava formalizar dentro de instantes, e que era pressuposto do direito à remuneração acordada.

XIV.2.2. O cliente da mediadora, após denúncia (intempestiva) do contrato de mediação, vende (poucos dias depois) o imóvel a outrem (por um valor superior)

Cfr. Ac. da Rel do Porto de 27.06.2018, proc. 3093/16.5T8AVR.P1 (Carlos Querido):

«– *A **diferença entre dano positivo ou de cumprimento («in contratctu») e dano negativo ou de confiança («in contrahendo»)**, encontra correspondência nas noções de interesse contratual positivo e interesse contratual negativo, sendo pacífica a sua distinção: a indemnização pelo dano positivo destina-se a colocar o lesado na situação em que se encontraria se o contrato fosse cumprido, reconduzindo-se, assim, aos prejuízos que decorrem do não cumprimento definitivo do contrato ou do seu cumprimento tardio ou defeituoso; a indemnização pelo dano negativo tende a repor o lesado na situação em que estaria se não houvesse celebrado o contrato, ou mesmo iniciado as negociações com vista à respetiva conclusão, assistindo-lhe o direito a ser ressarcido do que despendeu na expectativa da consumação do negócio.*

II – Através do instituto da responsabilidade pré-contratual, o nosso ordenamento jurídico tutela a legítima confiança de cada uma das partes em que a outra conduza as negociações segundo os ditames da boa fé, abarcando não só as legítimas expetativas quanto à validade e eficácia do negócio, mas também quanto à sua conclusão.

*III – O entendimento doutrinário, tradicional e maioritário tem configurado o dano ligado à **responsabilidade pré-contratual (culpa in contrahendo)**, caracterizado pela rutura das negociações, como suscetível de justificar uma indemnização que apenas visa colocar o lesado na situação em que estaria se não tivesse acreditado, sem culpa, na boa fé ou atuação correta da outra parte, ressarcindo o dano negativo ou de confiança.*

IV – O princípio da mera indemnização do interesse contratual negativo, decorrente da responsabilidade pré-contratual vem sendo posto em causa pela doutrina em situações limite nas quais se suscita a questão da violação do «dever jurídico de conclusão» do negócio, posição que encontrou acolhimento na jurisprudência.

V – Tendo-se provado a celebração entre a autora e os réus, de um contrato de mediação sem exclusividade, vindo a autora (mediadora) a apresentar aos réus um comprador interessado, com uma proposta que aqueles aceitaram, tendo o interessado procedido ao pagamento do IMT e do Imposto de Selo devidos pela celebração da escritura, agendada em Cartório Notarial indicado pelos réus, comparecendo todas as partes, acabando os réus, sem qualquer razão justificativa, no ato da escritura, por se recusarem a outorgá-la, vindo a denunciar o contrato (intempestivamente), poucos dias depois, vendendo mais tarde o imóvel a outrem por um valor

superior, deverá concluir-se: i) que os réus violaram o dever jurídico de conclusão do contrato, ii) que a indemnização devida é a correspondente ao dano positivo ou de cumprimento.».

Parece claro que o caso acabado de referir constitui um exemplo paradigmático da violação grosseira do dever jurídico de conclusão do contrato e da conduta desleal por parte de um dos contraentes (recorridos)[552].

[552] **O CASO**
Em 11.10.2016, B..., Lda., intentou ação declarativa de condenação, sob a forma de processo comum, contra C... e D... pedindo: a) a declaração do incumprimento, pelos réus, do contrato de mediação imobiliária, celebrado entre as partes, em 17 de setembro de 2015; b) a declaração da ilicitude da resolução, efetuada pelos réus, daquele contrato; c) a condenação dos réus no pagamento de uma indemnização, a título de danos patrimoniais, em montante não inferior a € 22.500,00 [correspondente à remuneração a que teria direito caso os réus tivessem celebrado a escritura de compra e venda], acrescida de juros de mora, calculados desde a data da citação até integral pagamento; e d) a condenação dos réus no pagamento de uma indemnização, a título de danos não patrimoniais, no montante de € 1.500,00, acrescida de juros de mora, calculados desde a data da citação até integral pagamento.
Como fundamento da sua pretensão, **alegou a autora em síntese**: celebrou com os réus um contrato de mediação imobiliária, sem exclusividade, relativo a um prédio de que aqueles eram titulares, sito no ..., freguesia ...; angariou um comprador para tal prédio que fez uma proposta de compra, que foi aceite, tendo sido marcada escritura pública, que não chegou a ser celebrada por culpa exclusiva dos réus; os réus, não tendo celebrado a referida escritura pública, incumpriram o contrato, originando danos patrimoniais e não patrimoniais; após o referido incumprimento, os réus pretenderam fazer operar, de forma ilícita, porque sem causa justificativa, a resolução do contrato celebrado com a autora.
Citados, os réus C... e D... deduziram contestação [cfr. fls. 116 e seguintes], aceitando a celebração, entre as partes, de um contrato de mediação imobiliária entre as partes, bem como a proposta de compra do referido imóvel, mas apresentando uma diversa versão dos acontecimentos no que respeita às negociações subjacentes à marcação da escritura de compra e venda, que não se chegou a concretizar, de acordo com tal versão, em virtude de uma atuação negligente que imputam à autora. No que concerne à resolução do contrato a que alude a autora, defendem os réus tratar-se, antes, de uma denúncia do contrato, que foi legalmente efetuada e justificada pela perda de confiança na autora. Com estes fundamentos, concluem pela improcedência da ação e pela respetiva absolvição dos pedidos de deduzidos pela autora.
Realizou-se a audiência e foi proferida **sentença na qual se julgou a ação totalmente improcedente.**
A **Relação revoga a sentença**, condenando os réus a pagar à autora uma indemnização no montante de € 22.250,00, acrescida de juros de mora.

OS FACTOS:
A autora (mediadora) informou os recorridos de que o interessado comprador aceitava adquirir o imóvel pelo valor de € 425.000,00, propondo a realização da escritura em janeiro, tendo, ainda, perguntado qual a disponibilidade dos réus para se deslocarem a Aveiro para celebrar o contrato promessa; os réus apresentaram uma contraproposta de € 445.000,00, a qual foi aceite pelo interessado, que emitiu em 10.09.2015, um "cheque reserva", no valor de € 2.500,00; a autora e os réus acordaram, inicialmente, que a escritura pública de compra e venda seria realizada em Aveiro; a ré C... pediu à autora que a escritura fosse realizada em Lisboa, enviando um email à autora, em 01.02.2016, pelas 09h16m, com o contacto do notário J...; nessa sequência, a autora, por email de 02.02.2016, pelas 13h11m, informou a ré de que a escritura de compra e venda estava marcada para o dia 04.02.2016, às 16h00m, no Cartório Notarial J..., em Lisboa; a ré respondeu à autora, por email enviado em 02.02.2017, pelas 16h46m, sugerindo um encontro às 15h30m na pastelaria K..., que se situava na porta ao lado do Cartório; os réus aceitaram que a escritura fosse realizada no dia 04.02.2017; o notário J... tinha a minuta da escritura preparada; o interessado na compra liquidou os impostos de IMT e de Selo, devidos pela celebração da escritura de compra e venda do imóvel aqui em causa; no dia previsto para a celebração da escritura [04.02.2016], a ré deslocou-se ao Cartório e, pelas 15h39m, enviou uma mensagem escrita, para I..., mediador e representante legal da autora, dizendo que se encontrava no interior da pastelaria K..., na varanda de dentro, e que a escritura não estava atrasada e teria lugar às 16h00m, como previsto; I..., que nesse dia se deslocara a Lisboa com E... (interessado na compra), em resposta, enviou uma mensagem escrita à ré dizendo que se encontrava na ...; I... e E... chegaram ao Cartório Notarial entre as 16h12m e as 16h15m; aí chegados, a ré C... recusou-se a outorgar a escritura; após denunciarem (intempestivamente) o contrato, os réus mantiveram o imóvel à venda, tendo logrado vendê-lo a terceiros por, pelo menos, € 500.000,00, em outubro de 2016.

Como bem observou a Relação, «*Em suma, foram os recorridos quem indicou o cartório para a celebração da escritura, depois de terem acordado o preço com o comprador angariado pela recorrente, e de este ter pago os impostos de IMT e de Selo, tendo comparecido na data de celebração da escritura para, inopinadamente e sem qualquer explicação razoável (nada se provou) terem recusado a outorga da escritura*».
Daí ter rematado:
«*A culpa dos recorridos é intensa e presumida nos termos do artigo 799º do Código Civil, sendo inquestionável, no contexto factual provado, que sobre as partes recaía o dever jurídico de conclusão do contrato, tendo tal dever sido violado pelos recorridos, in extremis, quando nada o justificava nem fazia prever, já no Cartório Notarial que eles próprios indicaram, na data agendada para a outorga da escritura.*».
Como tal (depois de ter discorrido sobre o instituto da responsabilidade pré-contratual), concluiu a Relação que **sobre os recorridos impendia o dever de indemnizar com referência à indemnização pelo dano positivo**, «*destinando-se a mesma a colocar a lesada [recorrente] na situação em que se encontraria se o contrato tivesse sido cabalmente cumprido*».

XIV.2.3. Recusa por parte do vendedor da celebração do contrato-promessa de compra e venda com fundamento em pretender escriturar valor inferior da venda

Cfr. Ac. RL de 27.01.2011 (Jorge Vilaça):

> *«I – A* ***recusa por parte do vendedor*** *da celebração de um contrato-promessa de compra e venda de um imóvel para construção, cujas negociações foram mediadas por sociedade de mediação imobiliária, com fundamento em* ***pretender escriturar valor inferior da venda****, não aceite pelo comprador,* ***é fonte de responsabilidade civil pré-contratual****, nos termos do art. 227º, nº 1, do Código Civil.*
>
> *II –* ***Essa recusa na celebração do contrato-promessa, contrária ao princípio da boa fé*** *que preside à negociação de um contrato,* ***revela um elevado grau de ilicitude e de culpa.****».*

XIV.2.4. Mediadora exige ao interessado angariado que faça uma reserva do imóvel entregando-lhe este, para o efeito, determinada quantia em dinheiro.

Se é certo que **a reserva não obriga,** seja o interessado angariado, seja o cliente da mediadora, a fazerem o negócio – embora **possa levar a responsabilidade pré-contratual de qualquer deles, caso o negócio não se venha a concretizar, tudo dependendo da factualidade provada –,** certo é, também, que pode a **mediadora,** no fito de "segurar" o interessado angariado, **tê-lo levado a fazer a reserva do imóvel, mas sem conhecimento e mesmo contra a vontade do seu cliente, o qual a não vem a aceitar.** Aqui, **pode a mediadora responder** perante o terceiro lesado (caso os pressupostos daquela responsabilidade pré-contratual se verifiquem).

XIV.2.5. Outros arestos

Ver os seguintes acórdãos:

– Ac RL de 06.12.2017, Proc. 2164/10.6TCLRS.L1-2 (Maria Teressa Albuquerque):

> Data do Acordão: 06/12/2017
>
> **TRESPASSE – FALTA LICENÇA DE EXPLORAÇÃO – CULPA IN CONTRAHENDO – RESPONSABILIDADE DA MEDIADORA – RESP SOLIDÁRIA**; LITIGÂNCIA DE MÁ FÉ;

«I – O regime de responsabilidade plural passiva que melhor quadra à responsabilidade civil pré-contratual advinda da celebração de um ***contrato de mediação nulo, por objecto legalmente impossível****, é o da responsabilidade solidária, sendo esse regime o que resultou consagrado no DL 211/2004 de 20/8 para a mediadora.*

II – A transacção que teve lugar nos autos entre os seus autores e a neles a 2ª R. (reconvinte nos mesmos e que no contrato de mediação interveio como cliente), e que se analisa num mero cruzamento da desistência dos pedidos, não evidencia a existência de um negócio que tenha envolvido qualquer dos meios de satisfação do direito do credor mencionados no art 523º CC.

III – Por assim ser, não pode concluir-se, em função dessa transacção, que tenha resultado extinta a dívida também relativamente à 1ª R., mediadora, apesar de ter sido demandada com aquela (2ª R.) em regime de solidariedade.

IV – São irrelevantes para o valor da acção, apurado nos termos do nº 2 do art 299º CPC, vicissitudes posteriores que importem a desistência do pedido reconvencional.

V – No contexto da responsabilidade por ***culpa "in contrahendo"*** *pela realização de um trespasse nulo em função da impossibilidade legal do seu objecto, o pedido da "devolução" das quantias pagas no âmbito do mesmo, não se assume como efeito da nulidade por decorrência do disposto no art 289º CC, mas como indemnização, em função da ilicitude específica em apreço – estão em causa nessa "devolução" os danos correspondentes ao interesse contratual negativo, ou de confiança, devendo a empresa de mediação colocar os AA. na situação em que eles se encontrariam se não tivessem chegado a ocorrer negociações que culminaram num negócio nulo.*

VI – Por isso, a sentença que condenou tal empresa a indemnizar os AA. pelas quantias que estes entregaram à cliente no negócio (a referida 1ª R. que interveio na transacção supra referida), não sofre de nulidade por omissão ou excesso de pronúncia, tão pouco, por condenação em objecto diverso do pedido, acrescendo que a condenação naquela indemnização não pressupunha a declaração da nulidade do trespasse.

VII – A circunstância de ter resultado provado que a 1ª R, empresa de mediação, apenas sabia, à data do trespasse, o que lhe tinha sido referido pela cliente – que tinha sido pedida a licença de exploração do estabelecimento e que se aguardava a sua emissão – não impede a sua condenação pela violação da obrigação que lhe advinha da al b) do art 16º do DL 211/2004 de 20/8, visto que lhe cabia ter-se certificado «por todos os meios ao seu alcance» se essa licença existia, o que não fez, sendo que, se o tivesse feito, teria concluído que essa licença estava pedida, mas não seria concedida sem a realização de obras no imóvel.

VIII – A empresa de mediação violou também os deveres a que se reportam as als d) e e) do art 16º desse diploma legal, ao ter admitido mediar a celebração do contrato de trespasse em separado do de sublocação do espaço em que estava instalado o estabelecimento comercial, por bem saber que tais contratos estavam objectiva e finalisticamente interligados, tanto para o cliente, como para o interessado, com o que pôs em causa a exactidão e clareza do negócio global que se pretendia, e concorreu para que o mesmo, na sua intrínseca globalidade, pudesse não vir a ter lugar, como acabou por suceder.

IX – O que os factos demonstram, sem necessidade da adição de outros, é que não houve recusa dos AA. em celebrar o contrato de sublocação, antes tendo havido a rejeição justificada do contrato de trespasse e, em consequência, a do contrato de sublocação.».

– Ac. RL de 12.07.2012, Proc.1187/11.2TBPDL.L1-7 (Ana Resende):

«4. *Para haver responsabilidade pré-contratual é necessária a existência do facto específico da criação de expectativa e confiança, no concerne à qual a ruptura injustificada, manifestada através de um comportamento incoerente e contraditório, está em oposição com a boa-fé.*

5. ***Sendo a dona do imóvel livre para o vender a outros, que não os interessados angariados pela mediadora,*** *presente o acordo efectuado entre os angariados e a vendedora no qual se consignou a possibilidade de não vir a ser celebrado a promessa de compra e venda, estabelecendo-se as consequências, para tanto, nomeadamente quanto ao ressarcimento de danos que aos envolvidos pudessem assistir,* ***não se pode concluir pela ilicitude da conduta da vendedora, em termos de responsabilidade pré-contratual.»***.

XV
Venda por preço inferior ao constante do contrato de mediação imobiliária

XV.1. Em nada interfere com a comissão acordada

Cfr. os seguintes acórdãos:

Ac. TRE de 17.03.2010, proc. 898/07.1TBABF.E1 (Bernardo Domingos):

*«O facto de o **negócio se ter realizado por um valor inferior ao inicialmente previsto, em nada interfere com o direito à remuneração por parte do mediador. Afinal isso é uma questão que está na livre disponibilidade do vendedor de aceitar ou não a redução de preço** proposta pelo comprador, que se reporta ao contrato de compra e venda e não ao da mediação.».*

- Ac. RL de 26.11.2010, proc. 724/07.1TBSSB.L1-2 (JORGE LEAL):

*«– O cliente da mediadora **imobiliária deve pagar a esta a comissão acordada, mesmo que venda o imóvel a preço inferior ao previsto no contrato de mediação,** no caso de ter aceite vender a casa a comprador angariado pela mediadora.».*

- Ac. TRG de 29.09.2014, proc. 1651/11.3TBBCL.G1 (EVA ALMEIDA):

«I – No contrato de mediação imobiliária o mediador adquire direito à comissão quando a sua actividade contribuiu para a celebração do negócio, determinando a aproximação do comitente com terceiros.

*II – O mediador **mantém o direito à remuneração, ainda que a venda se tenha efectuado por valor inferior ao que os réus pretendiam no contrato de mediação,** pois o negócio visado era a venda das fracções autónomas, **sendo o preço apenas um dos elementos do negócio, na inteira disponibilidade do vendedor.**».*

– Ac. RL de 16.10.2007, proc. 7541/2007-1 (RUI MOURA):

> *«VII – Se, encontrados interessados no negócio pretendido de venda, o* ***preço final da mesma for, então, alterado, por livre e mútuo acordo*** *entre os comitentes e os interessados no negócio, tal* ***tem a ver com a compra e venda e não com a mediação.***
>
> *VIII – Entendendo-se que tem interesse para caracterizar o negócio que se visa com a mediação, então,* ***a exigência de passar esse novo valor para a forma escrita,*** *por ser uma estipulação posterior ao documento, e por não se ver que nisso haja razão especial da lei, então o novo preço* ***não carece de forma escrita para relevar em face do contrato de mediação*** *– artigo 221º- 2 do Código Civil».*

De anotar, porém, que para que o mediador adquira o direito à remuneração, **o contrato que venha a ser celebrado pelo cliente e pelo terceiro angariado pelo mediador não tem de ser exactamente o mesmo que foi *ab initio* idealizado, mas tem de ter uma correspondência económica com ele**: conseguido um interessado, se o cliente vem a celebrar com ele o contrato por valor diferente do perspectivado no contrato de mediação, **em princípio, não poderá usar essa diferença para se escusar ao pagamento da remuneração do mediador**[553]

> *«Se o preço fixado pelo mandante não foi considerado condição sine qua non da atribuição a percentagem ou remuneração do mediador, é seguro que a* ***conclusão do negócio por preço inferior não faz perder àquele o seu direito,*** *pela razão de ser opinião comum que não é necessária perfeita coincidência entre o contrato desejado e o efetivamente realizado; o mediador conseguira já a adesão do terceiro à celebração do negócio, daí a sua participação no nexo causal»*[554].

XV.2. Se a proposta inferior ao preço de venda constante do contrato não for aceite pelo comitente e o contrato se não realizar, não há remuneração ao mediador[555]

[553] Cfr. Higina Castelo, O Contrato de Mediação, Colecção Teses, Almedina, pág. 302.

[554] Manuel Salvador, *apud* Higina Castelo, Contrato..., cit., pág. 303.

[555] *«III – Não constitui obrigação fundamental do mediador concluir o contrato; a sua obrigação essencial é a de conseguir interessado para certo negócio que ele próprio, raramente, conclui, sendo indiferente que este intervenha na fase final do negócio.*

XV.3. Outros

Não sendo sido firmado o regime de exclusividade, não obstante a intervenção da mediadora, se o papel do cliente tiver sido causal da concretização do negócio, há apenas responsabilidade contratual deste por ter vendido por preço inferior ao fixado com a mediadora

Ac. RL de 04.03.2010, proc. 816/08.0YXLSB.L1-8 (Teresa Prazeres Pais):

> *«O contrato de mediação imobiliária importa que o mediador tenha sido, expressa ou tacitamente incumbido pelo comitente, que só fica constituído na obrigação de remunerar o mediador se o negócio incumbido for concretizado em virtude da actividade do mediador, ou seja,* ***a retribuição só é devida com a conclusão do contrato definitivo: não bastam esforços nesse sentido.***
>
> *Atenta o facto de não haver sido firmado entre as partes o regime de exclusividade, não obstante a intervenção da A, o papel desempenhado pelo R, neste caso concreto, foi causal da concretização do contrato de compra e venda do imóvel. Por isso,* ***não há lugar à retribuição, mas apenas e tão só à responsabilização contratual deste último, por não ter mantido o preço fixado com a A.»***.[556]

IV – Tendo o interessado apresentado uma ***proposta inferior ao preço de venda previsto no contrato de mediação imobiliária, a qual não foi aceite pelo comitente,*** *a não realização do negócio visado não ocorre por culpa deste último, não sendo devida qualquer remuneração ao mediador.»*- Ac. TRG de 23.10.2014, proc. 49320/12.9YIPRT.G1 (Manuel Bargado)

Parece evidente que aqui se não pode dizer que o negócio visado no contrato de mediação se não concretizou *por causa imputável o cliente* da mediadora (*ut* **art. 19º/2 da Lei nº 15/2013**, de 8 de Fevereiro).

[556] **O CASO**

Os factos:

Tratava-se de um contrato de mediação imobiliária sem **regime de não exclusividade.**

No contrato de mediação **o cliente (réu),** caso a mediadora conseguisse um interessado no negócio, **obrigava-se a realizar o negócio** nas condições que constavam do contrato (**o valor ali previsto era de 210.000,00€).**

A mediadora arranjou um interessado no negócio, tendo com ele feito uma visitar à casa e **informando-o de todos os termos e condições estabelecidas para a venda da casa.**

Esse interessado **veio depois a telefonar para o outro número que se encontrava visível na janela da dita fracção, que era do R. tendo então descoberto que lhe pediam um preço inferior em € 10.000.00.**

Mais tarde o R. veio a vender a fracção a esse interessado pelo valor de **€ 200.000,00**.

Que dizer?

Provou-se que **foi por intermédio da A. (mediadora) que o comprador da casa a veio a conhecer e se interessou por ela, sabendo das condições que constavam do contrato (v.g., o valor de 210.000,00€).**

O que se **perguntava era se devia entender-se (ou não) que foi a mediadora quem conseguiu o interessado no negócio.**
Entendeu o tribunal que não havia nexo de causalidade entre a intervenção da A (mediadora) no exercício do cumprimento do contrato firmado com o R (seu cliente) e o resultado final, ou seja, a outorga do contrato de compra e venda; **que a A (mediadora) apenas levou a efeito esforços para alcançar o resultado final, que foi concretizado pelo R.** (a retribuição só é devida com a conclusão do contrato definitivo: não bastam esforços nesse sentido – STJ 31-Mar. -1998 (RIBEIRO COELHO), BMJ 475 (1998), 680-688); que só a intervenção deste último é que foi causal do negócio de compra e venda.
Daí que **se tenha decidido não haver lugar ao pagamento da retribuição.**
Para tal, firmou-se o tribunal no facto de o **negócio ter vindo a ser celebrado com aquele interessado encontrado pela mediadora, sim, mas ....por via da intervenção do cliente da mediadora (o Réu), que apresentou um preço inferior ao pedido pela A (mediadora).**
**

Não nos parece a boa solução.
Com efeito: quem encontrou o interessado com quem, a final, veio a ser celebrado o negócio foi a mediadora. **E o interesse deste manteve-se sabendo do preço que constava no contrato de mediação imobiliária.**
Parece que se deveria ter-se considerado preenchido o nexo causal entre a actividade da mediadora e a concretização do negócio visado no contrato de mediação.
Se alguém há a censurar neste processo é a conduta do cliente da Autora, na medida em que apresentou ao interessado um preço .....diferente daquele que fez constar do contrato de mediação. **Não parece ter sido leal com a mediadora** – afinal, foi ela quem encontrou o terceiro genuinamente interessado no negócio e com quem este se veio a concretizar.
O facto de o preço final ter sido reduzido, em nada deve afectar a remuneração da mediadora: trata-se de questão entre comprador e vendedor, que nada tem a ver com o contrato de mediação validamente outorgado!
Aliás, **a não se entender assim, poderíamos bem assistir a uma situação em que a descida (no caso... . foi de menos de 5%!) do preço pelo cliente da mediadora apenas ocorresse para este se furtar ao pagamento da remuneração!** E...**sabe-se lá se não foi isso mesmo que aconteceu no caso *sub judice!***
Parece-nos, portanto, que a Autora/mediadora teria direito à retribuição acordada, independentemente do facto do R (cliente da mediadora) ter oferecido um preço inferior ao referenciado no contrato e a venda ter sido efectuada por esse valor mais baixo.

XVI
Juros de mora. Mediação imobiliária: contrato civil ou comercial?

Os juros de mora exigíveis pela empresa mediadora, **em caso de incumprimento pelo seu cliente** da obrigação de pagamento da comissão acordada, **são juros moratórios comerciais, logo, à taxa supletiva comercial a que alude o art. 102º, $3, do Código Comercial e não à taxa supletiva dos juros civis definida pela Portaria nº 291/2003, de 8.04**[557].

Efectivamente, não pode olvidar-se que, sendo certo, porém, que o contrato de mediação não é um contrato cuja natureza comercial ou civil

[557] Cfr. Ac. Trib RP de 27/03/2017, proc. 484.13.7TBPVZ.P1 (Miguel Baldaia).
Escreveu-se, com todo o acerto, neste aresto:
«...como enfatiza Cassiano Dos Santos (In Direito Comercial, vol. I, pág. 179), **a razão de ser da existência de juros moratórios comerciais nada tem a ver com o devedor, mas tem tudo a ver com o credor:** seja o devedor consumidor ou não o seja, a razão continua a ser a mesma; num caso ou noutro (mas já não quando, por exemplo, se trate de atos não comerciais praticados por comerciantes), a razão **radica na necessidade de "*compensar especialmente as empresas pela imobilização de capitais*,** *pois que, para elas o dinheiro tem um custo mais elevado do que em geral, na medida em que deixam de o poder aplicar na sua atividade, da qual extraem lucros, ou têm mesmo de recorrer ao crédito bancário*". Em suma, a obrigação de pagamento de juros comerciais respeita a todos os atos comerciais e continua a ser independente da natureza da pessoa do obrigado.
Portanto, in casu, independentemente de o acto não ser subjectivamente comercial do lado do comitente, porque **a empresa que medeia é uma sociedade comercial e porque os actos por ela praticados são também comerciais** (cfr. arts. 2º, 13º e 99º do Cód. Comercial), o acto é comercial e são devidos os juros de mora à taxa supletiva comercial referida no citado art. 102º, § 3º do Cód. Comercial (Cfr., neste sentido, acórdãos da Relação de Coimbra de 19.10.2010 (processo nº 286652/08.0YIPRT.C1), de 6.07.2010 (processo nº 3458/08.6TJCBR. C1) e acórdão da Relação de Lisboa de 8.03.2012 (processo nº 1724/09.2T2AMD.L1-2), disponíveis em www.dgsi.pt.), contados desde a data em que ocorreu o vencimento da obrigação...» – destaque nosso.

decorra de uma específica norma legal[558], na maioria das situações encontradas podemos afirmar maioritariamente a natureza comercial do contrato de mediação[559], seja porque nele intervém um mediador no exercício da sua actividade comercial (**comercialidade subjectiva**), seja porque esteja em causa uma das modalidades de mediação tipificadas, como são a mediação imobiliária e a mediação de seguros[560] (**comercialidade objectiva**).

[558] Assim, Maria de Fátima Ribeiro, *Scientia Iuridica*, nº 331, Tomo LXII, janeiro/abril, 2013, p. 77 e seguintes.

[559] Neste sentido: Higina Orvalho Castelo, Regime Jurídico da Atividade de Mediação Imobiliária Anotado, Almedina, 2015, p. 52 e seguintes, onde refere que "No nosso ordenamento, a atividade de mediação imobiliária regulada foi sempre uma atividade comercial" e Miguel Côrte-Real e Maria Mendes da Cunha, A atividade de Mediação Imobiliária – Anotações e Comentários ao DL 77/99, de 16/03 e à Legislação Complementar, Vida Económica, p. 11, referindo que "Esta atividade do mediador imobiliário é uma atividade de cariz absolutamente comercial, uma vez que a entidade mediadora tem como escopo a prática de atos de comércio com vista à obtenção do lucro".

[560] DL 144/2006 de 31 de Julho.

XVII
Alteração de uma das partes do negócio visado

Acontece, por vezes, que **o negócio visado no contrato de mediação imobiliária vem a ser celebrado com interessado diferente do angariado e indicado pela mediadora.**

Pergunta-se: tal afecta a retribuição acordada com a mediadora?

a. A alteração, **por si só, não exclui o direito à comissão**[561].
b. **A primeira impressão:** intervindo, v.g., como comprador pessoa diferente daquela que a mediadora angariou, é-se **tentado a concluir que deixou de haver nexo causal** (entre a actividade da mediadora e....e resultado final), afastando o direito à retribuição.
c. **Porém, o nexo causal (e consequente direito à comissão) mantem-se se o novo interessado, graças a uma relação com o angariado, tiver celebrado o contrato apenas para frustrar o direito do mediador à remuneração**[562].

561 Assim, o Ac. TRP de 08-09-2011, proc. 340957/10.2YIPRT.P1 (Maria de Deus Correia):, *«I – **A mera alteração de uma das partes do negócio visado pelo contrato de mediação imobiliária, por si só, não exclui o direito à remuneração da mediadora.***
II – O que releva é saber se a actuação da mediadora foi ou não determinante na conclusão do negócio, não obstante essa alteração subjectiva.».

562 Com efeito, como bem observa Higina O. Castelo (*Contrato de mediação, cit.*, pp 301-302), **concluir pela inexistência de nexo causal, pode ser uma decisão...."precipitada".**
Escreve a Autora: «.... pode suceder que, apesar de celebrado com pessoa diferente da angariada pelo mediador, **exista um nexo causal** entre a actividade do mediador e a celebração do contrato **por o novo interessado ter, graças a uma qualquer relação com o angariado, celebrado o contrato apenas para frustrar o direito do mediador à remuneração,** beneficiando o angariado do contrato a final celebrado de modo semelhante ao que beneficiaria se o tivesse celebrado pessoalmente. **Neste caso,** a celebração com pessoa diversa da angariada

d. **O terceiro preferente vem-se substituir ao interessado angariado pela mediadora** (*ut* art. 19º/4 da Lei 15/2013): **não afecta o direito à remuneração da mediadora**[563].

pelo mediador **não é impeditiva do nascimento do direito à remuneração»** – o destaque é nosso.
Cita-se o **Acórdão do TRP de 02/11/2009,** proc. 1913/08.7TJPRT.P1.
O CASO
Tratava-se de um caso em que o **imóvel veio a ser comprado por um filho da pessoa angariada pela mediadora, o qual se dirigiu autonomamente ao vendedor após o mediador ter mostrado o imóvel à sua mãe e de esta se interessar por ele, vivendo, para mais, a mãe no agregado familiar do filho.**
O tribunal decidiu que se mantém «a obrigação de remuneração ainda que no negócio objecto da mediação venha a ocorrer uma **alteração subjectiva relativamente à pessoa do comprador, desde que a actividade de mediação tenha influído na concretização do negócio que, no caso, veio a ser celebrado pela potencial interessada, em representação de um filho, o qual figura no contrato de compra e venda como adquirente»** – destaque nosso.
Idem, na situação prevista no Ac. da Rel Porto, de 03.04.2014, proc. 247773/11.9YIPRT.P1.

563 E **isto, esteja já concretizado o negócio visado ou ainda esteja em perspectiva**: se o preferente, legal ou convencional, se apresenta (**seja por sua iniciativa, seja por iniciativa do cliente da mediadora obrigado a dar a preferência)** a preferir e o negócio visado vier a ser concretizado com ele, temos uma modificação de uma das partes no negócio visado, pois quem nele intervém já não é (ou deixou se ser) o interessado que a mediadora havia angariado.
Aqui, é claro, **o direito da mediadora à remuneração mantém-se intacto – mantém-se o nexo causal** entre a actividade da mediadora e o contrato que veio a ser celebrado (mesmo não tendo sido com a pessoa angariada pela mediadora).

XVIII
A pluralidade de mediadores e a dupla mediação

XVIII.1. Pluralidade de mediadores

XVIII.1.1. No nosso ordenamento jurídico

Pode ocorrer que para a concretização do negócio no contrato de mediação imobiliária tenham tido intervenção mais de um mediador.

Não basta que o contrato visado seja concluído para ser devida a comissão. É ainda necessário que exista um nexo causal entre este e a actividade do mediador. Condição esta que é de grande utilidade prática, designadamente e precisamente na resolução de litígios quando se está perante **vários mediadores.**

Com efeito, a questão do direito à remuneração na dupla mediação tem essencialmente a ver com o nexo causal: em princípio, a remuneração será devida ao mediador cuja actividade foi causal do negócio (ou seja, àquele que, com a sua actividade, logrou angariar o interessado no negócio com quem, efectivamente, o mesmo veio a ser concretizado).

Ora, **não é necessário que a intervenção do mediador constitua a causa exclusiva** (da celebração do negócio), pois pode haver outras **concausas concorrentes** – afirmação que se justifica, precisamente, na hipótese de **intervenção de vários mediadores.** E aqui o que se questiona é saber como "repartir" entre eles (se é que deve ser repartido) o direito à remuneração.

Cremos que, não prevendo a lei o "concurso de mediadores", a melhor solução, nesta situação de intervenção/participação de vários mediadores para a conclusão do negócio visado, parece ser a "salomónica", de remunerar todos eles em partes iguais. A não ser, é claro, que tenha sido convencionada outra forma de remuneração[564].

[564] Neste sentido, pode ver-se o Ac. TRC de 16.10.2007, proc. 408/05 (Jorge Arcanjo):

A questão do **direito à remuneração na situação em que o imóvel foi colocado em venda em várias imobiliárias** tem merecido atenção dalguma doutrina e jurisprudência.

Assim, v.g., Carlos Lacerda Barata[565] diz que no caso de não haver exclusividade, **sendo encarregados vários mediadores, o direito à remune-**

«2. O contrato de mediação está sujeito a forma escrita e dele devem constar obrigatoriamente determinados elementos – art. 20º, nºs 1 e 2, do D L. nº 77/99, de 16/03.
3. Porém, a nulidade, por falta de forma, do contrato de mediação imobiliária é atípica, visto só ser arguível pelo comitente – nº 8 do art. 20º.
*4. A lei não prevê expressamente o **concurso de mediadores**, devendo entender-se que, uma vez **concluído o negócio com a intermediação de mais de um mediador, a remuneração será paga a todos e em partes iguais, salvo convenção em contrário.***
5. Comprovando-se que em reunião havida entre autores (mediadores), vendedores (comitentes) e representantes da compradora foi decidido entre todos que o valor dos honorários/comissão seria descontado no preço do loteamento, ficando a Ré com o encargo de o entregar aos autores, logo após a realização da escritura pública de compra e venda, existe assunção liberatória de dívida por parte da Ré compradora.
*6. Na **assunção de dívida**, o novo devedor pode opor ao credor a nulidade do contrato de assunção, mas já não lhe é lícito invocar a nulidade ou anulação do contrato que serviu de fundamento à assunção, dada a natureza abstracta do mesmo – arts. 597º e 598º C. Civ».*

Uma nota: no caso tratado no aresto, **um dos mediadores intervenientes não estava autorizado a exercer a actividade de mediação, por não ser uma *empresa*.**
Poderia perguntar-se se isso podia implicar a redução da comissão, como já foi entendido pela jurisprudência brasileira (por ex., Ac do STJ, Resp. 331638, 4ª T, de 7/10/2003, publicado no DJ de 24/11/2003).
Não o cremos.
Com efeito, o facto de um dos mediadores intervenientes não estar autorizado a exercer a actividade de mediação (só as empresas o podem fazer, mediante prévio licenciamento e registo – arts. 3º, 5º e 8º) não torna nulo o contrato de mediação, como é (e também atrás defendemos) sustentado pela jurisprudência prevalecente, argumentando-se, designadamente, que, ainda que aquelas normas sejam imperativas, não se dirigem ao conteúdo do próprio negócio, ou seja, não contendem com o elemento interno ou formativo, logo não é aplicável a sanção da nulidade cominada no art.294 do CC. (cf., por ex., Ac do STJ de 18/3/97, C.J. ano V, tomo I, pág.158, Ac RP de 21/5/96 e de 20/9/01, Ac RL de 14/3/02 e de 17/2/04, disponíveis em www dgsi.pt).
Diga-se, aliás, que também no Código Civil Brasileiro (cfr. art. 728º) se prevê que em caso de concurso de mediadores, concluído que seja o negócio com a **intermediação de mais de um dos mediadores**, salvo convenção em contrário, a remuneração será paga a todos em partes iguais, ou seja, a comissão será repartida entre todos (devendo sê-lo em partes iguais, ou doutra forma, caso assim seja acordado pelos mediadores intervenientes).

[565] *Contrato de Mediação*, Estudos do Instituto de Direito do Consumo, vol. I, pág. 206.

ração vai depender do estabelecimento do mencionado nexo causal entre a actividade de cada um e o resultado alcançado de que depende a remuneração.

Na jurisprudência pátria, pode consultar-se, ainda, o Ac. da Rel. de Lisboa de 12.6.2018, proc. 28079/15.3T8LSB.L1-7 (DINA MARIA MONTEIRO)[566] e o **Ac. TRP de 03.03.2009**, proc. 0827745 (GUERRA BANHA)[567].

[566] Assim sumariado:
Estando um imóvel ***colocado em venda em várias imobiliárias, em regime de não exclusividade, e sem que o proprietário conheça os clientes de cada uma destas imobiliárias, é-lhe lícito que, no âmbito da sua liberdade contratual, realize o negócio com aquela cujo cliente angariado, globalmente, lhe oferecer melhores condições de negócio.***
Nessas circunstâncias, o facto de um mesmo cliente ter apresentado propostas diferentes em cada uma das imobiliárias, ***não pode ser oponível ao vendedor do imóvel, que desconhecia, sem culpa, esse facto.***
Tendo o proprietário tido conhecimento de tal realidade em momento posterior, e quando o cliente – potencial comprador –, tinha já desistido de prosseguir negociações na primeira das agências de angariação imobiliária, certo é que nada impede este cliente de apresentar proposta distinta em outra agência do mesmo ramo e, muito menos, de o proprietário aceitar esta segunda proposta.
Para se aferir a que agência de Mediação Imobiliária deve ser satisfeita a comissão devida pela venda do imóvel deve ser estabelecido o nexo causal determinante da realização daquela venda.
No desenvolvimento da sua atividade comercial e para a satisfação dos interesses do cliente, deve a agência de Mediação Mobiliária desenvolver os esforços necessários para aproximar os valores para aquisição do imóvel, para que promitentes compradores e promitentes vendedores encontrem uma base de acordo comum.
Estabelecido esse item negocial, obtido o acordo final e realizado o negócio perspetivado, a agência de Mediação Imobiliária cumpre com o seu dever de satisfação do cliente e fica com o direito a receber o valor de angariação contratado.

[567] Situação em que há nexo causal da primeira mediadora mas o negócio é **concluído com intervenção de segunda mediadora já depois de expirado o contrato de mediação celebrado com a primeira – Direito à remuneração.**
O aresto foi assim sumariado
«Provando-se que actividade mediadora da autora contribuiu para a conclusão do negócio mediado, mas que ***este só veio a ser concluído e celebrado já depois de ter expirado*** *o contrato de mediação que tinha celebrado com a ré e por intermédio de outro mediador que* ***recebeu, por isso, remuneração igual a metade da que a autora pretendia receber*** *se tivesse sido ela a tratar da conclusão do negócio,* ***é equilibrado reduzir a remuneração da autora a quantia idêntica à que foi paga àquela segunda mediadora.»***.

O CASO

Os factos:

A autora, mediadora imobiliária, celebrou, em 23.03.2006, com a 1ª Ré um Contrato de Mediação Imobiliária (em regime de **não exclusividade**), pelo prazo de 12 meses, *"através do qual a autora se obrigou a diligenciar no sentido de conseguir interessados para o imóvel que a 1ª ré pretendia vender"*.

Acordou-se no pagamento de uma remuneração à A. de 3% sobre o valor do imóvel, mais IVA.

A autora publicitou a venda do imóvel e arranjou comprador para o imóvel – os 2ºs RR.

A **A autora propôs à 1ª ré e aos 2ºs réus a permuta recíproca dos seus prédios**, ambos suas residências, tendo mostrado o prédio dos 2ºs réus à 1ª ré, **permuta que ambos aceitaram e nos termos propostos pela A.**

A 9 de Fevereiro de 2007, a 1ª **Ré, por carta enviada à autora, comunicou-lhe a não renovação do contrato** de mediação imobiliária.

Por escritura celebrada a **10 de Abril de 2007** (ou seja,...caducado que estava o contrato celebrado com a A), **a 1ª ré permutou a sua vivenda pelo apartamento dos 2ºs réus,** pelo valor de 200.000€ e 100.000€ respectivamente.

No negócio interveio outra imobiliária, a qual assinou com a 1ª ré um contrato de mediação.

Apreciando:

Entendeu a Relação – secundando a 1ª instância – que, uma vez que o negócio visado apenas veio a ser celebrado (através de uma segunda mediadora) já depois de expirado o prazo do contrato de mediação que a Autora celebrara com a 1ª Ré e que essa **segunda mediadora apenas aceitou receber metade do valor da remuneração que a 1ª Ré tinha acordado pagar à Autora** no contrato de mediação que com esta celebrara, **devia reduzir-se a remuneração da autora para o montante idêntico ao que foi pago àquela segunda mediadora (1,5%).**

Com o maior respeito, **permitimo-nos discordar** de ambas as instâncias.

Escreveu a Relação:

«...o que se impõe saber é se a actividade de intermediação desenvolvida pela autora, (...) é por si suficientemente relevante e causal, a título exclusivo, do negócio celebrado entre os réus, para permitir à autora exigir da ré o pagamento integral da prestação remuneratória a que se obrigou contratualmente.».

E acrescentou:

«...não obstante a celebração da permuta entre os réus já ter ocorrido após a extinção daquele contrato de mediação, o tribunal considerou que os factos provados demonstravam que, ***dentro do prazo de vigência daquele contrato, a autora tinha desenvolvido várias acções de promoção da venda da casa da 1ª ré e que fora em consequência dessas acções da autora que arranjou interessado na compra daquela casa e com quem a ré veio, a final, a celebrar o contrato de permuta que havia sido proposto pela autora. E foi ponderando, de um lado, esta influência decisiva da actividade de mediação da autora na conclusão do negócio que a ré veio a realizar,*** *e, de outro lado, que a conclusão do negócio já veio a ocorrer depois de extinto aquele contrato de mediação com a autora, (...) e sob a mediação de outra imobiliária,*

que foi quem tratou de toda a documentação necessária à sua formalização e que apenas cobrou a percentagem de 1,5%, que o tribunal recorrido decidiu como justo que a ré remunerasse os serviços da autora com aquela mesma percentagem, correspondente a metade da prestação acordada.».
Mais se disse ali que é certo que a ré tinha o direito de fazer caducar o contrato de mediação imobiliária que celebrara com a Autora, «*O que estava em causa era avaliar o custo da prestação realizada pela autora durante a vigência do contrato, a qual não correspondia à prestação integral prevista no contrato, mas a parte dessa prestação*» – **embora ali se reconhecesse** que «*o não cumprimento integral da prestação não resultou de culpa da autora, já que* ***foi a ré quem impediu a renovação do contrato de mediação antes da conclusão do negócio visado*»,** tendo a A. ficado, «*pela extinção do contrato*», «*impossibilitada*» de ver concretizada a realização integral da prestação – sublinhados nossos.
Foi com esta argumentação que se validou a decisão da 1ª instância, de **redução proporcional da prestação (chamando-se à colação o art. 793º CCivil** – *impossibilidade temporária* de cumprimento não imputável ao devedor).
Que dizer?

É o próprio tribunal a reconhecer a influência decisiva da actividade de mediação da autora na conclusão do negócio, já que a Autora havia desenvolvido várias acções de promoção da venda da casa da 1ª ré e que fora em consequência dessas acções da autora que arranjou interessado na compra daquela casa e com quem a ré veio, a final, a celebrar o contrato de permuta que havia sido proposto pela autora.
É certo que do art. 19º do RJAMI resulta que a remuneração só é devida aquando da *conclusão* e *perfeição* do negócio visado pelo exercício da mediação.
Porém, como dito supra, **o mediador adquire o direito a receber a remuneração** quando o seu trabalho **influi** sobre a conclusão do negócio, isto é, **quando, embora a sua actividade não seja a única causa determinante** da cadeia dos factos que deram lugar ao negócio pretendido pelo comitente, **contribuiu/influiu para ela.**
Assim, portanto, se é certo que o direito à remuneração implica a execução da prestação contratual a **que o mediador se obrigou,** ou seja, a **prática dos actos adequados a conseguir que seja atingido o objectivo do contrato** – a concretização e perfeição do negócio visado com a mediação –, perante os factos provados **parece-nos que à Autora assistia o direito à remuneração acordada, na medida em que aquele nexo casal se preencheu na íntegra.**
O comitente fica constituído na obrigação de remunerar o mediador se o negócio tido em vista pelo incumbente (*in casu,* a 1ª Ré) for concretizado em virtude da actividade da mediador, ou seja, se a obrigação de meios que a esta incumbe vier a desembocar no resultado pretendido – a celebração do negócio visado (**se a final intervier outra mediadora, a isso é alheia a primeira mediadora** (aqui, a Autora), pois tal apenas é imputável ao cliente/comitente que a contratou – aqui, à 1ª Ré).
Foi precisamente o que ocorreu, repete-se, no caso *sub judice.*
É certo que o tribunal, depois de tecer doutas considerações jurídicas, concorda que "*se impõe concluir que tem que haver uma relação causal entre a actividade desenvolvida pelo mediador e a realização do negócio visado pelo contrato de mediação.*», acrescentando mesmo que «*É também esta a*

interpretação dada pela doutrina e pela jurisprudência» (que cita). Só que **entendeu que.....não bastava esse nexo causal, antes se exigindo a prova de que a conclusão do negócio resultou exclusivamente** da actividade mediadora da autora.

Mas, a ser assim, sempre nos permitimos perguntar: afinal, não foi **por acção exclusiva da Autora que o negócio se concretizou? Não foi a Autora (e só ela) quem angariou o interessado no negócio que se veio a efectivar, fazendo, para o efeito, diligências várias......** antes do terminus do prazo do contrato? – veja-se que a A. não apenas publicitou a venda do imóvel no seu sítio na Internet e também a nível dos seus colaboradores, sendo na sequência dessas diligências que arranjou comprador para o referido imóvel – os 2ºs RR –, como mostrou o prédio dos 2ºs réus à 1ª ré **e até foi quem propôs à 1ª ré e aos 2ºs réus a permuta recíproca dos seus prédios, permuta esta que,** a final, se veio a efectivar....embora com intervenção de outra mediadora!

Observa a Relação que competia à A a prestação de ***serviços acessórios*** conducentes à obtenção da documentação necessária à concretização do negócio visado.

Mas: **primeiro**, a ter a A. que prestar tais *serviços acessórios* e os não prestou **foi porque a sua cliente (a 1ª Ré), afinal, lho não permitiu,** na medida em que deixou caducar o contrato para, de seguida, fazer ela o negócio conseguido pela mediadora, aproveitando-se do trabalho desta; **segundo,** o que dos factos provados resulta, quanto à **obrigação da mediadora,** é que esta *"**se obrigou a diligenciar** no **sentido de conseguir interessados para o imóvel** que a 1ª Ré pretendia vender"* (al. B) dos factos provados), **pagando a Ré/cliente, por tais serviços,** a remuneração de 3% sobre o valor do imóvel mais IVA.

Ora, **foi isso mesmo que a A./Mediadora acabou por fazer e conseguir**: angariou interessado para o imóvel e com quem o negócio visado se veio, **de facto,** a concretizar! Daí (**independentemente do que se veio a passar.....já com intervenção de outra mediadora) que lhe assista direito à remuneração.**

*

Será que – como sustentam as instâncias – deve entender-se que não se efectivou o negócio por *"acção exclusiva da Autora"* .....**só porque a escritura se veio a celebrar já depois do terminus do prazo do contrato de mediação entre a autora e a ré?**

Não nos parece.

Assim, salvo o muito devido respeito por opinião diversa, cremos que a remuneração da Autora não deveria ser outra que não a que foi acordada no contrato de mediação imobiliária (3%).

Aliás, se assim não fosse, bastaria que os comitentes, depois de as mediadoras terem angariado interessado para o negócio, "arrastassem" as coisas, deixando caducar o contrato (por decurso do prazo) para, por essa via "enviesada", acabarem por não pagar à mediadora, ou, então, ver reduzida a remuneração que com ela houvessem contratado!

A justiça, acavalada no princípio da **boa fé contratual**, certamente o não permitiria.

XVIII.1.2. Nota de direito comparado

Também em ordenamentos jurídicos estrangeiros esta questão da pluralidade de mediadores e direito à retribuição tem sido, por vezes, aflorada.

Assim, desde logo a propósito do nexo de causalidade e intervenção de vários mediadores, a **jurisprudência italiana** (também) tem defendido que **não é necessário que a intervenção do mediador constitua a causa exclusiva** da celebração do negócio, pois pode haver outras **concausas concorrentes**[568]**; afirmação que se justifica à luz do art. 1758 c.c. que – na hipótese de intervenção de vários mediadores** – reconhece a todos o direito a uma quota da provisão.

Efectivamente, se o negócio for concluído para a intervenção de vários mediadores, cada um deles tem direito a uma parte da comissão (cit. artigo 1758 do código civil), sendo que a jurisprudência tem entendido que **o montante da quota deve ser estabelecido com base na importância do trabalho de cada um**[569]. Nesse caso, trata-se de obrigação divisível (art. 1314 c.c.) e *"qualora sia stata pagata ad un solo mediatore l'intera provvigione, resta ferma la responsabilità delle parti per il pagamento delle quote spettanti agli altri con esclusione di ogni azione di rivalsa da parte di questi nei con-fronti di chi abbia percepito l'intera provvigione"*[570].

Também **na Suíça** esta matéria tem sido alvo de trato na doutrina e jurisprudência.

Ali, a **questão da remuneração** é, em primeiro lugar e acima de tudo, tratada pelo critério da causalidade: apenas o mediador cuja actividade levou à conclusão do contrato de venda tem direito a uma comissão.

No entanto, caso não seja possível determinar, na prática, qual das actividades (mediadoras) foi decisiva para que a conclusão do contrato, antes parecendo ser devida aos esforços paralelos de vários mediadores, o Tribunal Federal divide a comissão **proporcionalmente à contribuição dos media-**

[568] Cfr., v.g., Cass., 8 marzo 2002, n. 3438, in *Giust. Civ.*, 2003, I, 410, con nota di Giacobbe. Cass., 6 dicembre 2016, n. 24950, in *Giur. It.*, 2017, 1830, com nota de *Barela*, fala em "causalità adeguata").

[569] Cfr. Cass., 18 marzo 2005, n. 5952; Cass., 8 ottobre 1974, n. 2657; Trib. Roma, 22 luglio 2010, in *Giur. It.*, 2011, 116, que fala da **subdivisão da compensação proporcionalmente à eficiência causal da actividade de cada um.**

[570] Cfr. Cass., 11 giugno 2008, n. 15484, in *Giust. Civ.*, 2009, II, 393, con nota di Simeoli.

dores para o sucesso do negócio. E é irrelevante a este respeito que os mediadores tenham sido contratados simultaneamente ou sucessivamente[571].

Esta regra é, porém, criticada na doutrina[572], não sendo uniformes as soluções avançadas. As propostas vão claramente no sentido de que deve fazer-se a distinção entre os casos em que o principal contratou simultaneamente vários mediadores e aqueles onde os solicitou **sucessivamente**[573]. E/ou também dependendo se o mediador é *d'indication* ou de *négociation.*

Observa-se ali que o mediador que se pretenda proteger contra o risco de tal comparticipação da comissão procurará obter do seu comitente uma cláusula de exclusividade.

Em **Espanha** o que com alguma frequência se vê é a situação em que após a intervenção de um mediador em diligências visando a celebração da compra e venda mas sem que a mesma se formalize, vem a intervir um segundo mediador que consegue pôr de acordo as partes para a formalização do contrato visado na mediação.

A pergunta que ali se faz é esta: que direito a ser remunerado tem o primeiro mediador por ter iniciado as conversações entre o comprador e o vendedor, as quais vieram a ser concluídas (com a formalização do contrato de compra e venda) por intervenção do segundo mediador?

Ora, caso estivéssemos perante um contrato de agência, poderia haver direito à comissão a favor do intermediário. Já, porém, sendo o contrato de mediação, **o Tribunal Supremo tem apresentado vários argumentos para afastar a pretensão do primeiro mediador a cobrar a comissão, desde que preenchidas as seguintes circunstâncias: (i)** ausência de exclusividade para o primeiro mediador; **(ii)** celebração do contrato de compra e venda venda em momento posterior à actividade realizada pelo primeiro

[571] ATF 72 II 421, JdT 1947 I 293. No acórdão do TF 4C.178/2001 du 28 novembre 2001, c. 3b. o Tribunal federal anotou que não havia unanimidade na doutrina e que esta regra não valia caso houvesse algum acordo em contrário, cf. a décision da Cour de justice gene - voise Du 30 novembre 1990, SJ 1991 p. 217, c. 2b.

[572] Josef Hofstetter, Deuxième section: Le contrat de courtage, in Le mandat et la gestion d'affaires, édition française révisée et mise à jour, Fribourg: Editions Universitaires, 1994 [Traité de droit privé suisse, VII, II, 1], p. 165, n. 6; Pierre Turrettini, Le contrat de courtage et le salaire du courtier, thèse, Genève 1952, P. 169 s.

[573] Cf. Por exemplo Hofstetter, *cit.*, p. 165, n. 6.

mediador e **(iii)** celebração do contrato de compra e venda em condições diferentes das inicialmente acordadas.

Já por vezes se tem entendido que, na hipótese de um contrato de mediação de venda de imóvel **sem exclusividade** e **um segundo mediador** tenha, posteriormente, posto em contacto as mesmas partes, as quais contratam em condições distintas das inicialmente previstas, como se expôs na **Sentencia del Tribunal Supremo** de fecha **30/07/2014**, "*el* ***derecho a la percepción de la comisión*** *por el* ***primero de los mediadores*** *exigirá* ***acreditar*** *que en todo caso* ***su intervención*** *fue* ***determinante*** *para la* ***compraventa llevada a cabo posteriormente entre las mismas partes que había puesto en contacto y que después volvieron a negociar con la intervención de otro mediador y por un precio notablemente inferior*****"**.

XVIII. 2. Dupla mediação

XVIII.2.1. No nosso ordenamento jurídico

Em causa, agora, está a situação em que o mesmo mediador foi contratado por ambas as partes no negócio visado (v.g., tanto pelo comprador como pelo vendedor).

Temos, assim, dois contratos de mediação imobiliária com clientes distintos, levados a cabo pela mesma mediadora, mas que se cruzam em virtude do mesmo interesse (no caso referido, um pretende alienar e o outro adquirir o mesmo imóvel).

A questão já foi atrás abordada no *item "Recebimento de remuneração de...... ambos os clientes?"*, no capítulo da remuneração do mediador, ali se questionando se a mediadora podia receber remuneração de ambos os clientes, sendo concluído o negócio visado por ambos.

Vimos que no RJAMI apenas temos o art. 17º/2, impondo um limite de remuneração: a empresa mediadora não pode receber **a remuneração duas vezes,** por parte do cliente e do destinatário do negócio visado. E concluímos ali que n**a falta de acordo** das partes sobre qual delas pagará a remuneração ou sobre a medida da divisão, **a solução a seguir devia ser a que impusesse a cada uma das partes a obrigação de pagar metade do valor acordado no seu contrato**.

No entanto, não podemos deixar de ver aqui dificuldades, desde logo porque ambos os interessados no negócio visado estão em posições diferentes e, em certa medida, até antagónicos, num conflito de interesses de certo modo insolúvel. Como tal, há que ser muito prudente na análise e solução a dar ao caso concreto, em sede de remuneração a atribuir (a quem e em que medida).

Desde logo, cremos que numa situação de dupla mediação, o mediador, por uma questão de lisura e boa fé, deve informar os seus comitentes sobre essa circunstância, mais não seja para lhes pedir eventuais instruções (adicionais).

XVIII.2.2. Nota de direito comparado

A questão da dupla mediação também tem sido tratada noutros ordenamentos jurídicos.

Assim, por exemplo, a *double courtage* é admitida na **ordem jurídica suíça**, embora dentro de certos limites precisados pelo Tribunal federal.

Assim, v.g., um acórdão de 1985, em que o mesmo mediador havia sido mandatado tanto pelo comprador como pelo vendedor[574].

Também num acórdão de 1998, a Justiça Federal declarou que a *corretagem dupla* era permitida desde que não fosse excluída contratualmente e **não conduzisse a uma colisão dos interesses em presença.**

No entanto, a dupla mediação de negociação **cria um conflito de interesses insolúvel**, uma vez que a mesma pessoa não pode negociar ao mesmo tempo no interesse do vendedor, que procura um preço alto, e na do comprador, que procura um preço baixo.

Alguns autores admitem a dupla mediação, mas a **título excepcional**, por exemplo, quando o mediador recebeu instruções específicas sobre as condições sob as quais a transação deve ser concluída[575].

A prudência deve aqui imperar, como o sugere um acórdão do Tribunal federal relativo à dupla representação[576].

No que tange à **remuneração**, no caso de dupla mediação, o tribunal Federal decidiu que o *"salaire"* determinante para a base de cálculo é a **remuneração total** recebida pelo mediador, não havendo, portanto, necessidade

[574] ATF 111 II 366, JdT 1986 I 499.

[575] François Rayroux, Art. 418-418 CO, in Commentaire romand du Code des obligations I, sous la dir. de L. Thévenoz et F. Werro, Bâl: Helbing & Lichenhahn, 2003, p. 2109-2132 – n. 3 ad art. 415.

[576] Arrêt du TF 4C.35/20005 du 11 août 2005.

de tratar separadamente a comissão prometida, respectivamente, pelas duas partes no contrato principal[577].

[577] Cfr. ATF 111 II 366, JdT 1986.

XIX
Outros arestos

XIX.1. A proposta de aquisição do imóvel a que se reporta o contrato de mediação imobiliária foi assinada por quem não representava a sociedade de mediação imobiliária

Ver o Ac. TRE de 29.01.2009, proc. 2721/08-2 (Eduardo Tenazinha):

«I – Se a proposta escrita de um contrato de compra e venda dum bem imóvel sujeito a mediação foi ***assinado por quem não representava a sociedade de mediação imobiliária****, ter-se-á que excluir a aplicação das disposições legais que regulam a actividade de mediação imobiliária.*

II – Aquele que agindo no exercício das funções que lhe foram confiadas, angaria clientes para celebrarem contratos de compra e venda de imóveis com uma empresa de mediação imobiliária há que ser considerado como ***comissário*** *de tal sociedade.*

III – Os ***factos ilícitos que o comissário tenha praticado*** *só deverão responsabilizar o comitente desde que* ***tenham uma conexão adequada com as funções daquele.****».*

XIX.2. Cláusula nula: mediadora não tem a exclusividade mas clausulou o direito à remuneração ainda que o comitente/proprietário desistisse da projectada venda, desde que a mediadora assegurasse ou tivesse assegurado comprador para o imóvel nas condições propostas

Cfr. Ac. RL de 14.04.2011, proc. 5500/05.3TJLSB.L1-6 (Maria Manuela Gomes):

«...o pagamento da comissão acordada encontra-se ligado à conclusão de negócio pretendido, no caso a projectada venda, sendo que, quando a mediadora não tem a exclusividade da mediação, o que quer dizer que os vendedores podem realizar o negócio projectado quer por eles próprios quer através de outra empresa mediadora, mais se exige a conclusão daquele.

III – Ao referido não obsta o facto de se ter consagrado, na ***cláusula*** *4ª do contrato, que a autora teria direito à remuneração, ainda que o proprietário desistisse da projectada venda, desde que a mediadora assegurasse ou tivesse assegurado comprador para o imóvel nas condições propostas.*

IV – É que, ***em causa está uma cláusula contratual geral violadora da norma imperativa reguladora da remuneração no contrato de mediação imobiliária e, como tal nula, por virtude do disposto no art. 294º do C. Civil.».***

XIX.3. Da obrigação das mediadoras de entregar aos interessados as quantias recebidas por conta do negócio visado na mediação

Cfr. Ac. TRG, proc. 474/12.7TBAMR.G1 (MANUELA FIALHO):

«2 – As empresas de mediação estão, por força do disposto no Art. 17º/3 do DL 211/2004 de 20/08,» – hoje, art. 18º, nº1, da Lei nº 15/2013 – ***«obrigadas a entregar de imediato aos interessados quaisquer quantias prestadas por conta do preço do negócio visado com o exercício da mediação.***

3 – ***Esta obrigação reporta-se à*** *entrega ao vendedor de quaisquer* ***quantias*** *que, por conta do negócio visado com a mediação, sejam entregues ao medidor aquando ou após a celebração do contrato promessa ou, na falta de celebração deste, do contrato objecto da mediação* ***e não de outras que o sejam na fase preliminar de algum destes contratos».***

XIX.4. Pacto acessório do contrato (de mediação imobiliária)

Cfr. Ac. TRG de 04.06.2013, proc. 1264/12.2TBBCL.G1 (FERNANDO FERNANDES FREITAS):

*«****Uma carta, enviada pelos comitentes a uma mediadora imobiliária****, na qual, para além da alteração do preço proposto para a venda de um imóvel,* ***se diz expressamente que o contrato de mediação anteriormente celebrado "passa para o regime de exclusividade a partir desta data", constitui um pacto acessório deste contrato, válido por obedecer aos requisitos de forma*** *legalmente impostos».*

XIX. 5. Comprador entrega à mediadora parte do preço do negócio visado: fica desonerado perante o vendedor?

Cfr. **Ac. RL de 28.02.2012,** proc. 658/08.2TJLSB.L1-7 (LUÍS LAMEIRAS):

«II – Efectuada a venda de um andar, ainda que com intervenção de mediador, o crédito do preço radica em exclusivo na esfera do vendedor; e o comprador apenas satisfaz a concer-

nente obrigação na exacta medida em que realize a prestação debitória de entrega àquele da quantia com ele acordada (artigos 406º, nº 1, início, e 762º, nº 1, do CC);

III – Nessa hipótese, ***se o comprador entregar uma parte do preço à mediadora,*** *ainda que sob a indicação desta e sob o pretexto da satisfação do crédito da mediação de que é titular sobre o vendedor,* ***em princípio, não se pode ter por pontualmente cumprida aquela obrigação (artigo 770º, início, do CC);***

IV – Nessa hipótese, ***e por regra, a entrega à mediadora não desonera o comprador do vínculo para com o vendedor; mantendo este o crédito do preço sobre aquele, e na exacta medida da parte que deixou de lhe ser entregue, para o ser à mediadora.***».

XIX. 6. Contrato a favor de terceiro

Ver Ac. TRC de 18.03.2014, proc. 1375/11.1TJCBR.C1 (Barateiro Martins):

«.........

Constitui uma ***estipulação em benefício de terceiro,*** *configurando um verdadeiro contrato a favor de terceiro, a estipulação, integrada em contrato de mediação imobiliária, em que a* ***mediadora se compromete perante o comitente a tratar de toda a documentação do terceiro necessária à instrução da escritura,*** *designadamente, a pagar e a obter os comprovativos dos impostos e as certidões matriciais e registrais indispensáveis; razão pela qual a referida apropriação dos montantes entregues para pagar os impostos devidos pelo negócio mediado também* ***preenche o incumprimento duma obrigação/prestação em sentido técnico-jurídico*** *(imposta pelo art. 444º/1 do C. Civil)* ***e os pressupostos da responsabilidade objectiva*** *(do art. 800º/1 do C. Civil)* ***da mediadora pelo acto do seu auxiliar/colaborador.***».

Formulários

A. DIREITO PORTUGUÊS

I. CONTRATO DE MEDIAÇÃO IMOBILIÁRIA
(Nos termos da Lei nº 15/2013, de 8 de Fevereiro)

COMPRA/ARRENDAMENTO/TRESPASSE/OUTROS

ENTRE:

______________________________, com sede social na __________ ______________________________________ em __________(Concelho), com o capital social de __________, e com o NIPC nº __________, matriculada na Conservatória do Registo Comercial de ______________, sob o nº __________, detentora da licença AMI nº ______, emitida pelo Instituto da Construção e do Imobiliário (InCI), adiante designada como **Mediadora.**

E

(nome do cliente)______________________________________,(estado civil)__________, sob o regime de bens ______________, com (cônjuge) __ ______________________________________, residente(s) na ____ ______________________________________, em __________, portador(es) do(s) Cartão do Cidadão/B.I. nºs. __________ e __________, e contribuinte(s) fiscal(is) nºs __________ e __________, adiante designado(s) como **Segundo(s) Contratante(s)** na qualidade de ______________________ (Proprietário; Senhorio; Trespassante, Outro), é celebrado o presente **Contrato de Mediação Imobiliária** que se rege pelas seguintes cláusulas:

Cláusula 1ª (Identificação do Imóvel)

O Segundo Contratante é proprietário e legítimo possuidor da fracção autónoma/ prédio (rústico/urbano)/estabelecimento comercial; destinado(a) a __________, sendo constituído por ____ divisões assoalhadas, com uma área total de ________ m2, sito na (Rua, Av., Etc.) ____ _______, em ____________, (freguesia) _______________, (concelho) ____ ____________________________________, descrito na Conservatória do Registo Predial de _______________________, sob a ficha nº _____, e inscrito na matriz predial (urbana/rústica) com o artigo nº _____ da Freguesia de ______________/ omisso na matriz _______ . Foi emitida pela Câmara Municipal de_____ no dia ____o alvará de autorização de utilização nº_____ *OU* O prédio foi inscrito na matriz em data anterior a 1951, não sendo exigível licença de utilização. O imóvel possui, ainda, Ficha Técnica de Habitação e para o mesmo foi emitido Certificado Energético com o número único______ ***(quando aplicável).***

Cláusula 2ª (Identificação do Negócio)

1 – A Mediadora obriga-se, em nome do segundo contraente, a procurar destinatário para a realização de negócio jurídico de ☐ Compra ☐ Trespasse ☐ Arrendamento, ______________, pelo preço de € ____________ (_______________ ____________________), desenvolvendo para o efeito acções de promoção, de divulgação e de publicitação do imóvel objecto do presente contrato.

2 – Qualquer alteração ao preço fixado no número anterior deverá ser comunicado de imediato e por escrito à Mediadora.

Cláusula 3ª (Ónus e Encargos)

☐ O imóvel encontra-se livre de quaisquer ónus ou encargos.

☐ O Segundo Contratante declara que sobre o imóvel descrito no número anterior recaem os seguintes ónus e encargos (hipotecas, penhoras, outros)_____________, pelo valor de €____________________.

Cláusula 4ª (Regime de Contratação)

1 – O Segundo Contratante contrata a Mediadora em regime de:

☐ Não exclusividade

☐ Exclusividade

2 – Nos termos da legislação aplicável, quando o contrato é celebrado em regime de exclusividade só a Mediadora contratada tem o direito de promover o negócio objecto do contrato de mediação durante o respectivo período de vigência. No que respeita ao pagamento da remuneração, caso o negócio visado tenha sido celebrado em regime de exclusividade e não se concretize por causa imputável ao cliente pro-

prietário ou ao arrendatário trespassante do bem imóvel, é devida à empresa a remuneração acordada.

Cláusula 5ª (Remuneração)

1 – A remuneração é devida se a Mediadora conseguir destinatário que celebra com o Segundo Contraente o negócio visado pelo presente contrato, nos termos e com as excepções previstas no nº1 e 2 do artigo 19º da Lei nº 15/2013, de 8 de Fevereiro.

2 – O Segundo Contratante obriga-se a pagar à Mediadora a título de remuneração:

☐ A quantia de ____% calculada sobre o preço pelo qual o negócio é efectivamente concretizado acrescida de IVA à taxa legal de ______%.

☐ A quantia de € ________ (________________) acrescida do IVA à taxa legal de ____%. 1º Mod. 3 – O pagamento da remuneração apenas será efectuado nas seguintes condições:

☐ O total da remuneração aquando da celebração da escritura, documento particular ou conclusão do negócio visado.

☐ ____% Após a celebração do contrato-promessa e o remanescente de ____% na celebração da escritura, documento particular ou conclusão do negócio.

☐ O total da remuneração aquando da celebração do contrato-promessa.

Cláusula 6ª (Obtenção de Documentos)

1 – No âmbito do presente contrato, a Mediadora, na qualidade de mandatária sem representação, obriga-se a prestar os serviços conducentes à obtenção da documentação e de informação necessários à concretização do (s) negócio (s) visado (s) pela mediação, designadamente: ***(descrição dos serviços a prestar)***

2 – a) ☐ Pela prestação dos serviços previstos no número anterior, o segundo contratante pagará a quantia de ____________ (________________ ________) acrescida de IVA à taxa legal de ______%.

OU

b) ☐ A remuneração pelos serviços referidos no número anterior considera-se incluída no montante acordado na cláusula 5ª e só será devida nos termos aí descritos.

3 – Sem prejuízo do disposto no nº 2, a mediadora mantém, sempre, o direito ao reembolso das despesas efectuadas com a obtenção da documentação e de informação. ***(Esta cláusula é facultativa e só deverá ser preenchida se as partes assim o pretenderem e acordarem).***

Cláusula 7ª (Garantias da Actividade de Mediação)

Para garantia da responsabilidade emergente da sua actividade profissional, a Mediadora celebrou um contrato de seguro obrigatório de responsabilidade civil no valor de € ________________ (____________), apólice nº __________, através da seguradora "________________________________".

Cláusula 8ª (Prazo de Duração do Contrato)

O presente contrato tem uma validade de ________ (dias/meses) contados a partir da data da sua celebração, renovando-se automaticamente por iguais e sucessivos períodos de tempo. Os contraentes podem impedir a renovação automática do presente contrato através de carta registada com aviso de recepção ou outro meio equivalente, com a antecedência mínima de 10 dias em relação ao seu termo.

Cláusula 9ª (Dever de Colaboração)

1 – O Segundo Contratante colaborará com a Mediadora na entrega de todos os elementos julgados necessários e úteis no prazo de ______ (dias), a contar da data de assinatura do presente contrato.

2 – O Segundo Contraente declara e garante que, no âmbito das disposições legais aplicáveis de natureza preventiva e repressiva de combate ao branqueamento de capitais e ao financiamento do terrorismo, e em relação a todos os actos e operações abrangidas pelo presente contrato, se obriga a cooperar na disponibilização de informação relevante à Mediadora, designadamente sobre a identidade das partes contratantes, do objecto do negócio imobiliário e dos meios de pagamento das transacções.

3 – O Segundo Contratante obriga-se ainda a cumprir todas as disposições legais e regulamentares decorrentes do Sistema de Certificação Energética que se encontram previstas no Decreto-Lei nº 118/2013, de 20 de Outubro, designadamente a obrigação de providenciar, nos termos e prazos devidos, pela emissão do respetivo Certificado Energético em relação ao imóvel objeto do presente contrato.

Cláusula 10ª (Angariador Imobiliário)

Na preparação do presente contrato de mediação imobiliária colaborou o Angariador Imobiliário (nome)____ residente em ________________________portador do Cidadão/ B.I Nº __________e C. Fiscal Nº_________.

Cláusula 11ª (Foro Competente)
Para dirimirem quaisquer litígios emergentes da execução do presente contrato, as partes acordam entre si, estabelecer como competente o foro da Comarca de ______________________________, com expressa renúncia a qualquer outro. ***(Esta cláusula é facultativa e só deverá ser preenchida se as partes assim o pretenderem e acordarem).***

Depois de lido e ratificado, as partes comprometem-se a cumprir este contrato segundo os ditames da boa-fé, e vão assinar. Feito em duplicado, destinando-se um exemplar a cada uma das partes intervenientes.

_______________, ___ de _________, de ___

A Mediadora **O Segundo Contratante**

II. MODELO DE CONTRATO DE MEDIAÇÃO IMOBILIÁRIA COM CLÁUSULAS CONTRATUAIS GERAIS (a que se refere o artigo 3º do Decreto-Lei nº 102/2017, de 23 de Agosto, que altera o artigo 16º da Lei nº 15/2013, de 8 de Fevereiro)

Contrato de mediação imobiliária nº___/___
Entre
___, com sede social na ___, com o capital social de ___ Euros, e com o NIPC ___, matriculada na Conservatória do Registo Comercial de ___, sob o nº ___, detentora da licença AMI nº ___, emitida pelo Instituto dos Mercados Públicos, do Imobiliário e da Construção I. P. (IMPIC, I. P.), adiante designada como Mediadora,
e
___ (nome do cliente pessoa singular ou coletiva), (estado civil) ___, sob o regime de bens ___, com (cônjuge) ___, residente(s) na ___, em ___, portador(es) do(s) CC/BI n.os ___ e ___, e contribuinte(s) fiscal(is) n.os ___ e ___, aqui representada pelo seu sócio gerente/administrador/procurador/gestor de negócios com poderes para o ato, com domicílio profissional na sede da sua representada, adiante designado(s) como Segundo(s) Contratante(s) na qualidade de ___ (Proprietário; Senhorio; Trespassante; Outro), é celebrado o presente Contrato de Mediação Imobiliária que se rege pelas seguintes cláusulas:

Cláusula 1ª – Identificação do Imóvel
O Segundo Contratante é proprietário e legítimo possuidor da fração autónoma/prédio (rústico/urbano)/estabelecimento comercial, destinado(a) a ___, sendo constituído por ___ divisões assoalhadas, com área total de ___ m2, sito na (Rua, Avenida) ___, em ___, (freguesia) ___, (concelho) ___, descrito na Conservatória do Registo Predial de ___, sob a ficha nº ___, com licença de construção/utilização nº ___, emitida pela Câmara Municipal de ___, em ___/___/___ e inscrito na matriz predial (urbana/rústica) com o artigo nº ___ da freguesia de ___.

Cláusula 2ª – Identificação do Negócio
1 – A Mediadora obriga-se a diligenciar no sentido de conseguir interessado na ___ Compra ___ Trespasse ___ Arrendamento ___, pelo preço de ___ Euros (___), desenvolvendo para o efeito ações de promoção e recolha de informações sobre os negócios pretendidos e características dos respetivos imóveis.
2 – Qualquer alteração ao preço fixado no número anterior deverá ser comunicada de imediato e por escrito à Mediadora.

Cláusula 3ª – Ónus e Encargos

O imóvel encontra-se livre de quaisquer ónus ou encargos.

OU

O Segundo Contratante declara que sobre o imóvel descrito na cláusula 1ª recaem os seguintes ónus e encargos (hipotecas e penhoras) ___, pelo valor de ___ Euros.

Cláusula 4ª – Regime de Contratação

1 – O Segundo Contratante contrata a Mediadora em regime de ___ não exclusividade/__ **exclusividade.**

2 – **O regime de exclusividade previsto no presente contrato implica que só a Mediadora contratada tem o direito de promover o negócio objeto do contrato de mediação imobiliária durante o respetivo período de vigência.**

Cláusula 5ª – Remuneração

1 – A remuneração só será devida se a Mediadora conseguir interessado que concretize o negócio visado pelo presente contrato, nos termos e com as exceções previstas no artigo 19º da Lei nº 15/2013, de 8 de fevereiro.

2 – O Segundo Contratante obriga-se a pagar à Mediadora a título de remuneração:

___ A quantia de ___% calculada sobre o preço pelo qual o negócio é efetivamente concretizado, acrescida de IVA à taxa legal de ___%.

OU

___ A quantia de ___ Euros (___), acrescida do IVA à taxa legal de ___%.

3 – O pagamento da remuneração apenas será efetuado nas seguintes condições:

___ O total da remuneração aquando da celebração da escritura ou conclusão do negócio visado.

OU

___ % após a celebração do contrato-promessa e o remanescente ___% na celebração da escritura ou conclusão do negócio.

OU

___ O total da remuneração aquando da celebração do contrato-promessa.

Cláusula 6ª – Obtenção de Documentos

1 – No âmbito do presente contrato, a Mediadora, na qualidade de mandatária sem representação, obriga-se a prestar os serviços conducentes à obtenção da documentação necessária à concretização do(s) negócio(s) visado(s) pela mediação.

2 – Pela prestação de serviços previstos no número anterior:

a) O segundo contratante pagará a quantia de ___ (___), acrescida de IVA à taxa legal de ___%.
OU
b) A remuneração pelos serviços referidos no número anterior considera-se incluída no montante acordado na cláusula 5ª e só será devida nos termos aí descritos.
3 – Sem prejuízo do disposto no nº 2, a Mediadora mantém, sempre, o direito ao reembolso das despesas efetuadas com a obtenção da documentação.
(Esta cláusula é facultativa e só deverá ser preenchida se as partes assim o pretenderem e acordarem.)

Cláusula 7ª – Garantias da Atividade de Mediação
Para garantia da responsabilidade emergente da sua atividade profissional, a Mediadora celebrou um contrato de seguro obrigatório de responsabilidade civil no valor de ___ Euros, apólice nº ___, através da seguradora ___.

Cláusula 8ª – Prazo de Duração do Contrato
O presente contrato tem uma validade de ___ (dias/meses) contados a partir da data da sua celebração renovando-se automaticamente por iguais e sucessivos períodos de tempo, caso não seja denunciado por qualquer das partes contratantes através de carta registada com aviso de receção ou outro meio equivalente, com a antecedência mínima de 10 dias em relação ao seu termo.

Cláusula 9ª – Dever de Colaboração e Obrigações do Segundo Contratante
1 – O Segundo Contratante colaborará com a Mediadora na entrega de todos os elementos julgados necessários e úteis no prazo de ___ dias, a contar da data de assinatura do presente contrato.
2 – O Segundo Contratante declara e garante que, no âmbito das disposições legais aplicáveis de natureza preventiva e repressiva de combate ao branqueamento de capitais e ao financiamento do terrorismo, e em relação a todos os atos e operações abrangidas pelo presente contrato, se obriga a cooperar na disponibilização de informação relevante à Mediadora, designadamente sobre a identidade das partes contratantes, do objeto do negócio imobiliário e dos meios de pagamento das transações imobiliárias.
3 – O Segundo Contratante obriga-se ainda a cumprir todas as disposições legais e regulamentares decorrentes do Sistema de Certificação Energética, designadamente a obrigação de providenciar, nos termos e prazos devidos, pela emissão do

respetivo Certificado Energético em relação ao imóvel objeto do presente contrato (se aplicável).

4 – O Segundo Contratante obriga-se, também, a dar cumprimento às regras referentes à Ficha Técnica da Habitação, nos termos do disposto no Decreto-Lei nº 68/2004, de 25 de março, nos termos e prazos devidos (se aplicável).

Cláusula 10ª – Angariador Imobiliário

Na preparação do presente contrato de mediação imobiliária colaborou o angariador imobiliário (nome) ___, portador do Cartão de Cidadão/Bilhete de Identidade nº___ e/ou Contribuinte Fiscal nº___.

Cláusula 11ª – Foro Competente

Para dirimir quaisquer litígios emergentes da execução do presente contrato, as partes acordam entre si estabelecer como competente o Foro da Comarca de ___, com a expressa renúncia a qualquer outro.

(Esta cláusula é facultativa e só deverá ser preenchida se as partes assim o pretenderem e acordarem.)

Cláusula 12ª – Resolução Alternativa de Litígios

1 – Nos termos do disposto no artigo 18º da Lei nº 144/2015, de 8 de setembro, na redação atual, em caso de litígio ou insatisfação com o serviço prestado poderá o Segundo Contratante recorrer ao Centro de resolução alternativa de litígios de consumo___ com o sítio eletrónico na Internet ___, de que a Mediadora é aderente.

2 – O disposto no número anterior não priva o consumidor do direito que lhe assiste de submeter o litígio a apreciação e decisão de um tribunal judicial.

(Esta cláusula só deverá ser preenchida se a empresa de mediação imobiliária for aderente de alguma entidade de resolução alternativa de litígios de consumo, ao abrigo do disposto na Lei nº 144/2015, de 8 de setembro, na redação atual.)

Cláusula 13ª – Limites aos pagamentos em numerário

Os intervenientes no presente contrato abstêm-se de celebrar ou de algum modo participar em quaisquer negócios de que, no âmbito da sua atividade profissional, resulte a violação dos limites à utilização de numerário, previstos no artigo 63º-E da Lei Geral Tributária, aprovada pelo Decreto-Lei nº 398/98, de 17 de dezembro, aditado pela Lei nº 92/2017, de 22 de agosto, e de acordo com o artigo 10º da Lei nº 83/2017, de 18 de agosto.

Cláusula 14ª – Proteção de Dados Pessoais

1 – Em cumprimento do disposto no Regulamento (EU) 2016/679 do Parlamento Europeu e do Conselho, de 27 de abril (RGPD), e demais legislação aplicável, no que diz respeito ao tratamento de dados pessoais e à livre circulação desses dados, o Segundo Contratante ___ autoriza/___ não autoriza que os seus dados pessoais recolhidos, transmitidos ou processados informaticamente pela Mediadora sejam incorporados na sua base de dados. Estes dados destinam-se a processamentos administrativos, estatísticos e de apresentação/divulgação de produtos e serviços comercializados.

2 – A Mediadora compromete-se a, designadamente, não copiar, reproduzir, adaptar, modificar, alterar, apagar, destruir, divulgar ou por qualquer outra forma colocar à disposição de terceiros os dados pessoais do Segundo Contratante a que tenha tido acesso no âmbito do presente contrato, sem que para tal tenha sido expressamente autorizada, comprometendo-se a utilizá-los exclusivamente para as finalidades referidas.

3 – Mais se declara que, nos termos e para os efeitos previstos nos artigos 12º a 23º do RGPD, a Mediadora informou o Segundo Contratante e este tomou conhecimento dos direitos que lhe assistem relativamente aos seus dados pessoais.

Depois de lido e ratificado, as partes comprometem-se a cumprir este contrato segundo os ditames da boa-fé, e vão assinar.

Feito em duplicado, destinando-se um exemplar a cada uma das partes intervenientes.

______________________, ______de ______ de______ ___.

A Mediadora **O Segundo Contratante**

B. DIREITO BELGA

CONTRAT DE COURTAGE SANS EXCLUSIVITE
VENTE D'UN BIEN IMMOBILIER

Dans les sept jours ouvrables à dater du lendemain de la signature du présent contrat, le consommateur à le droit de renoncer sans frais à son achat à condition d'en prévenir le vendeur par lettre recommandée à la poste. Toute clause par laquelle le consommateur renoncerait à ce droit est nulle. En ce qui concerne le respect du délai, il suffit que la notification soit expédiée avant l'expiration de celui-ci. Loi sur les pratiques commerciales du 14 juillet 1991 – Art.88

Entre:
Monsieur et/ou ame..
Habitant à ....
(pourunesociété):La(natureetdénominationSociale)...
dont le siège est établi à (adresse).. ...,
ici représentée par
Monsieur et/ou Madame (nom, prénom)..
habitant à (adresse)..
en sa/leur qualité de (mentionner la qualité du signataire)................................ ...,
Tél. privé:.. Tél. bureau: ....
ci-après dénommé «le Commettant», qui déclare disposer des pouvoirs requis et se portant fort pour autant que de besoin,

Et:
l'immobilière R. POISSE et fils S.A., R.C.B. nº 108.911, TVA nº BE403.461.897, Assurance Responsabilité Civile Professionnelle AXA Royale Belge nº 100.700.583.642, Assurance cautionnement fonds de tiers courtage Immobilier AXA nº 7300135250, Compte fonds de tiers Fortis Banque nº 001-3801366-12, représentée par Monsieur Pierre POISSE, Agent immobilier I.P.I. nº 103756, administrateur délégué, rue Vanderlinden 22 à 1030 Bruxelles – Tél. 02.215.42.29 – Fax 02.215.16.54 – GSM 0475/86.97.20 – e-mail: info@immorp.com ci-après dénommé «le Courtier »,

Il a été convenu ce qui suit:
Le courtier lui semblant apte à remplir la mission lui confiée, le Commettant s'est adressé à lui aux fins de rechercher un amateur désireux d'acquérir le bien immobilier décrit plus amplement ci-après ainsi qu'en annexe à la presente convention.
Le commettant charge le courtier, qui l'accepte, de rechercher un acquéreur pour le bien immobilier décrit ci-dessous,contre rémunération telle que stipulée à l'article 3 de la présente convention.
Il est expressément reconnu par les parties que la mission confiée au courtier est une mission de courtage et non de mandat.

1. Description du bien – Prix de vente.
Nature de la propriété[578]:
Situation :
Cadastré:... Revenu Cadastral :
Prix de présentation du bien : (montant) € : ....
Prix de vente minimum fixé par le vendeur : (montant) € : ....
Prix de vente estimé par le courtier: (montant) € : ....
Notaire du vendeur :..
Le(s) prix ci-dessus mentionnés s'entendent moyennant l'obligation du vendeur de rendre le bien quitte et libre de toutes charges hypothécaires qui pourraient le grever. Les frais d'acte, taxes et honoraires notariaux sont à charge de l'acquéreur.

Sont inclus dans la vente: Les installations de chauffage, d'électricité, d'éclairage, les équipements de cuisine ainsi que:..................
....
Sont exclus de la vente:..

Occupation:
Le bien sera libre d'occupation à l'acte[579]
Le bien est loué par bail. Copie du bail est remise au courtier.
Autre[580]..

[578] Pour un appartement, indiquez la désignation exacte reprise dans le titre de propriété, et indiquez en annexe le mom et l'adresse du syndic de l'immeuble.
[579] Barrer la mention inutile.
[580] Préciser

2. Durée.
La présente mission est donnée pour une durée de six mois, prenant cours à la signature des présentes A défaut de renonciation par lettre recommandée, courrier électronique ou fax, donnée avec préavis d'un mois avant l'expiration de cette période, celui-ci sera renouvelé tacitement de mois en mois.
Au cas où le courtier ne pourrait faire visiter entièrement et librement le bien immobilier pour des raisons propres au vendeur ou aux occupants du bien (Accès à l'immeuble, absence des locataires ou du client, congés etc...), pendant une période ininterrompue de 8 jours au moins, le durée de la présente convention sera prolongée pour une période égale à la période de suspension.

3. Honoraires.
Ceux-ci dans lesquels est compris le remboursement des avances et frais du courtier, sont fixés à
– 3 % + T.V.A. du prix de vente obtenu, avec un minimum de 2.500,00 € hors T.V.A. en cas de vente, soit 3,63% TVA inclue, avec un minimum de 3.025 € TVA inclue.
– 30 % + T.V.A., du montant perçu pour une option qui ne serait pas levée, soit 36,3% TVA inclue.

Ces honoraires sont dus dès que le courtier établit avoir rempli sa mission ; ils sont exigibles soit à la signature du compromis de vente sans clause suspensive, soit à la levée de la clause suspensive s'il y en a une, ou encore à la date d'expiration de l'option non levée.

Les parties reconnaissent expressément que ces honoraires sont dus au courtier même si, ultérieurement, l'opération ne se réalise pas, dès lors que cette non-réalisation n'est pas due à une faute du courtier.

Au cas où les honoraires n'auraient pas été intégralement payés au courtier avant la passation de l'acte authentique, le vendeur autorise dès à présent et irrévocablement son notaire instrumentant, le Notaire ____________________ de résidence à ____________________________________ à prélever sur le prix de vente le montant des honoraires + TVA encore dus au courtier et à les lui verser.
Enfin, les honoraires du courtier lui sont dus en cas de vente de l'immeuble dans les 12 mois de l'expiration de laprésente convention, à l'une des personnes contactée par lui au cours de sa mission, ou à une personne pour laquelleelle agissait. A cette fin, le courtier communiquera au client, dans le mois de l'expiration de la présente

convention, par lettre recommandée, la liste des personnes physiques ou morales contactées par lui. Le vendeur, quant à lui, s'oblige à avertir le courtier de toute vente à un amateur présenté par ce dernier.

4. Non exclusivité – Résiliation anticipée.
Le Commettant garde l'entière liberté de vendre son bien lui-même ou par l'intermédiaire d'une personne de sonchoix. Dans ce cas, aucun honoraire ni indemnité quelconque ne serait du au courtier et la présente convention sera terminée de plein droit. Le Commettant s'engage, le cas échéant, à avertir le Courtier dès la signature d'une option ou d'un compromis de vente, sans mentionner le nom de l'acquéreur. Le non-respect de cette obligation entraîne le payement par le Commettant au Courtier de 50% des honoraires prévus. Le courtier communiquera alors au Commettant, dans le mois de l'expiration de la présente convention, par lettre recommandée, la liste des personnes physiques ou morales contactées par lui pour preuve de son éventuelle intervention.
De même, le vendeur aura droit à une indemnité de 50% des honoraires dus en vertu de l'article 7 de la presente convention, appliqué sur la valeur estimée du bien, au cas ou le courtier viendrait à mettre fin avant terme au présent contrat et ce sans pouvoir invoquer aucune faute du propriétaire-vendeur.
L'indemnité dont question dans le présent article devra être payé dans les 15 jours de la demande.

6. Engagements.
Le Commettant certifie:

- Que le bien n'a pas été exposé en vente publique au cours des 6 derniers mois (Si le bien a été exposé en vente publique, le vendeur prendra en charge tous les frais de cette vente publique);
- Que le bien n'est pas grevé d'inscription hypothécaire, commandement ou saisie; Que le bien est greve d'inscription hypothécaire en faveur de la société ____________________, contrat nº _____________du_____/_____/______ avec un solde restant dû de _________________ EUR[581] ;
- Que le bien fait/ne fait pas[582] l'objet d'un commandement ou d'une saisie pratiquée par_________________ ;
- Qu'il n'a été conféré sur le bien aucune option encore en vigueur;

[581] Barrer la mention inutile.
[582] Barrer la mention inutile.

- Que le bien est actuellement destiné à usage de ____________________ et que cette destination est parfaitement conforme aux prescriptions urbanistiques en vigueur à ce jour;
- Que le bien ne fait pas l'objet d'une procédure d'expropriation;
- Que le bien n'est pas grevé d'un droit réel (usufruit, nue-propriété, droit d'usage, droit d'habitation ______________);
- Que le vendeur est pleinement habilité à signer la présente convention, qu'il ne fait pas l'objet d'une procédure de faillite ou de médiation de dettes;
- (Bien servant de logement principal de la famille) Le Commettant produit l'autorisation de son époux (se)/cohabitant légal de vendre le bien ; à défaut, il s'en porte fort.
- Que le bien sera libre d'occupation à l'acte/fait l'objet d'une location[583].

De plus, le Commettant s'engage à communiquer au Courtier dans la huitaine une copie des titres de propriété, baux, certificats d'urbanisme, et de manière générale, de tous documents utiles à l'opération projetée. Il l'autorise, le cas échéant, à en prendre connaissance chez son notaire, le notaire ________________ de résidence à __________________qui est invité à les lui communiquer. Si le bien mis en vente fait partie d'une copropriété, le Commettant communiquera en outre une copie de l'acte de base de l'immeuble, ainsi qu'une copie des procès-verbaux des 3 dernières assemblées générales et des trois derniers décomptes établis par le syndic de l'immeuble. Il l'autorise, le cas échéant, à en prendre connaissance chez le syndic de l'immeuble
________________ rue __________________ à ______________ qui est invité à les lui communiquer.

Le Commettant autorise le Courtier à collaborer avec d'autres agences immobilières avec lesquels le Courtier prendra des accords de collaboration.

Le Commettant informe le Courtier qu'une mission analogue a été confiée à ...., ayant pris cours le........................ et d'une durée indéterminée/déterminée prenant fin le ....

Le Commettant confirme expressément n'avoir aucune connaissance de vices graves affectant l'immeuble et certifie que les constructions faisant l'objet de la présente convention sont conformes aux prescriptions urbanistiques. Il s'engage en tout état

[583] Barrer la mention inutile – Joindre éventuellement une copie du bail.

de cause à garantir intégralement le courtier si l'acheteur venait à le poursuivre en raison de l'existence de vices cachés ou d'infractions aux règlements urbanistiques.

Le Courtier s'engage à:

- Faire la publicité du bien mis en vente par les moyens qu'il jugera les plus appropriés (Annonces de presse dans les journaux spécialisés, présentation du bien sur son site Internet www.immorp.com etc.). Les frais de publicité engagés par le courtier seront entièrement à charge de celui-ci, à l'exception des taxes et impôts mis ou à mettre sur les panneaux d'affichage posés par le courtier avec l'accord préalable du vendeur. Ces taxes et impôts restent à la charge du vendeur. Le vendeur autorise/n'autorise pas[584] la présence d'affiches ou de panneaux publicitaires sur l'immeuble.
- Présenter le bien aux amateurs s'adressant à lui et pouvant s'intéresser audit bien.
- Visiter le bien en compagnie d'amateurs potentiels.
- Justifier par écrit le nom de tout amateur avec qui il aura visité les lieux.
- Assister le vendeur dans ses négociations avec les amateurs s'intéressant au bien et qui auront auparavant visité le bien en compagnie du courtier.
- De manière générale, tout mettre en oeuvre afin de trouver un acquéreur aux conditions fixées par le vendeur dans la présente convention.

7. Contestations.

Toutes contestations pouvant naître à l'occasion de la présente convention, ou de son exécution, sont de la compétence exclusive des tribunaux de Bruxelles.

8. CONDITIONS SUPPLEMENTAIRES.

Fait de bonne foi en double exemplaire à ...., le .... 20........, chaque partie ayant retiré le sien.

Le Commettant: **Le Courtier:**

[584] Barrer la mention inutile.

D. DIREITO ESPANHOL

CONTRATO DE MEDIACIÓN INMOBILIARIA

COMPARECEN

De una parte, D./Dna. ...mayor de edad, con NIF ... y domicilio en ... en adelante LA PROPIEDAD.

Y de otra parte, **CASA ANDALUZA - CONSULTING Y MARKETING PARA EL DESARROLLO SOSTENIBLE DE LA JANDA SL**, con CIF **B72147705,** y domicilio social en C. Chiclana, 64 en 11140 Conil de la Frontera, representada por la apoderada Doña Karin Joanidopoulos con NIE nr. X1272546W.

EXPONEN

I – Que D./Da. xxx es propietario en pleno dominio de la/s vivienda/s vacacional/es, que se reseña/n a continuación, completamente amueblada y equipada al efecto.

...

II – Que las citadas vivienda/s se hallan libres de ocupantes o arrendatarios, de cualquier carga o gravámenes y al corrientes en el pago de impuestos y arbitrios que gravan las mismas

III – Que LA PROPIEDAD desea arrendar el inmueble descrito en el expositivo I y para que CA encuentre la persona física o jurídica interesada en arrendar, convienen el presente contrato de mediación inmobiliaria en base a los siguientes

CLAUSULAS

1. **Autorización y Duración del Contrato**

LA PROPIEDAD autoriza a CA para que gestione y a tal efecto proporcione cuantos clientes estén interesados en el arrendamiento del inmueble reseñado en el expositivo I por la temporda 201.., vigente a partir de la fecha de firma del presente acuerdo hasta 31 de Diciembre 201... El acuerdo se prorrogará automáticamente en Octubre 201.. con la aceptación de la propuesta de precios para la temporada 201.., pudiendo LA PROPIEDAD resolver el mismo mediante notificación fehaciente a CA, siempre que se notifique al menos con seis semanas de antelación a la finalización del contrato o de cualquiera de las prórrogas.

Los arrendamientos que se realicen como consecuencia de la captación de los clientes interesados en la finca objeto del presente contrato serán única y exclusivamente de temporadas regulados en el art. 3, párrafo 2 de la ley 29/1994 de Arrendamientos Urbanos. CA se obliga a respetar escrupulosamente dicha Ley y a desarrollar su actividad referida solamente a los arrendamientos de temporada tal y como están descritos en esta norma.

2. **Servicios de CA**

a) Visitar el inmueble, crear una descripción detallada incluyendo fotografías interiores y exteriores, presentar una propuesta de precios para todas las temporadas.

b) Presentación del inmueble en la oferta de CA: inclusión en la página web www.casaandaluza.com/.de/.es, optimizada para máquinas de búsqueda, y en todas las medidas de marketing y venta realizadas por CA, tales como mailings, anuncios, colaboración con otras agencias, colaboración con oficinas de turismo, relaciones públicas, venta activa a través del personal de CA y exposición en la oficina de CA en Conil.

c) Gestión de reservas: pre-reservas, confirmación de reserva con envío de documentación, gestión de los calendarios de ocupaciones, organización de entradas y salidas, avisos e instrucciones al personal de limpieza y mantenimiento, entrega de llaves, gestión de pagos.

d) Atención al cliente en la oficina de CA y un teléfono de servicio 24h.

e) Intermediación entre las partes contratantes: propietario, cliente/inquilino, personal de servicio, agencia).

f) Los demás servicios como el de limpieza y mantenimiento de la vivienda no forman parte de este contrato. Estos servicios pueden ser contratados a través de un acuerdo de servicio (véase anexo).

3. **Obligaciones y Responsabilidades de LA PROPIEDAD**

a) Atender a los requerimientos de CA en temas de **inventario, limpieza y preparación en general** de la vivienda, tal como viene descrito en el anexo "requisitos de inventario y preparación de la vivienda", incluyendo limpieza inicial a fondo y servicio de limpieza, lavandería y preparación técnica de la vivienda para cada entrada de clientes.

b) **Mantenimiento y conservación** tanto de los **jardines** del inmueble como de la **piscina**, que deberán mantenerse en perfecto estado de uso y conservación. La piscina deberá estar acorde en todo momento con la normativa vigente aplicable al efecto, y tiene que estar disponible para su utilización desde el 1 de abril hasta el 31 de octubre.

c) Todas las **obras de conservación**, mantenimiento y mejora, debiendo atender cualquier reparación necesaria tan pronto como le sea posible y como máximo en el plazo de 24 horas desde la puesta en conocimiento de la misma por parte de CA o cualquiera de sus clientes.

d) **La sustitución y reposición de inventario.**

e) Serán **por cuenta de LA PROPIEDAD**, los pagos que deban realizarse o gastos que se originen por los conceptos mencionados en los puntos a-e, así como los de la contratación y utilización de los servicios de suministros de agua, gas y electricidad, excepto gastos de calefacción y aire acondicionado, que serán por cuenta del inquilino, tal como de describe en el punto 4.

4. **Gastos de calefacción y aire acondicionado**

En invierno, los gastos de calefacción serán por cuenta del inquilino: en caso de alquileres < 4 semanas se pagará al propietario un importe fijo de 20€ por semana (radiador, estufa de gas). Si la estancia es > 4 semanas, LA PROPIEDAD tiene el derecho de cobrar, a través de CA, la energía consumida durante la estancia del cliente (lectura de contador eléctrico el día de llegada y salida). La reposición de bombonas de gas en estancias de >4 semanas se realizará por el inquilino.

Igualmente los gastos de aire acondicionado serán por cuenta del inquilino, a razón de 20€ por semana (entrega del mando contra pago previo).

5. **Deducciones de los Alquileres**

CA tiene el derecho de deducir de los alquiler es debidos a LA PROPIEDAD:

a) Aquellas cantidades pagadas en la compra y la reposición de inventario, realizada por el inquilino o CA, con un límite de 20 Euro por compra. Para importes mayores, CA tendrá que pedir la conformidad de LA PROPIEDAD antes de realizar la reposición.

b) Atención técnica al inmueble por personal de CA o una empresa de servicio encargada, en el caso que LA PROPIEDAD no pueda cumplir lo previsto en el punto 3 del presente acuerdo.

c) Devoluciones, compensaciones e indemnizaciones a clientes cuando la vivienda presente defectos que dan lugar a una reclamación justificada por parte del cliente, incluso los costes de pernoctación en alojamientos alternativos, en caso de defectos graves que causan que el inmueble no puede ser utilizado como vivienda vacacional (p. Ej. Entrega sin limpieza previa, no funciona agua o electricidad, graves perturbaciones por ruido en el vecindario directo).

d) Gestiones realizadas en nombre LA PROPIEDAD, que no estén relacionadas con los servicios de intermediación listados en el punto 2. (Por ejemplo gestiones con proveedores o Administración
ública).

6. **Gestión de Reservas**

a) LA PROPIEDAD concede a CA la prioridad de reserva. De esta forma, LA PROPIEDAD tiene el derecho de gestionar reservas por cuenta propia, siempre que haya consultado **previamente** a CA sobre la disponibilidad de la vivienda en cuestión.

b) LA PROPIEDAD se compromete de comunicar todas las reservas aceptadas por su cuenta a CA, inmediatamente en el momento que se confirmen. Del mismo modo, CA comunicará a LA ROPIEDAD todas las reservas confirmadas en el instante de la confirmación.

c) En caso de doble reserva como consecuencia de no respetar lo previsto en los puntos 6 a-c, tiene preferencia la reserva de CA.

7. **Competencia y Confidencialidad**

LA PROPIEDAD tiene el derecho de hacer publicidad propia y ofrecer su vivienda a clientes propios, sea a través de una página de Internet propia o anunciando la vivienda en nombre propio en plataformas virtual para propietarios, siempre que respete lo establecido en el punto 6. Además se compromete a:

- No colaborar con otra agencia de intermediación de alquileres que ofrece servicios similares a CA durante la duración del presente contrato.
- No ofrecer la vivienda a precios menores que los precios publicados en la página web de CA.
- Tratar con confidencialidad los datos de los inquilinos y no hacer acuerdos directos con los clientes captados por CA.

8. **Precios y Pago del Alquiler**

a) Los precios acordados están recogidos en el cuadro de precios que forma parte del presente contrato, aplicándose, en su caso, los descuentos por baja ocupación o reservas de "último minuto" reseñados por LA PROPIEDAD en el documento anexo.

b) El pago de las cantidades que se devenguen como consecuencia de los arrendamientos realizados, se efectuará mediante transferencia o cheque a favor de LA PROPIEDAD, librado a tal efecto a entre el día 1 y 10 de cada mes para todos los arrendamientos cuya entrada se produce durante este mes.

9. **Cancelación de Reserva**

a) En el supuesto de cancelación de algunas de las reservas reseñadas en el punto 6.c, CA deberá comunicarlo inmediatamente a LA PROPIEDAD y se acogerá al régimen de compensación siguiente:

- Cancelación > 60 días anteriores a la fecha de entrada 0% del alquiler
- Entre 60 y 35 días anteriores a la fecha de entrada 30% del alquiler
- Entre 34 y 10 días anteriores a la fecha de entrada 50% del alquiler
- 9 días o menos antes de la fecha de entrada 75% del alquiler

b) Quedan exentos de compensación por anulación aquellas reservas confirmadas, de los que CA no se haya recibido la señal de reserva en un plazo de 14 días, contados desde el día de la confirmación. En este caso, CA tiene el derecho de anular la reserva sin ninguna obligación de compensación.

c) Estas condiciones de cancelación quedarán sin efecto en el supuesto de que la cancelación se produzca por causas de fuerza mayor o de que se den algunas circunstancias que hagan imposible o incomoda la estancia del cliente en el inmueble. Especialmente cuando se den circunstancias por los que no se pueda cumplir el destino que se le ha dado al inmueble, esto es, el de ser vivenda vacacional.

10. **Fianza, Seguro, Responsabilidad Civil.**

Fianza: CA se responsabilizará de los daños y perjuicios causados en la casa o en el inventario por culpabilidad o negligencia de los clientes, siempre que

a) Los daños se puedan atribuir a un cliente concreto.

b) LA PROPIEDAD informe inmediatamente a CA de dichos daños, aportando pruebas y testimonios.

c) Se de el hecho de culpabilidad y negligencia. No se admiten demandas de indemnización de objetos de inventario que se hayan roto por ser de inferior calidad, por su uso en el transcurso del tiempo. En este sentido, CA no reemplaza mobiliario o electrodomésticos, salvo en casos de **comprobada** culpabilidad/irresponsabilidad por parte del cliente.

d) Se presenten facturas y/o recibos de la reparación o reposición.

e) Hasta un importe máximo de 100€ (salvo otro acuerdo).

LA PROPIEDAD tiene que tener contratado para la vivienda un **seguro de hogar** ampliado al régimen
de alquiler para asegurar

- Daños graves causados por los inquilinos, cuya cuantía supere los 100€ avalados por la fianza.
- La responsabilidad civil para el caso que el cliente sufre daños y perjuicios en la vivienda, su jardín o la piscina.

11. **Legislación**

Para lo no previsto en el presente contrato se estará a la Ley de Arrendamiento Urbanos y Código Civil.
Las partes con renuncia a su fuero propio, si lo tuvieran, se someten a los Tribunales y Juzgados del lugar donde se halla la finca objeto de este contrato.

Y en prueba de conformidad, firman el presente por duplicado ejemplar y a un solo fin, en el lugar y fecha indicados al principio.

LA PROPIEDAD **CASA ANDALUZA**

D. DIREITO ITALIANO

MODELO DE CONTRATO DE MEDIAÇÃO IMOBILIÁRIA COM EXCLUSIVIDADE

ART. 1 – CONFERIMENTO DI INCARICO

Con il presente contratto
TRA

...., nato a .... il ___/___/_____
C.F.., residente a ....,
Via .... n. ...., tel. ....,

...., nato a .... il ___/___/_____
C.F.., residente a ....,
Via .... n. ...., tel. ....,

Società ...., C. F./P.IVA ....,
con sede in ...., Via............................. n. ......, iscritta nel registro delle imprese presso la Camera di Commercio I. A. A. (CCIAA) di .... col n. ...., in persona del proprio legale rappresentante, Sig. ...., nella sua/loro qualità di..............................dell'immobile sotto identificato, **(di seguito "Venditore")**

E

L'Agenzia Immobiliare .... con sede in ....,
Via ...., n. ...., tel. ....,
iscritta nel Ruolo degli Agenti di affari in mediazione della CCIAA di ....,
col n. ...., nella persona del Sig. ....,
iscritto nel Ruolo degli Agenti di affari in mediazione della CCIAA di ....,
col n. ...., polizza n. ....,
stipulata con la Compagnia ...., e scadente il ___/___/_____,
(di seguito "Mediatore"),

si conviene e si stipula quanto segue:
il Venditore, nella qualità sopra specificata, conferisce incarico al Mediatore di trovare un acquirente all'immobile sito nel territorio del Comune di ....,
Via ...., n. ...., piano ....,

Composto di ....
Destinazione urbanistica ....,
attualmente locato a ....,
per un canone annuo di Euro..,
contratto non disdettato/disdettato, con/senza sfratto,
e così accatastato: ....,
In ordine alla conformità alle vigenti norme urbanistico/edilizie (compresa la parte impiantistica) e catastali, il Venditore precisa quanto segue:

....

....

In ordine all'esistenza di vincoli sull'immobile (diritti di terzi, mutui, ipoteche ed altre trascrizioni), il Venditore precisa quanto segue:

....

....

ART. 2 – DURATA DELL'INCARICO

Il presente contratto avrà vigore dalla data della sua stipulazione fino a ....
Alla scadenza di detto termine, il vincolo contrattuale si intenderà automaticamente cessato, senza necessità di disdetta alcuna.

ART. 3 – PATTO DI ESCLUSIVA

Il Venditore si impegna a concludere il contratto di compravendita relativo all'immobile sopra identificato esclusivamente tramite il Mediatore La modulistica nella mediazione immobiliare incaricato ai sensi del presente contratto, impegnandosi contextualmente a non affidare ad altri mediatori l'incarico di vendere l'immobile stesso.
Se il Venditore dovesse trovare eventuali interessati all'acquisto, lo stesso si impegna a segnalarli prontamente al Mediatore, affinché sia lui a condurre la trattativa.

ART. 4 – CONDIZIONI DELLA COMPRAVENDITA

Il Venditore incarica il Mediatore di reperire un acquirente per l'immobile sopra identificato alle seguenti condizioni:

1. prezzo di Euro .... (...........................) più IVA/imposta di registro, compreso residuo di capitale mutuo di Euro .... (...........................) al ....
Gli interessi saranno a carico dell'acquirente dal ....

2. condizioni di pagamento.................................
saldo al rogito da stipularsi entro il __/__/____

Fatto salvo il diritto di recesso regolato al successivo Art. 8, il Mediatore può far sottoscrivere proposte di acquisto e ricevere dai Proponenti acquirenti importi a titolo di acconto, unicamente sotto forma di assegno bancario non trasferibile intestato al Venditore, trattenendolo quale deposito infruttifero, senza che ciò determini il sorgere di alcun obbligo o responsabilità in capo al Venditore.
Ove intervenga l'accettazione della proposta di acquisto da parte del Venditore, il Mediatore trasmetterà allo stesso il predetto assegno immediatamente dopo l'avvenuta comunicazione dell'accettazione della roposta indirizzata al Proponente. Detta comunicazione dovrà effettuarsi in ogni caso per iscritto a mezzo di telegramma, telex o fax o posta certificata.
Nel caso in cui il Proponente acquirente rinunci all'acquisto entro 2 (due) giorni lavorativi successivi alla sottoscrizione della relativa proposta e Linee guida per la predisposizione e l'utilizzo prima di aver avuto comunicazione dell'accettazione del Venditore, il Mediatore restituirà al Proponente stesso l'assegno ricevuto a titolo di acconto.

ART. 5 - PROVVIGIONE
Il Venditore si impegna a corrispondere al Mediatore una provvigione fissata nella percentuale del ....../più IVA del prezzo accettato per la compravendita. Il diritto alla provvigione sorgerà in capo al Mediatore, ex Art. 1755 c. c., alla conclusione dell'affare, intendendosi con tale espressione la comunicazione di avvenuta accettazione della proposta di acquisto dal proponente venditore al proponente acquirente. La provvigione dovrà essere corrisposta al Mediatore alla conclusione dell'affare, o comunque non oltre 30 giorni dalla stessa, salva diversa pattuizione. La provvigione dovrà essere corrisposta al Mediatore anche nel caso in cui il Venditore, direttamente o per interposta persona, concluda il contratto con soggetti presentati o segnalati dal Mediatore durante il periodo di validità dell'incarico nei dodici mesi successivi: a) o dal termine di scadenza del presente contratto, b) o dalla revoca dell'incarico, c) o dal recesso di una delle parti. Il termine annuale di prescrizione del diritto alla provvigione dovuta al Mediatore di cui all'Art. 2950 c. c., decorrente dalla conclusione dell'affare, va calcolato attribuendo all'espressione "conclusione dell'affare" il significato specificato al secondo capoverso del presente articolo. Qualora però il Venditore ometta di informare il Mediatore sulla conclusione dell'affare, tale termine si intende sospeso fino a che il Mediatore abbia acquisito conoscenza di detta conclusione.

Sarà diritto del Mediatore porre a carico dell'Acquirente dell'immobile una ulteriore provvigione, ferma restando, in ogni caso, la percentuale dovuta dal Venditore ai sensi del presente articolo.

ART. 6 – OBBLIGHI DEL MEDIATORE

Il Mediatore si obbliga espressamente, per effetto della sottoscrizione del presente incarico in esclusiva, a:

a) visionare e valutare l'immobile;

b) promuoverne la vendita tramite l'utilizzo della propria organizzazione, impegnandosi a tal fine ad operare secondo gli usi e la diligenza professionali. In particolare il Mediatore si impegna:

- a pubblicizzare la vendita tramite l'esposizione di cartello "vendesi" all'esterno dell'immobile;
- a procedere alla pubblicazione di annunci su giornali, riviste e/o altri mezzi di comunicazione, precedentemente concordata col Venditore;
- a garantire la reperibilità telefonica, in orario d'ufficio, di persona in grado di fornire agli interessati esaurienti informazioni relative all'immobile;
- ad accompagnare e/o far accompagnare i potenziali acquirenti nelle visite all'immobile.

c) assistere il Venditore nel reperimento dei documenti e delle necessarie visure ipotecarie e catastali presso gli Uffici Tecnici e Finanziari e le Conservatorie, nonché documentazione relativa ai condoni, concessioni edilizie assolte o in essere;

d) assistere il venditore nel reperire la dichiarazione dell'entità delle spese ordinarie e straordinarie dell'ultimo esercizio, eventuali sospesi, eventual opere straordinarie già deliberate – e relativo importo pro quota – e regolamento di condominio;

e) raccogliere le prop oste di acquisto e darne tempestiva comunicazione al Venditore;

f) fornire ogni informazione richiesta dal Venditore sulle trattative in corso;

g) assistere le parti nella trattativa fino alla stipula dell'atto notarile di compravendita;

Linee guida per la predisposizione e l'utilizzo

h) garantire, per tutta la durata del presente incarico, la copertura assicurativa della responsabilità civile verso terzi per i rischi professionali.

In caso di conclusione dell'affare, nulla sarà dovuto al Mediatore per le spese sostenute in adempimento degli obblighi di cui al presente articolo.

ART. 7 – OBBLIGHI DEL VENDITORE

Il Venditore si impegna a comportarsi secondo buona fede nell'adempimento degli obblighi posti a suo carico dal presente contratto e a fornire al Mediatore la più ampia collaborazione per consentirgli il corretto assolvimento degli obblighi di cui al precedente Art. 6. In particolare, il Venditore si impegna espressamente a:

a) prestare garanzia sulle condizioni dell'immobile come specificate al precedente Art. 1, ed in particolare alla sua conformità alle vigenti norme urbanistico/edilizie e catastali, impegnandosi altresì a comunicare tempestivamente al Mediatore ogni loro variazione;

b) consegnare al Mediatore tutta la documentazione inerente all'immobile oggetto della vendita e necessaria per la corretta formalizzazione della stessa, e quant'altro il Mediatore riterrà necessario per l'espletamento del presente incarico;

c) agevolare il Mediatore nell'adempimento dell'incarico, in particolare consentendo visite dell'immobile da parte di potenziali acquirenti accompagnati dal Mediatore o da suoi incaricati abilitati alla professione nei seguenti periodi ...., consegnando eventualmente allo stesso, a tal fine, le chiavi dell'immobile;

d) comunicare al Mediatore la data fissata per la stipulazione del rogito, e ogni sua eventuale variazione.

ART. 8 – DIRITTO DI RECESSO

E' riconosciuto al Venditore il diritto di recedere dal presente contratto entro il termine perentorio di giorni 10 (dieci) consecutivi dalla sua firma, La modulistica nella mediazione immobiliare qualora la stessa sia avvenuta al di fuori dei locali commerciali del Mediatore, ed entro il termine di giorni 2 (due) negli altri casi, senza il pagamento di alcuna penalità e previo rimborso al Mediatore delle sole spese sostenute e documentate.

Ogni comunicazione di recesso dovrà essere inviata per mezzo di telegramma, telex o fax o posta certificata ed essere confermata com lettera raccomandata a. r. entro le 48 ore successive.

Trascorsi i termini di cui al primo capoverso, è comunque riconosciuta a ciascuna delle parti la facoltà di recedere dal presente contratto prima della sua naturale scadenza, previo pagamento della somma di Euro .... ex Art. 1373, c. 3 c. c., che diverrà esigibile all'atto della comunicazione della volontà rescissoria della parte.

ART. 9 – PENALI

– La violazione del patto d'esclusiva, di cui al precedente Art. 3, comporterà la risoluzione del presente contratto e il pagamento di una penale concordata ex Art. 1382 c.c. pari al ...... per cento della provvigione dovuta al Mediatore ai sensi dell'Art. 5.

– Qualora il Venditore non accetti una proposta di acquisto conforme all'incarico, lo stesso dovrà ugualmente corrispondere al Mediatore la provvigione prevista all'Art. 5 del presente accordo. In tale ipotesi, inoltre, il Mediatore provvederà all'immediata restituzione dell'assegno ricevuto a titolo di deposito fiduciario da parte del Proponente acquirente.

– Nel caso in cui l'affare non si concluda a causa delle inesatte indicazioni fornite dolosamente o con colpa grave dal Venditore riguardo alle condizioni dell'immobile ed ai pesi ed oneri su di esso gravanti, di cui al precedente Art. 1 ed alla lettera a) del precedente articolo 7, nonché nel caso in cui la conclusione sia impedita dall'esistenza di irregolarità urbanistico/edilizie e catastali rispetto alla normativa vigente sottaciute Linee guida per la predisposizione e l'utilizzo con dolo o colpa grave, sarà a carico del Venditore una penale a favore del Mediatore pari alla provvigione prevista dal presente accordo.

– Nel caso in cui l'affare non si concluda a causa di inadempimento o ritardo nell'adempimento degli obblighi contrattuali in capo al Mediatore, è posta a carico del Mediatore una penale di pari importo a quello definito al 1º capoverso del presente articolo.

ART. 10 – INTERVENTO DI TERZE PERSONE

Il Mediatore dichiara di avvalersi nell'adempimento dell'incarico, della collaborazione di Agenti di affari in mediazione abilitati e in particolare di ....
In tali casi la provvigione sarà comunque direttamente ed interamente dovuta al solo Mediatore parte del presente contratto, il quale si impegna a sollevare il Venditore da eventuali pretese economiche degli Agenti collaboratori di cui al primo capoverso del presente articolo.

ART. 11 – LEGGE REGOLATRICE E TENTATIVO DI CONCILIAZIONE

La legge regolatrice del presente contratto è quella italiana. E' fatta salva la possibilità per le parti di sottoporre, anche unilateralmente, le controversie che dovessero tra loro insorgere in relazione ad ogni questione inerente il presente accordo al servizio di Conciliazione istituito presso la Camera di Commercio di Varese.

ART. 12 – PRIVACY
Preso atto dei diritti di cui all'Art. 7 del D. Lgs. 196/03, il Venditore autorizza il Mediatore ad utilizzare i propri dati unicamente al fine dell'adempimento del presente incarico.

ART. 13 – CLAUSOLE AGGIUNTE
Eventuali modifiche, clausole aggiunte e/o integrazioni rispetto al contrato dovranno essere inserite dalle parti esclusivamente in calce al presente modulo contrattuale.

ART. 14
Il presente modulo deve essere compilato in ogni sua parte.

NOTE PARTICOLARI

....

....

..............., li................................

Il Mediatore	**Il Venditore**
....	....

Ai sensi e per gli effetti degli articoli 1341 e 1342 c. c., il Venditore dichiara di approvare specificamente le clausole di cui agli articoli:
Art. 3 (PATTO DI ESCLUSIVA),
Art. 4 (CONDIZIONI DELLA COMPRAVENDITA),
Art. 5 (PROVVIGIONE),
Art. 7 (OBBLIGHI DEL VENDITORE),
Art. 8 (DIRITTO DI RECESSO),
Art. 9 (PENALI),
Art. 11 (LEGGE REGOLATRICE E TENTATIVO DI CONCILIAZIONE).

..............., li................................

Il Venditore

....

BIBLIOGRAFIA

Abreu, Jorge Coutinho de, *Curso de Direito Comercial*, VOL. I

Abreu, Jorge Coutinho de, Abuso do Direito

ALARCÃO, Rui de, *in Direito das Obrigações*, Coimbra, 1983

Albadalejo, Manuel, *Derecho Civil – Derecho de Obligaciones*, II, 2º, 10ª edicion, Bosch, 1997

Almeida, C. Ferreira de, *Direito do Consumo*, 2005, pp 110 ss

Almeida, Moitinho de, *Enriquecimento sem Causa*, Almedina, 1996

Ammann, Art. 412-418 OR, in Basler Kommentar zum Schweizerischen Privatrecth – Obligationenrecht I, 3 éd., Bâle

Andrade, Manuel de (*Teoria Geral da Relação Jurídica*, vol. II, 9ª reimpressão, Coimbra, 2003

Antunes, Engrácia, *Direito dos Contratos Comerciais*, 2014

Ascensão, José Oliveira, *Direito Civil Teoria Geral*, Volume II, 2ª edição, Coimbra Editora

Barata, Carlos Lacerda, *Contrato de Mediação – Estudos do Instituto de Direito do Consumo*, Vol. I, Amedina, 2002

Blanco Carrasco, Marta, *El contrato de corretaje. Revista de Derecho Privado*, mes 3-4, 2005

Brito, M. Helena, *O Contrato de Concessão Comercial*, 6, 7 e 112 e segs.

Brutau, Puig, *Compendio de Derecho Civil*, II, Bosch, 1997

Canotilho, Gomes e Moreira, Vital, in *Constituição da República Portuguesa Anotada*, 3ª ed. revista

Carnelli, Santiago, *El contrato de mediación*, RDJA, T, LXVII

Carnelli, Santiago, *El contrato de mediación*, RDJA, t. 67

CArvalho, Orlando de, *"Teoria Geral do Direito Civil"*, Centelha, Coimbra, 1991

Castelo, Higínia Orvalho, *Contrato de Mediação*, Almedina

Castelo, Higina Orvalho, *Regime Jurídico da Actividade de Mediação Imobiliária Anotado*, 2015

CATRICALA, *La mediazione*, in *Tratt. Dir. Priv.*, diretto da Rescigno, XII, 4, Torino, 2006

COLLON, L., *Le statut juridique de l'agent immobilier*, 2e éd., Bruxelles, Larcier, 2015

COLLON, L., «La *rémunération de l'agent immobilier et la nouvelle jurisprudence en matière de vente immobilière»*, *Jurimpratique*, 2013, vol. 1

CORDEIRO, MENEZES, *Do contrato de Mediação*, O Direito, Ano 139º, 2007, III

Cordeiro, MENEZES *In Da Boa Fé no Direito Civil*

CORDEIRO, MENEZES, *Direito Comercial*

Cordeiro, MENEZES, *in Dolo na Conclusão do Negócio, Culpa in Contrahendo* – apud *O Direito*

CORREIA, L. BRITO, *Direito Comercial*, I, 202 e 203

CORREIA, RUI TAVARES, *A Mediação Imobiliária*, Anotação ao Decreto-Lei 211/2004, de 30 de agosto, Abreu & Marques e Associados, 2011

COSTA, ALMEIDA, *Direito das Obrigações*, 3.ª ed.

CREMADES GARCÍA, PURIFICACIÓN, *Contrato de mediación o corretaje y estatuto del Agente de la Propiedad Inmobiliaria*, Ed. Dykinson, Madrid, 2009

DÍAZ AMBRONA BARDAJI, M. D., «*Los contratos atípicos*», *Actualidad Civil*, 1998

FERNANDES, LUÍS CARVALHO, *Lições de Direitos Reais*, 4ª ed., Quid Juris, pp. 333 ss

FERRARA – CORSI, *Gli impren-ditori e le società*, Milano, 2006

FRAGA, ÁLVARO BRAGA e CARLOS FRAGA, *Direitos Reais*

FRAGA, FRANCISCO JORDANO, *La Responsabilidad Contratual*, Editorial Civitas, S.A., 1987

G. FERRI, *Diritto commerciale*, Torino, 1976

GALGANO, *Diritto civile e commerciale*, II, 2, Padova, 2004

CAGNASSO – COTTINO, *Contratti commerciali*, in *Tratt. Dir. Comm.*, diretto da Cottino, IX, Padova, 2000

G. CAS e D. FERRIER, *Traité de droit de la consommation*, PUF, Paris, 19086

GAMARRA, JORGE, *Derecho del mediador a la comisión y conclusión del negocio*, ADCU, t. XVII

GAMARRA-LUIS ARRAÑAGA, *El negocio de mediación o corretaje inmobiliario*, en ADCU, t. XXVII

GARCÍA, ÁLVAREZ, D., *El contrato de corretagem, en Los Contratos de Gestión*, Consejo General de Poder Judicial, Madrid, 1995

GARCÍA VALDECASAS y ALEX, J., *La mediación inmobiliaria, Editorial Arazandi*, 1998

Gomes, JÚLIO MANUEL VIEIRA, *O Conceito de Enriquecimento, O Enriquecimento Forçado e os Vários Paradigmas do Enriquecimento Sem Causa*, Universidade Católica, Porto, 1998

GONZÁLEZ, JOSÉ ALBERTO, em *Responsabilidade Civil*, 3ª ed. (2013), *Quid Juri*

GONZÁLEZ CARRASCO, Mª DEL CARMEN, *El carácter de consumidor de una empresa de mediación inmobiliaria. Posible carácter abusivo de determinadas cláusulas del contrato*, CESCO: Centro de Estudios de Consumo, Universidad Castilla-La Mancha, 2006

H. GEENS, «De onrechtmatige bedingenleer uit de vastgoedsector: in de greep van de nieuwe Wet Marktpraktijken?», *C.A.B.G.*, 2010, vol. 2

Henriques, PAULO, *A desvinculação unilateral ad nutum nos contratos civis de sociedade e de mandato*, Coimbra, 2001

HORSTER, HEINRICH, *A parte geral do Código Civil português*

HOFSTETTER, JOSEF, *Deuxième section: Le contrat de courtage, in Le mandat et la gestion d'affaires, édition française révisée et mise à jour*, Fribourg: Editions Universitaires

I. MOREAU-MARGREVE, «*Quel sort réserver aux clauses reconnaissant à une partie une faculté de ne pas exécuter le contrat moyennant le paiement d'une somme d'argent?*», note sous Cass., 22 octobre 1999, *R.C.J.B.*, 2001, pp. 112 et s.

JEAN CALAIS-AULOY/FRANK STEINMETZ, *Droit da la Consommation*, 6ª ed., págs. 6 segs.

JORGE, PESSOA, *O Mandato sem Representação*, 231 e segs

Jorge, PESSOA, *Direito das Obrigações*, I, AAFDL

LEITÃO, ANTÓNIO MENEZES, *Direito das Obrigações*, I, pp. 205 e seguintes

Leitão, LUÍS MANUEL TELLES DE MENEZES, *O Enriquecimento Sem Causa no Direito Civil*, Cadernos de Ciência e Técnica Fiscal nº 176, Centro de Estudos Fiscais, 1996, pp. 858 a 896

LIMA, PIRES DE PIRES e VARELA, ANTUNES, Código Civil, Anotado, Volume II, 4ª edição

LOPES, MANUEL BAPTISTA, *Das Doações*, pp. 108 e ss

MACHADO, J. BAPTISTA, *Introdução ao Direito e ao Discurso Legitimador*, p 185

MACHADO, BAPTISTA, *RLJ*, Ano 117

MACHADO, J. BAPTISTA, *Pressupostos da Resolução por Incumprimento", Obra Dispersa; I, Braga 1991*

MACHADO, BAPTISTA, "A Cláusula do Razoável", RLJ, Ano 120, 1987/1988

MANTERO – CHALAR, *El derecho a la comisión en el contrato de mediación*, ADCom., tomo 14

MANUEL DE LA CAMARA-LUIS DIEZ-PICAZO, *Dos Estudios Sobre el Enriquecimiento Sin Causa*, Civitas, 1988

MARQUES, J. DIAS, *Noções Elementares de Direito Civil*, 6ª edição, 1977

MARQUIS, CHRISTIAN, *Le contrat de courtage immobilier et le salaire du courtier,* lausanne: Payot 1993

MARTINEZ, PEDRO ROMANO, na caraterização desta figura jurídica, autonomizam três tipos de denúncia, *Da Cessação do Contrato,* 3ª ed., Coimbra, 2015

MARTINEZ, PEDRO ROMANO, *Da Cessação do Contrato,* 2ª ed., Almedina

MENDES, CASTRO, *Dir. Civil, Teoria Geral,* 1979

MESQUITA, HENRIQUE, *Direitos Reais*

MESSINEO, FRANCESCO, *Manual de Derecho Civil y Comercial*

MONTEIRO, ANTÓNIO PINTO, *Contratos de Distribuição Comercial,* Almedina, 2002

MONTEIRO, ANTÓNIO PINTO, *Contrato de Agência, Anotação,* 4ª Edição actualizada

Monteiro, ANTÓNIO PINTO, "*Contratos de adesão: o regime jurídico das cláusulas contratuais gerais instituído pelo Dec.-Lei nº 446/85, de 25/10, ROA,* 1986

NAVEZ, F. «*La clause d'exclusivité et d'irrévocabilité: comparaison et nuances*», note sous Civ. Liège, 2 février 1999, *J.L.M.B.,* 1999

NAVEZ, F. «*La clause d'exclusivité et d'irrévocabilit : comparaison et nuances* », note sous Civ. Liège, 2 février 1999, *J.L.M.B.,* 1999

NAVES, F. «*La vente d'un bien par son propriétaire en violation de l'exclusivité accordée à l'agent immobilier*», note sous Liège, 20 février 1996, *J.L.M.B.,* 1997

NEVES, CASTANHEIRA, *Lições de Introdução ao Estudo do Direito*

OLIVEIRA, FERNANDO BAPTISTA DE, *Contratos Privados, das Noções à Prática Judicial,* Vol. III, 2014

OLIVEIRA, FERNANDO BAPTISTA DE, *O Conceito de Consumidor – Perspectivas Nacional e Comunitária",* Almedina

OLIVEIRA, NUNO PINTO, em "Cadernos de Direito Privado nº 20 Outubro/Dezembro 2007

PARRA LUCÁN, Mª ÁNGELES, y CALATAYUD SIERRA, ADOLFO, *Acceso a la vivienda y contratación,* Ed. Tirant lo Blanch, Valencia, 2015

PEIRANO, JORGE – GUSTAVO ORDOQUI, *Contrato de mediación,* en *Contratos,* 2º tomo

Pinto, FILIPE VAZ, *Subjudice, "Os limites à liberdade de estipulação em matéria de denúncia*

PINTO, MOTA, *Teoria Geral do Direito Civil,* 4ª edição – Maio de 2005, por ANTÓNIO PINTO MONTEIRO e PAULO MOTA PINTO

PINTO, MOTA, *A responsabilidade pré-negocial pela não conclusão dos contratos*

PRATA, ANA, *Notas sobre a Responsabilidade Pré-Contratual,* Almedina

PROENÇA, JOSÉ CARLOS BRANDÃO, *A resolução do Contrato no Direito Civil* – Do enquadramento e do regime – reimpressão, Coimbra Editora, 2006

RAYROUX, Art. 418-418 CO, in *Commentaire romand du Code des obligations* I, sous la dir. de L. Thévenoz et F. Werro, Bâl

Real, Miguel Côrte e Cunha, Maria Mendes da, *A atividade de Mediação Imobiliária – Anotações e Comentários ao DL 77/99, de 16/03 e à Legislação Complementar*, Vida Económica

Rebolledo Varela, Ángel Luis, *Compraventa a través de agente inmobiliario. Revista Doctrinal Aranzadi Civil-Mercantil: revista quincenal, nº 20/2006*, 2006, p. 2497-2529. Consulta en Westlaw: Servicio Jurídico on-line de la Editorial Aranzadi

Ribeiro, Maria de Fátima, *O contrato de Mediação e o direito do mediador à remuneração, Scientia Iuridica*, nº 331, Tomo LXII, janeiro/abril, 2013

Ribeiro, Ricardo Lucas, *Obrigações de Meios e Obrigações de Resultado*, Coimbra Editora, 2010

Sá, Almeno de, *Cláusulas Gerais e Directiva Sobre Cláusulas Abusivas*, Almedina, 2ª ed., pp. 213 e ss.

Sá, Fernando Cunha, *"Abuso do Direito*

Salvador, Manuel de, *Contrato de Mediação*

Sánchez Calero, Francisco Javier, Curso de Derecho Civil II. *Derecho de obligaciones, contratos y responsabilidad por hechos ilícitos*, Ed. Tirant Lo Blanch, 8ª ed., Valencia 2016

Sánchez Calero, Fernando y Sánchez Calero Guilarte, Juan, *Instituciones de derecho mercantil. Vol.II*, Ed. Aranzadi, Navarra, 2015

Serra, Vaz, RLJ AnoS 100 e 112º

Silva, Calvão da, in *Responsabilidade Civil do Produtor*, Coimbra, Almedina, 1990

Sousa, Luís Filipe, *Prova por Presunção no Direito Civil*, 3ª ed.

Tercier, Pierre, *Les contrats spéciaux*, 3ª éd., Zürich: Schulthess, 2003

Telles, Galvão, *Dos Contratos em Geral*, edição actualizada

Telles, Galvão, *Manual dos Contratos em Geral*

Turrettini, Pierre, *Le contrat de courtage et le salaire du courtier*, thèse, Genève 1952, P. 169 ss

Varela, Antunes, *Revista de Leg. e de Jur.*, 115º-68

Vasconcelos, Pedro Pais de, *Direito Comercial*, Volume I, 2011, Parte Geral, Contratos Mercantis, Almedina

Vasconcelos, Pedro Pais de, *Contratos Atípicos*

Veloso, Waldir de Pinho Veloso, *Obrigações de meios, de resultado e de garantia*

Y. Merchiers, «Verkoop door de eigenaar zelf bij (exclusieve) opdracht aan een vastgoedmakelaar», p. 289

ÍNDICE GERAL